Dictionnaire des ethnologues et des anthropologues

ARMAND COLIN

Collection Cursus, série « Sociologie »
sous la direction de Gilles Ferréol

ISBN : 2-200-01767-7

Masson & Armand Colin Éditeurs - 34 bis, rue de l'Université - 75007 Paris

SOMMAIRE GÉNÉRAL

Avant-propos

Cet ouvrage rassemble pour la première fois en français les biographies d'un très grand nombre d'auteurs de l'ethnologie et de l'anthropologie (305 noms) et une brève histoire institutionnelle de chacune des traditions nationales. Il est en grande partie consacré aux auteurs anglo-saxons et aux auteurs français.

Nous avons utilisé la plupart des classiques de la prosopographie et de l'histoire de la discipline, ainsi qu'un certain nombre de dictionnaires et d'encyclopédies. On en trouvera la liste plus bas et on ne s'y référera dans le texte que de manière abrégée (ainsi : C. Winter, éd., 1991, *International Dictionary of Anthropologists*, New York et Londres, Garland Publishing, devient C. Winter, 1991, et P. Bonte et M. Izard, éd., 1991, *Dictionnaire de l'ethnologie et de l'anthropologie,* Paris, PUF, devient Bonte et Izard, 1991).

Des sources privées nous ont beaucoup aidé. Certains des auteurs cités ont eu la gentillesse de nous faire parvenir à notre demande un *curriculum vitae*. Nous n'en avons toujours retenu qu'une faible partie et nous nous en excusons auprès d'eux. Les chapitres présentant les auteurs français rassemblent des informations absolument inédites, ainsi que les chapitres 10 et 11 concernant les auteurs anglais et américains immédiatement contemporains. Les ouvrages et articles non traduits sont cités dans leur langue d'origine. Les titres cités dans le texte avec leurs références ne sont pas repris en bibliographie de l'entrée. Les traductions sont de l'auteur.

Je remercie ma compagne Sabine Starzmann pour la relecture attentive de mon manuscrit.

Dictionnaires, textes et encyclopédies utilisés

A. Barnard et J. Spencer, éd., 1996, *Encyclopedia of Social and Cultural Anthropology*, Londres et New York, Henry Holt. — P. Bonte et M. Izard, éd., 1991, *Dictionnaire de l'ethnologie et de l'anthropologie,* Paris, PUF. — J.O. Brew, éd., 1968, *One Hundred Years of Anthropology*, Cambridge, Mass., Harvard UP. — M. Harris, 1968, *The Rise of Anthropological Theory*, Londres, New York, Routledge. — Ute Gacs, éd., 1988, *Women Anthropologists : A Biographical Dictionary*, New York, Westport. — G. Gaillard, 1988, (thèse sous la direction de G. Balandier), *Éléments pour servir à la constitution d'une histoire de l'anthropologie française de ces trente dernières années*, EHESS, 10 vol. — G. Gaillard, 1990, *Répertoire de l'anthropologie française, 1950-1970*, Paris, CNRS, 2 vol. — F. Gresle *et al.*, 1990, *Dictionnaire des sciences humaines*, Paris, Nathan. — A. Kuper (1re éd. : 1973, 2e éd. : 1983, 3e éd. : 1996), *Anthropology and Anthropologists*, Londres et New York, Routledge. — A. Kuper et J. Kuper, éd., 1985, *The Social Science Encyclopedia*, Londres et New York, Routledge. — A. Kuper, 1988, *The Invention of Primitive Society*, New York, Harper and Row. — D. Levinson et M. Ember, éd., 1996, *Encyclopedia of Cultural Anthropology,* New York, Henry Holt and Company. — R. Lowie, 1936, trad. fr. 1967, *Histoire de l'anthropologie classique,* Paris, Payot. — T.L. Mann, éd., 1988, *Biographical Directory of Anthropologists Born before 1920*, New York et Londres, Garland. — C. Seymour-Smith, 1986, *Macmillan Dictionary of Anthropology*, Londres et Basingstoke, Macmillan Press. — D.L. Stills, éd., 1968-1979, *International Encyclopedia of Social Sciences*, New York. — G.W. Stocking, 1987, *Victorian Anthropology*, New York, The Free Press. — G.W. Stocking, éd., à partir de 1983, *History of Anthropology*, 9 vol. parus, Londres, Wisconsin UP. — G.W. Stocking, 1995, *After Tylor. British Social Anthropology, 1888-1951*, Londres, Athlone. — F.W. Voget, 1975, *A History of Ethnology*, New York, Holt, Rinehart and Winston. C. Winter, éd., 1991, *International Dictionary of Anthropologists*, New York et Londres, Garland.

Liste des abréviations

AA : American Anthropologists.
AAA : American Anthropologist Association.
AMNHP : American Museum of Natural History Press.
AT : Anthropology Today.
BA : Bachelor of Art.
BS : Bachelor of Science.
CA : Current Anthropology.
CEA : Cahiers d'études africaines.
CEA : Centre d'études africaines.
CFRE : Centre de formation à la recherche ethnologique.
CHEAAM : Centre des hautes études sur l'Afrique et l'Asie moderne.
CIS : Cahiers internationaux de sociologie.
CNRS : Centre national de la recherche scientifique.
CRA : Centre de recherches africaines.
EASA : European Association of Social Anthropologists ou Association européenne des anthropologues sociaux.
EFEO : École française d'Extrême-Orient.

EHESS : École des hautes études en sciences sociales.
ENFOM : École nationale de la France d'outre-mer.
ENS : École normale supérieure.
EPHE : École pratique des hautes études.
IFAN : Institut français d'Afrique noire.
INLCOV : Institut national des langues et civilisations orientales vivantes, mais aussi École nationale des langues et civilisations orientales (vivantes).
JA : Journal des anthropologues.
JSA : Journal de la Société des africanistes et *Journal des africanistes.*
JSO : Journal de la Société des océanistes.
JRAI : Journal of the Royal Anthropological Institute.
LSE : London School of Economics (de l'université de Londres).
MA : Master of Art.
MSH : Maison des sciences de l'homme.
ORSTOM : Office de la recherche scientifique et technique des territoires d'Outre-mer.
PhD : Philosophical Doctorate.
RCP : Recherches coopératives sur programme (du CNRS).
TM : Les Temps modernes.
UP : University Press.

Chapitre 1

Le XIXe siècle et les évolutionnistes

SOMMAIRE

Les prémices

Les prémices à l'anthropologie et à l'ethnologie sont nombreuses et aussi bien représentées par des personnalités telles que Rousseau, Ferguson et Desmoulin et surtout le grand Darwin… que par celles de Herder, Edwards, Pritchard, Schoolcraft et Lyell. Notre sélection n'est cependant pas arbitraire. Herder créa la *Volkskunde* comme genre, et par elle la *Völkerkunde*. La *Volkskunde* (science du peuple) n'étudie que le peuple germanique (ses arts et traditions populaires) et accompagna l'avènement du nationalisme allemand, alors que la *Völkerkunde* est proche de l'ethnologie tel que le mot est aujourd'hui entendu. Pritchard et Edwards furent les fondateurs des premières sociétés d'ethnologie anglaise et française, Schoolcraft devait inventer aux États-Unis l'enquête de terrain. Enfin, dans un ouvrage d'abord adressé aux étudiants, mentionner Lyell et, derrière lui, l'invention de la géologie comme condition nécessaire à l'idée évolutionniste, nous paraissait une juste introduction à ce que Kroeber nommait « la décade prodigieuse » (1861-1871).

Comme dans le cas d'autres disciplines, l'anthropologie s'est d'abord pratiquée au sein de sociétés savantes avant que les instances étatiques et universitaires ne lui offrent des musées et des chaires universitaires. Il y eut donc d'abord en 1837 la création de l'*Ethnological Society of London*, puis celle en 1839 de la Société ethnologique de Paris. La seconde ne survécut pas à la révolution de 1848, et la première fusionna en 1871 avec l'*Anthropological Society of London* au sein de l'*Anthropological Institute of Great Britain and Ireland*, qui devint le *Royal Anthropological Institute* et qui existe encore aujourd'hui (l'Institut publie *Man* et *Anthropology Today*). La Société ethnologique de Paris disparue, on vit en France l'apparition d'une Société d'ethnographie américaine et orientale qui devint, en 1859, la Société d'ethnographie de Paris sous la pression de L. de Rosny. Au cours d'une réunion tenue le même jour (Stocking, 1984), Broca créa la Société d'anthropologie de Paris qui, à la différence de la Société d'ethnographie, se voulait entièrement dévouée à l'anthropologie physique. C'est un cas unique car l'*Anthropological Society of Washington* (1859), la *Berliner Gesellschaft für Anthropologie, Ethnologie und Urgeschichte* (1869), l'*Anthropological Institute of Great Britain and Ireland* (1871) ou la *Società Italiana di Etnologia* (1871) se consacrent autant à l'anthropologie physique qu'à l'anthropologie culturelle et sociale, à la linguistique aussi bien qu'à la préhistoire et l'archéologie.

Jusqu'à la victoire complète de l'évolutionnisme, le débat de fond de l'époque oppose monogénistes et polygénistes. Fondé sur le récit biblique, le monogénisme stipule que les différentes races descendent d'Adam et que les hommes furent divisés après l'épisode de la tour de Babel. Leur actuelle différence s'explique par l'influence du milieu (ce qui est déjà présent chez Buffon), qui aurait entraîné pour certaines la dégénérescence. À l'inverse, pour les polygénistes, les races sont autant d'espèces (certains auteurs en délimitent plus d'une vingtaine). Notant que les « Noirs » d'Hérodote sont identiques à ceux d'aujourd'hui, insistant sur l'inefficacité de l'environnement à modifier la structure physique de l'homme, les polygénistes énoncent que les races perdurent dans leur être. Les caractères moraux étant liés aux caractères physiques, les races diffèrent radicalement et, en quelque sorte, ontologiquement, dans leur aptitude à accéder à la civilisation.

Avec la victoire de l'évolutionnisme affirmant l'unité psychique fondamentale de l'humanité (Bastian), sans faire appel à la dégénérescence et au mythe biblique, d'autres problématiques vont se développer. À l'exception de Lyell qui ferme les prémices, les auteurs traités plus bas sont généralement reconnus comme des anthropologues ou des ethnographes. Ils sont néanmoins autant les descendants des anciens voyageurs, de Montesquieu, Condorcet et Comte, que ceux de Cuvier, Boucher de Perthes, Lamarck ou Darwin, personnages d'ailleurs présents dans les histoires de l'anthropologie de Haddon (*History of Anthropology*, Londres, 1910, 1934), Hays (*Du singe à l'ange*, [1re éd. angl. 1958] 1967, Paris, Plon), Preble et Kardiner (*Introduction à l'ethnologie*, [1re éd. angl. 1961], 1966, Paris, Gallimard), Burrow (*Evolution and Society : A Study in Victorian Social Theory,* 1966, Cambridge, Cambridge UP), Stocking (*Victorian Anthropology*, 1987, New York, The Free Press) ou encore A. Kuper (*The Invention of Primitive Society*, 1988, Londres et New York, Routledge).

Parmi les précurseurs, citons également T. Waitz, A. Lang, C. Letourneau, W. Ellis et E. Hartland. En ce qui concerne Durkheim et Spencer, il faut se reporter aux ouvrages de sociologie de la même collection.

HERDER, Johann Gottfried von (1744-1803). Né à Mohrungen dans l'est de la Prusse, J. Herder étudie la littérature, le droit, la philosophie et surtout la théologie avant d'être consacré pasteur. Au long d'une œuvre influencée par Kant et Lessing, il publie *Fragmente über die neuere deutsche Literatur* (1767) et d'autres essais de critique littéraire, et en 1772 un *Traité de l'origine du langage* (Paris, PUF, 1992). Mais c'est surtout en 1778 la publication de *Stimmen der Völker in Liedern* («La voix des peuples dans la chanson»), un recueil de chants folkloriques allemands, qui en fait un précurseur de l'anthropologie. Pour Herder, les chansons populaires, les fables et les légendes construisent l'identité culturelle d'un peuple. Le livre est considéré comme étant à l'origine de la *Völkerkunde* ou «science du peuple», et des études ethnologiques et folkloriques en Allemagne. Cette conception débordera la tradition germanique puisque A. Bastian la transmettra à Boas, père d'une bonne part de l'anthropologie américaine. Herder meurt à Weimar en 1803. Grimm prolongera son œuvre en recueillant les mythes germaniques sur l'ensemble des territoires de l'Europe du Nord (*Deutsche Mythologie*, 1836).

EDWARDS, William (1776-1842). Fils d'un planteur né en 1776 dans la colonie anglaise de la Jamaïque, W. Edwards étudie la médecine à Bruges, puis à Paris (1814). Après quelques écrits mineurs, il publie en 1829 un texte intitulé *Des caractères physiologiques des races humaines considérées dans leurs rapports avec l'histoire. Lettre à M. Amédés Thierry*. Polygéniste, il s'attaque à l'idée monogéniste que les races sont le résultat de conditionnements climatiques ou le résultat de genres de vie spécifiques (J.-C. Pritchard). Il utilise le concept de «masses d'hommes» afin d'expliquer que les croisements raciaux, notamment issus des migrations (appelées «invasions»), disparaissent, absorbés par la population d'origine majoritaire. Les races sont stables et identiques à elles-mêmes. On les retrouve semblables dans les textes classiques de l'Antiquité, elles sont ainsi plus ou moins superposables aux nations. En 1839, W. Edwards crée la Société ethnologique de Paris à laquelle il donne pour tâche de déterminer les caractères moraux des races présentes sur les territoires nationaux. La société publie des mémoires.

◆ 1829, *Des caractères physiologiques des races humaines considérées dans leurs rapports avec l'histoire. Lettre à M. Amédés Thierry*, Paris. 1844, Recherches sur les langues celtiques, Paris, Imp. nationale, 1845, De l'influence réciproque des races sur le caractère national, Mémoires de la Société ethnologique de Paris, n° 2.

▲ C. Blanckaert, 1988, «On the origins of French ethnology : W. Edwards and the doctrine of race», in G.W. Stocking, éd., *Bones, Bodies, Behavior. Essays on Biological Anthropology*, *History of Anthropology*, Wisconsin, Wisconsin UP, vol. 5 : 18-56. C. Blanckaert, 1988, «Story et History de l'anthropologie»,

Revue de synthèse, n° 3-4 : 451-469. A. Sommer, 1990, « William Frederic Edwards : "Race" als Grundlage europäischer Geschichtsdeutung? », in *Die Natur des Menschen. Probleme der physischen Anthropologie und Rassenkunde (1750-1850)*, New York, Stuttgart, Fischer Verlag.

PRITCHARD, James Cowles (1786-1848). J.C. Pritchard étudie la médecine d'abord à Édimbourg, puis, après avoir quitté les quakers, joint l'Église anglicane à Cambridge et Oxford (être membre de l'Église anglicane était une condition à l'inscription à beaucoup d'universités). Devenu médecin généraliste à Bristol, Pritchard publie quelques textes mineurs puis, en 1813, *Researches into the Physical History of Man*. Le livre expose une conception monogénique de l'apparition de l'homme. Selon les mots de Stocking, « Pritchard fit du paradigme biblique un paradigme ethnologique où se liaient la linguistique, la culture et les différences physiques » (Stocking, 1973). En 1843, Pritchard publie *L'Histoire naturelle de l'homme*. La thèse monogéniste est reprise et développée, les différences raciales sont expliquées en termes de dégénérescence ou d'évolution que l'environnement physique conditionne moins que le genre de vie adopté. Pritchard dresse une typologie de ces genres qui se réduisent à des stades de civilisation chasseurs-cueilleurs, nomades-éleveurs, agriculteurs auxquels correspondent des types raciaux. Les races déchues peuvent réussir leur transformation (y compris physique) lorsqu'elles se sédentarisent et se moralisent. Notons qu'installé à Londres entre 1845 et 1848, Pritchard devient le président de l'*Ethnological Society of London* créée en 1837.

◆ 1819, *An Analysis of the Egyptian Mythology : To Which is Subjoined a Critical Examination of the Remains of Egyptian Chronology*, Londres, Arch. 1822, *A Treatise on Diseases of the Nervous System. Comprising Convulsive and Maniacal Affection*, Londres, Arch. 1831, *The Eastern Origin of the Celtic Nations Proved by a Comparison of their Dialects with the Sanskrit, Greek, Latin and Teutonic Languages. Forming a Supplement to Researches into the Physical History of Mankind*, Oxford (rééd. revue en 1857). 1835, *A Treatise on Insanity, and other Disorders Affecting the Mind*, Londres, Sherwood.

▲ G.W. Stocking, 1971, « What's in a name? The origins of the Royal Anthropological Institute 1837-1871 », *Man*, vol. 6 : 369-390. G.W. Stocking, 1973, « From chronology to ethnology. J. Cowles Pritchard and British anthropology 1800-1855 », introduction à la réédition de J.C. Pritchard, *Researches into the Physical History of Man*, Chicago, Chicago UP. P. Jorion, 1980, « Un ethnologue proprement dit », *L'Homme*, vol. 20 (4) : 119-128.

SCHOOLCRAFT, Henry Rowe (1793-1864). Né à Guilderland (New York), Schoolcraft est nommé géologue auprès du gouvernement en 1820, puis s'installe comme agent du gouvernement pour les Affaires indiennes sur la rivière Sainte-Marie reliant les lacs Michigan et Huron en 1822. Il est entre autres chargé de veiller au maintien de la paix entre les Chippewa et les Sioux. Il se lie aux Chippewa, épouse une femme de ce peuple et, oubliant la géologie, devient l'ethnographe et le protecteur des Amérindiens pour qui il ne cessera de plaider. En 1832, Schoolcraft fonde l'*Algic Society* dédiée à la recherche sur les langues et les coutumes amérindiennes. En 1839, il publie *Algic Researches*, deux volumes de mythes et légendes, puis suivent *Notes on the Iroquois* (1847) et *Oneonta, The Indian in his Wigwam* (1848). Entre 1851 et 1858 paraît son œuvre majeure : *Historical and Statistical Information Respecting the History, Condition and Prospects of the Indian Tribes of the United States, Collected and Prepared under the Direction of the Bureau of Indian Affairs* qui comprend six volumes et dresse la totalité du savoir possédé à l'époque sur les Amérindiens. Schoolcraft a publié ses mémoires en 1851 : *Personal Memoirs of a Residence of Thirty Years with the Indians*. On lui doit de nombreux autres ouvrages.

▲ J.F. Freeman, 1965, « Religion and personality in the anthropology of H. Schoolcraft », *Journal of the History of the Behavioral Sciences*, vol. 1 : 301-313. R.E. Bieder, 1991, « Schoolcraft, H. », C. Winter, p. 622.

LYELL, Charles (1797-1875). Bien que Lyell ne soit ni ethnographe, ni ethnologue, ni anthropologue, un dictionnaire traitant de ces disciplines se devait de citer *Les Principes de géologie* publié en 1830-1833 et *L'Ancienneté de l'homme prouvée par la géologie, additionnée de remarques sur les théories relatives à l'origine des espèces par variation* publié en 1863. Le premier des deux livres pose pour la première fois une histoire lente de la Terre. Elle s'oppose aux calculs de l'archevêque d'Ussher qui, sur la base d'une chronologie biblique, situait la création du monde à 4 004 ans et aux théories catastrophistes alors dominantes qui, sous l'influence de l'Église, expliquaient l'existence de restes fossiles par le déluge (on avait ainsi les animaux antédiluviens). Lyell y relève que les vestiges de vie étaient fort rares dans les couches géologiques les plus profondes, puis que s'y superposaient les restes de poissons et de reptiles, puis ceux des oiseaux et des quadrupèdes et enfin, tardivement semblait-t-il, les restes humains. C. Darwin lira attentivement les conclusions de Lyell dont il deviendra l'ami et auquel, dès 1842, il confiera les grandes lignes de ses théories. Le second livre est une présentation et une vulgarisation des travaux et des thèses de Boucher de Perthes, de Lamarck et de Darwin dont *L'Origine des espèces*, présenté en 1858, a été publié en 1859. On y trouve aussi déjà développée une théorie de l'évolution pensée comme l'avènement d'une croissante et progressive prédominance de l'esprit sur la matière qui sera plus tard reprise par Teilhard de Chardin. Lyell formait avec le botaniste américain A. Gray et les Anglais A. Wallace, T. Huxley, J. Lubbock ainsi qu'avec le sociologue H. Spencer, un pôle qui, bien que divisé (Darwin n'acceptait pas les extrapolations de Spencer sur le darwinisme social), permit à l'évolutionnisme d'exister scientifiquement.

Les muséologues

En 1829, les collections ethnographiques du Cabinet royal d'art prussien sont réunies et sont versées en 1856 au musée des Antiquités de Berlin dont le département d'ethnologie voit le jour. En 1868, A. Bastian transforme ce département en musée d'Ethnologie de Berlin. Leipzig se dote d'un musée ethnographique que monte en 1873 G. Klemm et qui servira de modèle au premier musée d'Ethnologie américain. En 1874 ouvre à Dresde un musée d'Anthropologie et d'Ethnographie, de même qu'à Hambourg (1877), Munich, Francfort, Stuttgart... À Vienne est créé dans le cadre du musée d'histoire naturelle un département d'anthropologie et d'ethnologie dont les six salles sont inaugurées en 1884.

Plus précoce, le Portugal crée dès 1870 un musée colonial, suivi par l'ouverture à l'université de Coimbra d'un musée ethnographique en 1897. En Italie, après que s'est tenu à Rome en 1871 le Congrès international d'anthropologie et d'archéologie, L. Pigori crée le Musée préhistorique et ethnographique en 1874.

En Angleterre, le colonel Pitt-Rivers offre sa collection d'armes et d'objets préhistoriques, anthropologiques et ethnographiques au Muséum de l'université d'Oxford en 1883. Le contrat de donation stipule que les collections conserveront la présentation évolutionniste qu'il leur a donnée, aussi longtemps qu'il vivra. Il s'agit pour Pitt-Rivers de retracer la « succession des idées » en plaçant les objets des plus simples aux plus complexes. Tylor écrit ses premiers travaux alors qu'il est employé par ce musée (dont il deviendra le conservateur).

Entre 1870 et 1890, la Suède, la Suisse, la Hollande et enfin la Belgique se dotent de musées d'ethnographie sans qu'une dynamique de recherche s'y greffe immédiatement, à l'inverse de ce qui se passe sur le continent américain. Citons rapidement quelques créations dont celle du Musée national de Washington lié au *Smithsonian Institute* et du musée Peabody d'archéologie et d'ethnologie. M. Peabody, ayant fait fortune dans l'import-export, avait ouvert un musée à Londres en 1850, et son neveu, archéologue, lui proposa d'en ouvrir un à Harvard. La direction en est d'abord confiée à J. Wyman, naturaliste qui travailla sur la préhistoire des Amérindiens, puis à F. Putnam en 1874. Le musée se dote de riches collections en achetant des collections européennes (ainsi celle de G. de Mortillet). En 1895, le musée américain d'histoire naturelle (fondé en 1869) ouvre une section d'anthropologie qu'organise F. Putnam.

C'est dans le cadre de la chaire d'anthropologie du Muséum d'histoire naturelle qu'en France, les collections de préhistoire, d'anthropologie et d'ethnographie sont rassemblées en 1878 au musée d'Ethnographie du Trocadéro par Hamy à l'occasion, écrit M. Mauss, de l'Exposition universelle tenue à Paris (Mauss, 1913 : 421). Ce musée devient le musée de l'Homme en 1938.

Parallèlement à l'avènement de cette muséologie, se développe un mouvement de pensée dit évolutionniste. Embrassant la presque totalité des savoirs de leur temps, les évolutionnistes postulent une évolution linéaire de l'humanité selon laquelle les sociétés dites « primitives » constitueraient les stades antérieurs à leur propre société moderne. On s'arrête souvent là, et le jugement porté sur les évolutionnistes est alors sévère. Non seulement leurs théories seraient erronées mais, de plus, on les dit racistes. Il convient de réviser ce jugement précipité et de poser que les évolutionnistes bâtirent de toutes pièces un nouveau champ de savoir, balayèrent le créationnisme et pour leur quasi-totalité défendirent l'idée de l'unité du genre humain. Enfin et surtout, ils font de l'histoire humaine une histoire du progrès.

Comme l'écrit A. Kuper (Kuper, 1988), il faut distinguer deux périodes évolutionnistes. La première est celle de juristes qui s'interrogent sur l'origine du droit. La société moderne du XIXe siècle étant définie depuis le territoire d'un État, la famille monogame et la propriété privée, la société primitive (donc originelle) sera ordonnée selon les liens de sang, sexuellement promiscuiteuse et suivant un mode communiste. Dans les années 1870-1880, l'Église perd de sa puissance et les questions relatives aux origines et à la nature des croyances et de la religion prennent le relais sur celles concernant les institutions juridiques et leurs origines. Les évolutionnistes s'appuient alors sur les considérations ethnographiques concernant le totémisme et plus particulièrement le totémisme australien, dont on a alors découvert l'existence. Tylor et Frazer furent les champions de cette seconde période. Bien que cette pensée se maintienne, la publication en 1912 par Durkheim des *Formes élémentaires de la vie religieuse* clôt cette période de la discipline sur une œuvre monumentale. La « survivance » est le concept opératoire des évolutionnistes.

KLEMM, Gustav (1802-1867). En 1843, G. Klemm commence la publication de *Allgemeine Kulturgeschichte der Menschheit* (« Histoire générale de la culture de l'humanité ») dont le dixième et dernier volume est publié en 1852. Il y propose le découpage du développement des sociétés humaines en trois phases : la sauvagerie, la soumission, la liberté. Entre les deux premières phases, les différences sont d'ordre technique et social : après la cueillette viennent l'élevage et l'agriculture et, après la horde, vient la tribu reconnaissant l'autorité des chefs à caractère sacerdotal. La seconde phase connaît aussi l'emploi de l'écriture. Mais seule la troisième pourra exploiter et développer ses acquisitions grâce à la sécularisation de l'autorité, qui permettra l'épanouissement des capacités inventives de l'homme. G. Klemm distingue deux types raciaux : l'actif et le passif. Les races actives sont nées quelque part en Asie centrale ; l'éminente représentante en est la race germanique. En soumettant les races passives, elles peuvent les ouvrir au développement. On doit à Klemm la création du musée de Leipzig.

VIRCHOW, Rudolf (1821-1902). Virchow est nommé professeur de médecine aux universités de Würzburg en 1849, puis de Berlin en 1856. Il enseigne la muséologie et l'importance de la mesure statistique à Boas lorsqu'en 1885 celui-ci devient assistant au *Völkerkunde Museum*, fondé par A. Bastian. Boas qui rédigera la nécrologie de Virchow pour la revue *Science* (n° 16 : 441-445) le pose comme le fondateur de l'anthropologie physique moderne allemande. Pourtant, Virchow a commencé par étudier le «crétinisme» dans une optique phrénologique mais il est frappé par les variations des formes du corps humain et s'intéresse alors aux races et aux crânes préhistoriques, et partant, à la préhistoire elle-même, ce qui l'amène à se rapprocher des folkloristes. Virchow a surtout su institutionnaliser l'anthropologie en Allemagne. Il participe très activement à la fondation de la Société allemande d'anthropologie et à celle de la Société berlinoise d'anthropologie, d'ethnologie et de préhistoire, enfin à l'établissement des *Archivs für Anthropologie*. Sous son impulsion, ces sociétés deviennent le centre de l'activité de l'anthropologie allemande. La première se dédia surtout à l'étude des caractéristiques physiques des jeunes Allemands (couleur des yeux et des cheveux, taille) sur l'ensemble des écoles du pays. Il fait ainsi établir des cartes permettant d'élaborer des hypothèses historiques (Virchow fait ensuite la même étude en Europe de l'Est). Néanmoins, selon Boas, alors que les formes du crâne étaient considérées comme étant des caractéristiques nationales (il y avait ainsi des crânes slaves ou allemands), Virchow maintient que les types physiques ne correspondaient pas aux types linguistiques ou culturels. Virchow est l'auteur de plus d'un millier d'articles.

▲ A. Lissauer, 1901, «Virchow», *Deutsche Medizinische Wochenschrift*, vol. 41. F. Boas, 1902, «Rudolf Virchow», *Science*, sept. O.T. Mason, 1902, «Rudolf Virchow», *AA*, vol. 4 : 568-571.

BASTIAN, Adolf (1826-1905). Né à Brême (Allemagne), A. Bastian étudie le droit à l'université de Heidelberg, puis la médecine à Berlin et Prague. Il s'engage comme médecin dans la marine après un doctorat obtenu en 1851 et passe alors presque vingt ans à voyager, visitant l'Afrique, l'Amérique et l'Asie où il retourne seul pour étudier le bouddhisme. En 1859, il publie *Ein Besuch nach San Salvador* («Une visite à San Salvador»). En 1860, il publie les trois volumes de *Der Mensch in der Geschichte. Zur Begründung einer psychologischen Weltanschauung* («L'homme dans l'histoire. Fondement pour une conception psychologique») où il passe en revue tous les phénomènes religieux «primitifs», énonce que le sauvage ne distingue pas entre mondes subjectif et objectif. En 1861, de retour d'un voyage qui dure quatre ans en Asie orientale, il écrit six volumes qui sont publiés entre 1866 et 1871 sous le titre *Les Peuples de l'Asie de l'Est*. En 1868, il est nommé conservateur des collections ethnographiques du musée de Berlin qui voit le jour, et lance un mot d'ordre : «Avant tout, achetons en masse, pour les sauver de la destruction, les produits de la civilisation des sauvages et accumulons-les dans nos musées» (Laude, 1966, *Les Arts de l'Afrique noire*, Paris, Larousse, p. 31). C'est d'ailleurs pour y recueillir des objets qu'il repart en Amérique du Sud en 1871. À son retour, il publie entre 1878 et 1899 *Les Pays civilisés de l'ancienne Amérique* (3 vol.). Devenu président de l'université de Berlin, il y ouvre en 1886 le département ethnographique le plus important du monde et crée avec Virchow la Société berlinoise d'anthropologie, d'ethnologie et de préhistoire qui publie la *Zeitschrift für Ethnologie*. Bastian parcourt encore le Turkestan, l'Inde, Java et Bali et, de retour en Allemagne, organise un nouveau voyage devant le conduire en Malaisie et à la Jamaïque. C'est sur le chemin de cette mission qu'il meurt en 1903 à Port of Spain. Dès 1860, il déduit des similitarités qu'il perçoit entre les différentes cultures un *Elementargedanke* ou unité psychique élémentaire de l'humanité, qui subirait des modifications sous les contraintes de l'environnement écologique et qu'il oppose à l'absolue domination des théories diffusionnistes. Cette conception marqua profondément les débuts de Boas qui fut son assistant.

◆ 1881, *Der Völkergedanke im Aufbau einer Wissenschaft vom Menschen und seine Begründung auf ethnologische Sammlungen,* Berlin, Dummler. 1895, *Ethnische Elementargedanken in der Lehre vom Menschen*, Berlin, Weidmannsche Buchhandlung.

▲ K. Steiner, 1905, « Gedächtnisrede auf Adolf Bastian », *Zeitschrift für Ethnologie*, vol. 37 : 236-249. A. Goldenweiser, 1937, « Bastian, Adolf », dans E.R.A. Seligman, éd., *Encyclopaedia of the Social Sciences*, New York, vol. 2 : 476. A. Fiedermutz-Laun, 1970, *Der kulturhistorische Gedanke bei Adolf Bastian,* Wiesbaden, F. Steiner. K. P. Koepping, 1985, *Adolf Bastian and the Psychic Unity of Mankind : The Foundations of Anthropology in Nineteenth Century Germany*, St. Lucia, Londres et New York, Queensland UP.

Les évolutionnistes

BACHOFEN, Johannes Jakob (1815-1887). Né en Suisse allemande, J. Bachofen étudie le droit à Berlin, Paris, Cambridge, puis l'archéologie à Rome. En 1844, il est nommé professeur de droit romain à l'université de Bâle. En 1851, il publie une *Histoire des Romains* utilisant les récits mythiques. Il retrouve une approche rejetée depuis *Considération sur l'incertitude des cinq premiers siècles de l'histoire romaine* publié par L. de Beaufort en 1738, qui considère que les mythes sont inutilisables par la science historique. Bachofen propose de réhabiliter les mythes qu'il faut interpréter (l'épisode de « l'enlèvement des Sabines » n'est pas un fait historique, mais un mythe prenant en charge la mémoire de l'invention de l'exogamie). Dans cette approche, Bachofen donne en 1856 à Stuttgart une série de conférences sur « Le droit de la femme ». En 1859, il publie *Le symbolisme funéraire des anciens* et en 1861 *Le droit de la mère*. Essentiellement écrit à partir des lois romaines et des mythes grecs, le livre expose le règne de la mère ou gynécocratie, un ancien stade de l'humanité, dont l'orgueil des mâles aurait amené le refoulement.

Pour Bachofen, il existe originellement une promiscuité dite aphroditique qu'il dit liée symboliquement à la « fertilité marécageuse ». Les femmes se révoltent contre cet état et s'établit l'idée d'une descendance par les femmes. Se met en place une première forme de mariage sous le règne de la déesse mère de la Terre (la *tellurische Urmutter* dont attestent les statues stéatopyges). Le matriarcat est composé de trois ordres. Matriarcat de parenté : « Les Lyciens, selon Hérodote, ne nommaient pas, comme les Grecs, leurs enfants d'après le père, mais exclusivement d'après la mère et c'était le rang social de la mère qui seul, chez eux, classait l'enfant. » Matriarcat juridique : « Dans le traité d'alliance conclu entre Annibal et les Gaulois, l'arbitrage des différends possibles est confié aux matrones gauloises. » Enfin, matriarcat religieux : « Le sacrifice locrien des vierges nous révèle que le sacrifice d'une femme est plus agréable à la divinité » (1938 : 45).

Le moteur du passage du stade de la « fertilité marécageuse » au matriarcat est double. D'une part, il y a « l'émotivité féminine » car « la femme, la mère surtout, consacre ses soins et ses efforts au développement de ses facultés pratiques et à l'embellissement de la vie matérielle » (1938 : 53). Mais, d'autre part : « épuisée jusqu'à la mort par la lubricité du mâle, c'est elle qui, plus tôt et plus profondément que l'homme, a ressenti le besoin impérieux d'une vie réglée et d'une moralité supérieure ». Dans une première phase, « l'offrande à l'hétaïrisme aphroditique précède le mariage au lieu de l'accompagner ». Au cours d'une seconde phase se constitue « une caste spéciale de courtisanes sacrées » qui possèdent d'énormes biens qu'elles amènent en guise de dot. Enfin, dans une phase ultérieure, « c'est la famille qui devait se résoudre à leur en fournir » (1938 : 60). On entre alors à la phase de l'amazonisme « aux mœurs et à la rigidité inhumaine » causés par « le souvenir et le ressentiment des outrages » (1838 : 72). Le matriarcat est symboliquement lié à la nuit, à la Lune, à la gauche, aux profondeurs terriennes et à l'amazonisme.

En réaction à l'amazonisme, une nouvelle époque de l'humanité voit l'apparition d'une autre « forme de mariage » sous l'hégémonie des mâles. Cette nouvelle époque est liée au Soleil, à la prééminence du côté droit, au jour et à l'esprit. *L'Orestie* d'Eschyle, où Oreste est poursuivi par les Érinyes, offre à Bachofen la matière d'une illustration du passage du matriarcat au patriarcat, du droit des puissances souterraines au « droit nouveau de Jupiter olympien », de la victoire du « principe métaphysique » sur le « principe physique », du passage de la religion de la Terre mère à celle des dieux célestes. Bachofen ne cesse d'insister sur la supériorité de chacune des époques sur la précédente et répète que « c'est sous la conduite de la femme que le genre humain a produit son premier grand effort vers la civilisation ».

Il publie en 1870 son dernier livre important : *Die Sage von Tanaquil* (la légende de Tanaquil ou Rome et le triomphe du patriarcat contre l'Orient gynécocratique) qui développe les mêmes termes. On sent aux quelques phrases qui précèdent que le ton de *Das Mutterrecht* est poétique. Tylor qualifie son auteur de mystique.

◆ A. Turel, 1938, *Johannes Bachofen, du règne de la mère au patriarcat, pages choisies*, Librairie Félix Alcan. J. Bachofen, 1996, *Le droit maternel : recherche sur la gynécocratie de l'Antiquité dans sa nature religieuse et juridique,* Lausanne, L'Âge d'homme.

▲ J. Dörmann, 1965, « Was J.J. Bachofen Evolutionist? », *Anthropos*, vol. 60 : 1-48. H.-J. Hildebrandt, 1988, *Johann Jakob Bachofen : a Bibliography of the Primary and Secondary Literature, with an Appendix on the State of the Matriarchal Question*, Aachen. J. Stagl, 1989, « J.J. Bachofen's mother right and its consequences », *Philosophy of the Social Sciences*, vol. 19 : 183-200. M. Izard, 1991, « Le Bachofen de Walter Benjamin », *Gradhiva*, n° 10 : 89-93.

MORGAN, Lewis Henri (1818-1881). Né à Aurora (État de New York), Morgan s'intéresse dès ses années d'université (1840) aux Iroquois, « confédération » de cinq « Nations » différentes vivant près du lac Érié. Devenu avocat (1844), il défend l'un de leurs clans (les Seneca) contre une compagnie (la Ogden Kand Compagny) voulant les déposséder d'une partie des terres de leurs réserves. La compagnie avait en effet acheté la signature d'un certain nombre de chefs afin d'acquérir des terres 3,5 $ au lieu des 35 $ réglementaires. Morgan organise une pétition adressée aux sénateurs qui empêche la ratification du traité de cession. Si Morgan se rend bien sur le terrain et qu'en 1846 les Seneca l'admettent dans le clan Faucon des Tonawanda (clan d'E. Parker) sous le nom de Ta-ya-da-o-wuh-kuh (« l'entre deux »), on doit néanmoins revoir la légende propagée par Engels (1884) puis par Tylor (1897 : 262) et L. White (1961), d'un homme passant la plus grande partie de sa vie auprès des Amérindiens. L'enquête effectuée par Trautmann (1987) et E. Tooker (*AA*, 1992 : 358-359) révèle que le temps total passé par Morgan auprès des Iroquois fut approximativement d'une douzaine de séjours « d'une ou deux semaines » (soit environ quatre mois). Morgan a surtout beaucoup bénéficié de l'aide d'un étudiant en droit iroquois nommé E. Parker. Devenu fonctionnaire fédéral pour les questions indiennes, Morgan fut le premier anthropologue à être élu président de l'Association américaine pour le développement des sciences en 1879. Il décède à Rochester en 1881.

En 1844, Morgan publie son premier article (consacré aux visions d'un chaman indien). Il engage alors une importante correspondance ethnographique avec Gallatin, président de la Société d'histoire de New York, et reçoit immédiatement les encouragements de Schoolcraft. En 1850, il rédige un rapport sur les collections indiennes, présentes dans les collections des universités de l'État de New York et, en 1951, publie *League of the Ho-dé-no-sau-nee, or Iroquois* où il rapporte de manière purement ethnographique et minutieuse l'histoire, les danses, la religion, les principes de chefferie, la culture matérielle, le mariage de la confédération iroquoise. Ayant investi dans le chemin de fer et les mines, Morgan devient l'un des premiers hommes d'affaires prospères (sans cesser d'être un homme de science). En 1857, à la demande de l'Association américaine pour le développement des sciences, il publie un article sur le « Système des relations iroquoises », et un second sur les « Lois de descendance chez les Iroquois ».

En 1859, il découvre que d'autres Indiens (les Ojibwa) d'une famille linguistique différente (au lexique et à la grammaire distincts) de celle des Iroquois sont cependant dotés des mêmes principes formels d'appellation de parenté : « Chaque terme de relation était radicalement différent du terme iroquois correspondant, mais la classification des parents était la même. Il était manifeste que les deux systèmes étaient identiques quant à leurs caractéristiques principales», écrira-t-il (1871 : 3). On peut ainsi dater de cette découverte l'invention de l'étude de la parenté. Dans la conception phylogénique de l'époque, Morgan suppose que si cette forme se répète avec d'autres vocabulaires, c'est que le système existait avant la dispersion des Amérindiens sur le continent américain. Il délivre dans cet esprit une communication intitulée *System of Consanguinity of the Red Race in its Relations to Ethnology* qui propose une comparaison systématique entre les différentes nomenclatures de parenté indienne. Allant plus loin, à l'occasion du congrès annuel de l'Académie américaine des arts et des sciences, il propose la thèse selon laquelle les décalages entre les relations familiales et le système des appellations résultent de la survivance de rapports sociaux réels plus anciens et disparus au niveau terminologique. Les terminologies sont ainsi des «fossiles» ou, selon le mot de MacLennan, des «symboles», ou encore, selon celui bientôt inventé par Tylor et retenu par la discipline : des «survivances». Si les Amérindiens proviennent d'Asie, on doit y retrouver ce système chez d'autres peuples issus de la même souche; or, dès 1859, Morgan obtient de Dr. H.W. Scudder, missionnaire aux Indes, «quelques indices de l'existence du système des Amérindiens chez les Tamilian (Tamouls) du sud de l'Inde».

En 1860, par l'intermédiaire du *Smithsonian Institution*, il s'adresse aux institutions religieuses et, grâce à l'appui du secrétaire d'État, obtient la diffusion d'un questionnaire auprès des missionnaires et des fonctionnaires administratifs dispersés aux quatre coins du monde. Alors qu'il a envoyé quelques centaines de questionnaires, Morgan obtient 48 réponses, auxquelles il ajoute les données qu'il a lui-même récoltées, il totalise 139 cas. En 1871, le *Smithsonian Institution* publie *System of Consanguinity and Affinity of the Human Family*. Première étude comparative des systèmes de parenté, Morgan y révèle que «toutes les formes de consanguinité présentées par les tableaux se résument à deux types, la descriptive et la classificatoire». Cette dernière, qui correspond à divers mariages de groupe, comprend une forme principale indo-européenne et deux formes subordonnées : la malayenne (dont la forme hawaiienne est typique) et l'eskimaude. Le système classificatoire est une survivance du temps d'une promiscuité sexuelle où il était impossible de déterminer qui était le père, l'oncle, le frère, le neveu... Avec le développement de la civilisation, une distinction fut introduite entre les différents membres d'une famille : c'est la forme descriptive. La forme descriptive issue du mariage monogame comprend les familles aryenne (dont la forme de consanguinité romaine est typique), sémitique et ouralienne (dont la famille chinoise est l'une des divergences).

Il est à souligner que Morgan n'a pas conçu son livre comme portant sur l'étude des systèmes de parenté mais s'est rangé sous la bannière d'une science alors nouvelle : la philologie ou «science du langage» à laquelle M. Müller a donné ses canons. Morgan considère son travail comme une contribution à cette science nouvelle. Ce point est clairement énoncé dans la présentation. S'agissant d'un livre de parenté, les systèmes dravidiens trouveraient leur place à côté et avec ceux des Amérindiens, mais Morgan y ajoute les données de la géographie, de la philologie et de l'anthropologie physique pour résoudre la question d'une phylogenèse de la famille humaine.

System of Consanguinity and Affinity of the Human Family est salué par Darwin, Lubbock, Maine et Spencer alors que MacLennan le repousse. Morgan se rend d'ailleurs en Europe après la publication de son étude où il rencontre ces personnalités (et où il est reçu par le pape). Revenu aux États-Unis, il élargit son champ à l'histoire des institutions et propose de reconstituer celle des « arts de la subsistance » (c'est-à-dire les techniques de production), des formes de la propriété, de la famille et de l'État pour l'ensemble de l'humanité. Ce sera *La Société archaïque, ou recherches sur le progrès humain depuis la sauvagerie jusqu'à la civilisation, en passant par la barbarie* publié en 1877.

Employant et popularisant les catégories de sauvagerie, barbarisme et civilisation déjà présentes chez Montesquieu, Morgan subdivise les deux premières en trois stades (inférieure, moyenne, supérieure). Le stade de la basse sauvagerie commence avec l'humanité et se prolonge jusqu'à l'invention du feu et n'existe plus. Au stade de la sauvagerie moyenne, les hommes ont inventé le langage, possèdent en commun leurs propriétés et vivent dans une promiscuité sexuelle ne faisant pas place à une structure familiale (ce stade serait illustré par les aborigènes australiens). La sauvagerie supérieure voit l'invention de l'arc et de la flèche (représentée par les Indiens canadiens Athabaskan), la basse barbarie celle de la poterie (Iroquois). Ce n'est qu'avec la civilisation que la monogamie voit le jour, de même que l'alphabet.

Morgan ne définit pas clairement les causes de l'évolution, aussi peut-on y voir l'œuvre de l'inventivité technologique, les progrès de l'intelligence ou encore ceux de la morale ou même de la démographie. On devine aussi comment une telle classification s'ouvrait à de nombreuses critiques, ainsi telle population ignorant l'agriculture était pourtant monogame.

La Société archaïque fut bien reçu par Maine, et Bachofen dédia à Morgan son dernier livre. Darwin l'accepta tout en critiquant l'idée d'une promiscuité sexuelle primitive et, Morgan s'étant opposé à la théorie de l'enlèvement, MacLennan l'attaqua. Le livre passionna Marx et Engels : *L'Origine de la famille, de la propriété privée et de l'État*, publié par ce dernier en 1884, reprend le schéma de Morgan en y assignant un déterminisme économique. Cette interprétation du texte de Morgan (qui était marié à sa pieuse cousine Mary Steele, qui semble avoir été son seul amour, qui créa un orphelinat pour jeunes filles et accepta l'évolutionnisme de Darwin, à l'exception de l'espèce humaine) le fit bientôt considérer comme un « rouge » et les attaques scientifiques que lui portent F. Boas et ses disciples, notamment R. Lowie, l'écartent de la tradition ethnologique jusqu'à ce que L. White, puis E. Leacock lui redonnent sa place légitime. Enfin E. Terray a tenté de montrer (1969) que la factualité des correspondances proposées par Morgan n'importait pas, mais qu'il s'agissait pour lui d'établir un modèle qui montrait des modes de production comprenant des infrastructures et des superstructures.

On peut aussi mettre l'accent sur le fait que, rejetant la thèse selon laquelle les sauvages sont les vestiges dégénérés de civilisations antérieures, toute l'entreprise de Morgan revient à penser, par l'usage d'un schéma évolutionniste, l'unité des sociétés et de la « famille humaine » derrière la diversité des civilisations et des cultures : « L'histoire de la race humaine est une dans sa source, dans ses expériences et dans ses progrès. »

◆ 1851, *League of the Ho-dé-no-sau-nee, or Iroquois*, Rochester (republié en fac-similé avec une introduction de W.-N. Fenton en 1962 par Corinth Books). 1868, *The American Beaver and his Works* (reproduction en fac-similé, New York, B. Franklin, 1970). 1871, *System of Consanguinity and Affinity of the Human Family*, Smithsonian Contributions to Knowledge n° 17, Washington DC, Smithsonian Institution. 1977 (1877), *La Société archaïque*, Paris, Anthropos. 1887, *Houses and House-life of the American Aborigines*, *US* Geological Survey. Contributions to North American Ethnology n° 4, Washington DC. *Lewis Henry Morgan, the Indian Journal 1859-1862*, éd. par L.A. White, Ann Arbor, Michigan UP.

▲ B.J. Stern, 1931, *Lewis Morgan : Social Evolutionist,* Chicago, Chicago UP. L.A. White, 1940, *Pioneers in American Anthropology; the Bandelier-Morgan letters 1873-1883,* 2 vol., Albuquerque, New Mexico UP. L.A. White, 1957, *« How Morgan Came to Write Systems of Consanguinity and Affinity »*, Papers of the Michigan Academy of Sciences, Arts and Letters, n° 42 : 257-268. Resek C., 1960, *Lewis Henry Morgan : American Scholar*, Chicago, Chicago UP. M. Opler, 1962, « Integration, Evolution and Morgan », *CA*, vol. 2 : 478-489. L.A. White, 1964, « Introduction à *Ancient Society* by L.H. Morgan », Cambridge Mass., Harvard UP. E. Terray, 1969, « Morgan et l'anthropologie contemporaine », dans *Le Marxisme devant les sociétés primitives*, Paris, Maspero. E.R. Service, 1981, « The Mind of Lewis H. Morgan » *CA*, vol. 22 : 25-43. A. Kuper, 1985, « The development of L.H. Morgan's evolutionism », *Journal of the History of the Behavioral Sciences* n° 21 : 3-22. R.E. Bieder, 1986, *Science Encounters the Indian, 1820-1888, the Early Years of American Ethnology*, Norman et Londres, Oklahoma UP. A. Testart, 1988, Introduction à l'édition française de *La Société archaïque*. E. Tooker, 1992, « Lewis Morgan and his contemporaries », *AA*, vol. 94 : 357-376. T.R. Trautmann, 1987, *Lewis Henry Morgan and the Invention of Kinship*, Berkeley, Los Angeles, Londres, California UP. J. Vincent, 1996, « Morgan, L. H. », in A. Barnard et J. Spencer, pp. 381-382.

ENGELS, Friedrich (1820-1895). Né à Barmen (Allemagne), ce fils d'un fabricant textile rejoint les rangs des hégéliens de gauche à Berlin où, rencontrant Marx en 1842, il devient le cofondateur du marxisme. Bien que l'on puisse discuter la place et l'importance de son œuvre pour l'anthropologie, on ne saurait passer sous silence *L'Origine de la famille, de la propriété privée et de l'État* publié en 1884 et inspiré par la lecture de la *Société archaïque* (Morgan). Le livre reprend en résumé l'ensemble des données de Morgan (et des erreurs factuelles), auxquelles s'additionnent quelques notes de Marx sur ses lectures évolutionnistes. Relisant l'œuvre de Morgan, Engels fait du développement des forces de production le moteur de toutes les dimensions de la vie sociale, pose l'invention des classes sociales et insiste sur le fait que la société étatique n'est que transitoire. Il est aussi à noter que la préface de la seconde édition de 1895, exposant les positions théoriques des différents auteurs de l'évolutionnisme, dresse la meilleure histoire et le meilleur bilan des débats qui eurent lieu. La revue *La Pensée* a célébré le livre par un important colloque tenu en 1955 (*La Pensée,* 1956, n° 66 : 114-124).

MAINE, Henri Sumner, sir (1822-1888). Maine étudie le droit romain à l'université de Cambridge et l'enseigne dans la même université à partir de 1847. En 1850, il s'inscrit au barreau et devient conjointement journaliste. L'une des questions de l'époque est celle de l'Inde. La Couronne a annexé le Panjab en 1849 et d'autres principautés par la suite et, avant même la dissolution de la Compagnie des Indes (survenant en 1858), se pose ainsi la question du mode selon lequel s'exercera le gouvernement britannique de la colonie. Alors que, dans la lignée de J. Bentham, les utilitaristes proposent un code dirigiste mais réformateur, Maine rejoint le parti des Whigs qui, contre l'extension du suffrage universel, défendent un gouvernement de type aristocratique.
Habité par ces questions et après une série de conférences sur le droit romain (*Roman Law and Legal Education*, 1856), Maine rédige *Ancient Law : Its Connection with the Early History of Society and its Relations to Modern Ideas,* publié en 1861. S'appuyant sur l'Ancien Testament et des sources classiques, il écrit que l'homme fut originellement le membre d'un groupe familial (*corporate group*) dirigé par un patriarche despotique rassemblant une propriété indivisée. Pour Maine, le pouvoir patriarcal établit les bases de plus larges associations qui restent d'abord autonomes au sein de fédérations. Au cours du temps, des enfants abandonnés ou vagabonds joignent les groupes par adoption, les associations territoriales ne cessent de prendre de l'importance et le principe d'autorité patriarcal local est bientôt dilué. Les sociétés basées sur la parenté sont ultimement remplacées par des sociétés étatiques au fondement territorial, sur lequel émerge un individu perçu comme une personnalité légale. La transition du sang au sol, du statut au contrat, fut, selon Maine, la plus grande révolution de l'histoire humaine.
L'entreprise de Maine est à la fois théorique mais aussi purement empirique, de manière qu'il fonde les sciences de l'homme contre la philosophie de Rousseau (déclarant « commençons par écarter tous les faits ») et celle de Hobbes dont les pensées jouaient un rôle de modèle pour toutes les théories du droit naturel de l'âge classique et pour toutes les versions du contrat social qui, avec des modalités différentes, exposent que le premier lien social relève d'un contrat que les individus ont pris entre eux. Hobbes, Rousseau ou même Bentham présentent un individu « né libre et propriétaire de son destin » et l'État comme un objet construit. À l'inverse pour Maine, les premières sociétés sont familiales et non individuelles. Elles sont unies par des statuts et non par des contrats, un « patriarche despote » règne sur une famille réduite aux seuls mâles (que Maine trouve chez les Slaves du Sud ou en Inde).
Il faut voir en Maine l'un des penseurs de l'*indirect rule* car il s'agit de prendre position sur le gouvernement de l'Inde où « la substitution de la territorialité à l'agnation » ne s'est pas encore effectuée. En 1861, il est nommé membre du Conseil pour l'Inde, en 1862, conseiller du vice-roi à Calcutta et, en 1864, vice-chancelier de l'Université. Il revient comme professeur à Oxford en 1869. En 1871, il donne une série de conférences intitulées *Village Communities of the East and West, to which are Added Other Lectures, Addresses and Essays*

où il tente d'étudier l'évolution qui mena aux castes. En 1875, il publie *Lectures on the Early History of Institutions* et *The Effects of Observation of India on Modern European Thought,* projet ethnologique de l'observation par récurrence. Il meurt à Cannes en 1888.
De son œuvre on retiendra surtout *Ancient Law* dont A. Kuper (1988) fait, plus que la théorie de Darwin, la source commune des évolutionnistes. Bien que la plupart de ses idées aient été rejetées, Maine déploie les questions qui vont préoccuper ses rivaux et successeurs pour un demi-siècle et organise, avec « sang/sol-statut/contrat », une opposition typologique que l'on retrouve chez Morgan avec *societas & civitas*, chez Tonnies avec *Gemeinschaft/Gesellschaft*, chez Durkheim avec « solidarité organique/solidarité mécanique » et qui se prolonge jusqu'aux fonctionnalistes anglais avec « sociétés lignagères-segmentaires/sociétés étatiques ».

▲ R. Redfield, 1950, « Maine's Ancient Law in the light of primitive societies », *Western Political Quarterly*, vol. 2 : 574-579. R. Firth, 1963, « Introduction to *Ancient Law* », Boston, Beacon Press. H. Orenstein, 1968, « The ethnological theories of Henry Summer Maine », *AA*, vol. 70 : 264-276. G. Feaver, 1969, *From Status to Contract. Biography of Sir Henry Maine (1822-1888)*, Longmans, Lardar (livre qui a l'intérêt de présenter un peu de la correspondance que Maine eut avec Morgan entre 1876 et 1878). F. Héran, 1989, « Une question de généalogie : la théorie de la segmentation », dans M. Ségalen, *Anthropologie sociale et ethnologie de la France*, Louvain-la-Neuve, Peeters, p. 231-237. A. Diamond, éd., 1991, *The Victorian Achievement of Sir Henry Maine : A Centennial Reappraisal*, Cambridge UP. La revue *Droit et Cultures*, 1990, vol. 19 : 149-190 a constitué un dossier sur Maine établi par R. Verdier qui présente sept textes de Maine précédés de trois pages d'introduction.

MÜLLER, Friedrich Max (1823-1900). Né à Dessau (Allemagne), M. Müller étudie à Leipzig (1841) puis à Berlin (1843) la philologie et l'orientalisme avec F. Bopp. En 1844, il publie *Hitopadesa. Un ensemble de mythes indiens anciens traduits du sanskrit en allemand pour la première fois*. Après une année passée à Paris en 1845 où il étudie les religions comparées avec E. Burnouf, il émigre en Angleterre en 1846. Recruté par l'université d'Oxford (1850), il obtient la chaire de philologie comparée (1868) et y effectue toute sa carrière. En 1856, il publie *Essai de mythologie comparée* (Paris, 1859) et commence ainsi une recherche d'anthropologie religieuse qui aboutit en 1873 à la victoire que constitue la publication de son *Introduction à la science de la religion*.
Comme Morgan l'avait fait pour la parenté, c'est en s'inspirant du modèle philologique de travail comparatif sur les langues qu'il se propose de répondre à trois questions : qu'est-ce que la religion? Quelle est son origine? Quelles sont les lois de son développement historique? Pour la première fois « la science des religions » se nomme elle-même sur le plan discursif. Indiquons que Renan qui a publié *La Vie de Jésus* en 1863 perd sa chaire au Collège de France et que l'encyclique *Quanta Cura* suivie du *Syllabus*, publiée par Pie IX en 1864, condamne l'histoire des religions qui transforme le sacré en un objet ordinaire de connaissance. M. Müller propose un arbre généalogique des

religions de l'humanité et acquiert une grande notoriété en renouvelant les études de mythologie comparée. Ses travaux restent essentiels, bien que parasités par un enthousiasme pour le thème de l'adoration du Soleil et des mythes qui en dérivent, comme principe religieux premier. Notons aussi qu'il traduisit en anglais la *Critique de la raison pure* de Kant.

◆ 1847, *Meghadüta. Der Wolkenbote, dem Kälidäsa nachgedichtet*, Königsberg. 1859, *History of Ancient Sanscrit Literature*. 1861-1864, *Lectures on the Science of Language*. 1878, 1882, *Lectures on the Origin and Growth of Religion*. 1887, *Science of Thought*. 1897, *Contribution to the Science of Mythologie*, 2 vol. 1899, *The Six Systems of Indian Philosophy*. Trad. 1881, *Dhammapada*. 1884, *Upanishad*, 2 vol. 1891, V. Hymns. 1849-1874, *Hg. des Rigweda, mit dem Kommentar des Sajana*, 6 vol. 1879-1899, *Sacred Books of the East*, 50 vol. 1900, *Ferner autobiograph. Werke. Collected Works*, 20 vol.

▲ G.A. Müller, 1900, *The Life and Letters of the R.H.F. Max Müller*, 2 vol. P. Berkenkopp, 1914, *Die Voraussetzungen der Religionsphilosophie F. Max Müllers*, Münster. R.M Dorson, 1955, « The eclipse of solar mythology », *Journal of American Folklore*, vol. 63 : 393-416 et in T.A. Sebeok, éd., 1955, *Myth : A Symposium*, Bloomington, p. 14-38. M. Détienne, 1976, « Mito e linguaggio da Max Müller a C. Lévi-Strauss » dans *Il Mito. Guida storica a critica*. B.J.H. Voigt, 1976, *Max Müller. The Man and his Ideas*, Calcutta.

MacLENNAN, John Ferguson (1827-1881). Né en Écosse et fils d'un agent d'assurance, MacLennan obtient un *MA* en 1849. Il entre alors au *Trinity Collège* de l'université de Cambridge. Les années 1853-1855 sont passées à Londres dans le milieu littéraire. En 1857, il rédige l'article « Law » de la huitième édition de l'*Encyclopaedia Britannica* (vol. 13 : 253-279). Inscrit au barreau cette année-là, il est avocat et, à partir de 1870, secrétaire de séance au Parlement (se joignant la même année à la Société ethnologique de Londres). Entre 1857 et 1865, il publie plusieurs articles sur divers thèmes dont le droit, l'art écossais, et surtout en 1863 un compte rendu général des publications portant sur l'Inde intitulé « Hill Tribes in India » (1863, *North British Review*, n° 38 : 392-422).

En 1865, MacLennan publie chez A. et C. Black *Primitive Marriage* où, comme Bachofen (mais dans l'ignorance de son travail), il énonce une thèse sur le matriarcat primitif comme première étape de l'humanité. Sa démonstration débute par une interrogation concernant l'existence du rite de capture des épouses comme faisant partie de la cérémonie de mariage qui « se déroule après un contrat » et que l'on rencontre sur une grande diversité géographique et temporelle (des Spartiates aux Romains, des Hindous à l'Europe du Nord). En réponse à une hypothèse psychologique expliquant ce rite par la « pudeur féminine », MacLennan rétorque que « les femmes parmi ces rudes tribus sont usuellement dépravées et exposées à des scènes de dépravation depuis leur plus tendre enfance » (1865 : 12). Aussi nous propose-t-il d'interpréter le rituel de capture qui accompagne le mariage comme le « symbole » de pratiques d'enlèvement qui furent réelles. Ce « symbole » est un fossile du monde social « juste comme le fossile d'un poisson trouvé dans la roche d'une colline nous force à concevoir l'ensemble du pays environnant comme ayant été sous l'eau» (1865 : 19). Il remarque que «les Doriens envahissant la Grèce ne furent probablement pas accompagnés par leurs femmes et enfants», relève que chez les «Caraïbes et d'autres nations cannibales, les captifs mâles deviennent des moyens de subsistance alors que les femmes sont préservées comme épouses et produits de luxe», enfin qu'en Nouvelle-Zélande, aux Fidji et dans d'autres îles du Pacifique «l'objet des guerres intertribales était de se procurer des femmes pour les épouser et des hommes pour se nourrir» (1865 : 36). MacLennan en déduit que «le système de certaines tribus était de capturer des femmes — nécessairement les femmes d'autres populations — pour les épouser» et définit cette contrainte par le mot d'«exogamie», principe prohibant les «mariages internes à la tribu», qu'il oppose à celui d'«endogamie» (1865 : 23). Si cette règle est associée à la capture des femmes, c'est que les tribus sauvages n'avaient entre elles que des relations de guerre et d'hostilité (1865 : 57), et que «la restriction de mariage interne est à relier à l'ancienne pratique de l'infanticide des femelles, qui rendant les femmes rares, conduit à la fois à la polyandrie à l'intérieur de la tribu et à la capture des femmes à l'extérieur» (1865 : 58). Découverte aux Indes en 1857, la pratique de l'infanticide des filles se découvre aussi dans les mythologies gréco-latines et s'explique par le fait que «les fils étaient une source de force, tant pour la défense que pour la recherche de nourriture et les filles une source de faiblesse» (1865 : 58).

Selon MacLennan, «l'union des sexes était probablement dans les premiers temps libre, transitoire et à un certain degré incestueuse (1865 : 67) et les hommes possédaient les femmes en commun (comme les autres biens) mais, «bien rare», les femmes se voyaient dotées de plusieurs époux. Les individus étaient liés non pas à des personnes, mais à des groupes, car l'assurance d'avoir le même sang que sa mère, mais non celui du père, conduisait à «un système de parenté par les femmes seulement» (1865 : 64). MacLennan distingue deux étapes de polyandrie (les termes de polyandrie et de polygénie provenant, comme celui de polygamie, de la botanique, ces derniers ayant été créés par Linné). L'un ou les époux d'une même femme ne sont pas nécessairement des parents (ainsi, nous dit-il, chez les Kasias, les Noirs et les Cosaques), puis sur la base d'un sentiment de proche parenté et une fois la parenté par les femmes bien établie, des groupes composés «des fils de la même mère» (ainsi au Tibet et, MacLennan citant César, chez les Bretons).

Dans une étape ultérieure, la femme serait choisie par l'aîné des frères qui posséderait l'ensemble des enfants. C'est déjà une forme *agnatique* puisqu'elle introduirait un principe de «parenté par les hommes».

La pratique de l'obligation de marier la veuve d'un frère aîné attestée anciennement chez les Hébreux, les Mongols et de nombreux peuples (appelée «lévirat») dériverait selon lui de cette polyandrie. Il y aurait ensuite d'autres étapes de polygamie avant d'arriver finalement au couple monogame.

Hormis le schéma évolutionniste proposé, ce texte avance l'universalité du «rite de la capture», crée les concepts de symbole, d'exogamie et d'endogamie. Notons aussi que H. Spencer contredit le schéma de MacLennan en 1895 en faisant valoir que le haut degré de mortalité des hommes balancerait le manque de femmes.

En 1866, MacLennan publie *Kinship in Ancient Greece* dans *The Fortnightly Review* (vol. 4) afin de montrer que le schéma de *Primitive Marriage* s'applique à la littérature sur la Grèce ancienne. Dans une note de bas de page, il mentionne pour la première fois le totémisme comme une étape par laquelle toutes les sociétés sont passées. En 1868, il rédige l'entrée « Totem » du premier supplément à la *Chamber's Encyclopaedia* (p. 753-754) et en 1869-1870 développe ce thème dans trois livraisons d'un article intitulé « The worship of animals and plants » publié par *The Fortnightly Review*. Introduit par J. Long en 1791, pour parler de la relation existant dans une société entre un ensemble d'animaux (ou de végétaux) et un groupe humain, le mot « totem » vient du mot ojibwa (langue algonquienne) « ototeman » signifiant « il est de ma parentèle ». MacLennan examine le totémisme en Australie et en Amérique et, selon une formule restée célèbre, le définit comme « le fétichisme plus l'exogamie et la filiation matrilinéaire ». Il conclut qu'il s'agit d'un stade de l'évolution par lequel toute l'humanité est passée. Explorant les thèmes et les conceptions déjà présentés dans *Primitive Marriage*, il publie encore « The Levirat and Polyandry » (*The Fortnightly Review,* 1877, vol. 27 : 694-707), qui cumule des exemples ethnographiques tendant à prouver que le premier fait social provient du second, et « Exogamy and Endogamy » (*The Fortnightly Review,* 1877, vol. 27 : 884-895), qui précise le sens des deux mots, selon lui, dévoyés par Spencer. Il meurt en 1881 alors qu'il travaille à un livre intitulé *The Patriarchal Theory* où il attaque la théorie patriarcale que son jeune frère édite en 1888.

▲ Anonyme : « Obtuary » *The Scotsman*, (20 juin 1881). E.B. Tylor : « J.F. MacLennan », in *The Academy*, 2 juillet 1881 : 20. Anonyme (R. Smith) : « MacLennan », *Encyclopaedia Britannica*, 9e éd, p. 162-163. P. Rivière, 1970, « Introduction » à *Primitive Marriage*, Chicago, Chicago UP.

PARKER, Ely (1828-1895). Amérindien iroquois et fils d'un chef Seneca du clan Tonawanda, E. Parker fait des études de droit et rencontre Morgan dont il devient à la fois l'ami, le premier et le principal informateur. Combattant durant la guerre de Sécession, il est nommé général de brigade par Ulysses Grant, commissaire au Bureau des affaires indiennes et Grand Sachem de la Ligue des Iroquois.

TYLOR, Edward Burnett, sir (1832-1917). Né à Camberwell près de Londres, Tylor voit le jour dans une famille de quakers propriétaire d'une fonderie de cuivre. Il étudie à Tottenham mais les universités étant réservées aux membres de l'Église anglicane, il ne peut y entrer. En 1855, à vingt-trois ans, menacé par la tuberculose, les médecins lui prescrivent un climat ensoleillé. Il visite les Antilles et le Mexique en compagnie de H. Christy, archéologue amateur et darwinien. Lorsque Tylor revient, il est évolutionniste et converti à l'archéologie. En 1860, il publie *Anahuac or Mexico and the Mexicano Ancient and Modern*, une relation de voyage. Il note la persistance de l'esclavage à Cuba, raconte le Mexique, décrit minutieusement les ruines et inclut une histoire des Aztèques. Il épouse A. Fox (une quaker) et s'installe à Oxford d'où il ne bouge plus.

En 1865, Tylor publie *Researches into the Early History of Mankind and the Development of Civilization*, développe d'abord la thèse de l'unité psychique de l'humanité. Le livre s'ouvre par une réflexion sur le langage des signes des sourds-muets pour examiner l'ethnographie de ce mode de communication. « Mode d'expression commun à l'ensemble de l'humanité, l'unité du langage par signe [...] est une bonne évidence de la similarité des processus mentaux en dehors des différences de race, de climat, de forme du crâne ou de couleur de la peau », écrit-il. Nourri d'exemples précolombiens, le texte rend compte de l'évolution du processus de symbolisation par les représentations graphiques et les premières écritures. Reprenant les catégories de sauvagerie, barbarie et civilisation respectivement délimitées par une économie d'outils de pierre et de collecte, la pratique de l'agriculture, de la métallurgie et l'invention de l'écriture, la conception de Tylor diffère cependant de l'évolutionnisme unilinéaire, puisque la complexité croissante d'une même entité, définie comme « la suprématie progressive de l'homme sur la nature » (Tylor, 1964 : 166), est parallèle à la succession de cultures différentes dont certaines vont « dégénérer » (« ce qui explique qu'on les rencontre dans leur actuel état », Tylor, 1964 : 166). Comme l'a montré Fabian, la concession évolutionniste d'une temporalité naturelle unique restée présente chez Tylor nécessite ce recours à la dégénérescence (ou au déclin) culturelle (J. Fabian, 1983, *Time and the Other*, New York, Columbia UP).
Tylor se propose de séparer « les mythes d'observations » qui relatent des faits, des « mythes purs » relevant de la fiction (Tylor, 1964 : 168). Il remarque les thèmes communs que partagent les mythes d'Amérique avec ceux d'Océanie et d'Asie (Tylor, 1964 : 231), mais reste prudent sur les processus de diffusion car « à moins que les coïncidences passent les limites des probabilités ordinaires, il est plus prudent d'inscrire les faits comme des inventions indépendantes » (Tylor, 1964 : 148).
Si MacLennan avait utilisé le terme de « symbole » pour désigner les « usages et représentations sociales fossilisées », c'est à Tylor qu'on doit l'emploi du mot « survivance », qui eut plus de succès. Selon la même inspiration venue de la géologie, la « survivance » permettrait à partir de quelques vestiges d'avoir une vue d'ensemble de la société archaïque. L'institution de la « couvade », où le mari joue le rôle de l'épouse (y compris parfois jusqu'à mimer l'accouchement), est l'exemple d'une « survivance du temps d'une lutte entre descendance matrilinéaire et patrilinéaire où l'époux s'efforçait que l'enfant soit rattaché à lui, à son lignage » (Tylor, 1889 : 260).
En 1871, dans *Primitive Culture* (2 vol.), Tylor, reprenant le mot culture des historiens allemands, définit celle-ci comme « une totalité complexe incluant les connaissances, les croyances, l'art, la morale, les lois et toute autre disposition et habitude acquise par l'homme » (Tylor, 1871 : 1). C'est là une rupture radicale avec le sens restreint du mot, et la première définition de l'anthropologie comme « science de la culture ». L'accent est mis sur l'étude du folklore, des légendes, superstitions et mythes comme « les plus précieux des conservatoires du passé ». Le second volume est entièrement consacré à l'origine et l'évolution de la religion que Tylor a déjà traitées dans « The religions of savages » publié par *The Fortnighty Review* en 1866. Il propose que le principe d'une séparation de l'esprit et de la chair, de l'image et de la réalité, introduit une dualité résolue

par la notion d'âme comprise comme un double fantasmagorique qui est une réaction humaine universelle à des phénomènes tels que la mort, les rêves, les visions, ou les images reflétées. Les « sauvages » (« aussi imaginatifs que les enfants ») ne distinguent pas clairement entre le réel et l'imaginaire. Pour qualifier ces croyances, Tylor reprend le terme d'« animisme » à Stahl qui l'employait pour désigner l'identification de l'âme pensante avec le principe vital, et indiquer que l'homme est plongé dans une nature « animée » par des forces ou des êtres surnaturels qu'il doit se concilier. Cette théorie de l'origine du sentiment religieux s'oppose au « naturisme » de M. Müller et au « mânisme » de H. Spencer. La croyance au double humain aurait ensuite été étendue aux animaux, comme en témoignent les chevaux ou les chats placés dans des tombes, puis aux objets (le double des objets est utilisé dans l'au-delà par le mort). Le culte des mânes, c'est-à-dire des créateurs d'âmes (dieux et démons), est une nouvelle étape conduisant à celle de l'âme de certains individus (le culte des saints des religions modernes en serait une survivance) et des ancêtres. Sous le nom de fétichisme, le culte des esprits aurait suivi avant qu'on place l'âme dans des objets (idolâtrie). Avec le polythéisme, les phénomènes naturels deviennent les esprits de la nature, avant que n'apparaisse le monothéisme. L'évolutionnisme de Tylor polémique contre les cléricaux qui ne voient qu'un gouffre infranchissable entre les religions primitives et celle de l'homme civilisé. *Primitive Culture* rencontre un tel succès que Tylor (qui n'a pas encore quarante ans) est élu membre de la *Royal Society* et que l'université d'Oxford lui attribue un « diplôme honorifique » en 1875. À partir de 1878, il introduit une conception diffusionniste en comparant le jeu hindou du pachisi au Patolli mexicain. Il prolongera cette enquête en 1898, en s'attaquant aux ressemblances des jeux mexicains avec ceux de l'Asie du Sud-Est. Il en déduira bientôt que, selon une formule restée célèbre, la « civilisation est une plante qui s'est plus souvent propagée que développée ». Tylor publie en 1881 *Anthropology. An Introduction to the Study of Man and Civilisation*, que la revue *American Anthropologist* désigne en 1917 comme le premier « manuel » d'anthropologie (R. Lowie, 1917 : 263) et que White qualifie, encore en 1960, comme « restant l'une des meilleures introductions à la discipline » (White, 1960 : III). Tylor passe en revue tous les champs de la culture : technologiques, sociaux, esthétiques… et termine son livre par une réflexion traitant de l'entrée du monde dans « la civilisation moderne » qui, entraînant des « transformations révolutionnaires, risque de détruire de bonnes choses sans les remplacer par des meilleures ». C'est pourquoi les connaissances apportées par l'anthropologie devraient « nous aider dans notre devoir de laisser un meilleur monde que celui que nous avons trouvé » (Tylor, 1960 : 275).

Lorsqu'en 1883 le musée Pitt-Rivers qui vise à montrer l'évolution de l'humanité est installé à l'université d'Oxford, Tylor en est le responsable et devient chargé de cours. En 1885, il retourne au Mexique et se rend chez les Indiens Pueblo. Publié en 1889, dans le XVIIIᵉ volume du *Journal of the Royal Anthropology Institute*, « On the methods of investigating the development of institutions. Applied to laws of marriage and descent » (p. 245-272) introduit la méthode statistique en anthropologie. Après une déclaration sur la nécessité pour cette discipline d'une méthode comparable aux « opérations des mathématiques, de la physique, de la chimie et de la biologie» appliquée à «la formation des lois de mariage et de descendance» (1889 : 245), Tylor propose d'établir sur 350 sociétés les corrélations (dites «adhésions») qu'entretiennent résidence, descendance, couvade… Il commence par celle de l'évitement, «étiquette barbare voulant qu'entre un époux et sa belle-famille on ne puisse ni se regarder ni se parler» (1889 : 246), qu'il met en rapport avec les modes de résidence. C'est ainsi que «dans le cas où l'époux s'installe de manière permanente dans la famille de sa femme (soit 65 cas sur 350), alors qu'on ne devrait trouver que neuf cas d'évitement selon la loi des nombres, il se produit quatorze fois». Inversement, à l'époux amenant sa femme chez lui (soit 141 cas sur 350) devraient correspondre dix-huit cas d'évitement entre lui et sa belle-famille, alors qu'on n'en observe que neuf (1889 : 247). Ayant lié l'évitement au mode de résidence, Tylor se tourne vers «la pratique de nommer les parents d'après l'enfant» pour laquelle il crée le mot «teknonymie». Il la trouve étroitement corrélée à «la résidence de l'époux dans la famille de l'épouse» et à la coutume de l'évitement de sa belle-famille par l'époux, «puisqu'on trouve quatorze cas où le hasard ne devrait en donner que quatre» (1889 : 285). Ayant démontré que les «adhésions» ne sont pas laissées au hasard statistique, Tylor s'appuie sur des graphes présentant conjointement les différentes coutumes, en tentant d'y décerner des étapes. Aussi l'adhésion du lévirat et de la couvade aux trois étapes maternel, maternel-paternel et paternel (termes qu'il dit préférer à ceux de matriarcal et patriarcal) (1889 : 252) indiquerait que la couvade n'apparaîtrait pas au «stade maternel», mais «au stade maternel-paternel, où elle connaît son développement maximum avec vingt cas, alors qu'au stade paternel, n'étant qu'une survivance, elle chute à huit cas» (1889 : 255). Comparée aux rites d'adoption dans le monde antique, la couvade aurait précédé une patrilinéarité véritable. Le fait, nous dit Tylor, qu'on ne trouve ni héritage des veuves, ni couvade en stade «maternel» prouverait l'antériorité de celui-ci sur le «paternel», puisque sinon ces coutumes y auraient survécu (1889 : 257). Enfin, Tylor montre la plus grande corrélation qu'entretiennent le mariage des cousins-croisés, les terminologies classificatoires et l'exogamie. Rappelons la célèbre citation énonçant que les populations avaient «la simple alternative de se marier à l'extérieur ou d'être tuées à l'extérieur» qui reprend avec d'autres mots un verset biblique : «Et nous vous donnerons nos filles et nous prendrons les vôtres et nous ne deviendrons qu'un seul peuple» (Tylor, 1889 : 265). Sans trancher sur la relation de l'exogamie au totémisme, Tylor établit la corrélation entre l'organisation dualiste exogame et le système d'appellation classificatoire, entre les modes de résidence et les tabous d'évitement, et entre la couvade et une organisation sociale intermédiaire appelée maternelle-paternelle. Connue comme «le problème de Galton», l'objection fondamentale que Galton émit est qu'il fallait pouvoir séparer les traits inventés indépendamment de ceux acquis par diffusion.

Tylor est en 1891 le premier président de la Société d'anthropologie (qui devient la Société royale d'anthropologie). Il contribue par ailleurs à la rédaction de ce guide d'enquête que constitue les *Notes and Quiries on Anthropology* (dont la 1re édition est de 1874). Dans «The matrilineal family system» publié en 1896 par la revue *Nineteenth Century* (XL : 81-96), il traite des aspects psychologiques de la parenté. Assistant depuis 1884, il est nommé en 1896 (à 64 ans) professeur d'anthropologie à l'université d'Oxford après que les conditions religieuses de recrutement furent assouplies. Il le reste jusqu'en 1909. Il est anobli en 1912.

◆ G. Stocking, éd., 1994, *Collected Works of E.B. Tylor*, Londres, Routledge, 8 vol.

▲ H. Balfouret *et al.*, 1994, (1907), *Anthropological Essays Presented to Edward Burnett Tylor in Honor of his Seventy-Fifth Birthday*, Londres, Routledge. R. Lowie, 1917, « E.B. Tylor », *AA*, vol. 19 : 262-268. R.R. Marett, 1936, *Tylor*, Londres, Chapman. L.A. White, 1960, « Introductions » à la réédition de *Anthropology*, Ann Arbor, Michigan UP. G.W. Stocking, 1963, « E.B. Tylor, and the uses of invention », *AA*, vol. 65 et « Cultural darwinism and philosophical idealism in Tylor » repris dans 1968, *Race, Culture and Evolution*. P. Bohannan, 1964, « Introduction » à *Early History of Mankind*, Chicago, Chicago UP. J. Leopold, 1980, *Culture in Comparative and Evolutionary Perspective : E.B Tylor and the Making of Primitive Culture*, Berlin, D. Reimer. C. Rivière, 1973, « Tylor », *Encyclopaedia Universalis*, vol. 16 : 441-442. M. Izard et J. Jamin, « Tylor », in Bonte et Izard, 1991 : 722-723.

LUBBOCK, John, sir (1834-1913). Naturaliste et botaniste, puis préhistorien, anthropologue et homme politique, J. Lubbock est élu membre de la *Royal Society* en 1857, c'est l'un des plus ardents défenseurs et fidèles disciples de Darwin. En 1864, président de la Société royale d'anthropologie et de la Société ethnologique de Londres, il donne une série de conférences sur l'antiquité de l'homme qu'il publie modifiée une année plus tard sous le titre de *L'Homme devant l'histoire, étudié d'après les monuments et les coutumes retrouvés dans les pays de l'Europe* (Paris, Baillière). Ayant noté que les outils de pierre trouvés dans les dépôts les plus profonds étaient plus grossiers que d'autres, il crée les termes de paléolithique (âge de la pierre ancienne) et néolithique (âge de la pierre récente).

En 1870, sur la même base de conférences, il publie *The Origin of Civilization and the Primitive Condition of Man, Mental and Social Condition of Savages*. Il s'oppose aux théories dégénérationnistes encore majoritaires dans l'Église anglicane de l'époque et dresse un tableau de l'évolution des conceptions religieuses. Se succèdent ainsi l'athéisme (absence d'idée), le totémisme (défini comme culte rendu aux objets naturels), le chamanisme (les divinités supérieures sont accessibles aux sorciers-chamans), l'idolâtrie (les dieux sont accessibles aux hommes), le monothéisme (une divinité unique). Le livre soutient aussi la thèse selon laquelle les progrès moraux et ceux de l'intelligence accompagnent le développement technique. Cette croyance au progrès de l'humanité l'amène à la politique. Membre du parti libéral, il est élu au Parlement en 1870, puis rejoindra les libéraux-unionistes (1880-1900). En 1887 il publie *Les Plaisirs de la vie* (1891), traduit en quinze langues (et vendu à plus de 250 000 exemplaires). On lui doit aussi les premières recherches sur les insectes sociaux (fourmis et abeilles). Il est anobli comme baron Avebury en 1899 et publie encore *Marriage, Totemism and Religion* en 1911.

▲ C.H. Read, 1913, « Lord Avebury », *Man*, vol. 13 : 97-99. J.W. Gruber, 1968, « Lubbock, John », D.L. Stills, vol. 9 : 487-488.

SMITH, William Robertson (1846-1894). Né en Écosse en 1846 et fils de pasteur, R. Smith étudie l'hébreu à Aberdeen et Édimbourg où il se lie à MacLennan. En 1870, il est nommé à la fois pasteur et professeur d'hébreu à Aberdeen. Influencé par la pensée allemande, il propose une lecture philologique du texte de la Bible et établit une critique scientifique de ses sources. Rédacteur de l'entrée « Bible » de la 9e édition de l'*Encyclopeadia Britannica* (1870), il est suspendu pour avoir dénié l'inspiration divine ayant présidé à l'écriture du livre. L'enquête du tribunal ecclésiastique devant décider de son sort, il apprend l'arabe et voyage en Italie, en Égypte et au Moyen-Orient durant deux ans, à la recherche des traces du matriarcat et du totémisme. Le verdict d'avril 1880 ne le condamne qu'à un blâme, mais il publie presque immédiatement dans le *Journal of Philology* un article sur la zoolâtrie chez les Arabes de l'Ancien Testament qui examine les fonctions sociales des croyances plutôt que leur aspect théologique et regarde l'évolution des idées religieuses comme des productions historiques, indépendamment de toute interrogation sur leur véracité, ce qui entraîne cette fois sa destitution en 1881. Succédant à S. Baynes, il devient le rédacteur en chef de l'*Encyclopaedia Britannica*. En 1883, l'université de Cambridge lui offre le poste de chargé de cours d'arabe devenu vacant après le décès de son titulaire (assassiné dans le Sinaï). Il publie, en 1885, *Kinship and Marriage in Early Arabia* (Cambridge UP). Précurseur des conceptions de Durkheim, R. Smith pense que la religion est enracinée dans la morale de la vie collective et s'attache aux rituels publics et croyances plutôt qu'aux questions théologiques. En 1888, R. Smith est invité à donner une série de conférences à Aberdeen qu'il publie l'année suivante : *Lectures on the Religion of the Semites* (1889). Frappé par la tuberculose vers 1888, il meurt en 1894.

▲ G.W. Chrystal, 1912, *The Life of William Robertson Smith,* Londres. J.S. Black and G.W. Chrystal, 1912, *Lectures and Essays of William Robertson Smith*, Londres. E.L. Peters, 1968, « Smith, W. Robertson », in D.L. Stills, vol. 14 : 329-335. T.O. Beidelman, 1974, *William Robertson Smith and the Sociological Study of Religion*, Chicago. T.O. Beidelman, 1987, « Smith, W. Robertson », dans M. Eliade, éd., *The Encyclopedia of Religion,* New York, vol. 13 : 366-367. W. Johnstone, éd., 1995, *W.R. Smith : Essays in Reassessment*, Sheffield, Academic Press.

FRAZER, James George, sir (1854-1941). Frazer est né à Glasgow dans une famille de presbytériens cultivés (son père, D. Frazer, apothicaire et créateur d'une fabrique chimique, était l'auteur de deux livres sur l'histoire de sa région). Après des études à Glasgow, il entre au *Trinity College* de Cambridge en 1874 où il étudie le droit pour son père et les lettres classiques pour lui-même. En 1879, il soutient une thèse sur Platon, puis enseigne. À l'exception d'une année passée à l'université de Liverpool qui crée pour lui une « chaire de sociologie et anthropologie » en 1907, il passera sa vie à Cambridge. Frazer indique que la lecture de *Primitive Culture* de Tylor et l'influence de R. Smith sont à l'origine de sa vocation. Suite à la rencontre de ce dernier, Frazer s'oriente vers le folklore et l'anthropologie et produit une œuvre importante qui connaîtra une extraordinaire notoriété.

À la demande de R. Smith, Frazer rédige plusieurs entrées dont celle de «tabou» et celle de «totémisme» pour la 9e édition de l'*Encyclopaedia Britannica* (commencée en 1875 et terminée en 1888). Il passe sept mois sur ces articles devenus bien trop longs. R. Smith demande une dérogation à l'éditeur Black qui propose de les publier sous la forme d'un livre (1887). *Totemism and Exogamy* (4 vol.) connaîtra quatre rééditions augmentées. Frazer émet l'hypothèse que l'humanité, ignorant le processus biologique de procréation, l'attribue au totem, les explications en termes de stades familiaux (matriarcat, patriarcat) étant remplacées par la dynamique de la pensée religieuse. Ainsi la couvade n'est plus analysée comme chez Tylor comme un mode de la prise de droit agnatique sur les enfants et une survivance en régime patrilinéaire, mais en termes de magie compatissante et magie contagieuse qui deviennent les concepts opérateurs de Frazer.

Frazer croit ainsi découvrir deux lois intellectuelles, celle de la similarité, selon laquelle le semblable engendre le semblable (ainsi le dessin d'un animal blessé entraîne la blessure de l'animal), et celle du contact ou de la contagion, selon laquelle ce qui a été mis en contact (utilisation de cheveux ou d'ongles), continue à influencer à distance.

Parallèlement aux éditions successives de cet ouvrage, Frazer entame l'œuvre majeure de sa vie : *Le Rameau d'or* (*The Golden Bough*), dont il publie en deux volumes une première édition en 1890. L'intitulé du livre est inspiré par un tableau du peintre anglais Turner, dont la description ouvre le livre : «Qui ne connaît *Le Rameau d'or* de Turner? Dans ce paysage, irradié des reflets empourprés dont l'imagination...» (Frazer, 1981 : 15). Le tableau évoque le mythe romain de l'esclave qui, cassant une branche de l'arbre sacré, assassine ensuite le prêtre du lac de Nemi et prend sa place. Traitant de l'arbre et du bosquet sacré, Frazer introduit aussi l'étude du sens du sacrifice du roi-prêtre divin qui, lié à la fertilité de la nature, sera mis à mort lorsque déclinant. À ce roi divin sacrifié, succéderait une étape où un bouc émissaire, revitalisant sa puissance, lui est substitué. En 1900, une deuxième édition en trois volumes s'intitule : *The Golden Bough. A Study in Comparative Religion*. Frazer y introduit les données venues de *The Native Tribes of Central Australia* de Spencer et Gillen. La publication d'une troisième édition du *Rameau d'or* commence en 1911. Terminée en 1915, elle comprendra douze volumes.

Le schéma général de Frazer est celui des trois stades d'A. Comte : le stade de la magie, où l'homme croit pouvoir dominer la nature par empathie, cède (incomplètement) la place à celui de la religion, où l'homme reconnaît sa faiblesse et s'en remet aux dieux, puis à celui de la civilisation où l'homme a opéré une séparation entre la science et les domaines où il est impuissant. Mêlant ethnographie et folklore européen, mythologie et histoire classique, orientalisme et récit biblique, *Le Rameau d'or* brasse la totalité des connaissances de l'époque. Cette synthèse, Frazer la donne «digérée» pour un large public. Il écrit dans sa préface à l'édition de 1890 «qu'il a classé ses matériaux sous une forme

plus artistique et ainsi attiré les lecteurs qui auraient reculé devant un exposé plus strictement logique et systématique des faits». Il publie même en 1892 une version abrégée en un volume de 900 pages sacrifiant toutes les références.
La recherche du succès ne fait pas bon ménage avec l'académisme et l'œuvre de Frazer ne pourra satisfaire le monde savant. Lowie s'excuse de ne la traiter que brièvement, nous disant qu'il s'agissait d'un «savant, non d'un penseur» (Lowie, 1937 : 102). En 1918, Frazer publie *Le Folklore dans l'Ancien Testament* (1924) voulant suivre, dit-il, les pas de R. Smith. Il lit l'Ancien Testament à la lumière d'une critique des mythes et du folklore de tous les peuples. Frazer est anobli en 1914. En 1931, il commence à perdre la vue. Il meurt à Cambridge en 1941, son épouse française qui s'était faite son publiciste, le suivant le même jour de quelques heures après une attaque (Ackerman, 1987 : 308).

◆ 1898, *Pausanias's Description of Greece*. 1905, *Lectures on the Early History of the Kingship*. 1913-1924, *The Belief in Immortality and the Worship of Dead*. 1920, *Les Origines magiques de la royauté*, Paris, Geuthner. 1926, *The Worship of Nature*. 1930, *Myths of the Origin of Fire*. 1933-1936, *The Fear of the Dead in Primitive Religion*. 1938-1939, *Anthologia Anthropologica*, 4 vol. Édité une première fois en français entre 1925 et 1935, le cycle du *Rameau d'or* a été réédité en français chez Robert Laffont en quatre volumes par la collection Bouquins entre 1981-1984. Cette édition est accompagnée de préfaces et introductions aux différents volumes rédigées par N. Belmont et M. Izard.

▲ D.R. Angus (secrétaire de Frazer), 1969 (1940), *James George Frazer. The Portrait of a Scholar*, Londres. B. Malinowski, 1944, «Sir J.G. Frazer. A Biographical Appreciation», in B. Malinowski, *A Scientific Theory of Culture and Other Essays*, Chapel Hill, North Carolina UP. T.H. Gaster, 1959, «Foreward» à *The New Golden Bough*, New York, Criterion. E.R. Leach, 1966, «Frazer and Malinowski. On the founding fathers», *CA*, vol. 7 : 560-576, trad. fr. dans *L'Unité de l'homme et autres essais*, Paris, Gallimard, 1980. M. Douglas, 1978, «Judgments on James Frazer», *Daedalus*, n° 107 : 151-164. R. Ackerman, 1987, *J.G. Frazer : His Life and Work*, Cambridge, Cambridge UP. M. Izard et N. Belmont, 1991, «Frazer, James George», Bonte et Izard, 1991 : 298-299. R.E. Ackerman, 1991, *The Myth and Ritual School : J.G. Frazer and the Cambridge Ritualists*, New York.

Les premiers chercheurs sur le terrain

Tout au long du XIXe siècle et au début du XXe siècle, les anthropologues construisent les schémas évolutionnistes à partir d'informations recueillies dans les textes classiques de l'Antiquité, auxquels s'ajoutent peu à peu les données de l'ethnographie. Celles-ci sont nord-amérindiennes, indiennes et enfin, et surtout, australiennes.

D'abord colonisé sans grand succès par les condamnés anglais à partir de 1788, le continent australien voit affluer des milliers d'immigrants après la découverte d'or en Nouvelle-Galles du Sud. Certains vont s'intéresser aux aborigènes et livreront une riche ethnographie relatant des faits sociaux dont ils seront à la fois les premiers et les derniers témoins scientifiques. Hormis ceux dont la biographie est donnée ci-dessous, citons aussi R. H. Matthews, C. Strehlow, A. Kremer.

▲ L. R. Hiatt, 1996, *Arguments about Aborigines. Australia and the Evolution of Social Anthropology*, Cambridge, Cambridge UP.

HOWITT, Alfred L.W. (1830-1908). Howitt naît dans une famille d'écrivains qui quitte Londres en 1852 pour aller chercher de l'or en Australie. Rapidement déçue, la famille retourne en Angleterre, mais A. Howitt reste en Australie où il est bouvier puis explorateur. Désigné par le gouvernement pour diriger une opération tentant de secourir une mission géographique perdue dans le désert, il ne retrouve qu'un survivant recueilli par des aborigènes. Il commence à étudier ces derniers, admiratif devant leur capacité à survivre dans un environnement où les civilisés sont condamnés. Nommé par les autorités administrateur commissaire auprès des Kurnai, il lit, puis rencontre Fison avec qui il rédige *Kamilaroi and Kurnai : Group-Marriage and Relationship and Marriage by Elopement, Drawn Chiefly from the Usage of the Australian Aborigines* publié en 1880 (le premier groupe étant matrilinéaire, le second patrilinéaire). Désespéré de voir décimé le groupe humain dont il avait la charge, qui passe de 1500 à 140 personnes en une trentaine d'années (alcoolisme, maladies vénériennes, tuberculose...), Howitt quitte son poste pour devenir inspecteur des mines. En 1901, il abandonne cet emploi et publie en 1904 *The Native Tribes of South East Australia*.

▲ J. Frazer, 1907, « Fison and Howitt », *Folklore*, vol. 20 : 144-180. B. Stern, 1930, « Selections from the letters of Lorimer Fison and A.W. Howitt à L.H. Morgan », *AA*, vol. 32 : 257-279, 419-453.

CODRINGTON, Robert Henry, révérend (1830-1922). Né à Wroughton en Angleterre, R. Codrington étudie au collège Wadham et est ordonné prêtre anglican en 1855. En 1860, il est nommé au diocèse de Nouvelle-Zélande puis à Saint-Barnabas où il est chargé du collège de la mission anglicane. Travaillant surtout sur les îles Salomon et au nord-est des Nouvelles-Hébrides, Codrington devint le premier linguiste et ethnographe de l'aire mélanésienne. Outre de nombreux articles et une traduction de la Bible, il publie notamment *The Melanesian Language* (Oxford UP, 1885) et une synthèse intitulée *The Melanesians. Studies in their Anthropology and Folklore* (Oxford UP, 1891). On lui doit surtout d'avoir le premier signalé la notion polynésienne de « mana », force répandue dans l'univers, imprégnant les objets inanimés et caractérisant certains êtres humains.

◆ 1876, *Melanesian Mission : The Island Voyage, 1875*, Ludlow.

▲ Anonyme, 1923, *AA*. vol. 25 : 130. D.L. Hilliard, 1981, « Codrington, R.H. », in R. D. Craig et F. P. King, éd., *Historical Dictionary of Oceania,* Westport, p. 55. D. Lonergan, 1991, « Codrington, R. H. », in C. Winter, p. 116-117.

FISON, Lorimer, révérend (1832-1907). Né à Birmingham (Angleterre), Lorimer fréquente le collège Caius de Cambridge qu'il quitte sans obtenir de diplôme. Il se rend en Australie comme prospecteur d'or en 1856. Durant deux ans, il tente d'en trouver sans succès et devient missionnaire méthodiste après le décès de son père. Nommé aux îles Fidji, il y réside de 1864 à 1871, puis de 1875 à 1884. Il est l'informateur de Morgan pour cette partie du monde à partir de 1869. Il rédige un article sur les systèmes matrimoniaux et les terminologies de parenté des îles Fidji et Tonga (publié dans *The Journal of the Anthropological Institute*) et un recueil de contes (*Tales of Old Fidji*, Londres, 1904). De retour en Australie en 1871, il commence à travailler sur les coutumes des aborigènes Kamilaroi, et s'associe à A.L. Howitt en 1873. Après quelques articles, les deux hommes publient *Kamilaroi and Kurnai : Group-marriage and Relationship and Marriage by Elopement* (1880). L'ouvrage décrit pour la première fois un système dualiste australien. Sous l'influence de Morgan, les auteurs interprètent des « rites orgiaques » comme la survivance de mariage de groupe. Ce travail est l'une des principales sources des *Formes élémentaires de la vie religieuse* de Durkheim. Fison abandonne l'anthropologie après la publication de quelques articles et une active correspondance avec Tylor et Frazer, mais conseille les recherches des plus jeunes (Spencer, Gillen...).

▲ J. Frazer, 1907, « Fison and Howitt », *Folklore*, vol. 20 : 144-180. B. Stern, 1930, « Selections from the letters of Lorimer Fison and A.W. Howitt », *AA*, vol. 32 : 257-279, 419-453. A.R. Tippett, 1983, « L. Fison : his place in the history of the Church in the Pacific », *Church History,* Sydney, vol. 3 : 1-30, 122-148. A. R. Tippett, 1983, « L. Fison : inventory of material known to exist », *Church History*, Sydney, vol. 3 : 149-181. M. Francillon, 1991, « Fison, L. », in C. Winter, p. 201-202.

GILLEN, Franck J. (1856-1912). Irlandais émigré en Australie, F. J. Gillen y trouve un emploi d'agent télégraphiste chargé des transmissions entre le nord et le sud du continent. Basé à Charlotte Waters dans le centre désertique de l'Australie, il est aussi chargé de la protection des aborigènes. N'ayant pas fait d'études, il accumule cependant, durant presque vingt ans, les observations sur les Arunta, les Warramunga, les Luritja... B. Spencer, professeur à Melbourne, en mission à l'intérieur des terres, le rencontre. Passant des mois auprès des Arunta, ils traverseront ensemble le continent et rédigeront conjointement *The Native Tribes of Central Australia* (publié en 1899) puis, en 1904, *The Northern Tribes of Central Australia.* Examinant les classes totémiques, ils en déduisent que le mariage pluriel était pratiqué par les aborigènes. On leur doit la description des impressionnantes cérémonies d'initiations (notamment Arunta), la mise en exergue du totémisme australien et celle du « temps des rêves ».

SPENCER, William Baldwin, sir (1860-1929). Né à Manchester, B. Spencer étudie la biologie et la zoologie à l'université d'Oxford où il travaille, sous l'influence de Tylor, à la classification des collections de Pitt-Rivers. Il trouve, après sa thèse, un poste de professeur de zoologie à l'université de Melbourne

(1887-1919). La découverte d'un phascolome (taupe marsupiale) entraîne en 1894 une expédition au cours de laquelle il rencontre F.J. Gillen avec qui il étudie les aborigènes. En 1899, ils publient ensemble *The Native Tribes of Central Australia* puis en 1904 *The Northern Tribes of Central Australia.* Spencer publie encore seul deux livres de voyage *Across Australia* (1912) et *Wanderings in Wild Australia* (1928). Il quitte sa chaire universitaire en 1919 pour devenir responsable des populations indigènes auprès du gouvernement. Il publiera encore en 1927 *The Arunta, a Study of a Stone Age People* (Londres, 2 vol.) qu'il cosigne avec F.J. Gillen décédé en 1914. Ayant décidé de refaire le parcours de Darwin, il décède en Terre de Feu en 1929.

▲ R. R. Marett et T. K. Penniman, éd., 1931, *Spencer's Last Journey*, Oxford. R. R. Marett et T. K. Penniman, éd., 1932, *Spencer's Scientific Correspondence*, Oxford UP. D. J. Mulvaney et J. H. Calaby, 1985, *So much That is New : Baldwin Spencer (1860-1929), a Biography*, Melbourne UP. D.J. Mulvaney, « Spencer, W.B. », in C. Winter, p. 653-654.

Les anthropologues physiques français

En 1793, le Muséum d'histoire naturelle remplace le Jardin des Plantes du roi. L'intendant du jardin fait place à un directeur nommé parmi les professeurs se recrutant eux-mêmes. En 1838, E. Serres (1786-1868) transforme sa « chaire d'anatomie humaine » en « chaire d'anatomie et d'histoire naturelle de l'homme » ; A. de Quatrefages, qui lui succède, en fera une chaire d'anthropologie en 1856.

▲ P. Rivet, 1940, « L'ethnologie en France », *Bulletin du Muséum d'histoire naturelle,* p. 38-52. N. Dias, 1991, *Le Musée d'Ethnographie du Trocadéro (1978-1909)*, Paris, CNRS.

QUATREFAGES DE BRÉAU, Armand de (1810-1892). Quatrefages étudie la médecine à Strasbourg. Il est nommé professeur de chimie (1833), puis de zoologie (1838) à l'université de Toulouse. Il écrit dans la *Revue des deux mondes* à partir de 1840 et soutient une thèse ès sciences « Sur les caractères zoologiques des rongeurs ». À partir de 1842, il fait partie d'expéditions scientifiques, se rendant sur les côtes de la Méditerranée. Entré à l'Académie des sciences en 1852, il est nommé professeur au Muséum d'histoire naturelle en 1855. Il transforme la chaire d'anatomie et d'histoire naturelle de l'homme en chaire d'anthropologie en 1856, devenant ainsi son premier titulaire.

Pour Quatrefages, l'anthropologie est une branche de l'anatomie et il définit l'ethnologie comme une « branche de l'anthropologie qui a pour but de faire connaître à tous les points de vue, les diverses races humaines ». Il crée en 1869 les *Actes de l'Institut d'ethnographie* puis la revue *L'ethnographie* et publie successivement un *Rapport sur les progrès de l'anthropologie* (1867), *L'Espèce humaine* (1877) et *Hommes fossiles et hommes sauvages.* Dans *Études d'anthropologie* publié en 1884, Quatrefages y défend la thèse monogéniste de l'humanité (contre les polygénistes) mais s'oppose au transformisme et se prononce ainsi en faveur des créationnistes. La diversité des races résulte du milieu naturel qui, pour certaines d'entre elles, fut peu propice au développement. Elles sont ainsi restées à un stade primitif dépassé par la race blanche. Celle-ci a la charge de transmettre ce développement puisqu'il n'existe aucun rapport entre la « supériorité » d'une race et ses caractéristiques morphologiques (car toutes les races admettent identiquement l'existence d'un être divin). On doit encore à Quatrefages les premières recherches sur l'homme de Cro-Magnon.

◆ 1854, *Souvenir d'un naturaliste*, Paris, Charpentier. 1859, *Recherches anatomiques et zoologiques faites pendant un voyage en Sicile*. 1861, *Unité de l'espèce humaine*. 1870, *Charles Darwin et ses précurseurs français. Étude sur le transformisme*, Paris, Baillière. 1882 (avec T. Hamy), *Crania ethnica. Les crânes des races humaines*, Paris, Baillière. 1886, *Les Polynésiens et leurs migrations*, Paris, Baillière. 1887, *Les Pygmées des anciens d'après la science moderne*, Paris, Baillière. 1894, *Les Émules de Darwin*, Paris, F. Alcan.

▲ P.-E. Duroux, 1975, « Quatrefages de Bréau », dans *Dictionnaire des anthropologistes*, Paris, Éditions universitaires, p. 257-258. J.-C. Sillard, 1979, « Quatrefages et le transformisme », *Revue de synthèse*, n° 95-96. M. Moisseeff, 1988, « D'homme à homme : une question d'anthropologie », préface à la réédition de A. de Quatrefages, *Hommes fossiles et hommes sauvages*, Paris, Jean-Michel Place. A. Leguebe, 1991, « Quatrefage, A. de », in C. Winter, p. 559-560.

BROCA, Paul (1824-1880). Né à Sainte-Foy-la-Grande en Gironde, P. Broca entre à la faculté de médecine à Paris (1841) après des études dans un collège protestant. Membre en 1847 d'une équipe fouillant l'ancienne église des Cordeliers, il se passionne pour la crânologie. En 1849, il obtient son doctorat (*La Propagation de l'inflammation* et *Quelques propositions sur les tumeurs dites cancéreuses*) et est élu président de la Société d'anatomie en 1850. Tout en rédigeant des textes sur les sujets médicaux les plus divers (ainsi sur le cancer en 1859), il met au point la plupart des instruments permettant les mesures du crâne et du corps (visibles au musée de l'Homme) et peut être considéré comme le créateur de l'anthropologie physique. En 1859, il crée la Société d'anthropologie de Paris publiant des *Bulletin et Mémoires* et dont le but est « l'étude scientifique des races humaines ». Nommé chirurgien à l'hôpital Bicêtre, Broca publie une suite d'articles où il aboutit à localiser le siège cérébral de la faculté du langage. En 1872, il publie le premier numéro de la *Revue d'anthropologie* et crée en 1875 l'École d'anthropologie de Paris qui propose une anthropologie restreinte aux données physiques de l'homme. Notons qu'il eut comme disciple Bertillon, inventeur des empreintes digitales. Broca est l'auteur de nombreux ouvrages et articles médicaux ; citons seulement : *Mémoires d'anthropologie* (1891), *L'Ordre des primates* (1870), *Étude du transformisme* (1871). Il reste lamarckien, contre la théorie de la sélection naturelle proposée par Darwin.

▲ P.-E. Duroux, 1975, « Broca, Paul », dans *Dictionnaire des anthropologistes*, Paris, Éditions universitaires, p. 47-51. F. Schiller, 1979, *Paul Broca : Founder of French Anthropology, Explorer of the Brain*, Berkeley, California UP. C. Blanckaert, 1981, *Monogénisme et Polygénisme en France de Buffon à P. Broca (1749-1880)*, thèse de 3e cycle, 4 vol. J. Harvey, 1984, « L'évolution transformée : positivismes et matérialistes dans la Société d'anthropologie de Paris du Second Empire à la IIIe République » dans B. Rupp-Eisenreich, éd., *Histoire de l'anthropologie : XVIe-XIXe siècle*, Paris, Klincksieck. C. Blanckaert, 1989, « Préface » à la réédition de *Mémoires d'anthropologie*, Paris, Jean-Michel Place. A. Leguebe, 1991, « Broca, P. », in C. Winter, p. 83-85.

TOPINARD, **Paul** (1830-1911). Né à l'Isle-Adam (Seine-et-Oise), P. Topinard étudie à Paris, puis suit son père à New York et Philadelphie. Retourné à Paris en 1849, il obtient un doctorat de médecine en 1860. Il ouvre un cabinet mais, fasciné par le travail de Broca, il en est l'adjoint lors de la création du Laboratoire d'anthropologie. Il est aussi son plus proche collaborateur lorsque Broca crée la *Revue d'anthropologie* en 1872. Il est l'un des cinq professeurs de l'École d'anthropologie qui voit le jour en 1875 (outre Broca et Topinard, ce sont Bertillon, Hovelacque et Mortillet). En 1876, il publie *L'Anthropologie*, livre immédiatement traduit dans plusieurs langues et qui connaîtra de nombreuses éditions. Il succède à Broca comme secrétaire général de la Société d'anthropologie de Paris. Topinard serait le premier anthropologue à mettre en doute l'existence de race : « La race n'existe pas dans l'espèce humaine [...] elle est un produit de notre imagination et non une réalité brute » (Topinard, 1891 : 4, cité par Bocquet-Appel, 1989, « L'anthropologie physique en France et ses origines institutionnelles », dans *Gradhiva*, n° 6 : 23-34. Citation, p. 24).

◆ 1885, *Traité d'anthropologie. Éléments d'anthropologie générale, L'Homme dans la nature.* Paris. 1890, *La Société, l'École, le Laboratoire et le Musée Broca,* Paris. 1891, *L'Homme dans la nature*, Paris, Bibliothèque scientifique.

▲ Anonyme, 1912, *AA,* vol. 14 : 196-197. N. Dias, 1990, « Préface », à *L'Homme dans la nature* (1891), Paris, Jean-Michel Place.

ROSNY, **Léon de** (1837-1914). Fils d'un archéologue, né à Loos en 1837, L. de Rosny étudie la botanique avec Jussieu, puis le chinois au Collège de France et, seul, le japonais. Interprète à l'ambassade de Shoguon en 1862, il est l'année suivante chargé de cours à l'INLCOV. Cette charge est transformée en chaire en 1868. Lors de la création de la section des sciences religieuses de l'EPHE, il est chargé des « religions de la Chine, du Cochinchine et du Tongkin » (annuaire Ve section), ce qui devient en 1887 direction d'études des religions de l'Extrême-Orient et de l'Amérique indienne. En 1858, il crée la Société d'ethnographie de Paris, concurrente de la Société d'anthropologie (de Broca), qui publie la revue *L'Ethnographie* et dont C. Bernard sera l'un des présidents.

◆ 1869, *De l'origine du langage*, Paris, Maisonneuve. 1876, *Essai sur le déchiffrement de l'écriture hiératique de l'Amérique centrale*, Paris, Maisonneuve. 1900, *La Science de la civilisation. Traité d'ethnographie théorique et descriptive*, Paris, E. Leroux.

HAMY, Jules Ernest-Théodore (1842-1908). Né à Boulogne-sur-Mer, Hamy étudie la médecine à Paris et obtient son doctorat en 1868 avec une thèse traitant des os des maxillaires. En 1869, il effectue un voyage en Égypte qui lui révèle l'archéologie et, à son retour, il devient l'assistant de Broca et est chargé de conférence en «crânologie». En 1872, il devient l'assistant de Quatrefages (qui a succédé à Serres au Muséum d'histoire naturelle). En 1870, il publie un *Précis de la paléontologie humaine* qui vulgarise en France les thèses du géologue écossais C. Lyell sur l'âge ancien de la Terre. S'inspirant d'A. Bastian, Hamy définit l'ethnographie comme la discipline chargée d'étudier toutes les manifestations de l'activité humaine par l'intermédiaire des objets. On lui doit d'avoir rassemblé au sein du musée du Trocadéro (bâti à l'occasion de l'Exposition universelle qui se tint à Paris en 1878) les objets ethnographiques jusque-là dispersés entre le Palais de l'Industrie, le ministère de la Marine, la Bibliothèque nationale que rejoindront les collections américaines du musée du Louvre. Il est ainsi à la genèse de la création du musée de l'Homme. Hamy devient aussi un spécialiste de l'archéologie américaine et participe à la création de la Société des américanistes qu'il préside jusqu'à sa mort. De même que Quatrefages, il croit à l'unité d'une espèce humaine, les différences de couleur de peau ou de cheveux étant dues à l'influence du climat. Il lui succède à la chaire d'anthropologie du Museum d'histoire naturelle en 1892. Cocréateur de plusieurs sociétés savantes, il fut aussi très actif au sein de la Société de géographie de Paris qui aidait les explorateurs.

◆ 1880, *Recherches historiques et archéologiques*, Paris. 1988, *Questionnaire de sociologie*, Paris. 1890, *Les Origines du musée d'ethnographie du Trocadéro* (republié en fac-similé par Jean-Michel Place en 1989). 1891, *Anthropologie du Mexique : mission scientifique au Mexique et dans l'Amérique centrale*, Paris. 1896-1899, *Décades américaines, Mémoires d'archéologie et d'ethnographie américaines*, Paris.

◆ R. Verneau, 1910, «Le professeur E.-T. Hamy et ses prédécesseurs au Jardin des Plantes», *L'Anthropologie*, vol. 21 : 257-279. P.-E. Duroux, 1975, «Hamy, Jules Ernest-Théodore» dans *Dictionnaire des anthropologistes*, Paris, Éditions universitaires. N. Diaz, 1988, préface à la réédition des *Origines du musée d'Ethnographie*.

VERNEAU, René (1852-1937). R. Verneau étudie la médecine et soutient une thèse portant sur *Les Caractères raciaux du bassin*. Il entre au Muséum d'histoire naturelle comme préparateur d'Hamy, lui-même assistant de Quatrefages (créateur de la chaire d'anthropologie). Hamy, remarquant «l'extrême ressemblance existant» entre les crânes des squelettes de Cro-Magnon découverts en 1868 et ceux, rares, des Guanches des Canaries, envoie

Verneau étudier cette question dans l'archipel. Cette mission met au jour un type « libyque-berbère » et un type proprement « gouache ». En 1884, Verneau entreprend une nouvelle mission, cette fois de cinq ans. Il la raconte dans *Cinq Années de séjours aux Canaries* publié en 1891 (Paris, A. Hennuyer). Dans de multiples articles il tente de démontrer le rattachement des anciens Gouache aux hommes de Cro-Magnon. À partir de 1905, il donne des cours à l'École coloniale, prend la direction en 1907 du musée du Trocadéro et, en 1909, succède à Hamy à la chaire d'anthropologie. Il se consacre surtout à la vulgarisation de l'anthropologie, écrivant plus de 3 600 articles de dictionnaire. Subventionnés par la ville de Paris à partir de 1892, ses cours publics ont compté jusqu'à deux mille auditeurs. Professeur au Collège de France, il prend sa retraite en 1928.

Chapitre 2

Au tournant du siècle. Les écoles diffusionnistes

SOMMAIRE

Ce qui a été rassemblé sous l'épithète « diffusionnisme » comprend trois courants principaux correspondant chacun à une tradition « nationale ». Le premier, germanique, appelé *Kulturgeschichte* (histoire culturelle), est compris par ses tenants comme une discipline spécifique. F. Graeber, géographe à Cologne, en serait le fondateur. Le second, américain, notamment initié par Boas sous la forme du particularisme historique (*historical particularism*), inclut, entre autres, la première vague de ses élèves. L'œuvre de C. Wissler en est l'exemple type. Le troisième, britannique, est un paroxysme avec l'hyperdiffusionnisme de E. Smith et W.J. Perry. Sur la base d'un invraisemblable fatras, ces derniers voulaient prouver que toute culture avait l'Égypte ancienne pour origine.

Dans leur extrême diversité, les diffusionnistes partagent quelques éléments communs. À partir du début du XXe siècle, personne ne peut encore tenir un discours cohérent en termes d'évolution unilinéaire dont l'accumulation des faits ethnographiques a démontré les contradictions. Les « survivances » des évolutionnistes étaient déjà ce que les diffusionnistes nommeront les « traits culturels », mais elles étaient rares (puisqu'il s'agissait d'expliquer les faits les plus insolites pour une conscience occidentale : teknonymie, lévirat, nomenclature de parenté…) et isolées des contextes (puisque reliques et témoignages d'un temps plus ancien). *Ancient Society* (1877) de Morgan est donné comme une exception dont Terray a montré la modernité (Terray, 1969, *Le Marxisme devant les sociétés primitives*, Paris, Maspero). On peut d'ailleurs l'opposer à « On the methods of investigating the development of institutions. Applied to laws of marriage and descent» pourtant plus tardif (Tylor, *JRAI*, 1889, vol. 18 : 245-272). Mais Morgan étant resté prisonnier des archaïsmes de l'évolutionnisme et d'un matériel encore peu abondant et surtout peu sûr, l'œuvre ne dépasse véritablement son époque que du point d'une lecture récurrente.

Ceux-là même qui constatent les erreurs des schémas évolutionnistes rencontrent le problème d'une présentation des faits ethnographiques qu'il convient d'organiser de façon alternative. En effet, si la lecture de la dernière version du *Rameau d'or* de Frazer est aujourd'hui pénible, ce n'est pas du fait d'une thèse sur l'évolution spirituelle de l'humanité ou de ses erreurs factuelles, mais parce qu'elle n'est qu'un immense listing rassemblant sous les divers intitulés les curiosités exotiques (ainsi soixante pages successives d'exemples sur les tabous des noms, des dizaines de pages d'exemples de magie sympathique...). La thèse évolutionniste n'est qu'un très lointain filigrane liant un chapitre à l'autre, et la question ouvrant l'ouvrage n'est qu'un prétexte au parcours des 12 volumes. Reléguée au dernier chapitre, elle n'est traitée qu'en peu de lignes.

La découverte diffusionniste se résume au nœud que forment trois opérateurs : le trait culturel ; le complexe, l'aire ou le cercle culturel et le foyer culturel. Leur usage permet aux diffusionnistes de rendre compte de l'ensemble des données ethnographiques en posant une nouvelle problématique (celle des diffusions). Ils peuvent ainsi penser une histoire «buissonnante» n'ignorant pas les involutions et les apparents décalages (entre les faits techniques eux-mêmes ou entre faits techniques et faits sociaux...). Si le «panégyptianisme» (de E. Smith et Perry) n'est plus cité que pour mémoire, C. Rivière a trouvé les mots justes en intitulant ce chapitre de son petit manuel : «La géographie correctrice de l'histoire» (C. Rivière, 1995, *Introduction à l'anthropologie*, Paris, Hachette, p. 31).

Parlant du passage de l'évolutionnisme au diffusionnisme, on doit relever les énormes progrès de la linguistique, de l'archéologie et de l'anthropologie physique. Cet afflux de nouvelles données s'accompagne néanmoins de son envers. Ainsi les relevés linguistiques et l'archéologie autorisent des élucubrations farfelues, fondées sur des homophonies et des homologies. Quant à l'anthropologie physique, l'utilisation des instruments de mesure (mis au point par Broca), croisée à la notion de moyenne, permet de déterminer, «preuves à l'appui», des types raciaux. Le pire fut atteint avec l'association : race, langue et culture. Il revient à l'américain Boas d'avoir démontré tout au long de son œuvre leur déliement et d'avoir sorti l'anthropologie d'une funeste tentation, comme le faisait Durkheim en créant une «sociologie primitive» où l'anthropologie physique n'avait plus de place.

Les auteurs germaniques

L'ethnologie et l'anthropologie allemandes se sont partagées entre la *Volkskunde* (science du peuple) unie à la montée du nationalisme, et la *Völkerkunde* (science des peuples) à connotation exotique. Cette dernière fut liée dès son origine à la tradition diffusionniste et à une forte présence de la géographie. Comme l'écrit E. Conte, « hormis pendant la période 1885-1918, elle sera l'ethnologie d'une société sans colonies ni réserves indigènes » (Conte E., 1991, « L'anthropologie de langue allemande », dans Bonte et Izard, p. 37-39). Parmi ces auteurs germaniques, citons aussi A. Jensen, A. Bernatzik, grand voyageur et ethnographe lié au musée de Vienne, ou encore les pères P. W. Koppers et P. J. Schebesta.

▲ R. Heine-Geldern, 1964, « One hundred years of ethnological theory in the German-speaking countries : some milestones », *CA*, vol. 5 : 407-418. V. Harms, 1984, « Das historische Verhältnis der deutschen Ethnologie zum Kolonialismus », *Zeitschrift für Kulturaustausch*, vol. 34 : 401-416. I. Chiva et U. Jeggle, éd., 1987, *Ethnologies en miroir : la France et les pays de langue allemande*, Paris, Maison des sciences de l'homme. E. Conte, 1991, « L'anthropologie de langue allemande », in Bonte et Izard, p. 37-39. H. Bansinger, 1993, *Volkskunde ou l'ethnologie allemande*, Paris, MSH. W. Dorsal et A. Gingrich, 1996, « German and Austrian anthropology », in A. Barnard et J. Spencer, *Encyclopedia of Social and Cultural Anthropology*, Londres, Routledge, p. 262-265.

RATZEL, Friedrich (1844-1904). Né à Karlsruhe, Ratzel étudie la zoologie et la géographie, puis devient le correspondant de la *Kölnische Zeitung* (quotidien de Cologne) en Amérique et visite les États-Unis, Cuba, le Mexique. Il enseigne à partir de 1875 à la faculté des sciences de Munich où il est nommé professeur (1880), puis à l'université de Leipzig entre 1886 et 1904. Son œuvre la plus connue est un *Völkerkunde* en trois, puis deux volumes (1885, 1886, 1888, réédition 1894-1895) qui est traduit en anglais dès 1896. Bien que Ratzel y expose durant plus d'un volume les races et leurs subdivisions, il tient la thèse de l'unité du genre humain dont les types sont plus ou moins dépendants de la nature environnante. Cependant, certains (les *Kulturvölker*) se sont plus que d'autres (les *Naturvölker*) affranchis de la nature. Ratzel conçoit pour l'histoire de l'humanité la théorie déjà présente dans son *Anthropogeographie* (1882) d'une évolution de la famille monogame attachée à un sol passant à la famille polygame, puis au clan et à l'État. Son apport à l'anthropologie a été très justement résumé par Lowie (1937 : 123) en trois points majeurs : il est le premier à offrir une répartition géographique complète des différents peuples ; s'il n'invente pas le principe de diffusion (que déjà Tylor et Pitt-Rivers employaient), il en donne une théorie ; enfin, bien environnementaliste, il n'exagère pas le poids du déterminisme, mais énonce, au contraire, des propositions modérées.
La théorie de Ratzel peut se résumer en deux principes : la Terre est petite, les mêmes lieux ont été traversés et retraversés, entraînant ainsi de constantes

diffusions culturelles. D'autres points laissent place à de malencontreuses interprétations. Possédant une somme d'énergie vitale (*Lebensenergie*) différente suivant les types (notamment maritime ou continental), les nations et les États naissent, vieillissent et meurent dans un « espace vital » (un *Lebensraum*). Il appartient au géographe et à l'homme politique de découvrir les lois de ces croissances et d'avoir le sens de l'espace (*Raumsinn*). Si l'on devine ce qu'ont pu devenir ces termes, on ne doit cependant pas en déduire de Ratzel qu'il s'agit d'un esprit raciste. Il s'agirait plutôt d'un Allemand nostalgique des étendues américaines et chinoises à coloniser (*Die chinesische Auswanderung*, 1876). Dès *Anthropogeographie* (1882), il affirme que les peuples contemporains sont tous le produit de mixité et que le progrès accompagne celle-ci. Ainsi le mélange entre trappeurs européens et peuples amérindiens a permis l'exploitation des territoires longeant la baie d'Hudson et celui des Amérindiens et des esclaves noirs, l'exploitation des zones humides. Diffusionniste, Ratzel examine la répartition des objets de la culture matérielle, ainsi celle de l'arc et de la flèche en Afrique.

▲ E. Roy, 1988, « Persistence and change in the relationship between anthropology and human geography », *Progress in Human Geography*, vol. 12 : 229-262. M. Korinham, 1984, « Friedrich Ratzel, Karl Haushofer, Politische Ozeanographie » dans *Hérodote*, n° 32. Anonyme, 1991, « Ratzel, Friedrich », in C. Winter, p. 247-248.

SCHURTZ, Heinrich (1867-1903). Élève favori de Ratzel, H. Schurtz meurt prématurément à quarante ans mais n'en publia pas moins six livres : *Grundzüge einer Philosophie der Tracht*, Stuttgart (1891), *Katechismus der Völkerkunde*, Leipzig (1897), *Grundriß einer Entstehungsgeschichte des Geldes*, Leipzig (1898), *Das afrikanische Gewerbe*, Leipzig (1900), *Urgeschichte der Kultur*, Leipzig (1900), *Altersklassen und Mannerbünde*, Berlin (1902). « Trop tôt devenu un classique » (Mauss, 1969 : 59), ce dernier livre lui valut une renommée encore en cours aujourd'hui. Travaillant sur les civilisations préhistoriques, Schurtz acquit la conviction que les sociétés d'hommes avaient joué un rôle aussi important que la famille dans l'histoire de l'humanité. Il fut le premier à introduire les sociétés secrètes et des associations masculines dans la réflexion anthropologique. Les thèses contenues dans *Altersklassen und Männerbünde* (« Classes d'âge et associations volontaires ») sont les suivantes. Selon Schurtz, les femmes sont fondamentalement conservatrices et antisociales et gardent les hommes dans l'univers clos de la cellule maritale, alors que ces derniers (une fois le désir sexuel satisfait) ne recherchent que la fraternité de leurs semblables. De là naissent les associations et les sociétés secrètes. Cette fraternité, rassemblée autour de la maison des hommes, vise ensuite à protéger ces derniers des générations masculines rivales qu'ils précèdent. À partir de ces deux antagonismes fondamentaux, Schurtz proposait un schéma évolutionniste allant des classes d'âge aux premières associations et aux sociétés hiérarchisées. Ce livre est le premier à proposer une théorie où l'organisation politique primitive ne se réduit pas au clan familial. Lowie s'en inspire en 1912, lorsqu'il étudie les associations crow, mais dans

Primitive Society (1920) lui reproche d'avoir négligé les diffusions et note que l'existence de nombreuses sociétés féminines dément le schéma de l'auteur.

▲ Anonyme,1903, « Heinrich Schurtz », *AA*, vol. 5 : 583. Mauss, 1969 (1905), *Œuvre III*, Minuit, Paris, p. 59 et 149. Lowie, 1947 (1920), *Primitive Society*, New York, Liveright, chap. 11.

SCHMIDT, Wilhelm, père (1868-1954). Né à Hörde (Westphalie). Après des études de théologie, W. Schmidt joint, en 1883, la congrégation de la parole divine (congrégation missionnaire fondée en 1875 dans le Tyrol autrichien). En 1895, il est nommé professeur au séminaire de Saint Gabriel de Mödling près de Vienne où il demeure jusqu'en 1938. Entre 1912 et 1954, il publie *Der Ursprung der Gottesidee* (Münster, 1912-1955, 12 vol.) où il vise à démontrer l'universalité de l'idée de dieu à travers les recherches et témoignages de voyageurs, missionnaires et anthropologues. Enseignant à l'université de Vienne, le père W. Schmidt participe étroitement à la création de l'école d'ethnologie viennoise qui rassemble des ethnologues comme Gusinde, Koppers, Schebesta. En 1906, il crée la revue *Anthropos*, aujourd'hui l'une des plus prestigieuses de la discipline. En 1927, il est nommé directeur du musée d'Ethnologie papale du Latran. Réfugié en Suisse après l'avènement du nazisme, il est nommé professeur à l'université de Fribourg en 1941 où il meurt en 1954.

◆ 1926, *Die Sprachfamilien und Sprachenkreise der Erde*, Heidelberg. 1937-1942, *Das Eigentum auf den ältesten Stufen der Menschheit*, 3 vol. 1937, *Handbuch der Methode der kulturhistorischen Ethnologie*. 1946-1949, *Rassen und Völker in Vorgeschichte und Geschichte des Abendlandes*, 3 vol. 1952, *Die tasmanischen Sprachen*.

▲ F. Bornemann : « Wilhelm Schmidt », *Anthropos,* vol. 49, 1954, et vol. 50, 1955. E. Brandewie, 1983, *W. Schmidt and the Origin of the Idea of God*, New York. J. Heneinger, 1987, « Schmidt, W. », in M. Eliade, éd, *The Encyclopedia of Religion*, New York. E. Conte, 1988, « Le confesseur du dernier Habsbourg et les nouveaux païens allemands. À propos de Wilhelm Schmidt », *Ethnologie française*, vol. 18, n° 2 : 120-130. J. Henneinger, 1991, « Schmidt, Wilhelm », in C. Winter, p. 219-220.

THURNWALD, Richard (1869-1954). Né à Vienne, R. Thurnwald étudie le droit, l'économie et les langues orientales. Il obtient un doctorat en droit (1891), puis travaille pour le gouvernement. Après une première enquête en Bosnie, il se rend en Égypte en 1898, et de retour à Berlin, étudie l'égyptologie et l'assyriologie. Nommé assistant au musée d'Ethnologie de Berlin en 1901, il commence à rédiger quelques articles sur la définition de l'État, du droit, le statut de la femme dans ces anciens empires. À travers l'« Association internationale pour le droit comparé et l'économie politique de Berlin », il élargit ses recherches à l'aide d'un questionnaire ethnologique comprenant 2 500 questions. Entre 1906 et 1909, il enquête en Micronésie, se rendant notamment en Nouvelle-Bretagne et aux îles Salomon d'où il ramène de nombreux objets qui enrichissent les musées allemands. Il effectue ensuite des recherches en Nouvelle-Guinée (entre 1912 et 1915), en Afrique de l'Est (1930), Mélanésie (1932), enfin en Australie. Il enseigne aux universités de Berlin (1925-1930), de Californie (où Kroeber l'invite), de Harvard, de Yale (1931-1936). Bien qu'antinazi, il est nommé professeur à l'université de Berlin en 1937 où il meurt en 1954. Il créa après la guerre l'Institut d'ethnologie de l'université libre de Berlin. Parti de la démarche diffusionniste de la *Kulturkreislehre* (théorie des cercles culturels), Thurnwald se pose de plus en plus la question du contexte psychologique des phénomènes, ce qui l'amène à un fonctionnalisme moins rigide que celui de Malinowski. Il fonde la revue *Zeitschrift für Völkerpsychologie und Soziologie* qu'il édite entre 1923 et 1933 et le *Forschungen zur Völkerpsychologie und Soziologie* entre 1925 et 1935 (devenant la revue *Sociologus* en 1952). Publiés entre 1931 et 1934, les cinq volumes de *Die menschliche Gesellschaft* constituent sans doute son œuvre majeure. Le tome 4 a été traduit chez Payot sous l'intitulé *L'Économie primitive*. Thurnwald est l'un des pionniers de l'anthropologie économique.

◆ 1912, *Forschungen auf den Salomo-Inseln und dem Bismarck-Archipel*, Berlin, Reimer, 3 vol. 1916, *Banaro Society*, Lancaster, *AAA*. 1922, *Psychologie des primitiven Menschen*. 1931-1935, *Die menschliche Gesellschaft in ihren ethnosoziologischen Grundlagen*, Berlin-Leipzig, Gruyter, 5 vol. 1932, *L'Économie primitive*, Paris, Payot.

▲ R. Lowie, 1954, « Richard Thurnwald 1869-1954 », *AA*, vol. 56, p. 862-867. G. Lenclud, 1991, « Thurnwald, Richard », in Bonte et Izard, p. 708-709. Riese B., 1991, « Thurnwald, Richard », in C. Winter, p. 698-699. La revue *Droit et Cultures* a consacré un dossier à R. Thurnwald comprenant un important texte de celui-ci et un article de Rüdiger Schott, « R. Thurnwald, le fondateur de l'ethnologie juridique en Allemagne », *Droit et Cultures*, n° 21, 1991. B. Juillerat, 1993, « Richard Thurnwald et la Mélanésie. Réciprocités, hiérarchies, évolution », *Gradhiva*, n° 14 : 15-39.

FROBENIUS, Leo Viktor (1873-1938). Fils d'officier, né à Berlin, L. Frobenius travaille dans une société d'exportation à Brême tout en lisant Bastian et Ratzel. En 1893, il obtient une place d'assistant au Musée municipal du commerce et des peuples primitifs de Brême, puis se rend à Leipzig y étudier avec Ratzel. Frobenius complète les cartes de répartition des types d'arc établies par ce dernier, en y ajoutant d'autres éléments matériels (boucliers, armes de jet, instruments de musique, etc.) tendant à établir un critère de quantité. Ayant ainsi constitué un énorme fichier, il publie *Die Masken und Geheimbünde Afrikas* (1898) et *Der Ursprung der afrikanischen Kulturen* (1899-1901). S'efforçant de réunir la somme nécessaire à une expédition en région Yoruba, il voit les Britanniques occuper le royaume du Bénin et en ramener des sculptures de bronze (1898). Obtenant un peu d'argent du musée de Hambourg, il entreprend une première mission au Congo dont il rapporte huit mille objets. Ce succès lui permet d'organiser une nouvelle expédition à laquelle participe le musée de Hambourg, celui de Leipzig et le ministère des Colonies. Frobenius dirige ainsi une suite de missions africaines jusqu'en 1916.

La guerre ayant interrompu ses recherches, Frobenius les reprend entre 1925 et 1933 et se rend en Afrique du Nord, de l'Est et de l'Ouest. C'est en fouillant un site nigérien qu'il découvre en 1910 des statuettes de pierre polie, de terracotta (terre cuite) et de bronze qui lui rappellent les sculptures hellénistiques. Ces découvertes l'amènent à rattacher les civilisations africaines à la Méditerranée. Il met aussi au jour les peintures rupestres boschimanes. En 1922, sur la base de son fichier élargi, Frobenius crée à Munich un Institut de morphologie culturelle qu'il transporte à l'université de Francfort en 1925 (devenant l'Institut Frobenius à sa mort). À partir de 1925, il enseigne à Francfort où il est finalement nommé professeur en 1932. En 1934, il crée le musée d'Ethnographie de Francfort et une revue intitulée *Paideuma*. Il meurt en 1938 à Biganzolo (Italie). Frobenius reprend de Spengler l'idée que les processus naturels et culturels sont isomorphes; l'un et l'autre connaissent naissance, vie et mort. Comme les organismes biologiques, les cultures vivent un cyle comprenant des étapes : de l'enfance à l'épanouissement puis de celui-ci au déclin. C'est ainsi qu'elles sont des organismes vivants par l'intermédiaire d'une *Paideuma* (âme), animant chacun de ses membres et donnant sens à leur action. Frobenius expose le plus complètement cette théorie dans *Le Destin des civilisations* (Paris, Gallimard, 1932). L'œuvre de Frobenius est immense et sa publication n'en est pas terminée.

◆ 1907, *Im Schatten des Kongostaates*. 1911, *Auf dem Wege nach Atlantis*. 1913, *Und Afrika sprach*, 3 vol. 1921, *Paideuma*. 1923, *Das sterbende Afrika*. 1925, *Hadschra Maktuba*. 1931-1932, *Madsimu Dsangara*. 1952 (1933), *Histoire des civilisations africaines*, Paris, Gallimard.

▲ A.E. Jensen, 1938, « V. Frobenius », *Paideuma*, n° 2. J. Zwernemann, 1969, « Leo Frobenius et la recherche scientifique sur les civilisations africaines », *Notes et Documents voltaïques*, vol. 2 (3) : 27-42. J.-M. Ita, 1972, « Leo Frobenius in West African History », *Journal of African History*, vol. 13 : 673-688. H. Straube, 1968, « Frobenius L. » in D. L. Stills, vol. 8 : 17-21. Haberland E., éd., 1973, *Leo Frobenius 1873/1973. Une anthologie*, Wiesbaden, F. Steiner. L. Vajda, 1973, « Leo Frobenius heute », *Zeitschrift für Ethnologie*, vol. 98 : 19-29. J. C. Winter, 1983, « Frobenius, L.V. », in H. Jungraithmayr et H. J. G. Möhlig, éd., *Lexikon der Afrikanistik*, Berlin, p. 86-88. L. Vajda, 1991, « Frobenius, Leo », C. Winter, p. 220-221. M. Izard, 1991, « Frobenius, L. », in Izard et Bonte, p. 299-300.

GRAEBNER, Robert Fritz (1877-1934). Né à Berlin, R. Graebner étudie l'histoire et trouve en 1899 un poste d'assistant au Musée royal d'ethnologie de Berlin. Il soutient sa thèse en 1901. Employé à établir un catalogue des objets possédés par le musée, il en note les similitudes et propose en 1904 (en commun avec B. Ankerman), lors d'une conférence donnée à la Société berlinoise d'anthropologie, d'ethnologie et de préhistoire, la notion de *Kulturkreislehre* (cercles des cultures). À partir de 1907, il travaille au musée de Cologne venant d'ouvrir (1906) où il fonde la revue *Ethnologica*. En 1911, il soutient une habilitation et publie *Methode der Ethnologie*, bible du diffusionnisme. Il y réfute toute tentative de détermination de source et de diffusion d'un objet unique, et substitue à cette démarche la constitution de « complexes culturels » où un ensemble d'éléments sont associés (le polynésien, l'appuie-tête et le grattoir par exemple). Mais attaché au dogme du peu d'inventivité de l'espèce humaine, cette élémentaire prudence ne lui évite pas d'étranges élucubrations. Ainsi, Graebner ne put accepter l'idée que les civilisations du Mexique et du Pérou aient vu le jour de manière autonome ou encore relia les cultures mélanésiennes dites de l'arc à celle de l'Europe centrale néolithique, parce que l'une et l'autre possédaient des maisons sur pilotis, un sol rectangulaire, le même type de poteries, et enfin des manches de cuillères ou de haches à la forme identique (Graebner, 1923 : 464). Graebner se trouve en Australie à l'occasion du Congrès international des sciences anthropologiques, lorsque la guerre éclate durant l'été 1914. Il y est retenu cinq ans en semi-captivité pour avoir caché des documents. Enseignant à l'université de Bonn, il y est nommé professeur en 1921 et prend la direction du musée de Cologne en 1926. Après une attaque en 1928, il ne travaille plus et meurt en 1934.

◆ 1905, « Kulturkreise und Kulturschichten in Ozeanien », *Zeitschrift für Ethnologie*, vol. 37 : 28-53. 1923, « Ethnologie », G. Schwalbe, éd., *Kultur der Gegenwart*, Leipzig, p. 435-587. 1924, *Das Weltbild der Primitiven*, Munich.

▲ P. W. Schmidt, 1935, « F. Graebner », *Anthropos*, vol. 30 : 203-214. J. Lips, 1935, « Fritz Graebner », *AA*, vol. 37 : 320-326. C. Kluckhohn, 1936, « Some reflections on the method and theory of the *Kulturkreislehre* », *AA*, vol. 38 : 157-196. P. Laser, 1977, « Fritz Graebner : eine Würdigung », *Anthropos*, vol. 72 : 1-55. L. Pützstück, 1991, « F. Graebner », in C. Winter, p. 247-248.

NIMUENDAJÚ, Curt Unkel, dit (1883-1946). Né à Iéna (Allemagne), C. Nimuendajú se rend au Brésil en 1903 sans avoir fait d'études. Il réside à São Paulo puis à Belém à partir de 1913. Entré en contact avec les Amérindiens à partir de 1905, il séjourne de plus en plus longtemps et de plus en plus fréquemment auprès de ceux qui le dénomment Nimuendajú après une cérémonie (1906). Il ne publie son premier article qu'en 1914 dans la *Zeitschrift für Ethnologie.* Devenu le premier spécialiste des Amérindiens Apapocuva-Guarani, Tukuna, Kaingang, Apinaye et Canella, il est employé au musée Pualista et par divers services gouvernementaux, s'occupant conjointement d'exploration, de cartographie, de pacification, d'ethnologie et d'archéologie, tous domaines où il laisse une œuvre importante notamment à travers sa contribution au *Handbook of South American Indians* édité par Steward. Bien que les médecins l'aient prévenu que, malade, un nouveau séjour dans les forêts amazoniennes lui serait fatal, il repart et meurt en 1945 parmi les Indiens Tukuna (Brésil).

◆ 1914, « Die Sagen von der Erschaffung und Vernichtung der Welt als Grundlagen der Religion der Apapocuva-Guaraní », Berlin, *Zeitschrift für Ethnologie*, vol. 46 : 284-403. 1932, « À propos des Indiens Kukura du Rio Verde » (Brésil), Paris, *Journal de la Société des américanistes*, vol. 24 : 187-189. 1937 (avec R. Lowie), « The dual organization of the Rambókamekra (Canella) of Northern Brazil », *AA*, vol. 39 : 635-682. 1939, *The Apinayé* (trad.

de Lowie), The Catholic University of America. 1942, *The Serênte*, Los Angeles, Southwest Museum.

▲ H. Baldus, 1946, «Curt Nimuendajú», *AA*, vol. 48 : 238-243. N. Pereira, 1946, *Curt Nimuendajú sintesa de uma vida e de uma obra*, Belém, Para. B. Riese, 1991, «Nimuendajú, Curt» in C. Winter, p. 507-508.

La *Cambridge School* et l'hyperdiffusionnisme anglais

Nous avons choisi de réserver une entrée pour Junod (qui, bien que n'étant pas anglais a rédigé son œuvre en anglais). Cependant, parmi les précurseurs ou les marginaux, il convient de citer également M. Kingsley (1862-1900), auteur de *Travels in West Africa* (1897), *West African Studies* (1899), C. Meek (1885-1965), administrateur colonial, ethnologue et auteur de *The Northern Tribes of Nigeria* (1925), ou R. Rattray (1881-1938), *Ashanti* (1923), ainsi que Eiselen et Van Warmelo, Afrikaaners et théoriciens de l'apartheid sud-africain, S. Plaatje et ZK. Matthews.

JUNOD, Henri-Alexandre (1863-1934). Né en Suisse près de Neuchâtel en 1863, Junod étudie la théologie puis part évangéliser le Mozambique et l'Afrique du Sud où il réside pratiquement en permanence entre 1880 et 1923. Auteur de plusieurs ouvrages, Junod est surtout connu pour *The Life of a South African Tribe* publié en 1912, republié, augmenté et revu en 1927 (2 vol.). Le livre qui constitue l'une des premières ethnographies à caractère scientifique, décrit systématiquement tous les aspects de la vie Bantu et inspira aussi bien Lévy-Bruhl que Radcliffe-Brown ou Lowie.

▲ H.-P. Junod, 1934, *H.-A. Junod: missionnaire et savant*, Lausanne. G. Berthoud, 1985, «Entre l'anthropologie et le missionnaire : la contribution d'H.-A. Junod (1863-1934)» dans *Le Visage multiplié du monde : quatre siècles d'ethnographie à Genève*, Genève, musée d'Ethnographie, p. 59-74. J.-P. Jacob, 1991, «Junod Henri-Alexandre» in C. Winter, p. 332-333.

L'expédition de l'université de Cambridge au détroit de Torres et les Cambridge et Oxford Fellows

L'expédition de l'université de Cambridge au détroit de Torres (bras de mer qui sépare l'Australie de la Nouvelle-Guinée) qui se déroule en 1898-1899 est un événement majeur de l'histoire de l'anthropologie britannique. Il s'agit de la première mission collective réalisée par des chercheurs professionnels. Sous la direction du zoologue A. C. Haddon, l'expédition rassemble les linguistes S. H. Ray et Hyens, le photographe A. Wilkin, le musicologue S. S. Meyers, le médecin pathologiste C. G. Seligman, le psychologue W.A. Rivers et son élève W. McDougall. L'expédition arrive le 22 avril 1898 au détroit de Torres, s'installe dans les îles Murray jusqu'au mois de novembre, puis passe plusieurs mois à Bornéo avant de rentrer en Angleterre en avril 1899. La psychologie sensorielle de l'homme primitif devait être son objet d'étude privilégié, mais les faits linguistiques, la culture matérielle et les terminologies de parenté s'imposèrent sur le terrain comme plus intéressants. Les résultats de l'expédition seront exposés en six volumes. La publication du rapport ne sera terminée que trente-cinq ans plus tard (1901-1935, vol. 1 : *Géographie, histoire et ethnologie générale*, vol. 2 : *Psychologie et tests de perception*, vol. 3 : *Langues*, vol. 4 : *Les arts et les techniques*, vol. 5 : *Sociologie, magie, religion, morale et totémisme dans les îles occidentales* et vol. 6 : *idem* dans les îles orientales). Ces recherches montrèrent notamment que les performances des Papous aux tests psychologiques étaient équivalentes à celles des jeunes Anglais de l'université de Cambridge servant de groupe témoin, ce qui allait à l'encontre de toutes les croyances quant au caractère racial des perceptions. Les différences les plus grandes touchaient la vue que les Papous avaient meilleure que les Européens. L'expédition établit aussi que la perception de l'espace et des couleurs était culturellement conditionnée. Une riche moisson d'objets indigènes fut ramenée à Cambridge, mais « certaines caisses attendirent vingt ans avant d'être déclouées » (Hays, 1967 : 127). C'est enfin au cours de cette expédition que Rivers invente la « méthode généalogique » et des signes qui sont encore aujourd'hui utilisés pour décrire la parenté.

▲ P.W. Gathercole, 1977, « Cambridge and the Torres Straits », *Cambridge Anthropology*, vol. 3 : 22-31. I. Langham, 1981, *The Building of British Social Anthropology. W.H.R. Rivers and his Cambridge Disciples in the Development of Kinship Studies, 1898-1931*, Dordrecht, Boston, Londres, D. Reidel. G.W. Stocking, 1983, « The ethnographer's magic. Fieldwork in British Anthropology from Tylor to Malinowski », in Stocking, *Observers Observed. Essays on Ethnographic Fieldwork.* Madison, Wisconsin UP, p. 70-121. A. Kuper, 1988, *The Invention of Primitive Society. Transformations of an Illusion*, Londres, New York, Routledge. H. Kublick, 1991, *The Savage Within : the Social History of British Anthropology, 1885-1945*, New York, Cambridge. J. Urry, 1993, *Before Social Anthropology. Essays on the History of British Anthropology*, Harwood Academic Publishers. G.W. Stocking, 1995, *After Tylor. British Social Anthropology, 1888-1951*, Madison, Wisconsin UP. H. Kublick, 1996, « British anthropology », in Bernard et Spencer, p. 76-79. R. Poignant, 1996, « Royal Anthropological Institute », in Levinson et Ember, p. 1124-1125.

HADDON, Alfred Cort (1855-1940). Né à Londres, A. C. Haddon est le fils d'un imprimeur. En 1874, il commence des études de zoologie à l'université de Cambridge et, après une brève période comme conservateur au musée de Cambridge, il enseigne au Collège royal de Dublin (1880). Obtenant une subvention grâce à Huxley, il se rend dans le détroit de Torres afin de poursuivre une étude sur les récifs de coraux et leurs faunes (1888-1889). Passant ses soirées avec les Papous, il publie à son retour plusieurs articles et deux livres : *The Decorative Art of British New Guinea* (1894) et surtout *Evolution in Art* (1895), qui reste sa principale contribution théorique. Enseignant à mi-temps l'anthropologie physique à l'université de Cambridge à partir de 1894, il obtient un doctorat ès sciences en 1897, et prépare l'expédition collective au détroit de Torres (1898-1899) qu'il dirige. Si chacun des membres est responsable d'une enquête spécifique (linguistique, botanique, psychologie...), la plupart reviennent convertis à l'anthropologie et Haddon s'efforce de reconstituer les anciennes cérémonies et de recueillir des mythes. Tout en continuant à enseigner à Dublin, il est nommé chargé de cours au département d'ethnologie de l'université de Cambridge qui voit le jour en 1904 grâce à l'appui de Frazer. Néanmoins, ce n'est qu'en 1933 qu'y est créée une chaire. Écrivant surtout sur les Sarawak et les Papous, Haddon dirige la publication du rapport de l'expédition et, selon une perspective diffusionniste classique, s'intéresse alors surtout aux migrations humaines. On lui doit aussi la première histoire de la discipline, *History of Anthropology* (avec A. H. Quiggin, 1910, réédition révisée en 1934), qui mêle le développement de la préhistoire, de la linguistique, de l'ethnologie et de l'anthropologie physique. Il effectue une nouvelle enquête dans le détroit de Torres en 1914.

◆ 1895, *Evolution in Art*, Londres, W. Scott. 1898, *The Study of Man*, Londres, Bliss. 1901, *Head Hunters, Black, White and Brown*, Londres, Methuen. 1927 (1906), *Les Races humaines et leur répartition géographique*, Alcan. 1911, *The Wanderings of the Peoples,* Cambridge UP.

▲ A. H. Quiggin and E.S. Fegan, 1940, « A.C. Haddon, 1855-1940 », *Man*, vol. 40 : 97-100. A.H. Quiggin, 1942, *Haddon, the Headhunter*, Cambridge. D. Lonergan, 1991, « Haddon, A.C. », in C. Winter, p. 260-261.

RIVERS, William Halse (1864-1922). Né à Luton dans le Kent, W.H. Rivers étudie la médecine puis la neurologie et se passionne pour la psychologie vers 1890. Il est nommé lecteur en physiologie et en psychologie expérimentale à l'université de Cambridge en 1897. En 1898-1899, il participe à l'expédition de l'université de Cambridge au détroit de Torres, durant laquelle il soumet les indigènes rencontrés à des tests psychologiques. Familier des travaux de Galton, il pense utile de mettre en rapport les tests à des enquêtes généalogiques. C'est ainsi qu'il invente « la méthode généalogique » permettant notamment de recueillir des nomenclatures de parenté. La théorisant dans *The Genealogical Method of Anthropological Inquiry* (1910), Rivers invente une écriture encore employée, dont la conception représente la seconde révolution de l'approche du champ de la parenté après celle opérée quarante ans plus tôt par Morgan. Grâce à une bourse du *Percy Stade Trust,* Rivers se rend en Inde

en 1901-1902 pour y étudier une société polyandrique et y vérifier les hypothèses de MacLennan concernant l'évolution des formes de la famille. Ce sera *Les Toda* (1906, Londres, Macmillan). Il s'oppose après cette expérience aux hypothèses des évolutionnistes et rejoint formellement les théories diffusionnistes à l'occasion d'une déclaration adressée à la *British Association for the Advancement of Science* en 1911. S'étant rendu en Mélanésie en 1907, il a par ailleurs publié en 1910, *The History of Melanesian Society* (Cambridge UP, 2 vol.) aux thèses proches des théories panégyptianistes de Smith. Rivers y interprète les deux moitiés exogames présentes parmi les populations mélanésiennes comme deux couches de populations distinctes dont l'une, à la peau foncée, aurait subi l'invasion de l'autre, originellement à la peau claire. La civilisation mégalithique égyptienne amenée par cette dernière aurait régressé car elle aurait été absorbée. Si l'origine égyptienne est extravagante, le livre dresse à l'époque un tableau très utile des cultures mélanésiennes.
Notons que Rivers continue parallèlement ses recherches en psychologie et se livre en compagnie de H. Head à une importante série de recherches. En 1903, il fonde *The British Journal of Psychology*. Employé comme psychiatre durant la Première Guerre mondiale, il s'intéresse à la psychanalyse et tente de fonder une anthropologie psychologisante.

◆ 1968 (1914), *Kinship and Social Organisation*, Londres, Athlone Press. 1926, *Psychology and Ethnology*, Londres, Routledge.

◆ A. C. Haddon et F. C. Bartlett, 1922, « Obituary of W.H.R. Rivers », *Man*, vol. 22 : 97-103. R. Slobodin, 1978, *W.H.R. Rivers*, New York, Columbia UP. A. R. Walker, 1986, *The Toda of South India : a New Look*, Delhi. R. Slobodin, 1991, « Rivers, W.H.R. » in C. Winter, p. 283-284. B. Pulman, 1989-1990, présentation de « Anthropologue et missionnaire avant la rupture. Une conférence de W.H.R. Rivers », dans *Gradhiva*, n° 7 : 73-87.

MARETT, Robert Ranulph (1866-1943). Né à Jersey, R. R. Marett étudie le droit à Oxford, s'inscrit au barreau de Jersey en 1891, mais choisit plutôt le poste d'enseignant que le Collège Exeter d'Oxford lui offre la même année. D'abord spécialiste de philosophie morale, il porte son intérêt sur l'étude de la religion et de la magie après un premier essai sur la morale des primitifs. Disciple de Tylor, il développe ses théories sur l'origine des religions (*The Threshold of Religion*, 1909) mais lui reproche (ainsi qu'à Lang) la réflexivité que suppose leur théorie sur l'origine du sentiment religieux. Le sauvage, refléchissant à la nature des rêves, des doubles et des phénomènes hallucinatoires, lui semble moins probable que l'irruption moins intellectuelle de la crainte devant certains phénomènes. Marett construit ainsi une théorie nommée pranimisme, donnant des origines physiologiques et émotionnelles (telles les horreurs instinctives et les passions violentes) à la religion. Il insiste sur la notion de *mana* comme puissance, qui lui permet de proposer une définition minimale du sentiment religieux. En 1909, il fonde la Société anthropologique d'Oxford et, en 1910, il est nommé *reader*, succédant à Tylor. Entre 1912 et 1915, il se préoccupe d'archéologie et soutient une thèse ès sciences en 1913 avant de devenir recteur du Collège Exeter.

◆ 1912, *Anthropology*, New York. 1932, *Faith, Hope and Charity in Primitive Religion*, Oxford. 1935, *Head, Heart and Hands in Human Evolution*, Londres. 1936, *Tylor*, New York. 1941, *A Jerseyman at Oxford*, Londres.

▲ D. Buxton, 1936, *Custom is King; Essays Presented to R.R. Marett* (article de Seligman, Rattray, Fortes, Firth...), Londres. T. K. Penniman, 1944, « R.R. Marett », *Man*, vol. 44 : 33-35. M. J. Ruel, 1968, « Marett, R.R. », in D. L. Stills, p. 565-567. D. Lonergan, 1991, « Marett, R.R. », in C. Winter, p. 455-456.

SMITH, Grafton Elliot, sir (1871-1937). Né à Grafton (Angleterre), G.E. Smith étudie la médecine à Londres et se spécialise dans l'anatomie du cerveau. Alors qu'il est professeur à l'université du Caire, le gouvernement colonial lui confie (1910) l'étude de l'évolution des caractéristiques physiques des anciens Égyptiens, avant que des dizaines de sépultures ne disparaissent sous les eaux en raison de la construction d'un barrage. Il est le premier à radiographier les momies royales (1912), ce qui lui vaut d'être connu du grand public. Obtenant une chaire d'anatomie à l'université de Manchester, il compare les crânes malais présents dans les collections anglaises, à ceux des momies égyptiennes et propose la thèse d'une diffusion de la pratique de leur déformation. Il énonce dans *The Migrations of Early Cultures* (1915) que la momification, retrouvée dans plusieurs régions du monde, est trop complexe pour avoir été découverte plusieurs fois.
Nommé professeur au Collège universitaire de Londres, G. E. Smith propose la thèse selon laquelle l'Égypte est à la source de toutes les cultures (*In the Beginning. The Origin of Civilisation*, New York, 1928). Celle-ci a pour axiome que l'homme étant peu inventif, seules des circonstances exceptionnelles justifient une évolution culturelle aussi considérable. L'apparition du blé croisée aux débordements du Nil explique l'apparition des canaux et l'éruption d'une civilisation égyptienne dont la culture devait se répandre à travers le monde (1928 : 20-31). Commencée en Égypte avec une culture présentant le culte solaire, le symbole du svastika, la déformation de la tête et le mythe du déluge, la civilisation se serait diffusée du Nil aux Indes, des Indes à la Malaisie, de celle-ci à l'Océanie, de l'Océanie aux Amériques. Smith retrouve ainsi dans l'existence des clans totémiques australiens la forme dégradée et modifiée des modes d'adoption des étrangers pratiqués par les Égyptiens (1928 : 25-67). Les arts et les coutumes des peuples « sauvages » sont les reliques décadentes de ceux de l'Égypte ancienne. Bien que connaissant un important succès populaire, l'ensemble de cette théorie, dont l'extrémisme ne reconnaissait aucune invention indépendante, fut très vite réfuté par les ethnologues professionnels.

◆ 1912, *The Royal Mummies*, le Caire. 1915, *The Migrations of Early Culture, a Study of the Significance of the Geographical Distribution of the Practice of Mummification as Evidence of the Migrations of Peoples and the Spread of Certain Customs and Beliefs*, Memoirs and Proceedings, Manchester Literary and Philosophical Society. 1924, *Elephant and Ethnologist*, New York, Dutton. 1929, *Human History*, New York, Dutton.

▲ T. Wingate, 1937, «The Scientific Influence of Sir Grafton Elliot Smith» dans *AA*, vol. 39 : 523-526. W.R. Dawson, éd., 1938, *Sir Grafton Elliot Smith. A Biographical Record by his Colleagues*, Londres. S. Zuckerman, éd., 1973, *The Concepts of human evolution : A symposium held to mark the centenary of the birth of Sir Grafton Elliot Smith.* A.P. Elkin and N.W.G. MacIntosh, éd., 1974, *Grafton Elliot Smith : the Man and his Work*, Sydney. C. Lupton, 1991, «Smith, Sir Grafton Elliot» in C. Winter, p. 644-645.

SELIGMAN, Charles Gabriel (1873-1940). Né à Londres, C.G. Seligman participe après des études de médecine et une spécialisation en pathologie (1896), à l'expédition de l'université de Cambridge au détroit de Torres (1898-1899) en tant que psychologue, mais à ses propres frais. Si, de retour à Londres, il retourne à des recherches en pathologie à l'hôpital St. Thomas, il repart sur le terrain en 1904 avec la *Major Cooke Daniels Ethnographical Expedition* en Nouvelle-Guinée (du nom du riche Américain la finançant) où il recueille un matériel lui permettant de rédiger *The Melanesians of British New Guinea* (Londres, 1910), énorme et premier travail classificatoire d'ensemble sur cette région du monde. En 1906, Seligman se rend avec son épouse chez les Véda de Sri Lanka. En 1911, il publie *The Veddas*, présentant cette population ceylandaise considérée comme particulièrement primitive bien que cultivant l'igname. En 1909, il se rend pour la première fois au Soudan auquel il se consacre désormais (1909-1910, 1911-1912, 1921-1922). Professeur à la *LSE* à partir de 1913 après y avoir été chargé de cours, il y eut pour élèves Malinowski, Evans-Pritchard, Firth, Nadel, Fortes… On lui doit, entre autres, d'avoir attiré l'attention de Malinowski sur les phénomènes de nature psychologique (lui demandant de vérifier sur le terrain, les hypothèses de Freud) et d'avoir recueilli chez les Shilluks une documentation fondamentale sur la royauté divine (selon laquelle, le roi, centre cosmique de l'univers, est tué lorsque ses forces déclinent).

◆ 1930, *Races of Africa*, Oxford. 1932 (avec B.Z. Seligman, son épouse), *Pagna Tribes of the Nilotic Sudan*, Londres. 1934, *Egypt and Negro Africa : a Study in Divine Kingship*, Londres.

▲ A.C. Haddon, éd., 1934, *Essays Presented to C.G. Seligman*, Londres. M.J. Herskovits, 1941, «C.G. Seligman», *AA*, vol. 43 : 437-439. M. Fortes, «C.G. Seligman», in D.L. Sills, 1968-1979, vol. 14 : 159-162. R. Firth, 1975, «Seligman's contribution to Oceanic anthropology», *Oceania*, vol. 45 : 472-482. B. Pulman, 1989, «Aux origines du débat anthropologie et psychanalyse, Seligman (1873-1940)», *Gradhiva*, n° 6 : 35-50. D. Lonergan, 1991, «Seligman, C.G.» in C. Winter, p. 629-630.

HOCART, Arthur Maurice (1883-1939). Né près de Bruxelles d'un père pasteur, A.M. Hocart étudie l'histoire au Collège Exeter d'Oxford (1902-1906) où il est le condisciple d'Evans-Pritchard, puis brièvement, la philosophie et la psychologie à l'université de Berlin. En 1908-1909, il participe à la mission que dirige P.S. Trust aux îles Salomon en association avec Rivers. Grâce à l'appui de Haddon, il exerce les fonctions de directeur d'école dans l'une des îles Fidji

(les îles Lau) entre 1909 et 1912. En 1912, grâce à une bourse de l'université d'Oxford, il peut se consacrer à l'ethnographie et enquête à Fidji, Wallis, Samoa, Tonga. Il retourne à Oxford en 1914, mais ce n'est qu'après la guerre qu'il lui est possible d'entreprendre des études de langue (sanskrit, tamoul, pali). Entre 1915 et 1919, il sert dans l'infanterie légère. En 1921, il est nommé directeur de la Mission archéologique britannique de Ceylan et se préoccupe surtout de restauration. Il retourne en Angleterre pour raison de santé en 1928. Il enseigne au collège universitaire de Londres où il rejoint Smith et Perry en 1932-1934, puis succède à Evans-Pritchard à la chaire de sociologie de l'université du Caire où il décède en 1939 d'une infection contractée en Haute-Égypte.
Hocart a publié cinq livres et presque deux cents textes. Sa caractéristique essentielle est d'avoir poursuivi la reconstitution d'une histoire de la culture et des institutions sociales telle que Tylor ou Frazer la pratiquaient, et ce, à une époque où, y compris la génération précédente (Rivers ou Seligman), avait abandonné une telle approche. Presque quinze ans après *Les Argonautes* (publié en 1922 par Malinowski), Hocart publie *Rois et courtisans* (1936) qui est sans doute son œuvre la plus connue. Totalement originale, cette contribution cherche les origines de l'État dans les rituels de vie et de fertilité car « il est clair que la raison d'être du roi n'est pas de coordonner, mais d'être le chef des rituels » (Hocart, 1970 : 137). Les villes apparurent non dans un but de défense ou de commerce (comme des auteurs tel H. Pirenne le pensent), mais parce qu'elles étaient le centre des cultes et du divin. Les institutions suivirent comme un développement impensé (Hocart, 1970 : 299). Si le style d'Hocart est un peu rebutant (du fait notamment de l'abondance des exemples), ses innombrables réflexions tout au long des textes en sont aussi l'une des richesses.

◆ 1927, *Kingship*, Londres, Oxford UP. 1929, *The Lau Islands of Fiji*, Honolulu, Bishop Museum. 1935 (1933), *Les Progrès de l'homme*, Paris, Payot. 1936, *Les Castes*, Paris, musée Guimet. 1979 (1936), *Rois et courtisans*, Paris, *Seuil*. 1952, *The Northern States of Fiji*, Londres, Royal Anthropological Institute. 1973 (1952), *Le Mythe sorcier*, Paris, Payot.

▲ E.E. Evans-Pritchard, 1939, « A.M. Hocart », *Man*, vol. 39 : 131. R. Needham, 1967, *A Bibliography of A.M. Hocart (1883-1939)*, Oxford, Blackwell. R. Needham, 1970, « Introduction » à Hocart, *Kings and Councillors*. J.-C. Galey, D. Vidal, 1991, « Hocart Arthur Maurice », in Bonte et Izard, 339-340.

PERRY, William James (1889-1949). Entré à Cambridge pour y étudier les mathématiques, W. J. Perry choisit l'anthropologie après avoir écouté Rivers et Haddon (Langham, 1981 : 153). Proche de Rivers, il travaille sur la distribution des monuments mégalithiques et publie en 1918, *The Megalithic Culture of Indonesia* (Manchester). Nommé professeur au collège universitaire de Londres, il est le principal propagateur des thèses héliocentristes de G. E. Smith. Il est surtout l'auteur de *The Children of the Sun* (1923) où il énonce que toutes les cultures ont leurs sources en Égypte dont il trace la diffusion des cultes à travers l'Asie du Sud, l'Amérique du Nord et le Pacifique.

▲ R. Lowie, 1937 : 156-177. I. Langham, 1981 : 152-159.

Chapitre 3

L'anthropologie américaine

SOMMAIRE

Née de la présence des Amérindiens dans leurs multiples composantes, l'anthropologie américaine s'est rapidement définie comme étudiant aussi bien les caractères linguistiques que physiques, culturels et historico-archéologiques des populations objectivées. Elle hérita donc des quatre *fields* ou champs que nous venons de citer sans avoir, de nos jours, les moyens de réellement dépasser la juxtaposition de ces savoirs. On est aujourd'hui archéologue, spécialiste des lémuriens ou ethnologue, rarement les trois ni même les deux. Reste cependant que l'étudiant américain devra acquérir un minimum des bases qui lui permettront, s'il le désire, de suivre les progrès de champs qui ne sont pas les siens.

J'ai pour thèse que, pour des raisons historiques, l'anthropologie américaine a été depuis son origine le réceptacle aux États-Unis des mouvements et des conflits sociaux, occupant en cela une place identique à celle de la philosophie en France. Comme cette dernière, elle fut plus que d'autres disciplines un point d'articulation entre la nation et ses intellectuels. Du point de vue national, une Mead n'y est comparable qu'à un Sartre, et *vice versa*.

La période de construction de l'*American Ethnological Society*, de l'*American Antiquarian Society* et du *Bureau of American Ethnology*

Abraham Lincoln, lui-même auteur d'un petit traité des vocabulaires de langues amérindiennes, encourage la recherche et ordonne la grande expédition de Clark et Lewis à laquelle participe le peintre G. Catlin. En 1842 est fondée la Sociéte américaine d'ethnologie. Comme d'autres, voyant le jour au cours de cette décennie et de celle qui la suit, elle est aussi active scientifiquement qu'idéologiquement. Lutte anti-esclavagiste et relevés de culture matérielle, protection des Amérindiens et classification des langues sont également au programme. En 1868, le Musée américain d'histoire naturelle est créé. La *Smithsonian Institution*, existant depuis 1846, à laquelle, dès sa première séance, Schoolcraft avait présenté un «plan pour l'investigation de l'ethnologie américaine», institue le Bureau d'ethnologie américaine en 1879. J. W. Powell, son premier directeur, place dès le départ l'accent sur les recherches de terrain. Aussi (comme le relève Hinsley, 1981), si l'évolutionnisme est la doctrine officielle du Bureau, cette doctrine n'empêche pas la réalisation d'un important recueil de faits ethnographiques. F. H. Curshing et A. F. Brandelier sont les premiers enquêteurs. La création en 1897 du musée Peabody de l'université de Harvard et la nomination de F. W. Putnam à sa tête proposent un autre lieu au développement de la discipline. À partir de 1901, R. B. Dixon, rejoint par A. Tozzer, linguiste et archéologue de la Méso-Amérique, et, en 1913, par E. A. Hooton, anthropologue physique, y constitue un centre de recherche et d'enseignement. Un troisième pôle, moins important, est représenté par le musée Field de Chicago où G. Dorsey est le conservateur d'un département d'anthropologie. Après avoir enseigné à l'université de Clark, F. Boas inaugurera un cours à l'université de Columbia où il est nommé professeur en 1899. En 1902, le département d'anthropologie jusque-là commun avec celui de psychologie, devient indépendant. Enfin, à l'Ouest, Putnam crée le département d'anthropologie de l'université de Californie (Berkeley) et y appelle Kroeber en 1901. C'est là, la liste des hauts lieux de l'anthropologie américaine au tournant du siècle.

▲ M. Lewis et W. Clarck, 1993 (1815 éd. américaine), *Le Grand Retour. Journal de la première traversée du continent nord-américain*, Paris, Phébus. R. E. Banta, 1949, *Indiana authors and their books, 1816-1916*, Wabah College. M. Mead et R. Bunzel, éd., 1960, *The Golden Age of American Anthropology*, New York, Braziller. A.I. Hallowell, 1960, «The Beginnings of Anthropology in America» in Frederica de Laguna, *Selected Papers from the American Anthropologists, 1888-1920*, Evanston, p. 1-90. C. Lévi-Strauss, 1973 (1965), «L'œuvre du Bureau of American Anthropology et ses leçons», *Anthropologie structurale deux,* Paris, Plon, p. 63-77. J. Neil, 1967, *The Bureau of American Ethnology. A Partial History*, Oklahoma, Norman. F. Eggan, 1968, «One hundred years of ethnology and social anthropology» in J. O. Brew, *One hundred years of anthropology*, Harvard UP, p. 119-153. G. W. Stocking, 1968, *Race, Culture and Evolution. Essays in the History of Anthropology*, New York, The Free Press. J.V. Murra, éd., 1976, *American Anthropology : the Early Years*, Saint Paul, *AAA*. C.M.R. Murphy, éd., 1976, *Selected Papers from the American Anthropologist, 1946-1970*, Washington, *AAA*. Jr. Hinsley, 1981, *Savages and Scientists : the Smithsonian Institution and the Development of American Anthropology, 1846-1910*, Washington, Smithsonian Institution Press. T. Wendling, 1991, « Amérique du Nord. L'anthropologie nord-américaine », Bonte et Izard, p. 53-57. R.B. Woodbury, 1996, « American Anthropological Association », in Levinson et Ember, p. 52-56.

HALE, Horatio Emmons (1817-1896). Né à Newport, H.E. Hale étudie le droit et les langues orientales à Harvard et commence à rassembler un vocabulaire algonquin publié en 1834. Il participe comme linguiste et ethnographe à la fameuse Expédition d'exploration des États-Unis (dite aussi *Wilkes Expedition*) qui, entre 1837 et 1842, visite notamment le Sud-Pacifique. Hale contribue à la rédaction du rapport publié en 1846 et propose la première grammaire fidjiane. Il exerce ensuite sa profession de juriste tout en s'adonnant à la linguistique amérindienne. Il enquête en particulier chez les Iroquois sur lesquels il publie *Iroquois Book of Rites* où il relate leurs croyances et rites mortuaires. Il fut président de la section anthropologique de l'Association américaine pour l'avancement des sciences et de la Sociéte américaine de folklore. Ayant travaillé dans les années 1850 en Colombie-Britannique, il supervise les missions de Boas, prenant place dans la même région entre 1888 et 1894, pour le comité de l'Association britannique pour l'avancement des sciences qui les finançait.

▲ D.G. Brinton, 1897, « Horatio Hale », *AA* (ancienne série), vol. 10 : 25-27. W.N. Fenton, 1963, « Introduction, Horatio Hale (1817-1896) » dans H. Hale, *Iroquois Book of Rites*, New York. J.W. Gruber, 1967, « H. Hale and the development of American anthropology », *Proceedings of the American Philosophical Society*, vol. 111 : 5-37. W. Stanton, 1975, *The Great United States Exploring Expedition of 1838-1842*, Berkeley. W.N. Fenton, 1991, « Hale, H.E. », in C. Winter, p. 262-263.

GASTSCHET, Albert Samuel (1832-1907). Né en Suisse, A.S. Gastschet étudie les langues et la linguistique aux universités de Berne et de Berlin. En 1867, il publie un premier livre qui expose l'étymologie des typonymes suisses, puis séjourne une année à Paris et à Londres avant d'émigrer aux États-Unis. Il y devient presque immédiatement l'un des pionniers de la linguistique amérindienne. Powell l'embauche au Bureau d'ethnologie américaine dès son ouverture en 1879. Il y travaille jusqu'à sa retraite en 1905. Prolongeant une œuvre de linguiste, il devient un grand ethnographe ainsi que le spécialiste des Indiens Klamath. Il est l'auteur de très nombreux articles.

◆ 1884-1888, *A Migration Legend of the Creek Indians,* Philadelphia, Académie des sciences. 1890, *The Klamath Indians of South-Western Oregon*, Washington, Société d'Ethnologie.

▲ J. M., 1907, « A.S. Gastschet », *AA*, vol. 9 : 561-570.

POWELL, John Wesley (1834-1902). Né à Mount Morris dans l'État de New York, J.W. Powell étudie au collège d'Indiana et s'engage comme volontaire lors de la guerre de Sécession au cours de laquelle il perd un bras. En 1869, il dirige une mission d'exploration du Grand Canyon du Colorado qui se pérennise comme «Mission de recensement géographique et géologique américain de la région des Montagnes rocheuses». En 1879, la mission de recensement est unie à deux autres missions du même type, opérant dans d'autres régions au sein d'un organisme que Powell dirige entre 1880 et 1894. En 1879, à l'occasion de la fusion des trois missions de recensement, la nouvelle institution crée le Bureau d'ethnologie américaine que dirige Powell. Le Bureau reste longtemps le plus important centre de recherche anthropologique aux États-Unis. On doit aussi à Powell la fondation de plusieurs sociétés savantes. Il fut également l'un des plus fervents partisans de Darwin aux États-Unis.

▲ Anonyme, 1902, «J. Powell», *AA*, vol. 4 : 564-565. F.S. Dellenbaugh, 1918, «Memorial to J.W. Powell», *AA*, vol. 20 : 432-436. D.D. Fowler, R.C. Euler and C. Fowler, 1969, *J.W. Powell and the Anthropology of the Canyon Country*, Washington. C. Hinsley, 1991, «Powell, John Wesley» in C. Winter, p. 549-550.

MASON, Otis Tufton (1838-1908). Né dans le Maine, O. Mason étudie au collège universitaire George Washington (alors appelé *Columbia College*). Il obtient un *BA* en 1861 et enseigne à partir de l'année suivante. D'abord intéressé par la Méditerranée orientale, il se tourne vers l'étude des Amérindiens et travaille bénévolement pour le musée de la *Smithsonian Institution* entre 1874 et 1884. Il est enfin recruté à cette date comme conservateur du département d'ethnologie du Musée national de Washington. Affirmant sa dette à l'égard de Klemm («The Leipzig Museum of Ethnology», *Smithsonian Report*, 1973 : 390-410), Mason postule l'existence de besoins qui nécessitent la production matérielle d'objets y répondant, qu'il s'agit de classer en familles, genres… Sur cette base, il organise la présentation des collections selon l'ordre de développement des inventions dans la perspective de Klemm. En 1887, Boas engage une polémique contre ce mode de présentation dans un article de la revue *Nature* où, contre une présentation technologique, il défend une présentation ethnique, rendant seule compte de la spécificité de chaque culture (*Science*, vol. IX : 485-486). Mason lui répond (*Science*, vol. IX : 534-535) et J.W. Powell clôt le débat (*Science*, vol. IX : 612-614). Mason, premier éditeur de la revue *American Anthropologists* participe à la création de la Société anthropologique de Washington.

▲ W. Hough, 1908, «Otis Tufton Mason», *AA*, vol. 10 : 661-667. J. Buttner-Janusch, 1957, «Boas and Mason : Particularism versus generalization», *American Antiquity*, vol. 59 : 318-324. C.B. Hetler, 1978, *Otis Tufton Mason and the Organizing of Washington Anthropology, 1870-1895, unpublished M.A. thesis*, G. Washington University. J.R. Glenn, 1991, «Mason, Otis Tufton» in C. Winter, p. 457-458.

FLETCHER, Alice Cunningham (1838-1923). Née à Cuba de parents américains, A. Fletcher s'installe à Boston après avoir beaucoup voyagé. À partir de 1880, elle commence à prêter de petites sommes d'argent aux Amérindiens désirant s'acheter de la terre et visite des campements du Sud Dakota et du Nebraska. Elle se spécialise par la suite sur les cultures des plaines et plus spécifiquement sur celle des Omaha. En 1882, elle rejoint l'équipe du musée Peabody comme bénévole et obtient le titre d'assistante en 1886. Elle publie en 1911 un classique : *The Omaha Tribe* (avec l'aide de F. La Flesche, son fils adoptif appartenant à cette population). Alors que l'institution qui l'emploie s'occupe d'organiser les collections selon les périodes ethniques de Morgan, elle étudie les processus d'acculturation. Cette emphase progressiste ne lui évite pas une erreur idéologique de l'époque. Elle milite pour la division des réserves en petites unités de production familiale qui, amenant à la propriété privée, permettrait de sortir le monde indien de sa détresse économique. Fruit d'une telle politique, *The General Allotment Act* de 1887 opère la division des terres et fut à la base de la paupérisation du peuple indien. A. Fletcher occupa diverses responsabilités d'importance (présidente de Société féminine d'anthropologie, présidente de la Société américaine de folklore…).

▲ W. Hough, 1923, « Alice Fletcher », *AA*, vol. 25 : 254-257. N. Oestreich Lurie, 1966, « Women in Early American Anthropology », in J. Helm, éd., *Pioneers of American Anthropology, The Uses of Biography*, Seattle, p. 31-81. A.S. Temkin, 1988, « Alice Cunningham Fletcher », in Ute Gacs. J. Mark, 1989, *A Stranger in Her Native Land : Alice Fletcher and the American Indians*, Lincoln, Nebraska. J. Mark, 1991, « Fletcher, Alice », in C. Winter, p. 202-203.

PUTNAM, Frederic Ward (1839-1915). Né à Salem dans le Massachusetts, F.W. Putnam fut ornithologue avant de devenir le « père de l'archéologie américaine ». Entré à Harvard en 1856, il y devient naturaliste. Nommé en 1875 conservateur du musée Peabody d'archéologie et d'anthropologie américaine qui, en 1897, est formellement rattaché à l'université de Harvard, il en organise les collections selon les périodes ethniques de Morgan. Il engage Boas comme principal assistant dans le cadre de la *World Columbian Exposition* de Chicago (1893), puis au département d'anthropologie du Musée américain d'histoire naturelle qu'il organise et dirige entre 1894 et 1903. Il est en 1903 le premier professeur d'anthropologie et le directeur du musée d'Anthropologie de l'université de Californie. Putnam fit enfin beaucoup pour la popularisation de l'anthropologie et rédigea plus de quatre cents articles.

▲ F. Boas, éd., 1909, *Putnam Anniversary Volume : Anthropological Essays Presented to Frederic W. Putnam in Honor of his 70th Birthday*, New York. A. Kroeber, 1913, « Putnam, F.W. », *AA*, vol. 17 : 712-718. R.W. Dexter, 1966, « Putnam's problems popularizing anthropology », *American Scientist*, vol. 54 : 315-332. C.M. Hinsley, 1985, « From shell-heaps to steal : early anthropology at the Peabody Museum », in G.W. Stocking, éd., *Object and Others : Essays on Museums and Material Culture Museum*, Madison, Wisconson UP, p. 49-74. C. Hinsley, 1991, « Putnam, F.W. » in C. Winter, p. 555-557.

MATTHEWS, Washington (1843-1905). Né près de Dublin en Irlande, W. Matthews émigre avec son père aux États-Unis en 1947. Après des études de médecine à l'université de l'Iowa, il devient chirurgien militaire. Il fréquente les Amérindiens et devient bientôt le spécialiste des Hidatsa, d'autres Indiens des Plaines, et des Navajos. Il étudie les rituels et les mythes sur lesquels il écrit de nombreux articles, et prend aussi les mesures anthropométriques.

▲ J.M., 1905, « W. Mattheys », *AA,* vol. 7 : 514-523.

HOLMES, William Henry (1846-1933). Né près de Cadiz dans l'Ohio en 1846, W.H. Holmes se dédie au dessin et, en 1872, est embauché comme dessinateur par le Recensement géologique des États-Unis. En 1874, il devient assistant-géologue. Travaillant au cadastre de la région de San Juan au Colorado en 1875, il rapporte l'existence d'un important site archéologique. Entre 1878 et 1880, il étudie l'art en Allemagne. Appointé conservateur des céramiques au Musée national, il est transféré du Recensement géologique au Bureau d'ethnologie américaine en 1889. Après un passage à la direction du musée Field de Chicago, il prend celle du Musée américain d'histoire naturelle et, en 1902, succède à J.W. Powell à la tête du Bureau d'ethnologie américaine. On lui doit environ deux cents articles.

▲ W. Hough, 1933, « Holmes, W.H. », *AA*, vol. 35 : 752-764. J. Mark, 1980, « William Henry Holmes » in J. Mark, *4 Anthropologists : an American Science in its Early Years*, New York, p. 131-171.

DORSEY, James Owen (1848-1895). Né à Baltimore, J. Dorsey entre au séminaire et devient pasteur en 1871. Après des études de langue classique, il enquête chez les Ponkas du Dakota où il est envoyé comme missionnaire puis, sous la direction de Powell, comme linguiste dans les réserves Omaha du Nebraska. Il est recruté par le Bureau d'ethnologie américaine dès sa création en 1879 et travaille chez les Athapascan, les Kusan, les Takilman. Publiés par le Bureau d'ethnologie américaine, ses travaux les plus connus sont *Omaha Sociology* (1884), *Osage Traditions* (1988) et *A Study of Siouan Cults* (1894). Ils inspirèrent notamment M. Mauss et Durkheim en posant les problèmes de la parenté dite Omaha.

▲ J.N. Hewitt, 1895, « J.O. Dorsey », *AA*, vol. 8 : 180-183. F. Héritier, 1981, *L'exercice de la parenté*, Paris Gallimard. Le Seuil-Hautes Études. R. H. Barnes, 1984, *Two Crows Denies It. A History of Controversy in Omaha Sociology*, Lincoln, Nebraska UP. R.J. DeMalli, 1988, « James Owen Dorsey », in W. Washburn, éd., *History of Indian-White Relation*, Washington. J.R. Glenn, 1991, « Dorsey, G.A. », in C. Winter, p. 154-155.

BANDELIER, Adolph Francis Alphonse (1850-1914). Né à Berne (Suisse), A. Bandelier immigre encore enfant aux États-Unis avec ses parents. Il s'intéresse à l'archéologie et l'ethnologie et, après avoir lu Morgan, devient son disciple. En 1877, il voyage au Mexique et en Amérique centrale. Il publie successivement *On the Art of War and Mode of Warfare of the Ancient Mexicans* (1877), *On the Distribution and Tenure of Lands, and the Customs with Respect to Inheritance, among the Ancient Mexicans* (1878), *On the Social Organization and Mode of Government of the Ancient Mexicans* (1879), *On the Sources for Aboriginal History of Spanish America* (1879). Dans les années 1880, il étudie les pyramides de Cholula et la célébration de Quetzalcoatl, utilise le schéma de Morgan pour aborder la société aztèque et rencontre Cushing chez les Pueblo Zuni (1883). Il obtient grâce à Morgan la direction d'un Institut archéologique américain chargé d'initier un travail historique, ethnographique et archéologique dans le Sud-Ouest et publie *Contributions to the History of the Southwestern Portion of the United States* (1890). Vivant entre 1892 et 1903 au Pérou et en Bolivie, il travaille pour le Musée américain d'histoire naturelle entre 1894 et 1906. En 1911, il est nommé chercheur associé par l'Institut Carnegie de Washington avec pour mission d'étudier l'histoire des Amérindiens Pueblo d'après la documentation espagnole. Il meurt à Séville le 19 mars 1914.

◆ F.W. Hodge, 1914, « Discussion and Correspondance, Adolph Bandelier », *AA*, vol. 16 : 349-358. Éditée par L. White, la correspondance de Bandelier avec Morgan a été publiée par les Presses de l'université de New Mexico en 1940. L. White, éd., *Southwestern Journals of Adolph Bandelier*, New Mexico UP, 1966. J. Hyslop, 1991, « Bandelier, Adolph », in C. Winter, p. 22-23. C.H. Lange, C.L. Riley, 1996, *Bandelier : the Life and Adventures of A. Bandelier*, Salt Lake City, Utah UP.

McGEE, William John (1853-1912). Né à Iowa, W.J. McGee se dote d'une éducation en autodidacte, puis travaille comme géologue et s'intéresse aux restes archéologiques amérindiens. Occupant bientôt un emploi au Recensement géologique des États-Unis sous la direction de Powell, il rejoint le Bureau d'ethnologie américaine en 1894. Il le quitte en 1903 et travaille pour le Département de l'agriculture. Il étudia principalement les Amérindiens de la Vallée du Mississippi et de la Californie. Son importance lui vient notamment d'avoir été le premier président de l'*American Anthropological Association* (*AAA*) qui, créée en 1902, fait suite à la Société anthropologique de Washington, et d'avoir été l'un des fondateurs de la revue *American Anthropologist* (1898). Notons que McGee affronte Boas à la création de l'*AAA*. Le premier souhaite une association largement ouverte, alors que le second désire la création d'une association rassemblant tout au plus une quarantaine d'anthropologues professionnels (Woodbury, 1996 : 52). L'opinion du premier prévaudra.

▲ F.W. Holmes, 1912, « McGee », vol. 14 : 683-687.

HUNT, George (1854-1933). Amérindien métis né en Colombie-Britannique (Canada), G. Hunt est élevé chez les Kwakiutl. Il est l'interprète de l'expédition Johan Jacobsen en 1881-1883. Formé par F. Boas qu'il rencontre en 1886, il fut son principal collaborateur (Boas ne maîtrisa jamais le kwakiutl) et lui postait des rapports réguliers. L. White écrit que G. Hunt et W.H. Tate (second informateur de Boas) auraient produit 4 000 des 10 000 pages des textes amérindiens de Boas.

▲ J. Cannizzo, 1983, « George Hunt and the invention of Kwakiutl culture », *Canadian Review of Sociology and Anthropology*, vol. 20 : 44-85. D. Lonergan, 1991, « Hunt, G. », in C. Winter, p. 317-318.

CUSHING, Frank Hamilton (1857-1900). Né à Medina (New York), F. Cushing fut selon F. Eggan probablement le premier ethnologue professionnel (F. Eggan, 1968 : 125). Après avoir brièvement fréquenté l'université de Cornell, il devient assistant en ethnologie à la *Smithsonian Institution*. Entré au Bureau d'ethnologie américaine, il est le protégé de Powell et participe à l'expédition que le Musée national envoie chez les Zuni en 1879. L'expédition ne dure que trois mois, mais Cushing y reste deux ans et demi. Il apprend la langue, puis est initié à la « Société de l'arc ». En 1881, il rédige plusieurs articles qui furent à l'origine de la rédaction du mémoire de Mauss et Durkheim intitulé « De quelques formes primitives de classification » (1903). D'après Bandelier, « Cushing était le seul anthropologue américain à comprendre les Indiens au-delà de la surface, parce qu'il était capable de penser comme un Indien » (1914, *AA*, vol. 16 : 349-358. Citation p. 353). Il meurt en 1900 à quarante-deux ans. Il est l'auteur d'importants rapports publiés dans les *Annual Report of the Bureau of Ethnology*.

◆ 1901, *Zuni Folk Tales*, New York. 1920, *Zuni Breadstuff*, New York. J. Green, éd., 1979, *Zuni : Selected Writings of Frank Hamilton Cushing*, Lincoln. B. Wright, éd., 1988, *The Mythic World of the Zuni*, Albuquerque.

▲ Anonyme, 1900, *AA*, vol. 2 : 254, 768-771. J. Mark, 1980, *4 Anthropologists : an American Science in its Early Years*, New York. D. Lonergan, 1991, « Cushing, Frank Hamilton », in C. Winter, p. 132-133.

LA FLESCHE, Francis (1857-1932). Né dans une communauté omaha du Nebraska, F. La Flesche est le fils d'un chef, lui-même métis d'un commerçant français et d'une Indienne. Il fréquente l'école de la mission presbytérienne tout en participant aux dernières grandes chasses collectives au bison. Employé par l'Office des Affaires indiennes à partir de 1879, il obtient un diplôme de droit en 1893. En 1910, il entre au Bureau d'anthropologie américaine où il travaille jusqu'à sa retraite en 1929, devenant conservateur au musée Peabody. Une grande partie de son œuvre fut dédiée aux Omaha sur lesquels il travailla avec A. Fletcher qu'il rencontra en 1881 et dont il devint le fils adoptif (1891). Une seconde partie, plus personnelle, est consacrée à la culture des Osage.

▲ B.A. Harley, 1933, « F. La Flesche », *AA*, vol. 35 : 328-331. M. Liberty, 1978, « Francis La Flesche : the Osage Odyssey » in M. Liberty, éd., *American Indian Intellectuals*, St. Paul, *AAA*, p. 44-59. J. Mark, 1982, « F. La Flesche :

the American Indian as anthropologist», *Isis*, vol. 73 : 497-510. J.R. Glenn, 1991, «La Flesche, Francis», in C. Winter, p. 375-376.

BOAS, **Franz** (1858-1942). Boas est né le 9 juillet 1858 à Minden (Allemagne), dans une famille juive de libre pensée et imprégnée des idéaux de la révolution allemande de 1848. Il étudie successivement à l'université de Heidelberg (mathématiques), puis à Bonn et Kiel où il soutient à vingt-trois ans un doctorat en géographie physique intitulé *Contributions à la compréhension de la couleur de l'eau.* Notons sa thèse secondaire : *Que l'on doit condamner l'opérette contemporaine pour des raisons artistiques et morales.* Il effectue son service militaire comme officier puis entreprend en 1883 un voyage d'étude géographique dans le Nord canadien pour y dresser des cartes. Il passe plusieurs mois en Arctique dans des conditions extrêmement difficiles (Boas a raconté son séjour dans «A Journey in Cumberland Sound and on the West shore of David Strait in 1883 and 1884», *Journal of the American Geographical Society of New York*, vol. 14, 1884, p. 242-272) et découvre les Eskimo. G. Stocking remarque que ce premier séjour de terrain de Boas eut lieu l'année même de la naissance de Malinowski et son dernier terrain dix ans avant que Malinowski ne se rende aux îles Trobriand. On a là une bonne mesure pour situer Boas historiquement. Fasciné par la capacité d'adaptation et à la recherche d'une commune nature humaine, dont les versions seraient géographiquement déterminées, Boas se tourne vers l'anthropologie. Devenu le premier spécialiste des Amérindiens de Colombie-Britannique (Canada), il cherche sans succès un emploi à New York durant l'hiver 1884-1885 et retourne en Allemagne où il est assistant au *Völkerkunde Museum*, fondé par A. Bastian et l'associé de R. Virchow.

En 1886, il enseigne la géographie à l'université de Berlin et rédige *Baffinland: Geographische Ergebnisse einer in den Jahren 1883 und 1884 ausgeführten Forschungsreise* (Petermanns Mitteilungen, 1885) et *The Central Eskimo* (publié en 1888). Après un entretien avec un groupe d'Indiens Bella Coola de Colombie-Britannique amené au musée de Berlin, il propose à Bastian une recherche de terrain sur les relations ethniques et raciales qu'entretiennent les Eskimos par rapport aux Amérindiens. L'étude des migrations, des relations raciales à partir de la linguistique et de l'anthropologie physique, était un thème classique de ces années (Stocking, 1974 : 84). Bastian l'autorise à se rendre sur l'île de Vancouver en Colombie-Britannique. L'obtention d'un poste à l'université de Berlin suppose qu'il renie le judaïsme (qu'il ne pratique pas), ce à quoi il se refuse; aussi profite-t-il de cette mission pour de nouveau chercher un emploi aux États-Unis.

Boas est à New York assistant-directeur de la revue *Science*, épouse Maria Krakowizer (qu'il avait déjà rencontrée en Allemagne) et obtient la citoyenneté américaine. En 1887, il publie «Museums of Ethnology and their Classification» (*Science*, 9 : 137-141) qui le fait remarquer car il s'y élève contre une présentation évolutionniste des collections ethnographiques alors largement dominante, et plaide pour une présentation en termes d'aires culturelles. La publication en 1888 de *The Central Eskimo*, travail ethnographique considérable, assure cette réputation naissante. C'est l'un des tout premiers livres étudiant ces populations. Boas y expose leur répartition géographique, la culture matérielle, les mythologies, l'organisation sociale en accord au cycle saisonnier, les représentations religieuses, etc. Il se détache déjà de toutes explications finalistes énonçant, contre ses maîtres allemands, que la culture et la langue sont plus déterminantes que le milieu naturel. Il retourne en Colombie-Britannique en 1888 pour étudier les Indiens Kwakiutl, Tsimshian, Chinook grâce à des fonds qui lui sont attribués par un Comité de l'Association britannique pour l'avancement des sciences créé en 1884 pour l'étude des tribus du Nord-Ouest canadien (dont Tylor est un membre éminent et que supervise Hale aux États-Unis). Le même comité lui permettra d'effectuer cinq missions chez les Kwakiutl, totalisant ainsi douze mois de terrain entre 1884 et 1894 (« Boas doit d'abord être compris comme un homme de terrain », Lowie, 1937 : 131). À la fin de l'année 1985, la revue *Science* licencie Boas. L'université Clark de Worcester (Massachusetts) recrute pour l'ouverture d'un département de psychologie et G.S. Hall, fondateur de l'*American Journal of Psychology*, propose qu'y soit enseignée l'anthropologie.

Entre 1889 et 1892, Boas est professeur à l'université Clark. Il supervise le premier *PhD* en anthropologie accordé aux États-Unis avant de démissionner en 1892 à la suite d'un mouvement d'humeur étudiant. Ayant obtenu ce doctorat, A.F. Chamberlain prendra sa suite. C'est durant cette période que Boas, s'étant consacré à la linguistique et à l'anthropologie physique, aurait acquis ce qu'il appelait sa « systématique autoformation » (Lowie, 1943 : 183). Boas a touché à tous les domaines de l'anthropologie (ethnologie, linguistique et anthropologie physique). Il retint cependant particulièrement de Bastian un intérêt central pour les mythes et le folklore, reprenant la thèse (de Herder) selon laquelle c'était dans ces récits que le *Völkergedanken* ou le « génie d'un peuple » se fixait le mieux, et de R. Virchow l'approche statistique. Ainsi ayant choisi la forme de la tête comme mesure de variabilité due à l'influence du milieu (1912, « Changes in the bodily forms of immigrants », *AA*, vol. 14), il mesura les variations des formes de tête de 17 821 sujets avec l'aide de 13 assistants (et conclut que les formes de tête des immigrants américains et celles de leurs descendants nés aux États-Unis différaient).

En 1892-1893, Boas devient le premier assistant de la section anthropologie du musée Field de Chicago où il est nommé conservateur en 1895. Un différend avec la direction l'oblige à partir et, au début 1896, il devient *instructeur* (chargé des cours) d'anthropologie physique à l'université de Columbia. Il publie cette année-là son premier article théorique d'importance qui fonde le « particularisme historique » (« The Limitations of the Comparative Method of Anthropology », *Science*, 1896, vol. 4 : 901-904). C'est ici le grand tournant de l'anthropologie américaine. Dès 1883, il a rejeté toute approche évolutionniste qui, selon lui, traite trop largement des cultures humaines. Il propose de rassembler le maximum d'informations de tous ordres (observation ethnographique, mesure physique, langues, mythologie, etc.) et d'éviter toute hypothèse impliquant une généralisation : « L'essence de sa méthode est de rassembler des faits, et toujours des faits [...] et de leur permettre de parler d'eux-mêmes » (Radin, 1939 : 301). La généralisation n'est plus en quelque sorte qu'à cueillir. Ce qu'il propose est une « reconstitution historique » abandonnant la méthode déductive pour la méthode inductive. À cette fin, Boas propose de saisir quelques sociétés bien délimitées, et de comparer le processus du développement de chacune. Aux transformistes, et à leur « méthode comparative », il reproche surtout d'attribuer des effets sociaux similaires à des causes identiques. Il est toujours dangereux, assure-t-il, de comparer seulement les résultats d'un développement social, car des coutumes, traits et croyances similaires peuvent avoir différentes origines. Les lois générales de développement social ne peuvent être recherchées qu'après avoir longuement étudié le processus de développement de régions géographiquement délimitées. Chaque société ne peut être comprise qu'à partir de son histoire propre qui n'est qu'une suite d'accidents produisant un « particularisme historique ». Boas refusant de plus en plus toute généralisation, fut-elle même historique, on parlera bientôt de « nominalisme Boasien ».

En 1897, Boas publie l'un de ses textes les plus fameux : *The Social Organization and the Secret Societies of the Kwakiutl Indians* (Washington, Report of the US National Museum for 1895) où il présente le Potlatch pour la première fois. À travers la cérémonie du Potlatch (terme nootka ou chinook), les chefs de clan s'affrontent pour un statut social prédominant par des dépenses somptuaires en faisant des dons que l'adversaire doit accepter ou même en détruisant des objets de valeur : des couvertures sont distribuées, des plaques de cuivre détruites ou données, des esclaves égorgés… Il s'agit, selon Boas, d'une institution économique classique, puisque « le principe sous-jacent est celui d'un investissement avec intérêt » (Boas, 1897 : 341, 1899 : 681), dans la mesure où l'adversaire doit rendre ces dons ou invitations d'une manière encore plus généreuse. Benedict parle d'usure (1934 : 184), P. Radin de crédit capitaliste (1927 : 326). C'est sans doute avec la Kula de Malinowski, l'un des termes majeurs de l'anthropologie qui inspira notamment l'*Essai sur le don de* M. Mauss (1922) et *La Part maudite* de G. Bataille (1949) (textes que doit compléter la lecture du phénomène par C. Meillassoux, 1972).

En 1898, Boas est nommé professeur d'anthropologie à l'université de Columbia et conserve ce poste jusqu'à sa retraite en 1936. Entre 1901 et 1905, il est également « conservateur de la section d'ethnologie et de somatologie » du Musée américain d'histoire naturelle et obtient de M. Jesup, son président, le financement des « Expéditions Jesup dans le Nord-Pacifique » qui durent six ans et totalisent quatorze campagnes multidisciplinaires où l'ethnographie prédomine. Une expédition essentiellement géographique chez les Esquimaux de la terre de Baffin rassemble des chercheurs américains et russes. Ces derniers sont des révolutionnaires exilés en Sibérie qui ont étudié les populations locales ; ils seront libérés par le tsar après la publication de leur travail. L'un d'eux, W. Bogoras, devient bolchevique, l'autre, W. Jochelson, émigre aux États-Unis.

Nommé « philologue honoraire » au Bureau d'ethnologie américaine en 1901, Boas commence un *Guide des Indiens d'Amérique*, grand ouvrage en trois volumes. Étudiant le folklore des sociétés tsimshian, kwakiutl et kutenai, il est directeur du *Journal of American Folklore* entre 1909 et 1925. Il fonde une École internationale d'archéologie et d'ethnologie américaine au Mexique en 1910 où il réside une année, alors qu'il est élu président de l'Académie des

sciences de New York (1910). En 1911 il publie conjointement : *Changes in Bodily Form of Descendants of Immigrants. The Mind of Primitive Men* («L'Esprit de l'homme primitif») *Handbook of American Indian Languages* (4 vol., 1911-1944), dont le premier volume, ressource majeure de ce domaine, rassemble des articles publiés entre 1894 et 1911 qui établissaient contre les doctrines racistes de Gobineau et Chamberlin (mais aussi contre H.F. Osborn, directeur du Muséum d'histoire naturelle) les principes généraux de l'anthropologie moderne : race, culture et langue ont des développements indépendants, elles sont acquises, mélangées et instables. En 1917, Boas fonde le *Journal de linguistique américaine*. En 1920 «The Methods of Ethnology» (*AA*, vol. 22 : 311-322) présente un tournant, car Boas y accueille favorablement les orientations psychologiques nouvelles qui seront celles de l'école dite de «Culture et Personnalité» et y fait peu de cas du diffusionnisme.
Publié en 1928, *Anthropology and Modern Life* (recueil d'articles) traite des questions du temps : éducation, eugénisme, nationalisme... mais White remarque (1966 : 16) que Boas, présentant la vie moderne, ignore aussi bien le clivage entre le travail et le capital, que la révolution industrielle ou la révolution soviétique.
Ouvertement pro-allemand durant la Première Guerre mondiale, Boas dénonce le régime nazi bien avant la Seconde Guerre et fut l'un des premiers universitaires américains à prendre publiquement position. Nommé docteur *honoris causa* de l'université de Kiel en 1931, il y prononce un discours sur «race et civilisation» (on brûlera bientôt ses livres dans cette même université). En 1933, il envoie une lettre à Hindenbourg pour protester contre l'élévation d'Hitler au pouvoir et démissionne de l'Académie des sciences de Munich. Il participe à la création du Comité pour la démocratie et la liberté intellectuelle (1938-1939) qui mobilise l'opinion américaine contre le nazisme. En 1940, sous le titre *Race, Langage et Culture*, il publie un choix de ses principaux essais (New York, Macmillan). En 1931, à l'âge de soixante-treize ans, il a une première crise cardiaque. Il succombera à une nouvelle crise cardiaque dix ans plus tard, le 21 décembre 1942, au cours d'un déjeuner donné en l'honneur de P. Rivet en 1942 au Club des professeurs de l'université de Columbia. Il s'écroulera après avoir prononcé un discours contre le racisme dans les bras de son voisin de table qui n'était autre que C. Lévi-Strauss. Il a publié plus de 600 articles.

◆ 1889, *Letter and Preliminary Data*, Fourth Report of the Committee on North-Western Tribes of Canada, Report of the British Association for the Advancement of Science. 1890, *The Indians of British Columbia*, Fifth Report of the Committee on North-Western Tribes of Canada, Report of the British Association for the Advancement of Science. 1891, *The Indians of British Columbia*, Sixth Report of the Committee on North-Western Tribes of Canada, Report of the British Association for the Advancement of Science. 1897, *The Social Organization and Secret Societies of the Kwakiutl Indians*, Washington, Report of the US National Museum for 1895. 1898, *The Mythology of the Bella Coola Indians*, Publications of the Jesup North Pacific Expedition, vol. 1 : 25-127. 1902, *Tsimshian Texts*, Washington, Smithsonian Institution. 1909, *The Kwakiutl of Vancouver Island*, Publications of the Jesup North Pacific Expedition, vol. 5. 1921, *Ethnology of the Kwakiutl*,

Washington, Smithsonian Institution. 1945, *Race, Language and Culture*, New York, Macmillan. 1966, *Kwakiutl Ethnography*, édité par H. Codere, Chicago, Chicago UP.

▲ A.-L. Kroeber *et al.*, 1943, « Franz Boas, 1853-1942 », in *AA*, vol. 45 : 1-120. R. Benedict, « Franz Boas, an obituary », in *Science*, vol. 97 : 60-62. M. Herskovits, 1953, *F. Boas : The Science of Man in the Making*, New York, Scribner. A. Kroeber, 1956, « The Place of Boas in Anthropology », *AA*, vol. 58 : 151-159. W. Goldschmidt, éd., 1959, *The anthropology of F. Boas*, San Francisco, Chandler. R.L Bunzel, 1962, « Introduction » à la réédition de *Anthropology and Modern Life*. H. Codere, 1966, « Introduction » à l'édition de *Kwakiutl Ethnography*. L.A. White, 1966, *The Social Organization of Ethnologicol Theory*, Rice University Studies, vol. 52. G. Stocking, « Franz Boas and the Culture Concept in Historical Perspective », in G.W. Stocking, 1968, *Race, Culture, and Evolution : Essays in the History of Anthropology*, Chicago UP. C. Meillassoux, 1972, « Potlatch », *Encyclopedia Universalis*. G.W. Stocking, 1974, *The Shaping of American Anthropology 1883-1911. A Franz Boas Reader*, New York, Basic Books. A. Lesser, 1981, « Franz Boas », in S. Silverman, *Totems and Teachers*, p. 1-35. D. Cole, 1983, « The value of a person lies in his Herzensbildung : Franz Boas's Baffin Island letter-diary, 1883-1884 », in Jr. G.W. Stocking, éd., *Observers Observed. Essays on Ethnographic Fieldwork*, Wisconsin UP. M. Hyatt, 1990, *F. Boas, Social Activist : The Dynamics of Ethnicity*, Westport, Greenwood. S. Tax, 1991, « Boas, Franz », in C. Winter, p. 68-69. C. Lévi-Strauss, 1991, « F. Boas », in Bonte et Izard, p. 116-118. R. Sanjek, 1996, « Boas, F. », in Bernard et Spencer, p. 71-74.

MOONEY, James (1861-1921). Né à Richmond dans l'Indiana, J. Mooney s'intéresse passionnément aux Amérindiens et rencontre J.W. Powell qui lui offre un poste de chercheur en 1885. Employé par le Bureau d'ethnologie américaine, il devient le spécialiste des Cherokee, des Cheyennes et des Kiowa. Il reporte notamment la célèbre danse des fantômes à laquelle son nom est attaché dans « The Ghost-Dance Religion and the Sioux Outbreak of 1890 » (*Fourteenth Annual Report of the Bureau of American Ethnology*, part 1, 1896 : 641-1110, réimpression en 1965, 1973,). Il s'est aussi occupé des relations interculturelles Amérindiens-Blancs et fut l'un des fondateurs de l'Association anthropologique américaine.

◆ 1885, *Linguistic Families of Indian Tribes North Mexico*, Washington, Bureau of American Ethnology. 1928, *The Aboriginal Population of America North of Mexico*. Washington, Bureau of American Ethnology.

▲ J.N.B. Hewitt, 1922, « J. Mooney », *AA*, vol. 24 : 209-214. A.F.C. Wallace, 1965, « Introduction » à la réimpression de J. Mooney, *The Ghost Dance Religion*, Chicago, Chicago UP. L.G. Moses, 1984, *The Indian Man, A Biography of James Mooney*, Urbana. J.R. Glenn, 1991, « Mooney, James », in C. Winter, p. 480-481.

DORSEY, George Amos (1868-1931). Né à Hebron dans l'Ohio, G. Dorsey étudie à l'université de Harvard où il obtient en 1894 le second *PhD* en anthropologie accordé aux États-Unis. Il est d'abord recruté par Putnam dans le cadre du musée Peabody, puis est conservateur du musée Field d'histoire naturelle de Chicago entre 1896 et 1915. Il est professeur d'anatomie comparative à l'université de Northwestern puis professeur associé d'anthropologie à l'université de Chicago. Il enquête auprès des Amérindiens des Plaines et notamment sur la cérémonie de la danse du soleil chez les Arapaho et les Cheyennes. Prenant un congé sans solde entre 1909 et 1912, il est journaliste international. Il continue ensuite dans cette voie mais reprend un poste d'enseignant à la *New School for Social Research* de New York. Popularisateur de l'anthropologie, il obtiendra un grand succès avec *Why We Behave Like Human Beings* (1925), un livre sur le comportement humain. Il fut par ailleurs l'un des conseillers du Président Wilson.

▲ F.-C. Cole, 1931, « G.A. Dorsey », *AA*, vol. 33 : 412-414. M. Calhoun, « Dorsey, George A. », in C. Winter, p. 153-154.

COOPER, John Montgomery (1881-1949). Né à Rockville (Maryland), J.M. Cooper fréquente un collège catholique et termine ses études à Rome. En 1905, il obtient un *PhD* et est ordonné prêtre. Appointé à Washington, son intérêt pour la science et l'archéologie l'amène à fréquenter la *Smithsonian Institution*. Donnant des cours d'éducation religieuse à l'université catholique américaine, il est invité en 1923 à enseigner l'anthropologie au département de sociologie. Il est nommé professeur d'anthropologie en 1928 et prend la direction du département d'anthropologie à sa création en 1935. Il est le délégué du gouvernement américain à l'occasion du premier congrès indigéniste interaméricain tenu à Pátzcuaro (Mexique) en 1940 et occupe de nombreuses responsabilités. En 1941, une artériosclérose coronarienne réduit ses activités.
Les travaux de Cooper sont souvent d'inspiration diffusionniste (« Culture Diffusion and Culture Areas in Southern South America », *Proceedings, Twenty First International Congress of Americanists*, p. 401-421) avec comme thèse centrale que les « cultures marginales » n'ont que peu bougé depuis les temps préhistoriques. On lui doit l'organisation et le cadre théorique du très célèbre *Handbook of South American Indians* édité entre 1946 et 1959 par la *Smithsonian Institution* sous la responsabilité de J. Steward. La division en volumes en est la suivante : 1. Tribus marginales de chasseurs-collecteurs de l'est du Brésil, du Chaco, de la Pantagonie et de la Terre de Feu, 2. Civilisations andines, 3. Tribus de la forêt tropicale et de la Savane, 4. Cultures du cercle caraïbe incluant celles de l'Amérique centrale influencées par celles de l'Amérique du Sud. Il participe bien entendu à cette œuvre par de nombreuses contributions, mais aussi en tant que membre du comité qui, formé de Nordenskjold, Lowie, Spier et lui-même, commence la réalisation du *Handbook* dès 1932.

▲ R. Flannery, 1950, « J.M. Cooper », *AA*, vol. 52 : 64-74. L'introduction de J.H. Steward au premier volume (1946) du *Handbook of South American Indians*. R.F. Herzfeld, 1991, « Cooper, John Montgomery », in C. Winter, p. 125-126.

COLE, Fay-Cooper (1881-1961). Né au Michigan mais grandissant en Californie, F.-C. Cole obtient un *BA* de l'université de Northwestern (1903). Il rejoint le musée Field de Chicago et travaille sous la direction de G.A. Dorsey. Dorsey l'envoie étudier à Columbia et à Berlin et enquêter chez les Tinguian des Philippines. Il soutient sa thèse en 1914 : *A Study of Tinguian Folklore*. En 1924, il est recruté par le département de sociologie et d'anthropologie de l'université de Chicago où le premier groupe d'étudiants compte L.A. White (travaillant sur les Keresan), R. Redfield (travaillant sur Tepotzlán, un village mexicain). Cole recrute E. Sapir à Chicago lorsqu'un département d'anthropologie autonome est fondé en 1929, puis Radcliffe-Brown après le départ de Sapir pour l'université de Yale (1931). Outre d'importants travaux sur la Malaisie (Indonésie, Philippines) et une large participation à l'anthropologie militaire durant la guerre, Cole apporte une importante contribution à l'archéologie amérindienne.

◆ 1913, *The Wild Tribes of the Davao District,* Mindanao, Field Museum. 1937, *Rediscovering Illinois; Archaeological Explorations in and around Fulton Country*, Chicago, Chicago UP. 1945, *The Peoples of Malaysia*, New York, Van Nostrand.

▲ F. Eggan, 1963, « Fay-Cooper Cole », *AA,* vol. 65 : 641-648. M. Calhoun, 1991, « Fay-Cooper Cole », in C. Winter, p. 119-120.

La génération des boasiens

Si la période allant de 1880 à 1920 a été appelée par Sturtevant « la période muséographique » de l'anthropologie américaine, « les deux premières décennies du XXe siècle en anthropologie américaine peuvent être nommées l'âge de Boas, tant il domina totalement la discipline » (Bunzel, 1960 : 400). Boas enseigna quarante ans la théorie statistique et les langues amérindiennes à l'université de Columbia. Bien qu'il ait demandé « une adhésion sans aucun compromis à ses propres valeurs » (selon les propos de Kroeber), montant dès 1901 un programme d'études, il sut s'attirer de nombreux étudiants que nous diviserons en deux vagues. La première comprend E.C. Parsons (introduit à l'anthropologie boasienne après son *PhD* obtenu en 1899), J.R. Swanton (*PhD* en 1900), A. Kroeber (*PhD* en 1901), C. Wissler (*PhD* en 1901), R. Lowie (*PhD* en 1908), F.G. Speck (*PhD* en 1908), E. Sapir (*PhD* en 1909), P. Radin (*PhD* en 1910), A. Goldenweiser (*PhD* en 1910), L. Spier (*PhD* en 1920), H. Herskovits (*PhD* en 1923), T. Michelson, Reichard, Jacobs… qui occupent les premiers emplois et chaires universitaires à une époque où les professionnels sont rares.

Entre 1900 et 1920, sous l'influence de Boas, ces chercheurs traitent principalement de la reconstitution historique des sociétés amérindiennes. Qu'on ne croit cependant pas que tous restèrent proches de lui : Wissler s'en sépare dès 1906, Radin attaque ouvertement la « pseudo-scientifique méthode historiciste» qui oublie l'initiative individuelle (P. Radin, 1933 : 32), Kroeber, à l'inverse, reproche au relativisme de Boas de ne pas permettre la constitution d'une véritable histoire, et une polémique avec Sapir sur l'origine commune ou non de certaines langues amérindiennes produisit une rupture. Enfin, il y eut le cas de R. Dixon qui, à partir de la répartition spatiale des formes crâniennes, rédige une histoire de l'humanité raciste, liant race, nationalité et invention culturelle (Dixon, 1923, 1928).

Les étudiants de Boas constituèrent néanmoins le diffusionnisme américain dont les trois grands maîtres furent : Wissler, Sapir et Kroeber. Loin des délires des Allemands et des Anglais connectant deux points éloignés de l'univers sur la seule base de quelques traits perçus comme communs, on a ici affaire à un «diffusionnisme modéré» (ainsi Kroeber admet que le zéro fut inventé à la fois par les Maya et les Hindous).

Après la polémique de la fin du siècle entre Mason et Boas concernant les présentations muséologiques et la prise de position de Boas en faveur de l'Allemagne durant la Première Guerre mondiale, une violente attaque contre les anthropologues contribuant à l'effort de guerre revivifia une tension de fond avec l'*establishment* anthropologique. Sous la poussée de Holmes, l'Association anthropologique américaine censura Boas en 1919. L'opposition entre les Anglo-Saxons protestants de Washington, travaillant exclusivement sur les Amérindiens, et l'école boasienne new-yorkaise dont les membres étaient souvent de confession juive et d'ascendance allemande (Lowie, Goldenweiser, Sapir, Kroeber, Benedict...) ne cessant de s'accentuer, la seconde génération s'envola vers d'autres continents.

F.W. Voget écrit que le travail de R. Benedict (*PhD* en 1923) fait le lien entre la première et la seconde vague des étudiants de Boas (Voget, 1975 : 334). Après une toute première approche historiciste et une problématique en terme d'acculturation (1923, *The Concept of the Guardian Spirit in North America),* R. Benedict devient une leader de l'exploration de la relation qu'entretiennent culture et personnalité. Sapir et, de façon moins marquée, Herskovits suivront une évolution identique. La seconde vague des étudiants de Boas, dont M. Mead (obtenant son *PhD* en 1925) est la plus connue, fonde l'approche culturaliste ou encore l'école dite de Culture et Personnalité. Boas écrit : «Lorsque je pensais que les méthodes historiques étaient fermement établies, je commençais à mettre l'accent, vers 1910, sur le problème des dynamiques culturelles, l'intégration culturelle et l'interaction entre un individu et sa société» (Boas, 1936, 1940 : 311).

Notons ici que ce qui distingue cette seconde génération de la première n'est pas seulement son approche théorique et ses pôles d'intérêts, mais aussi ses terrains. Si la première génération s'est spécialisée sur les Amérindiens, la seconde, venue à l'anthropologie pendant ou peu après la Première Guerre mondiale, se vit proposer de partir sur les îles du Pacifique où les États-Unis exerçaient souvent un mandat.

▲ R. Bunzel, dans M. Mead et R. Bunzel, éd., 1960, *The Golden Age of American Anthropology*, New York, G. Braziller. M. Harris, 1968, *The Rise of Anthropological Theory,* New York, Harper and Row.

WISSLER, Clark (1870-1947). Né à Wayne dans l'Indiana, C. Wissler est instituteur de 1887 à 1892. Il étudie ensuite à l'université d'Indiana (*BA*, 1897). Nommé *instructeur* en psychologie à l'université d'Ohio, il obtient un *MA* à l'université d'Indiana en 1899, puis s'inscrit à l'université de Columbia où il est assistant et obtient un *PhD* de psychologie en 1901. Il suit les cours d'anthropologie de Boas et rejoint l'équipe du Musée américain d'histoire naturelle en 1902. Travaillant sous la direction de Putnam et Boas, il remplace ce dernier comme conservateur en 1906. Entre 1903 et 1909, il est assistant, puis *lecturer* en anthropologie à l'université de Columbia avant de se brouiller avec Boas. En 1924, il enseigne au département de psychologie de l'université de Yale, puis est nommé professeur d'anthropologie lorsqu'un département y voit le jour en 1931. C. Wissler occupa d'importantes fonctions telles que conseiller de la Fondation Carnegie, président de l'Association anthropologique américaine ou président de l'Académie des sciences de New York. Il commence à travailler avec les Blackfoot, les Sioux et les Dakota à partir de 1902, puis auprès d'autres Indiens.
Wissler est parmi les anthropologues celui qui a le plus contribué au développement du diffusionnisme aux États-Unis. À l'époque où Boas brisait le mode évolutionniste de présentation muséologique, il innove avec le concept d' « aires culturelles » (*Cultural Area*), qu'il applique dans *The American Indian. An Introduction to the Anthropology of the New World* (1917). En 1914, il publie « The influence of the horse in the developments of the Plain culture » (*AA*, vol. 16 : 1-25), article majeur dans lequel il montre comment l'arrivée du cheval transforme l'organisation sociale à un point tel que la résidence matrilocale devint patrilocale. Il introduit aussi les notions d'aire chronologique (*age-area*) et de diffusion concentrique (que reprit Kroeber). Selon Wissler, les traits culturels se diffusent à partir d'un centre à vitesse constante et ceux présents à la périphérie d'une aire sont donc les plus anciens. L'extension dans l'espace de certains traits correspond à des niveaux de profondeur temporelle. On reproche notamment à cette théorie d'exclure la possibilité d'innovations entrées par la périphérie.
Wissler propose un tableau offrant neuf subdivisions qui, combinées, permettraient de décrire toutes les cultures du monde. L'idée sera reprise sous une forme plus élaborée par Murdock pour la constitution du *Human Relations Area File*. Outre de très nombreux articles, on doit à C. Wissler deux importants manuels introduisant à l'anthropologie : 1923, *Man and Culture* (New York), et 1929, *An Introduction to Social Anthropology* (New York).
Notons encore qu'il rédige l'introduction du célèbre *Middletown* de R. et H. Lynd (1929), favorise l'arrivée de M. Mead au musée américain d'Histoire naturelle et envoie Lowie sur son premier terrain.

◆ 1912, *North American Indians of the Plains*, New York, AMNHP. 1913, « Societies and dance associations of the Blackfoot Indians », *Anthropological Papers*, AMNHP, vol. 11 : 359-460.

▲ A. Kroeber, 1931, « The culture-areas and age-area concept of C. Wissler », in S.A. Rice, éd., *Methods in Social Science : a Case Book*, Chicago. G.P. Murdock, 1950, « Clark Wissler », *AA*, vol. 50 : 292-304. R. Lowie, 1951, « C. Wissler », *AA*, vol. 51 : 527-528. S.A. Freed, R.S. Freed, 1983, « C. Wissler and the development of anthropology in the United States », *AA*, vol. 85 : 800-825. S.A. Freed, R.S. Freed, 1991, « Wissler », in C. Winter, p. 763-764.

SWANTON, John Reed (1873-1958). Né à Gardiner dans le Maine, J.R. Swanton est sans doute l'un des auteurs les plus prolifiques de l'époque. Il étudie à Harvard où il obtient un *PhD* en 1900. Employé par le Bureau d'ethnologie américaine, il est spécialiste des Amérindiens Haida mais travaille aussi sur les cultures du Sud-Ouest (Tunica, Chitimacha et Atakapa), du Nord-Ouest et du Sud-Est dont il se fit souvent l'historien, notamment des anciennes migrations. On lui doit entre autres une classification des systèmes de parenté de l'Amérique du Nord (1905, « The social organization of American tribes », *AA*, vol. 7 : 663-673) qui resta d'actualité jusqu'à celle proposée par les élèves de Radcliffe-Brown (Eggan et Redfield, 1937, *Social Anthropology of North American Tribe*).

▲ W.N. Fenton, 1959, « J.R. Swanton », *AA*, vol. 61 : 633-638. J. Steward, 1960, *John Reed Swanton*, New York, Columbia UP. S.O. Murray, 1983, « Historical inferences from ethnohistorical date », *Journal of the History of the Behavioral Sciences*, vol. 19 : 335-340. S.O. Murray, 1991, « Swanton, John Reed », in C. Winter, p. 680.

DIXON, Roland Burrage (1875-1934). Né en 1875, R. Dixon étudie à l'université de Harvard où il devient assistant en anthropologie au musée Peabody après son *BA* (1897). En 1898, il participe à la fameuse *Jesup North Pacific Expedition* du Musée national d'histoire naturelle que dirige Boas. Membre de l'expédition Huntington en Californie en 1899, il travaille ensuite chez les Amérindiens de Californie et soutient une thèse sur la langue des Maidu en 1900. Il est recruté par l'université de Harvard comme *lecturer* en anthropologie (1901) puis assistant-professeur (1906-1915), enfin, professeur (1915). Dans un premier temps de sa carrière, il publie beaucoup sur les Amérindiens de Californie dont en 1905 une importante monographie sur les *Northern Maidu* et établit avec Kroeber une importante typologie des langues amérindiennes de Californie. Il se consacre dans un second temps à de vastes synthèses de vulgarisation à caractère diffusionniste : culture orale océanienne (1916, *Oceanic Mythology*), mesures physiques raciales (1923, *The Racial History of Mankind*), migrations humaines et diffusion (1928, *The Building of Cultures)* en sont les produits les plus connus. On doit en déplorer les connotations racistes.

▲ Tozzer et A.L. Kroeber, 1936, « R.B. Dixon », *AA*, vol. 38 : 291-300. S.O. Murray, 1991, « Dixon, Roland B. », in C. Winter, p. 149-150.

PARSONS, Elsie Clews (1875-1941). Née à New York, E. Parsons étudie la sociologie au collège universitaire de Barnard (*BA,* 1896) puis à l'université de Columbia. Elle obtient un *Phd* en 1899 avec une thèse intitulée *Educational Legislation and Administration of the Colonial Governments.* Elle enseigne alors jusqu'en 1905 à Barnard, publie *The Family : an Ethnographical and Historical Outline* (1906) puis accompagne autour du monde son époux, parlementaire républicain réformiste. Elle publie successivement *The Old-Fashioned Woman : Primitive Fancies about the Sex* (1913), *Religious Chastity : An Ethnological Study* (1913), *Fear and Conventionality* (1914), *Social Freedom* (1915) puis *Social Rule* (1916). Allant dans le même sens, ces cinq livres présentent un point de vue féministe et défendent le non-conformisme et la liberté individuelle. À partir de 1915, elle enquête chez les Pueblos sur lesquels elle travaille durant vingt-cinq ans, publiant une imposante série de rapports, de livres et d'articles. Elle se passionne aussi pour le folklore, les mythes, les cosmologies et étudie les processus d'acculturation de villages mexicains et équatoriens. Notons encore qu'associée au groupe de la Nouvelle République, elle aide à la création de la *New School for Social Research* et qu'au moment de sa mort, elle était présidente de l'Association anthropologique américaine.

◆ 1936, *Mitla : Town of Souls*, Chicago UP. 1939, *Pueblo Indian Religion*, Chicago UP, 2 vol. 1945, *Peguche : Canton of Otavalo, Ecuador, a Study of Andean Indians*, Chicago UP.

▲ L. Spier, 1943, « Elsie Clews Parsons », *AA,* vol. 45 : 244-251. A.L. Kroeber, « E.C. Parsons », *AA,* vol. 45 : 252-255. P. Hare, 1985, *A Woman's Quest for Science : Portrait of Anthropologist Elsie Clews Parsons*, New York, Prometheus Books. J. Friedlander, 1988, « Elsie Clews Parsons », in Ute Gacs, p. 282-290. S.O. Murray, 1991, « Parsons, Elsie Clews », in C. Winter, p. 529.

WEBSTER, Hutton (1875-1955). H. Webster, qui est surtout un sociologue, est néanmoins l'auteur d'un ouvrage anthropologique important intitulé : *Primitive Secret Societies* (1908). Pour Webster, les sociétés secrètes masculines sont issues des rites d'initiation.

Plutôt que l'analyse du symbolisme des cérémonies et des rites, il met en exergue les oppositions entre initiateurs et initiés, et montre que les sévices infligés par les premiers aux seconds ainsi que l'importance des paiements et du ravitaillement assurés par les jeunes gens, n'ont d'autre fondement que de marquer leurs différences statutaires.

◆ 1952, *La Magie dans les sociétés primitives*, Paris.

KROEBER, Alfred Louis (1876-1960). A. Kroeber est né à Hoboken (New Jersey) dans une famille protestante originaire d'Allemagne et demeurée germanophone. Entré en 1892 à l'université de Columbia pour étudier la littérature anglaise, il découvre l'anthropologie en suivant l'enseignement sur les langues des Amérindiens du Nord que Boas donne à partir de 1895. En 1897, il reçoit son *MA* puis choisit l'anthropologie. Il se rend sur le terrain auprès des Arapaho et publie son premier article sur leur folklore en 1899. En 1902, il soutient une thèse d'anthropologie sur les arts décoratifs Arapaho (c'est le premier *PhD* en anthropologie délivré par l'université de Columbia). Kroeber obtient un poste au département d'anthropologie de l'université de Californie (Berkeley) qui voit le jour. Alors que ce département ne devait être qu'une institution de recherche, il y crée dès 1908 un musée et un enseignement qu'il prolonge jusqu'à sa retraite en 1946. Il enseigne ensuite aux universités de Columbia, Harvard, Brandeis et Yale.

Les Amérindiens de Californie étant encore peu étudiés au début du siècle, Kroeber rassemble une masse considérable de matériaux de toutes sortes : anthropologie physique, archéologique, ethnologique et linguistique. En 1903, Kroeber et R. Dixon proposent une première classification des seize langues des Amérindiens californiens en trois types et, dix ans plus tard, Kroeber établit les filiations génétiques.

On peut situer la première intervention théorique importante de Kroeber à la publication en 1909 d'un fameux article intitulé : « Classificatory Systems of Relationship » (*JRAI*, vol. 39 : 77-84). En 1907, Rivers dans une optique commune à E.B. Tylor et J. Frazer proposait de lier nomenclatures classificatoires, principe d'exogamie et coutumes de mariage. Il était cependant difficile d'expliquer la terminologie dite crow assimilant pour Ego les enfants des enfants du frère de mère à ses propres enfants. Dans une perspective psychologique, Rivers avait interprété cela par le fait qu'Ego épouse la veuve du frère de mère, devenant ainsi le père adoptif des enfants de celui-ci. Attaquant cette interprétation, Kroeber va plus loin et dénonce le caractère ethnocentrique des classifications de Morgan séparant les systèmes de parentés classificatoires des descriptifs. Il montre que les systèmes de parentés occidentaux classent plutôt moins que ceux des Amérindiens, et propose une typologie des nomenclatures fondée sur huit critères : la distinction (ou non) entre les personnes de la même ou de différentes générations, la distinction entre relation directe et collatérale, la distinction de l'âge à l'intérieur d'une même génération, le genre (mâle ou femelle) du parent, le genre d'Ego, le genre de la personne à travers laquelle la relation existe (ainsi entre frère de père et frère de mère, rassemblés en français sous le terme commun d'oncle), la distinction entre les parents consanguins et ceux par mariage, la condition de la personne à travers laquelle la relation existe (morte ou vivante, mariée ou non…).

Entre 1918 et 1920, Kroeber pratique la psychanalyse et, bien que bienveillant envers l'œuvre de Freud, n'essaie jamais de l'appliquer à l'anthropologie. Il publiera une introduction à la discipline intitulée *Anthropology* (1923) et, en collaboration avec T.T. Waterman, un volume de textes intitulé *A Sourcebook in Anthropology* en 1925, et la même année *Handbook of the Indians of California*, synthèse de la totalité de la littérature sur la région. Travaillant d'abord sur la chronologie des types de poterie auprès des Zuni sous la direction de Wissler, il commence des recherches au Pérou en 1922. En 1939, il publie *Cultural and Natural Areas of Native North America* (Berkeley, California UP). Reprenant les aires de Wissler en les approfondissant, il y souligne les déterminations écologiques. Identifiant des « unités de culture », il emploie un traitement statistique susceptible de dégager des modèles culturels établissant des relations entre les cultures (proximité, engendrement,

hiérarchie). L'Amérique du Nord est divisée en six « grandes aires » subdivisées en cinquante-six régions. En 1950, il soutient le combat des Indiens de Californie pour la reconnaissance de leurs droits fonciers.
Dès 1917, Kroeber insiste sur la notion de culture déjà entendue comme un « super-organisme » étant à lui-même sa propre raison. *Configurations of Culture Growth* (Berkeley, California UP), publié en 1944, décrit la suite des civilisations en posant la question des causes de périodes de renouveau ou de déclin. En 1948, il donne une édition révisée de son manuel *Anthropology* (New York, Harcourt) qui apporte plus de poids encore à la notion de culture considérée comme un « super-organisme » englobant les individus, attaque la définition qu'en donne L. White, et publie un recueil de ses essais majeurs, *The Nature of Culture* (Chicago UP).
On doit à Kroeber l'organisation d'un colloque intitulé « Anthropology Today : An Encyclopedic Inventory » (Chicago UP, 1953) présentant sans doute le mieux l'état de l'anthropologie après la Seconde Guerre mondiale. Kroeber meurt à Paris en octobre 1960 au retour d'un colloque intitulé « Anthropological Horizons » qu'il venait de présider en Autriche.

◆ 1975 (1902-1907), *The Arapaho,* New York, Galleon. 1917, *Zuni Kin and Clan*, American Museum of Natural History. 1917, « The Superorganic », *AA*, 19 : 163-213. 1919, *The People of the Philippines*, New York. 1963 (1923), *Anthropology*, New York, Harcourt. 1931, « Review of Growing up in New Guinea », *AA*, vol. 33 : 248-250.

▲ R. Lowie, 1961, « A. Kroeber », *AA*, vol. 63 : 1038-1087. R.F. Keizer, M.A. Whipple, 1962, *The Contribution of A.L. Kroeber to Culture Area Theory and Practice*, Baltimore. T. Kroeber, 1970, *Alfred Kroeber : A Personal Configuration*, Berkeley, California UP. J.H. Steward, 1973, *Alfred Kroeber*, New York, Columbia UP. E.R. Wolf, 1981, « A. L. Kroeber », in S. Silverman, éd., *Totems and Teachers : Perspectives on the History of Anthropology*, New York, Columbia UP. T. Buckley, 1991, « Kroeber, Alfred » in C. Winter, p. 364-366. M. Abélès et M. Izard, 1991, « Krober, A. », in Bonte et Izard, p. 405-407.

GOLDENWEISER, Alexander Alexandrovich (1880-1940). A. Goldenweiser est né à Kiev (Ukraine) d'un père qui promeut la culture juive et l'emmène dans ses voyages à travers l'Europe et l'Amérique. Entre 1900 et 1901, il étudie la philosophie à Harvard, puis entre au département d'anthropologie de l'université de Columbia que dirige Boas. En 1910, il obtient un *PhD* avec une thèse intitulée *Totemism : An Analytical Study* publiée la même année. Examinant le totémisme dans différentes parties du monde, il montre comment la méthode comparative employée notamment par Frazer pour « fonder le totémisme comme système » ne fonctionnait qu'en plaçant à l'origine ce qu'on y trouvait à la fin. Il conteste en effet que l'on pût superposer « l'organisation clanique, l'attribution aux clans de noms ou d'emblèmes animaux et végétaux, et la croyance en une parenté entre le clan et son totem », énonçant ainsi une déconstruction de l'objet favori de l'anthropologie du tournant du siècle que Lévi-Strauss poussera jusqu'à son terme

(Lévi-Strauss, 1974, *Le Totémisme aujourd'hui*, PUF). Il enseigne à l'université de Columbia entre 1910 et 1919, à la *Rand School of Social Science* entre 1915 et 1929 et à la *New School for Social Research* entre 1919 et 1928. Devenu professeur à l'université d'Oregon, il y reste jusqu'à son décès en 1940. Goldenweiser fut l'éditeur de la première *International Encyclopaedia of the Social Sciences* (publiée entre 1930 et 1935).

◆ 1922, *Early Civilization*, réédité sous le titre *Anthropology : an Introduction to Primitive Culture* en 1937, New York. 1931, *Robot or Gods : an Essay on Craft and Mind*, New York. 1932, *History, Psychology, and Culture*, New York.

◆ W.H. Shelden, 1919, « Dr. Goldenweiser and Historical Indeterminism », *Journal of Philosophy, Psychology, and Scientific Method*, vol. 16 : 327-330. W.D. Wallis, 1941, « A. Goldenweiser », *AA*, vol. 43 : 250-255. D.H. French, 1968, « Goldenweiser, A. », in D.L. Stills, vol. 6 : 196-197. D.H. French, 1991, « Goldenweiser, A. », in C. Winter, p. 444-445.

LOWIE, Robert Harry (1883-1957). Né à Vienne en 1883, d'un père hongrois, commerçant, et d'une mère allemande qui émigrent à New York en 1893, R.H. Lowie étudie les lettres au *City College* de New York et, à quinze ans, publie dans le *New Yorker Review* (1898) un article sur « Edgar Allan Poe ». En 1904, il entreprend des études de psychologie à l'université de Columbia suit l'enseignement de Boas et se tourne vers l'anthropologie. Outre les cours de Boas, Lowie suit aussi ceux d'A. Bandelier sur la Méso-Amérique et travaille bénévolement au Département d'anthropologie du Musée américain d'histoire naturelle auprès de C. Wissler. Celui-ci, qui écrit sur les Amérindiens Blackfoot et qui a besoin d'indications sur leurs voisins, envoie Lowie chez les Shoshone. Établis en réserve depuis une trentaine d'années, les Shoshone sont déjà totalement acculturés et vivent sur les rations que le gouvernement distribue après avoir tenté d'en faire sans succès des fermiers. Lowie s'aperçoit que les aspects les moins altérés de leur culture sont les « modèles de vie familiale et les nuances de l'interaction sociale » (Murphy, 1972 : 17). Après un été de terrain, il publie « The Northern Shoshone » (*AMNH paper*, 1909, n° 2 : 165-302). Anti-évolutionniste, Lowie dit avoir appris auprès des Crow qu'une société, même primitive, était culturellement très variable. Cette variabilité culturelle se double d'un fort individualisme. Il convient donc de séparer la culture comme telle des gens et de leur personnalité.

En 1907, Lowie est engagé comme stagiaire au Musée américain d'histoire naturelle où il reste quatorze ans, devenant conservateur assistant (1909) et conservateur associé (1912). Durant le printemps 1907, Wissler l'envoie collecter un mythe chez les Blackfoot et les Crow sur lesquels il travaille toute sa vie. Outre les populations déjà citées Lowie étudiera les Hidatsa du Dakota du Nord, les Ute du sud du Colorado, les Paiute du sud du Nevada et de l'Utah, les Paiute du nord du Nevada et les Hopi de l'Arizona. En 1908, sa thèse consacrée à des questions de mythologie comparée est publiée sous la forme d'un article d'une cinquantaine de pages dans le *Journal of American Folklore*. Notons que Boas et ses disciples affirment une position pro-allemande durant la Première Guerre mondiale et que Lowie publie un bref article en ce sens en 1914.

Avec « Exogamy and the Classificatory System of Relationship » publié en 1915 (*AA*, vol. 17 : 223-239), Lowie prend partie contre Kroeber pour les thèses psychologistes de Rivers expliquant l'exogamie et les nomenclatures de parenté, mais sans le suivre lorsqu'il s'agit de systèmes non générationnels. Selon Lowie, l'élément clanique explique les particularités de ces derniers systèmes, sans avoir à faire appel à d'autres déterminations. Dans le clan matrilinéaire, présent chez les Crow, les Hopi et dans la plupart des sociétés dotées d'un système d'appellation Crow, un homme appartient au même clan que le frère de mère qu'il adresse comme frère aîné et ses enfants comme fils et filles. À l'inverse, du côté patrilatéral en société matrilinéaire, le père et sa sœur sont assimilés, puisque du même clan. C'est pourquoi il fallait dire que « père » et « sœur de père » signifiaient en réalité individu mâle et individu femelle appartenant au clan du père. On trouve ici le principe de solidarité du lignage que précise Radcliffe-Brown.

En 1916 et 1917, Lowie se rend chez les Hopi et discerne, derrière une éthique d'harmonie, de solidarité et de coopération, une société dont les villages sont entre eux hostiles et, intérieurement à un même village, divisée en factions rivales. Des conclusions contradictoires à l'idéal apollinien que R. Benedict crut trouver chez les Zuni et qu'elle indique comme la caractéristique des Pueblo.

Invité par Kroeber à Berkeley en 1917, Lowie publie *Culture and Ethnology* (New York, P. Smith, republié en 1929), dans lequel il essaie de donner au terme de culture mis en avant par les boasiens, une valeur intégrative prenant en compte l'environnement et la psychologie. En 1920, il est élu president de la Société américaine d'ethnologie alors que le Musée américain d'histoire naturelle (New York), en difficulté budgétaire, réduit son personnel et supprime son poste. Il devient *lecturer* en droit primitif à l'université de Columbia. Il publie alors (1920) *Traité de sociologie primitive* (Paris, Payot, 1935), l'un des tout premiers traités d'anthropologie qui popularise l'approche boasienne. Il y attaque l'idée du communisme primitif et l'incohérence des étapes de l'évolutionnisme de Morgan (1920 : 211-212), mais surtout (s'inspirant de H. Schurtz) donne une place toute nouvelle aux associations perçues comme des institutions aussi importantes que la parenté. En 1921, il est professeur associé à l'université de Berkeley où il est nommé professeur en 1925. Directeur du département d'anthropologie entre 1922 et 1946, il a notamment pour étudiants J. Steward, C. Du Bois, H. Driver, T. McCown, C. Voegelin, D. Shimkin, R. Beals, R. Heizer, G. Foster, R. Spencer, ainsi que R. Murphy qui le décrit comme « un assidu participant des surprises-parties étudiantes du temps de la prohibition où ses représentations des danses guerrières crow étaient particulièrement appréciées » (Murphy, 1912 : 34). En 1927, il publie *The Origin of the State* (New York, Harcourt), où il reprend de Schurtz l'idée que contrairement aux propositions évolutionnistes, les associations volontaires, plus que le clan, caractérisent l'organisation politique primitive et où il délie la triade classique, territoire, État et usage légitime de la violence. En 1933, Lowie épouse à l'âge de cinquante ans (et après le décès de sa mère)

Luella Cole. En 1934, il publie *Manuel d'anthropologie culturelle* (Paris, Payot, 1936) qui propose une exposition générale de l'anthropologie culturelle telle qu'elle était enseignée aux États-Unis. Publié en 1935, *The Crow Indians* (New York, Farrar and Rinehart) est l'aboutissement d'un travail commencé en 1907 et s'ouvre par des déclarations méthodologiques concernant l'observation, les informateurs... que tout chercheur aurait intérêt à lire. Lowie présente la culture matérielle, l'organisation sociale, les associations, les mythes et les croyances des Crow, et montre que l'état social le plus ancien et celui qu'il observait lors de son premier séjour n'est pas plus authentique que le présent.

Avec la publication en 1937 de l'*Histoire de l'ethnologie classique des origines à la Deuxième Guerre mondiale* (Paris, Payot, 1971), Lowie rédige une histoire de la discipline certes assez personnelle (antimarxiste virulent, il n'autorise pas même que les noms de Marx et Engels apparaissent dans l'index du livre, Harris, 1968 : 228), mais qui est la première à ne prendre en compte que l'anthropologie culturelle, écrasée dans les précédentes par l'anthropologie physique. En 1946 il reprend sa croisade anti-évolutionniste contre L. While, montrant les contradictions de tout système fermé (« Evolution in Cultural Anthropology : A Reply to Leslie White » dans *AA*, vol. 48 : 223-233).

En 1948, il publie *Social Organization* qui actualise *Primitive Society* grâce à l'addition de nombreux exemples ethnographiques et une sophistication des thèmes et des concepts mais sans en changer le fond. Lowie consacre un enseignement à l'Allemagne et à l'Europe centrale après la Seconde Guerre mondiale, publie en 1945 *The German People : a Social Portrait to 1945*, puis effectue six mois de terrain en Allemagne (1950-1951) pour y étudier l'incidence de la guerre sur la personnalité (*Toward Understanding Germany*, 1954). Rejetant la notion de « caractère national » mise en avant par R. Benedict, il propose une conception en mosaïque. La culture allemande comprendrait de nombreuses variétés subculturelles et n'est en rien déterminée à l'autoritarisme par un caractère spécifique.

Bien qu'issu de la même vague que Kroeber, Lowie n'est pas seulement son cadet, mais représente l'avènement d'une spécialisation que l'anthropologie américaine n'avait pas encore connue. Qualifiant son approche d'« éclectique », Lowie écrit que le tableau des civilisations humaines est un « manteau d'arlequin fait de pièces rapportées ». Lowie enseignera à Berkeley jusqu'à sa retraite en 1950 puis aux universités de Columbia, Harvard, Washington, Hambourg..., tout en tenant un séminaire annuel à Berkeley. Il y meurt d'un cancer en 1957. En 1960, le musée créé par Kroeber prend son nom.

◆ 1934, *An Introduction to Cultural Anthropology*, New York, Farrar. 1946, « Professor White and anti-evolutionist schools », *Southwestern Journal of Anthropology*, 2 : 240-241.

▲ P. Radin, 1958, « Robert H. Lowie », *AA*, 60 : 358-375. 1959, « Robert H. Lowie, ethnologist : a personal record », in C. Dubois, éd, 1960, « Selected papers in anthropology ». A. Dundes, 1966, *The Complete Bibliography of Robert H. Lowie*, Berkeley, The R.H. Lowie Museum of Anthropology. R. Murphy, 1972, *Robert H. Lowie*, New York et Londres,

Columbia UP. M. Abélès, «Robert Lowie», in Bonte et Izard, p. 427-428. P. Matthy, 1991, «Lowie, Robert H.», in C. Winter, p. 426-427.

RADIN, Paul (1883-1959). Né à Lodz en Pologne d'un père rabbin, P. Radin passe son enfance à New York où ses parents ont émigré. Il obtient un *BA* au *City College* de New York en 1902 puis étudie l'histoire à l'université de Columbia. Entre 1905 et 1907, il se rend aux universités de Munich et de Berlin puis s'inscrit en anthropologie auprès d'E. Sapir et de F. Boas et soutient son doctorat en 1910. Son travail de terrain porte sur les Wappo (de Californie), les Zapotec (du Mexique), les Ojibwa (du Canada), les Fox, les Wintun et les Huave et surtout les Winnebago sur lesquels il revient durant toute sa carrière et chez qui il découvre une organisation sociale à la fois dualiste et tripartite. Les camps winnebago se divisent en deux moitiés exogames (ceux du haut et ceux du bas) reflétées dans l'organisation spatiale et sociale. Ces moitiés sont elles-mêmes subdivisées en clans, la moitié du bas en comptant deux fois quatre (gens de la terre et gens de l'eau), celle du haut une fois quatre (gens du ciel). Cette apparente contradiction entre organisation sociale dualiste et tripartite fut interprétée en termes diffusionnistes (immigration de nouveaux clans), puis structuralistes (Lévi-Strauss).

L'un des thèmes centraux de l'œuvre de P. Radin porte sur la manière dont un individu particulier répond à son environnement social immédiat. En 1920, il publie *The Autobiography of a Winnebago Indian* (California UP) et en 1926, *Crashing Thunder. The Autobiography of an American Indian* (New York, UC-PAAE), autobiographie amérindienne rompant avec des récits à caractère anecdotique, courants aux États-Unis depuis le début du XIXe siècle (*Vie de Black Hawk*, 1934). Ces livres, qui donnent un caractère scientifique aux «récits de vie», seront suivis par beaucoup d'autres, ainsi W. Dyk, 1938, *Son of Old Man Hat; a Navaho Autobiography,* ou L.W. Simmons, 1942, *Sun Chief. The Autobiography of a Hopi Indian*…

La plus connue des œuvres de P. Radin est sans doute *Primitive Man as a Philosopher* (New York, Dover, [1927] 1957) qui montre que la réflexion individuelle est autant présente chez les primitifs qu'ailleurs. Dans *La Religion primitive : sa nature et son origine* (Paris Gallimard, 1941), il démontre que dans toute culture le degré de religiosité individuel varie de l'indifférence à une grande profondeur, de même que le monothéisme est universel et que le propre de l'humain est la transcendance. Toutes conceptions qui s'opposent point par point aux propositions de Lévy-Bruhl, alors dominantes. *The Road of Life and Death : a Ritual Drama of the American Indians,* publié en 1945, décrit les convictions et les rituels des confréries religieuses amérindiennes du Nord. Il consacre aussi un livre (1956) au «décepteur» (*Trickster*), personnage qui, espiègle et tricheur, joue un rôle central de démiurge et de destructeur sous différentes formes animales et dont l'invariant est d'être partout instable, y compris physiquement. Présent dans les mythes de toute l'aire nord-amérindienne, Radin affirme que le *Trickster* l'est aussi dans les anciennes mythologies de l'aire eurasienne et voit sa survivance dans les bouffons médiévaux et les saltimbanques. S'il le lit comme le symbole du passage de l'animalité à l'humanité, Jung y ajoute les premières étapes du développement

de l'enfant et son entrée dans une conscience collective. E. Désveaux, notant que cette figure n'entre pas dans le système général de transformation liant toutes les mythologies du Nouveau Monde établi par Lévi-Strauss dans ses *Mythologiques*, explique qu'elle est le passe-partout permettant d'aménager le récit. D'un autre côté, G. Balandier s'en est inspiré dans sa réflexion sur ordre et désordre.
Plutôt qu'à une carrière d'enseignant, Radin se consacre d'abord à l'anthropologie appliquée auprès d'un groupe de techniciens explorant le Canada du point de vue géologique. Il enseigne ensuite successivement aux universités de Berkeley, de Fisk et de Chicago..., avant d'être nommé directeur du département d'anthropologie de l'université de Brandeis où il termine sa carrière.

◆ 1923, *The Winnebago Tribe* (1915-1916), Washington, Smithsonian Institution. 1933, *The Method and Theory of Ethnology*, New York, MacGraw-Hill. 1949, *The Culture of the Winnebago, as Described by Themselves*, Bloomington, Indiana. 1958, *Le Fripon divin. Texte complet du mythe des Indiens Winnebago*, Genève, Georg.

▲ 1959, « P. Radin », *AA*, vol. 61 : 839-843. S. Diamond, éd., 1960, *Culture in History : Essays in Honor of Paul Radin*, New York. S. Diamond, 1981, in S. Silverman, éd., *Totems and Teachers. Perspectives on the History of Anthropology* (qui, outre le texte de Diamond, présente une discussion concernant l'apport de Radin à l'anthropologie). M.S-F. Wolf, 1991, « Radin, Paul », in C. Winter, p. 565-566. E. Désveaux, 1991, « Radin, Paul », in Bonte et Izard, p. 614-615.

SAPIR, Edward (1884-1939). Né à Lauenbourg (Allemagne), E. Sapir émigre aux États-Unis avec sa famille. Pianiste et poète, il étudie à l'université de Columbia l'allemand puis l'anthropologie et la linguistique sous l'influence de F. Boas. Il enquête sur le terrain auprès des Chinook (1905), des Takelma (1906), des Yana (1907-1908) et obtient son *PhD* en 1909 avec une thèse sur la grammaire des Amérindiens Takelma.
Assistant de Kroeber à l'université de Californie en 1907-1908, Sapir devient instructeur à l'université de Pennsylvanie (il enquête chez les Paiute) avant d'obtenir en 1910 la direction de la division anthropologique du *Geological Survey of Canada* et le poste de conservateur du département d'anthropologie du Musée national canadien d'Ottawa. Il passe quinze ans au Canada où il étudie les langues des Amérindiens. Il critique alors sévèrement les différentes théories évolutionnistes et les insuffisances du diffusionnisme et publie en 1916 l'un de ses textes les plus fameux, « Time perspective in aboriginal american culture : a study in method » (Mandelbaum-Sapir, 1949 : 389-463), traité diffusionniste où Sapir propose une liste des obstacles à la propagation de traits culturels.
En 1921 paraît *Langage*, qui est aujourd'hui encore l'une des meilleures introductions à la linguistique. Sapir y introduit la notion de *drift* linguistique, théorie affirmant que les changements grammaticaux ne sont jamais hasardeux mais répondent à des tendances systématiques. Son exemple principal est le

drift qu'ont connu la plupart des langues indo-européennes passées d'un système de déclinaison complexe à un principe de positions syntaxiques.

En 1925, Sapir accepte un poste d'enseignement au département d'anthropologie nouvellement créé de l'université de Chicago. Il commence alors à publier ses textes les plus originaux. Dans « sound patterns in language » (1925) (Mandelbaum-Sapir, 1949 : 33-46), il démontre que les sons du langage ne sont pas uniquement des phénomènes physiques, mais aussi psychologiques, puisque dans toutes les langues chaque son fait partie d'un système d'unités discrètes contrastées dont les combinaisons sont déterminées par des conventions linguistiques et non par des nécessités physiologiques. Insistant sur la structure inconsciente mais réelle des aspects phonologiques et grammaticaux de la langue, il développe la thèse selon laquelle les cultures doivent être assimilées à des modèles de convention individuelle appris (1927) (« The unconscious patterning of behavior in society » Mandelbaum-Sapir, 1949 : 544-560). Les cultures doivent donc être définies comme des règles de comportement apprises plutôt que comme le résultat de comportements conventionnels car la culture impose par la langue ses catégories conceptuelles à l'insu des individus. En 1931, il devient professeur d'anthropologie et de linguistique à l'université de Yale où il meurt en 1939.

◆ 1915, *Noun Reduplication in Comox, a Salish Language of Vancouver Island*, Ottawa. 1917, « A Freudian Half-Holiday », compte rendu de S. Freud, *Delusion and Dream, The Dial*, vol. 63 : 635-637. 1923, « The two kinds of human beings », compte rendu de C.G. Jung, *Psychological Types or the Psychology of Individuation, The Freeman*, vol. 8 : 211-212. 1924, « Culture, Genuine and Spurious », repris dans *Selected Writings* (1949) : 308-331. Mandelbaum, éd., 1949, *Selected Writings of Edward Sapir in Language, Culture and Personality*. 1967, *Anthropologie*, Paris, Minuit (recueil d'articles).

▲ R. Benedict, 1939, « E. Sapir », *AA*, vol. 41 : 465-477. L. Spier, A.I. Hallowell et S.S Newman, éd., 1941, *Language, Culture and Personality : Essays in Memory of Edward Sapir*, Salt Lake City, Utah UP. R.J. Preston, 1966, « Edward Sapir's anthropology : style, structure and method », *AA*, vol. 68 : 1105-1128. A. Golla, éd., 1984, *The Sapir-Kroeber Correspondence : Letters Between E. Sapir and A.L. Kroeber, 1905-1925*, Berkeley UP. K. Koerner *et al.*, éd., 1984, *E. Sapir : Appraisals of his Life and Work*, Amsterdam and Philadelphia. R. Darnell, 1990, *E. Sapir : Linguist, Anthropologist, Humanist*, Berkeley. C. Baudelot, 1991, « E. Sapir », in Bonte et Izard, p. 651. V. Golla, 1991, « Sapir, Edward », in C. Winter, p. 603-606.

SPIER, Leslie (1893-1961). Né à New York City, L. Spier obtient un *BS* (1915) avant de s'inscrire en anthropologie à l'université de Columbia auprès de Boas. Il travaille alors comme assistant au Musée américain d'histoire naturelle avec C. Wissler et R. Lowie et soutient en 1920 une thèse intitulée *The Sun Dance of the Plain Indians : Its Development and Diffusion*. Il y cherche une danse du soleil originelle en comparant les traits culturels de plusieurs populations des Plaines. L. Spier enseigne successivement et entre autres dans les universités de Washington (1920-1929), Yale (1932-1939), New Mexico

(1939-1955). Inscrit dans une conception historiciste et diffusionniste, son travail de terrain porte sur une grande variété de populations amérindiennes incluant les Zuni (1916), les Salish (1921-1923), Mohave (1931-1932) etc., mais on considère généralement que ses recherches auprès des Havasupai (1918-1921) constituent son apport majeur.

◆ 1925, *The Distribution of Kinship Systems in North America*, Washingtown UP. 1935, *The Prophet Dance of the Northwest and its Derivatives : the Source of the Ghost Dance,* Menasha, *AAA*. 1936, *Cultural Relations of the Gila River and Lower Colorado,* Yale UP.

▲ H.W. Basehart et W.W. Hill, 1965, «Leslie Spier», *AA*, vol. 67 : 1258-1272. R. Bunzel, 1968, «Spier, Leslie», in D.L. Stills, vol. 15 : 130-131. D. Lonergan, 1991, «Spier, Leslie», in C. Winter, p. 657-658.

HERSKOVITS, Melville Jean (1895-1963). Pionnier des études afro-américaines, Herskovits est né à Belle-Fontaine, Ohio. Étudiant à l'université de Chicago, il suit les enseignements d'A. Goldenweiser, E.C. Parsons et T. Veblen, puis entre à l'université de Columbia, où il suit celui de F. Boas. Il soutient sa thèse (*PhD*) en 1923. Dès 1927, il met en place à l'université de Northwestern (Evanston) le premier programme américain d'études africaines et devient titulaire de la première chaire d'études africaines créée aux États-Unis en 1961. Il crée aussi l'Association des études africaines dont il est le premier président. Son œuvre compte plus de cinq cents articles. Elle commence par une délimitation des aires culturelles africaines (1924). Suit en 1928 une enquête de terrain effectuée avec sa femme (Frances Herskovits) chez les Bush Negroes, puis chez les citadins du Surinam (1934,1936). Il réalise aussi le premier inventaire ethnographique des sociétés rurales de Haïti (1937) et de Trinidad (1947). Mais c'est en 1941, avec la publication de *L'Héritage noir : mythe et réalité,* (Paris, Payot, 1966), qu'Herskovits apporte une contribution majeure à la discipline. Suivant en cela la trace de W.E.B. Du Bois, Herskovits affirme que non seulement les éléments proprement africains existent dans la subculture noire américaine, mais que, de plus, certains traits ont été transmis aux Américains blancs. Combattues par les libéraux blancs et la classe noire-américaine aisée qui, militant contre le racisme, voyaient dans les thèses d'Herskovits une idéologie affirmant que les Noirs américains étaient incapables de s'intégrer au *melting pot* américain, les conceptions d'Herskovits ont connu un grand succès dans les années 1960-1970 avec la revendication de la culture africaine. Il fut aussi un opposant notable du point de vue relativisme absolu. Herskovits a travaillé en Nouvelle-Guinée, au Brésil, à Haïti, en Afrique de l'Ouest et on lui doit une importante recherche sur l'ancien royaume du Dahomey. Son œuvre comporte également des recherches se rapportant à l'anthropologie économique dont il rédige le premier manuel. Les discussions qu'il eut sur ce thème avec des économistes se conclurent sur un désaccord.

◆ 1924, «A preliminary consideration of the culture areas of Africa», *AA*, vol. 26 : 50-64. 1926, «The cattle complex in East Africa», *AA*, vol. 28 :

230-272. 1936, *Suriname Folk-Lore*, New York, Columbia UP. 1938, *Acculturation, the Studies of Culture Contact*, New York, J.J. Augustin. 1938, *Dahomey, an Ancient West African Kingdom*, New York, J.J. Augustin. 1967 (1948), *Les Bases de l'anthropologie culturelle*, Paris, Payot. 1952, *Economic Anthropology*, New York, A. Knopf. 1962, *The Human Factor in Changing Africa*. 1966, avec M.H. Segall et D.T. Campbell, *The Influence of Culture on Visual Perception,* Indianapolis. 1972, F. Herskovits, éd., *Cultural Relativism : Perspectives in Cultural Pluralism*, New York.

▲ A.P. Merriam, 1964, « M. Herskovits », *AA*, vol. 66 : 83-109. G.E. Simpson, 1973, *Melville J. Herskovits*, New York, Columbia UP. J.W. Fernandez, 1990, « Tolerance in a repugnant world : the cultural relativism of M.J. Herskovits », *Ethos*, vol. 18 : 140-164. R. Price, 1991, « M.J. Herskovits », in Bonte et Izard, p. 322-323. J.W. Fernandez, 1991, « Herskovits, Melville », in C. Winter, p. 285-287.

WHORF, Benjamin Lee (1897-1941). Né à Winthrop dans le Massachusetts, B.L. Whorf entre en 1915 au département de chimie de l'Institut de technologie du Massachusetts et obtient un *BS* en 1918. Il est recruté par une compagnie d'assurance et travaille comme inspecteur des sécurités de prévention de l'incendie. Il reste employé dans divers postes par cette même compagnie d'assurance jusqu'à la date de sa mort.
La lecture de Prescott (*Conquest of Mexico*, 1847) amène Whorf à s'intéresser aux civilisations méso-américaines, et celle d'A. Fabre d'Olivet (*La Langue hébraïque restituée*, 1817) à questionner la nature et le fonctionnement des langues. Aussi se passionne-t-il bientôt pour le nahuatl (Aztèques) et d'autres langues méso-américaines. Ayant lu Sapir, il le rencontre lors du Congrès international des américanistes de 1928 et suit ses cours de linguistique lorsque ce dernier est nommé à Yale en 1931. En 1932, Sapir lui permet de se rendre chez les Hopi. Dans le milieu des années 1930, Whorf élabore l'hypothèse dite de Sapir-Whorf, bien que les deux hommes n'aient jamais écrit en commun. L'hypothèse énonce simplement que tous les niveaux de pensée sont dépendants du langage, que la structure de la langue utilisée influence l'appréhension et la compréhension de l'environnement, et que chaque langue représente et crée une réalité distincte. Elle a été attaquée par Lenneberg (1953, « Cognition in ethnolinguistic », *Language*, vol. 26 : 463-471) et Feuer (1953, « Sociological aspect of the relation between language and philosophy », *Philosophy of Science*, vol. 20 : 85-100). Le premier critique sa méthodologie et le second la réfute à partir du fait que survivre suppose une perception correcte du monde physique qui est donc unique. Whorf meurt en 1941 à l'âge de quarante-quatre ans.

◆ 1956, *Language, Thought and Reality. Selected Writings of Benjamin Lee Whorf*, Massachusetts Institute of Technology Press.

▲ J.B. Carroll, 1956, « Introduction » à *Language, Thought and Reality*. J. Penn, 1972, *Linguistic Relativity Versus Innate Ideas : the Origins of the Sapir-Whorf Hypothesis in German Thought*, La Hague. P. Rollins, 1980,

Benjamin Lee Whorf : Lost Generation. Theories of Mind, Language and Religion, Anne Arbor. J.A. Lucy, 1991, « Whorf, Benjamin Lee », in C. Winter, p. 756-758.

KROEBER-QUINN, Theodora, née Kracaw (1897-1979). Née dans le Colorado, T. Kracaw (Kroeber) étudie la psychologie (*MA,* 1920). En 1919, elle épouse Clifton-Brown qui meurt en 1923. Elle s'installe alors avec ses deux enfants à Berkeley, publie en 1926, en collaboration, un article proposant une méthode de traitement statistique des relations culturelles en Polynésie qu'A. Kroeber et d'autres développent et appliquent aux traitements des cultures amérindiennes de Californie sous le titre général de « Répartition des données culturelles ». Cette même année, elle épouse A. Kroeber et se consacre à l'éducation de ses quatre enfants (parmi lesquels U.K. Le Guin devenue un des grands auteurs de fictions fantastiques et futuristes). En 1961, elle publie l'histoire de Ishi, le dernier des Amérindiens Yana (Californie) sous l'intitulé *Ishi, testament du dernier Indien sauvage de l'Amérique du Nord* (Paris, Plon, coll. Terre humaine, 1968). Le livre raconte « de l'intérieur » la destruction rapide du monde d'Ishi après la première rencontre avec les Blancs venus y chercher de l'or. Massacrés, les Yahi (branche des Yana) ne furent bientôt plus qu'une poignée avant que finalement Ishi ne demeure le seul survivant de son groupe. Fuyant et vivant de prédation pendant un temps, il finit par se rendre en 1911. On le mit d'abord en prison, puis à l'asile psychiatrique dont le sortirent Kroeber et Waterman. Décédant en 1916, Ishi passe ses cinq dernières années comme concierge du musée de Berkeley. Publié en 1961, le livre est porté par le mouvement contestataire américain des années 1960, puis le renouveau culturel amérindien.

◆ 1959, *The Inland Whale*, Bloomington, Indiana UP. 1968 (avec R.F. Heizer), *Almost Ancestors : The First Californians*, New York, Ballantine. 1970, *Alfred Kroeber : A Personal Configuration,* Berkeley, California UP. 1977 (avec A.B. Elsasser et R.F. Heizer), *Drawn from Life : California Indians in Pen and Brush*. Socorro, Ballena Press.

▲ A.B. Elasser, 1980, « Obituary, Theodora Kroeber-Quinn », *AA*, vol. 82 : 114-115. G.W. Buzaljko, 1988, « Theodora Kracaw Kroeber », in Ute Gacs, p. 187-194.

ISHI (?-1916). Voir **KROEBER Theodora**.

BUNZEL, Ruth Leah (1898-1990). Moins connue que R. Benedict ou M. Mead, R. Bunzel n'en est pas moins la troisième femme des débuts de l'anthropologie boasienne. Née à New York, elle obtient un *BA* au collège Barnard en 1918 puis travaille auprès de Boas. En 1924, elle accompagne R. Benedict chez les Zuni et commence à travailler sur leurs cérémonies et leurs poteries. Elle obtient un *PhD* en 1929 avec une thèse à orientation diffusionniste intitulée *The Pueblo Potter.* Elle est nommée *lecturer* à l'université de Columbia en 1930 et professeur associée en 1954. Elle enquête aussi au

Guatemala et au Mexique. S'étant tournée vers l'analyse des caractérisations psychologiques des totalités culturelles, elle participe au projet de recherche sur les cultures contemporaines que dirige R. Benedict et collabore aux recherches de A. Kardiner.

◆ 1929, *The Pueblo Potter : a Study of Creative Imagination in Primitive Art,* New York. 1952, *Chichicastenango, a Guatemalan Village*, New York.

▲ D.M. Fawcett et T. McLuhan, 1988, « Ruth Leah Bunzel », in Ute Gacs. F. Murphy, 1990, « R.L. Bunzel », *Anthropology Newsletter*, march, vol. 31 : 5. N.F.S. Woodbury, « Bunzel, Ruth Leah », in C. Winter, p. 86.

HOEBEL, E. Adamson (1906-1993). Né à Madison en 1906, A. Hoebel étudie la sociologie à l'université du Wisconsin où il obtient un *BA* en 1928. Il s'inscrit ensuite à l'université de New York en sociologie, passe un *MA*, puis à Columbia en anthropologie et suit les cours de F. Boas et R. Benedict. Hoebel désirant rédiger sa thèse sur les systèmes juridiques des Amérindiens des Plaines, Boas le dirige vers K. Llewellyn, professeur de droit à l'université de Columbia et leader de l'école juridique du « réalisme légal ». Sur la base d'un travail de terrain effectué en 1933, il soutient un *PhD* en 1934 avec une thèse publiée en 1940, *The Political Organization and Law-Ways of the Comanche Indians* (Menasha, *AAA*). En 1934, il enquête chez les Shoshone du Nord-Est, en 1935-1936 chez les Cheyennes, chez les Amérindiens Pueblo du Nouveau-Mexique (1945-1949) et enfin au Pakistan. Il enseigne successivement à l'université de New York (1929-1948), puis à l'université de l'Utah (1948-1954), enfin aux universités du Minnesota (1955-1972), d'Oxford et de Nijmwegen. Il écrivit en collaboration avec K. Llewellyn *The Cheyenne Way* (Menasha, *AAA*) qui, en 1941, ouvrit des perspectives modernes à l'anthropologie juridique et attira l'attention des juristes. Il meurt en 1993. Une biographie ainsi qu'une bibliographie de Hoebel sont présentes dans les deux volumes de la revue *Studies in Third World Societies,* numéro spécial intitulé « The Anthropology of Peace : Essays in Honor of E. Adamson Hoebel ». Notons qu'Hoebel refuse le précepte de Malinowski qui fait de toute forme de contrôle social une loi, mais s'en tient à la définition classique ne retenant maintenant que la nécessité d'agents autorisés.

◆ 1954, *The Laws of Primitive Man : A Study in Comparative Legal Dynamics*, Cambridge. 1961, *Cheyennes : Indians of the Great Plains*, New York, Holt, Rinehart and Winston. 1979, *Anthropology : the Human Experience*, New York, MacGraw.

▲ R. Verdier, 1988, « Dossier E.A. Hoebel », *Droit et cultures*, vol. 15-16. M. Nicholsen, 1991, « Hoebel, E. Adamson » in C. Winter, p. 297. Anonyme, 1993, *Anthropology Newsletter*, n° 6 : 6.

Chapitre 4

La tradition française

SOMMAIRE

L'anthropologie française apparaît comme un estuaire où s'entremêlent trois courants de pensée et de recherche à l'esprit et au style différents. En elle ont fusionné les explorations coloniales, l'anthropologie du Muséum d'histoire naturelle, la pensée de l'École française de sociologie et la tradition érudite des belles-lettres. S'est ainsi imposé un esprit nouveau autour de M. Mauss, M. Cohen, H. Lévy-Bruhl et surtout P. Rivet. Ces hommes créent l'Institut d'ethnologie établi en 1925 par Daladier, ministre des Colonies. Ayant pour vocation de former les coloniaux (discours d'inauguration de Lévy-Bruhl), l'Institut délivre deux certificats (lettres et sciences) et devient le passage obligé des générations succédant aux fondateurs. À travers la collection des Mémoires de l'Institut d'ethnologie et la revue *L'Année sociologique* (dont le sociologue V. Karady a calculé que 30 % des pages avaient un contenu ethnologique), ces fondateurs contrôlent aussi bien les publications que le financement des missions de recherche et la muséologie lorsqu'en 1928 Rivet est nommé directeur du musée de l'Homme.

Van Gennep est sans doute la plus célèbre victime de cette hégémonie, ce qui n'entache en rien la grandeur de ces fondateurs. Ils surent donner un corps institutionnel et conceptuel à la discipline en France, et plus encore, fidèles à une certaine identité française, ils ont ancré l'anthropologie du côté de l'humanisme. Comme l'a montré J. Jamin, le musée de l'Homme et la tradition anthropologique française sont les enfants de la IIIe République et de la Révolution de 1789, plutôt que ceux des sciences naturelles.

On a plus haut mentionné l'intervention du ministère des Colonies, or, d'après une formule connue, « l'anthropologie est la fille du colonialisme ». Cette expression est à nuancer, il faudrait plutôt dire que « l'ethnologie aurait voulu être la fille du colonialisme, mais que celui-ci n'en voulut pas ». Les sollicitations de l'ethnologie au pouvoir colonial furent innombrables, les réponses extrêmement rares. Les choses aujourd'hui n'ont pas changé : les ethnologues tentent de vendre leur savoir aux développeurs, à l'État ou aux collectivités locales, voire parfois aux entreprises, et les réponses sont très loin d'égaler la demande. À de rares exceptions près, le fait colonial a toléré plutôt qu'encouragé l'école qu'ont fondée Rivet et Mauss.

▲ V. Karady, 1982, « Le problème de la légitimité dans l'organisation historique de l'ethnologie française », *Revue française de sociologie*, vol. 23 (1) : 17-35. J. Jamin, 1985, « Les objets ethnographiques sont-ils des choses perdues? À propos de la mission Dakar-Djiouti », dans J. Hainard et R. Kaehr, éd., *Temps perdu, temps retrouvé*, Neuchâtel, musée d'Ethnographie. J. Jamin, 1988, « Le musée d'Ethnographie en 1930 : l'ethnologie comme science et comme politique », dans G.H. Rivière, *La Muséologie selon G.H. Rivière : cours de muséologie, textes et témoignages*, Paris, Dunod. V. Karady, 1988, « Durkheim et les débuts de l'ethnologie universitaire », *Actes de la recherche en sciences sociales*, n° 74 : 21-32. G. Gaillard, 1989, « Chronique de la recherche ethnologique dans son rapport au Centre national de la recherche scientifique 1925-1980 », *Cahiers pour l'histoire du CNRS*, n° 3 : 85-127.

Un précurseur

FUSTEL DE COULANGES, Numa Denis (1830-1889). Fustel de Coulanges est élève de l'ENS et, après un séjour à l'École française d'Athènes, obtient son doctorat en 1858. Il est nommé professeur à l'université de Strasbourg, à la Sorbonne, enfin à l'ENS dont il devint le directeur et où il eut Durkheim comme élève. Fustel de Coulanges est surtout connu pour être l'auteur d'un livre : *La Cité antique* (1864). Rompant avec ce qui l'avait précédé, il étudie de façon comparative les croyances, la famille (l'espace privé), la cité (l'espace public) de la Rome de Cicéron, de l'Athènes de Périclès et de la Sparte du temps de sa grandeur. L'histoire politique de Rome et finalement l'arrivée du christianisme constituent une seconde partie du livre. Fustel de Coulanges invente aussi une théorie de la segmentarité qui sera developpée par Durkheim et, à travers lui, transmise à l'école britannique : « Ainsi la société humaine, dans cette race, n'a pas grandi à la façon d'un cercle qui s'élargirait peu à peu, gagnant de proche en proche. Ce sont, au contraire, de petits groupes qui, constitués longtemps à l'avance, se sont agrégés les uns aux autres. Plusieurs familles ont formé la phratrie, plusieurs phratries la tribu, plusieurs tribus la cité. Famille, phratrie, tribu, cité ont d'ailleurs des sociétés exactement semblables entre elles et qui sont nées les unes des autres par une série de fédérations » (Hachette, 1969 : 143).

◆ *Polybe ou la Grèce conquise par les Romains* (1858) et une *Histoire des institutions politiques de l'ancienne France* (1875-1889) en plusieurs tomes.

▲ J.-C. Chamboredon, 1984, « Émile Durkheim : le social, objet de science. Du moral au politique? », *Critique*, p. 460-513. F. Héran, 1989, « Une question de généalogie : la théorie de la segmentation », in M. Ségalen, *Anthropologie sociale et ethnologie de la France*, Louvain-la-Neuve, Peeters, vol. 1 : 231-238.

Les chercheurs de l'École française de sociologie

Nous n'avons retenu dans le cadre de cet ouvrage que les auteurs tenus pour majeurs, aussi n'y trouvera-t-on ni H. Beuchat (coauteur avec Mauss du fameux article sur les variations saisonnières des sociétés eskimo), ni V. Larock (*Essai sur la valeur sacrée de la valeur sociale des noms de personnes dans les sociétés inférieures*, 1933), ni M. David. Comme l'exprime Mauss, « les travaux de l'École française de sociologie se sont attachés tout spécialement à l'histoire sociale des catégories de l'esprit humain », on comprend donc qu'elle ait porté le plus grand intérêt à l'ethnologie.

En attendant qu'une thèse ou qu'un livre soit consacré à l'étude de cette génération, je renverrai simplement à M. Mauss, « Maîtres, compagnons et disciples » que l'on trouve dans le volume 3 de ses *Œuvres* (p. 535-567).

LÉVY-BRUHL, Lucien (1857-1939). Élève en philosophie à l'ENS, L. Lévy-Bruhl y est le condisciple de Jaurès dont il partage les convictions (il participe à la rédaction du journal *L'Humanité*). En 1884, il soutient ses thèses intitulées *L'Idée de responsabilité* et *Quid de deo Seneca senserit.* À partir de 1892, il siège au jury de l'agrégation aux côtés de Durkheim. Il obtient en 1904 la chaire d'histoire de la philosophie moderne de l'université de la Sorbonne. Dans le sillage de A. Comte, auquel il consacre un livre (*La Philosophie d'Auguste Comte*, 1900), il publie des textes de philosophie sociologique. Républicain et socialiste comme É. Durkheim (à qui il adresse un vibrant hommage dans les premières pages des *Fonctions mentales dans les sociétés inférieures*, 1910 : 2-3), il s'efforce, avec l'optimisme de son époque, de construire une nouvelle morale qui, remplaçant les préceptes religieux, serait une science au même titre que les autres. C'est *La Morale et la science des mœurs* (1901), dont Durkheim donne un compte rendu élogieux dans *l'Année sociologique* (1902-1903).
Alors que la psychologie naissante est reconnue par l'Université, Lévy-Bruhl oriente son travail vers l'étude des constructions des manières de penser suivant différents espaces temporels et géographiques. Comme l'écrira le philosophe Husserl (1988), la pensée philosophique doit être confrontée « à des ensembles humains étrangers à celui que réglemente la raison pratique ».

Les Fonctions mentales dans les sociétés inférieures (1910) est le premier livre ethnologique de Lévy-Bruhl. Il met en évidence, à partir des données ethnographiques de son époque (se rapportant principalement aux sociétés australiennes), la spécificité de la mentalité primitive. Il oppose une mentalité mystique, obéissant à une logique de participation, peu sensible au principe de contradiction, dite prélogique, à une pensée rationnelle. Mondialement reconnu à partir de la seconde moitié des années 1910, Lévy-Bruhl donne en 1919 une série de conférences dans les universités étrangères (Berkeley, Londres, Bruxelles...) qui laisse une profonde empreinte sur l'ethnologie anglophone. En 1922, *La Mentalité primitive* reprend le thème général d'une opposition de la pensée primitive et de la pensée civilisée. En 1927, *L'Âme primitive* étudie comment les «primitifs» se représentent leur propre individualité et traite de la dualité des individus, de la réincarnation, de la condition des morts, etc. «Sorbonnard attitré» (Karady, 1982 : 18), Lévy-Bruhl participe aux côtés de P. Rivet et M. Mauss à la création de l'Institut d'ethnologie (1925) qu'il décrit dans son discours d'inauguration comme un outil de la colonisation (1926). En 1927, il prend la direction de la *Revue philosophique*, entre à l'Académie des sciences morales et politiques et prend sa retraite afin de se consacrer à son œuvre.
Publié en 1931 et partant des principes de l'expérience mystique, du prélogique et du système de participation, *Le Surnaturel et la nature dans la mentalité primitive* explique comment le primitif voit le surnaturel là où nous n'en voyons pas et n'en voit pas là où nous croyons qu'il devrait le voir. Le livre est un tournant car Lévy-Bruhl insiste plus sur l'étude en propre de la mentalité primitive elle-même que sur son dualisme avec la mentalité logique. Les deux ouvrages suivants, *La Mythologie primitive* (1935) et *L'Expérience mystique et les symboles chez les primitifs* (1938), sont empreints du même esprit.
Notons que pour Mauss, Lévy-Bruhl reste un philosophe ne participant pas de la tradition de l'école française de sociologie. Tout en le remerciant car il «fait tant de popularité à nos études», il proteste contre l'opposition radicale entre les mentalités, critique l'application du terme de primitif à des peuples différents, insiste sur l'insuffisance de la démarche historique, absente dans son œuvre (Mauss, 1969 [1929], *Œuvres*, vol. 2 : 131).
Bien que les *Carnets posthumes,* publiés en 1949 (dont le dernier est daté du 2 février 1939), rejettent la mentalité primitive, pour suggérer l'existence de deux pôles permanents participant de la structure de l'esprit humain, ses premières conceptions et des termes tel «inférieur» sont choquants. Lévy-Bruhl tente de justifier son vocabulaire antérieur en déclarant par exemple dans un avant-propos publié en 1922 que les expressions «mentalité» et «primitif» (au sens de premier) n'étaient pas encore entrées dans le langage courant. Reste qu'on doit replacer l'œuvre de L. Lévy-Bruhl dans le contexte de son époque. Affirmant que les faits sociaux sont solidaires et qu'un type de société aura nécessairement sa mentalité propre, liant ainsi la mentalité ou la fameuse logique à un environnement, l'évolutionnisme de L. Lévy-Bruhl n'a pas craint de s'attaquer à la question fondamentale de l'autre dans son essence et a ouvert une voie où se sont illustrés M. Leenhardt, M. Griaule, C. Lévi-Strauss, et que poursuit encore aujourd'hui l'anthropologie cognitive qui allie

la démarche ethnologique à la linguistique et aux neurosciences. Enfin, Lévy-Bruhl est comme Frazer un synthétiseur du matériel ethnographique de son époque et on comprend que certains auteurs tel Evans-Pritchard parlent de « son extraordinaire brillance » (1934 : 9).

◆ 1926, « L'Institut d'ethnologie de l'université de Paris », *Annales de l'université de Paris*, n° 2 : 205-209.

▲ E.E. Evans-Pritchard, 1943, « Lévy-Bruhl's theory of primitive mentality », Cairo, *Bull. of the Faculty of Arts*, n° 2, cité par M. Douglas, 1980, *Evans-Pritchard*, p. 32, Londres, Fontana. P. Rivet, 1939, « Lucien Lévy-Bruhl », *JSA*, vol. 9 : 214-216. J. Cazeneuve, 1963, *Lucien Lévy-Bruhl : sa vie, son œuvre, avec un exposé de sa philosophie*, Paris, PUF. E.E. Evans-Pritchard, 1965, « Lévy-Bruhl », in *Theory of Primitive Religion*. Le numéro 4 de la *Revue philosophique* (1989) est entièrement consacré à l'œuvre de Lévy-Bruhl. F. Affergan, 1991, « Participation et irrécupération. Le cas Lévy-Bruhl », *Critiques anthropologiques*, Presses de la Fondation nationale des sciences politiques, p. 68-90.

BOUGLÉ, Célestin (1870-1940). C. Bouglé fut l'un de ces philosophes que Durkheim attira dans l'orbite de l'*Année sociologique*. Élève à l'ENS en 1890, il est assistant de la chaire d'économie sociale de la Sorbonne en 1909 puis son titulaire en 1919. En 1927, il est nommé directeur-adjoint de l'ENS et directeur en 1935.
Bouglé oriente un grand nombre d'étudiants vers les sciences sociales. Il dirige par ailleurs le Centre de documentation sociale qui existe entre 1920 et 1940 et accorde notamment des bourses de voyage. Rattaché à l'ENS, le Centre est d'abord financé par le banquier A. Kahn puis par la fondation Rockefeller.
Parmi les travaux de Bouglé, on cite aujourd'hui son traité *Les Castes en Inde* publié en 1900. Bien que Bouglé ne se soit jamais rendu en Inde, le livre reste l'une des meilleures introductions à ce domaine. Bouglé distingue, le premier, trois grands critères définissant les castes : la hiérarchisation des groupes (classification des individus de castes différentes de haut en bas de la société), la spécialisation héréditaire (les professions sont fixées par la naissance, ainsi les intouchables sont éboueurs), la répulsion réciproque (la notion de souillure rend certains contacts entre castes prohibés : l'eau et les repas ne peuvent être partagés par des personnes de castes différentes). Avec son *Bilan de la sociologie française* publié en 1935 chez Alcan, Bouglé donne l'une des toutes premières présentations de l'école française qui fait pendant à celle de G. Davy. Publié à l'occasion de l'Exposition universelle, *Les Sciences sociales en France. Enseignement et recherche* (1937) dresse un bilan de l'ethnologie française de l'époque.

▲ *Annales de l'université de Paris*, 15e année, 1940. Allocutions de M. Bruhat, M. Cuzin, J. Cavaillès, L. Brunschvicg…

HUBERT, Henri (1872-1927). Élève à l'ENS, H. Hubert s'intéresse à la sociologie religieuse après une agrégation d'histoire. Il est coresponsable avec

M. Mauss de la rubrique des comptes rendus de sociologie religieuse pour l'*Année sociologique* et rédige avec lui d'importants essais : 1899, *Essai sur la nature et la fonction du sacrifice*, 1904, *Esquisse d'une théorie générale de la magie*, 1909, *Mélanges d'histoire des religions*. Deux textes seront publiés à titre posthume : 1932, *Les Celtes depuis l'époque de la Tène et la civilisation celtique* (2 vol., 1974, Paris, Albin Michel), et en 1952, *Les Germains*, (Paris, Albin Michel).

MAUSS, Marcel (1872-1950). Neveu de Durkheim dont le sépare une quinzaine d'années, comme lui originaire d'Épinal et comme lui porté par la IIIe République, M. Mauss fréquente C. Péguy, P. Janet, L. Lévy-Bruhl, J. Jaurès dans sa jeunesse. Participant notamment à la création du journal *L'Humanité*, il milite dans les cercles radicaux-socialistes et comme dreyfusard. Après une agrégation de philosophie, Mauss se tourne vers l'histoire et la sociologie des religions, discipline dont la légitimité du discours contre l'hégémonie des hommes d'Église est enfin admise vers 1880. La linguistique étant une autre discipline scientifique voyant le jour à l'époque, Mauss se plonge dans l'étude du sanskrit. Entre 1897 et 1898, il effectue un séjour en Grande-Bretagne où il rencontre J.G. Frazer et B. Malinowski, établissant ainsi un pont avec l'école anglaise. En 1898, il supplée Foucher pour la chaire des religions de l'Inde de la Section des sciences religieuses de l'EPHE (Ve section) où il est élu directeur d'études pour les religions des peuples primitifs en 1902. Il enseigne aussi au Collège de France entre 1931 et 1941, année où il est révoqué après les lois antisémites du gouvernement de Vichy. Déjà profondément marqué dans sa croyance au progrès par la guerre de 1914, Mauss ne se remet jamais de ces événements et ne produit plus jusqu'à sa mort en 1950. Personnage central de l'école française de sociologie, il partage avec G. Davy l'héritage de Durkheim après sa mort survenue en 1917. Au second revint la sociologie, au premier l'ethnologie.
«L'œuvre est brillante mais composée d'une broussaille de textes ouverts à une curiosité intellectuelle sans borne, quoique résolument tournée vers les faits concrets» (Condominas, 1972). Il n'est donc pas étonnant que Mauss n'ait pas rédigé d'ouvrages mais de multiples articles publiés principalement dans *L'Année sociologique* qu'avait fondé Durkheim en 1898. De ceux-ci on doit citer l'*Essai sur le sacrifice* de 1898 où Mauss fait du sacrifice une métonymie du phénomène religieux. Vient ensuite en 1902 *De quelques formes primitives de classification* écrit en collaboration avec É. Durkheim où les deux auteurs relient la conception de l'espace qu'ont les aborigènes australiens et amérindiens à leur organisation sociale et énoncent que ces peuples classifient l'univers naturel selon leur organisation clanique. Avec en 1905 l'*Essai sur les variations saisonnières des sociétés eskimos*, écrit en collaboration avec Beuchat, Mauss présente pour la première fois une société comme un tout intégré et montre comment les changements de saison qui modifient les formes de regroupement (rassemblement, dispersion) s'expriment dans les cultes, l'économique, le droit, la morale... Cette conception intégratrice est prolongée par l'*Essai sur le don* (1924) où Mauss, qui déclare que décrire une société est une tâche infinie à moins qu'une ou plusieurs de ses manifestations l'expri-

ment dans sa totalité, inaugure le concept de « fait social total » qualifiant ainsi un phénomène qui est à la fois religieux, économique, politique, mythologique, juridique… Mauss le découvre dans le potlatch des Indiens de Colombie-Britannique du nord des États-Unis décrit par Boas et dans la Kula décrite par Malinowski. Les deux phénomènes, dont l'un est antagoniste et l'autre pacifique, visent identiquement la cohésion, l'harmonie et l'intégration de la société tout entière. Relevons encore *Les Techniques du corps* de 1935 où Mauss montre comment l'apprentissage de la nage, la démarche des infirmières, la façon de se reposer des soldats australiens sont culturellement fondés, ainsi que *La Notion de personne* (1938) ou comment la notion de moi se fonde chez les Pueblo, les Australiens… puis dans l'histoire occidentale. Enfin, D. Paulme a publié un *Manuel d'ethnographie* en 1947 à partir de ses notes de cours.
Outre le fait que Mauss se soit beaucoup dévoué à la publication de travaux posthumes de ses amis victimes de la Première Guerre mondiale, il est aussi un important animateur de la discipline. Il sut intéresser à l'ethnologie naissante l'avant-garde parisienne à laquelle il se mêlait, publiant par exemple un *Hommage à Picasso* en 1930. Il est au centre de la création de l'Institut d'ethnologie en 1925 et y forme des étudiants qu'il suit individuellement, et qui constitueront les grands noms de l'anthropologie française (P. Mus, D. Paulme, M. Griaule, M. Leiris, C. Lévi-Strauss, L. Dumont, A. Leroi-Gourhan, G. Dieterlen, J. Soustelle…).

◆ L'œuvre de M. Mauss a été rassemblée et présentée par V. Karady en trois volumes. M. Mauss, 1968, *Œuvre 1. Les Fonctions sociales du sacré.* 1969, *Œuvre 2. Représentations collectives et diversité des civilisations.* 1969, *Œuvre 3. Cohésion sociale et divisions de la sociologie*, Paris, Minuit. On peut aussi se reporter à la sélection de textes intitulée *Sociologie et anthropologie*, PUF, 1950 (4e éd. augmentée en 1968, 1978) contenant une fameuse introduction de C. Lévi-Strauss. 1947 *Manuel d'ethnographie*, Paris, Payot, (2e éd. 1967, 3e éd. 1990).

▲ J. Cazeneuve, 1968, *Marcel Mauss,* Paris, PUF. M. Mauss, 1967, *Sociologie de M. Mauss,* Paris, PUF. « Mauss », 1972, *L'Arc*, n° 48 (contient des articles de D. Hollier, G. Condominas, L. Dumont, C. Dubar, Evans-Pritchard…). G. Condominas, 1972, « Marcel Mauss, père de l'ethnographie française » dans *Critique,* vol. 28 (297) : 118-139, (301) : 487-504. B. Karsenti, 1994, *Marcel Mauss. Le fait social total*, Paris, PUF. M. Fournier, 1994, *Marcel Mauss*, Paris, Fayard.

HERTZ, Robert (1882-1915). Né à Saint-Cloud, élève à l'ENS où il a Durkheim pour professeur, R. Hertz passe une agrégation de philosophie en 1904 et joint le groupe de l'*Année sociologique*. En 1905-1906, il étudie à Londres et prépare une thèse ayant pour thème « Le crime et le péché, et comment et pourquoi la société les efface-t-elle? ». En 1906-1907, il est professeur de philosophie à Douai, puis enseigne comme chargé de conférence à la Ve section de l'EPHE (section des sciences religieuses) jusqu'à la mobilisation. En 1907, il publie dans l'*Année sociologique* une « Contribution à une étude sur la représentation collective de la mort» (vol. 10 : 48-137), dont il fait une sorte d'initiation comparable au mariage ou aux rites de naissance en s'appuyant surtout sur l'ethnographie des Dayak de Bornéo. En 1909, il publie dans la *Revue philosophique* un texte sur la «Prééminence de la main droite» qu'il juge un effet du dualisme inhérent à la pensée primitive projetée sur le corps humain. Citons encore sur le folklore son étude du culte de sainte Besse (1913) qu'il lit dans la perspective durkheimienne. Un ensemble de ces textes a été édité à titre posthume en 1928 sous le titre de *Mélanges de sociologie religieuse et de folklore* (livre réédité en 1970 aux PUF avec une préface de G. Balandier). Mobilisé, il meurt en 1915 à l'âge de trente-trois ans en marchant à la tête de ses hommes contre une mitrailleuse allemande à Marchéville. R. Hertz n'ayant pas terminé sa thèse, M. Mauss la publie en 1922 dans la *Revue de l'histoire des religions*. Le texte en a été réimprimé en 1988 : R. Hertz, *Le Pêché et l'expiation dans les sociétés primitives* (introduction et notes de M. Mauss, préface de J. Jamin, Paris, Jean-Michel Place). La revue *Gradhiva* a publié les «Notes du cours de M. Mauss au Collège de France» (établies et annotées par J. Jamin et F. Lupu, n° 2, été 1987) que Mauss donna à partir de ce texte entre 1935 et 1938.

▲ Evans-Prichard, 1960, «Introduction» à *Death and the Right Hand*. R. Needham, 1978 (1973), «Introduction» à *Right and Left : Essays on Dual Symbolic Classification*, Chicago UP. R. Parkin, 1996, *The Dark Side of Humanity. The Work of R. Hertz and its Legacy*, Gordon and Breach.

GRANET, Marcel (1884-1940). M. Granet est élève à l'ENS (1904) et passe l'agrégation d'histoire en 1907. Intéressé par la féodalité puis par l'histoire de la Chine, il obtient une mission du ministère de l'Instruction publique en 1911-1913 alors que se met en place la Ire République chinoise (1912). À son retour en 1913, Granet est élu directeur d'études pour les religions de l'Extrême-Orient à la Ve section de l'EPHE où il remplace E. Chavannes. Blessé durant la guerre de 1914-1918, il en sort décoré de la croix de guerre. En 1920, il soutient ses thèses de doctorat : *Fêtes et chansons anciennes de la Chine* (Paris, Leroux, 1919), qu'il dédie à M. Mauss, et *La Polygénie sororale et le sororat dans la Chine féodale* (Paris, Leroux, 1920). Rompant avec une approche alors dominante en terme de belles-lettres et d'érudition, Granet laisse de côté l'étude de l'art comme l'histoire événementielle pour choisir une vision sociologique. Il regroupe des éléments pris dans différents corpus et reconstitue la Chine ancienne de manière presque ethnographique. Les jeux, les prestations économiques, les danses, les pratiques matrimoniales, les attitudes… sont autant de pans d'une culture dont il s'agit de comprendre en quoi elle se constitue comme chinoise. Sa théorie de la parenté présente des modèles d'échange (1939) qui seront critiqués mais repris par Lévi-Strauss (1949). Chargé du cours de civilisation chinoise à la Sorbonne en 1920, M. Granet est élu professeur à l'INLCOV en 1926.

◆ 1922, *La Religion des Chinois*, Paris, Gauthier-Villars. 1926, *Danses et légendes de la Chine ancienne*, Paris, Alcan, 2 vol. 1929, *La Civilisation chinoise*, Paris, La Renaissance du livre. 1939, *Catégories matrimoniales et relation de proximité dans la Chine ancienne*, Paris, Alcan. 1953, *Études sociologiques sur la Chine*, Paris, PUF.

▲ E. Mestre, 1940, « M. Granet », *Annuaire de la Ve section*. Y. Goudineau, 1991, « Granet, Marcel », in Bonte et Izard, p. 308-309.

COHEN, Marcel (1884-1974). M. Cohen passe une agrégation de grammaire, obtient le diplôme de l'INLCOV et celui de la Ve section de l'EPHE où il suit les cours de M. Mauss (1909). En 1910-1911, il effectue une mission en Abyssinie financée par le ministère de l'Instruction publique. Il occupe à son retour une charge de cours d'amharique à l'INLCOV. En 1920, il est élu directeur d'études pour les langues éthiopiennes sémitiques à la IVe section de l'EPHE (section des sciences historiques et philologiques). Il soutient une thèse en 1924 (*Le Système verbal sémitique et l'expression du temps. Couplets amhariques du choa)* et est nommé professeur à l'INLCOV en 1926. Lié à M. Mauss, M. Cohen participe à la création de l'Institut d'ethnologie dont il est le premier secrétaire et s'y occupe de la formation en linguistique. En 1934, il publie avec A. Millet *Les Langues du monde*. Le livre constitue la première présentation scientifique des langues et peuples du monde et y contribuent pratiquement tous les ethnologues français de l'époque.

▲ D. Cohen, 1994, « Marcel Cohen », *L'Année sociologique*. J. Tubiana, 1995, « Postface » (1936), *Traité de langue amharique (Abyssinie),* Paris, Institut d'ethnologie.

D'autres chercheurs

Outre les chercheurs dont les biographies sont données ci-dessous, mentionnons le folkloriste P. Sebillot ou L. Marillier qui, le premier, inaugura une direction d'études d'histoire des religions des peuples non civilisés, ainsi que d'autres moins connus ou oubliés (E. Verrier, Schoebel, C. Letourneau, ou encore celui du juriste R. Maunier…).

MARIN, Louis (1871-1960). L. Marin se dirige vers la politique après avoir passé de multiples diplômes. Député, on lui doit plusieurs lois sociales dont celles concernant les congés de maternité, l'abandon de famille… Plusieurs fois ministre, il crée le journal *La Nation*. Il devient président de la Société d'ethnographie de Paris et directeur de l'École d'anthropologie de Paris après Broca. Il soutient beaucoup l'anthropologie qui commence à se développer et aide à la naissance du musée de l'Homme dont la bibliothèque porte son nom. On lui doit de nombreux articles publiés dans la revue *L'Ethnographie*.

▲ H. Lebovics, 1988, « Le conservatisme en anthropologie et la fin de la IIIe République », *Gradhiva*, n° 4 : 3-17.

Van GENNEP, Arnold (1873-1957). Né en Allemagne dans le Wurtemberg, Van Gennep étudie à l'EPHE puis enseigne à Neuchâtel où il dirigea le musée d'Ethnographie (1912-1915). Après des études sur le totémisme à Madagascar (*Tabou et Totémisme à Madagascar*, 1904) et en Australie (*Mythes et Légendes d'Australie*, 1906), il refléchit longuement sur la religion, puis écrit *Les Rites de passage* (1909) qui reste un des grands classiques de l'ethnologie. Il invente la catégorie de « rite de passage », qu'il présente selon un découpage (mort, réclusion, renaissance) depuis employé. S'intéressant à l'Afrique du Nord, il travaille principalement sur le folklore français et publie une immense enquête entre 1943 et 1958. N. Belmont écrit à juste titre que l'on considère que son œuvre clôt le temps des travaux d'amateurs et que Van Gennep est le véritable fondateur de l'ethnographie contemporaine de la France.

◆ 1911, *Les Demi-Savants,* Paris, Mercure de France. 1916, *En Savoie : du berceau à la tombe*, Chambéry, Dardel. 1932-1933, *Le Folklore du Dauphiné, Isère*, 2 vol., Paris, Maisonneuve. 1946-1948, *Le Folklore des Hautes-Alpes*, 2 vol., Paris, Maisonneuve. 1943, *Manuel du folklore français contemporain*, 7 vol., Paris, Picard (réédité chez Picard en 1972), *Coutumes et croyances populaires en France*, réédité par Le Chemin vert en 1980. 1996 (1919), *Le Traité comparatif des nationalités* (préf. de J.-F. Gossiaux), Paris, CTHS.

▲ M. Gluckman, 1962, « Les rites de passage », Gluckman éd : *The Ritual of Social Relations,* Manchester UP, p. 1-53. N. Belmont, 1974, *Arnold Van Gennep : le créateur de l'ethnographie française*, Paris, Payot. R. Zumwalt, 1982, « A. van Gennep : the hermit of Bourg-la-Reine », *AA*, vol. 84 : 299-313. P. Centlivres et P. Vaucher, 1994, « Les tribulations d'un ethnographe en Suisse. A. Van Gennep à Neuchâtel (1912-1915) », *Gradhiva*, n° 15 : 89-101.

RIVET, **Paul** (1876-1958). Né dans une famille modeste des Ardennes, P. Rivet entre à l'École militaire de Lyon afin d'alléger le budget familial. Il en sort diplômé en 1897 à vingt et un ans. En 1901, il est le médecin d'une mission française envoyée en Équateur mesurer un arc de méridien et reste cinq ans sur le terrain. Il accumule les objets et les observations et, à son retour en 1906, le ministère des Armées le détache au Muséum (*Ethnologie ancienne de l'Équateur,* 1912). En 1909, il est nommé sous-directeur du Muséum. Ses recherches sont consacrées pour l'essentiel au domaine américain : langues, métallurgie précolombienne, peuplement ancien de l'Amérique. En 1920, grâce à l'union des socialistes et des communistes, il est élu député du Ve arrondissement de Paris contre le colonel Delarocque représentant des Croix de feu. Secrétaire général de la Société des américanistes, il tient une rubrique bibliographique qu'il inaugure. Il participe pour les langues amérindiennes à la rédaction du très important *Les Langues du monde* qu'éditent A. Meillet et M. Cohen en 1924, élabore plusieurs théories sur les migrations anciennes et surtout fonde en 1925, avec L. Lévy-Bruhl et M. Mauss, l'Institut d'ethnologie de l'université de Paris dont il est le secrétaire général. En 1928, après une élection qui apparaît comme le résultat d'une lutte entre tenants d'une anthropologie anatomique et tenants d'une anthropologie intégrant l'ethnologie, il devient le quatrième professeur à occuper la chaire d'anthropologie du Muséum d'histoire naturelle en remplacement de R. Verneau. Il rebaptise la chaire d'anthropologie « chaire d'ethnologie des hommes actuels et des hommes fossiles» et obtient d'y rattacher le musée d'Ethnographie du Trocadéro. Déjà membre de la ligue contre l'oppression coloniale et l'impérialisme créée en 1927, Rivet fonde, avec A. et P. Langevin, le Comité de vigilance des intellectuels antifascistes après les émeutes du 6 février 1934. À l'occasion de l'Exposition universelle de 1937, il obtient les crédits nécessaires à la construction d'un nouveau musée, le musée de l'Homme qui remplace le musée du Trocadéro (1938). Pendant la guerre, il doit quitter la France à la suite de l'arrestation des membres du réseau de résistance du musée de l'Homme que dirige B. Vildé, obtenant pour cela un faux passeport que lui procure l'abbé Breuil. Il séjourne alors en Colombie, puis au Mexique. Élu député socialiste à la Libération, il reprend sa chaire jusqu'à sa retraite en 1950. Il s'est alors surtout passionné pour les relations internationales, se faisant notamment le propagateur de l'Algérie française en Amérique du Sud.

▲ P. Champion, 1976, «P. Rivet», Paris, musée de l'Homme. R. d'Harcourt, 1958, «Paul Rivet, 1876-1958», *Journal de la Société des américanistes*, vol. 47 : 7-11. F. M. Zerilli, 1993, «Il terreno ecuadoriano di Paul Rivet : Anthropologia, Linguistica, Etnografia», *Annali della Facoltà di Lettere e Filosofia 2. Studi Storico-Antropologici*, vol. 29-30 : 363-396.

LEENHARDT, Maurice (1878-1954). Né à Montauban, M. Leenhardt passe un baccalauréat de théologie avec un mémoire intitulé *Le Mouvement éthiopien au sud de l'Afrique de 1896 à 1899*. Consacré pasteur, on l'envoie évangéliser la Nouvelle-Calédonie où il réside presque vingt-cinq ans (1903-1926). En 1909, il publie la première version de *La Grande Terre* et deux articles dans *Bulletin et Mémoires de la Société d'anthropologie de Paris*. En 1921, lors d'un second séjour de congé en France, il rencontre Lévy-Bruhl avec lequel il reste en relation. En 1922, il retourne en Nouvelle-Calédonie par bateau et passe dix-huit mois en Afrique, devenant le pionnier de la sociologie religieuse africaine. Revenu en France en 1927, il lance la revue *Propos protestant*. En 1930, l'Institut d'ethnologie publie ses *Notes d'ethnologie néo-calédonienne* et, en 1932, *Documents néo-calédoniens*. À partir de 1935, il supplée partiellement Mauss à la Ve section de l'EPHE. Attaché à traduire la Bible en houaïlou, langue dont il devient le premier spécialiste (*Vocabulaire et grammaire de la langue houaïlou*, 1935), il s'intéresse au vécu et aux représentations psychiques des Canaques, puis à ceux d'autres peuples mélanésiens (*Langues et Dialectes de l'Austro-Mélanésien*, 1946). Créateur de l'ethnologie mélanésienne, réunissant une très importante documentation encore exploitée aujourd'hui, M. Leenhardt s'est préoccupé, depuis *Ethnologie de la parole* (1946), de l'intériorité subjective du mélanésien (*La Personnalité mélanésienne*, 1942). En 1940, le musée de l'Homme lui confie la direction du département Océanie. Lorsque les lois antisémites du gouvernement de Vichy interdisent à Mauss de continuer son enseignement, c'est à Leenhardt que Mauss demande de reprendre son cours. Il professe à la Ve section jusqu'en 1950 et C. Lévi-Strauss prendra sa suite. Leenhardt inaugure à la Libération un enseignement d'houaïlou à l'INLCOV et devient le président de la Société des océanistes qui voit le jour. Il publie en 1947 son ouvrage le plus connu : *Do*

Kamo, la personne et le mythe dans le monde néo-calédonien (Paris, Gallimard, 1971) qui parcourt les représentations de l'espace, du temps, du lien social, du corps en Nouvelle-Calédonie, pose la question des rapports de la mentalité archaïque et de la mentalité moderne et s'attache à définir comment la personne et le mythe « s'appuient l'un sur l'autre, procèdent l'un de l'autre, se justifient l'un par l'autre » (1971 : 255). Nommé directeur du jeune Institut français d'Océanie dépendant de l'Office de la recherche scientifique outre-mer (ORSTOM), il se rend à Nouméa en 1948 pour une année. En 1949, il publie les *Carnets posthumes de L. Lévy-Bruhl* pour lesquels il écrit une préface. Cocréateur du Comité international de l'Indo-Pacifique en 1951-1952, Leenhardt est connu pour avoir entrepris nombre d'actions en faveur des populations indigènes en processus d'acculturation. Défendant vigoureusement les Canaques contre toutes sortes de spoliations et d'exactions entraînées par la colonisation, il a lancé les revues *Propos protestants* (1927) et *Mondes non chrétiens* (1947), organes d'information mais surtout lieux de regroupement d'intellectuels d'obédience religieuse (L. Massignon, J. Poirier, J. Guiart, P. Métais).

◆ 1930, *Notes d'ethnologie néocalédonienne,* Paris, Institut d'ethnologie. 1952 (1937), *Gens de la Grande Terre*, *Nouvelle-Calédonie*, Paris, Gallimard.

▲ Hommage dans *JSA,* vol. 10, déc. 1954, et dans *Mondes non chrétiens*, janv. 1955. R. Cornevin, 1971, « M. Leenhardt, pionnier de la sociologie religieuse africaine et précurseur de l'Afrique latine », *France-Eurafrique*, Paris, n° 225 : 41-45. M. Spinder, 1980, « L'ecclésiologie de Maurice Leenhardt », dans *JSA,* vol. 69 : 279-291. J. Clifford, 1987, (1982), *Maurice Leenhardt : Personne et Mythe en Nouvelle-Calédonie,* Jean-Michel Place. J. Garelli, 1995, « La phénoménologie du jugement et la dimension "cosmomorphique" du corps chez les Canaques, selon M. Leenhardt », *Droit et Cultures*, vol. 29 : 255-274.

HOMBURGER, Liliane (1880-1970). L. Homburger obtient le diplôme de la IVe section de l'EPHE en 1912 (*Annuaire de la IVe section,* 1912-1913). Elle est nommée directeur d'études de linguistique africaine en 1931 et enseigne à la IVe section jusqu'à sa retraite en 1969. Pionnière de la linguistique africaine après M. Delafosse et H. Labouret, L. Homburger est l'auteur de thèses diffusionnistes très contestables. Ainsi, dans un article intitulé « Éléments dravidiens en Peul » (*JSA,* 1948, vol. 37 : 135-144), elle fait dériver une supposée race peule des anciens dravidiens de l'Inde, ou encore, donne l'égyptien ancien comme à l'origine de la plupart des langues négro-africaines. Elle a aussi beaucoup traduit l'ethnologie africaniste allemande.

◆ 1910, *Étude de quelques correspondances sonores bantoues*, Paris, Mémoire linguistique. 1915, *Le Bantou et le Mandé*, Paris, Champion. 1941, *Les Langues négro-africaines*, Paris, Payot. 1944, *Les Langues négro-africaines et les peuples qui les parlent*, Paris, Payot. 1963, *Étude sur la phonétique historique du Bantou*, Paris, Champion.

▲ E. Kruger : « Hommage », séance du 14 janvier 1970 de la Société des africanistes.

PAULHAN, Jean (1884-1968). Né à Nîmes, J. Paulhan est surtout connu comme auteur littéraire et personnalité des éditions Gallimard, plutôt que comme ethnologue. Il convenait néanmoins de rappeler qu'après une licence de lettres, J. Paulhan, d'abord enseignant à Madagascar (« J'ai été le premier professeur du lycée de Tananarive. J'enseignais le français, le latin, l'histoire, la gymnastique » ; extrait des *Incertitudes du langage*), puis chercheur d'or, n'a cessé de s'intéresser à la culture malgache. En 1912, il est ainsi le premier à enseigner en France les langues et cultures malgaches à l'INLCOV. Il publie en 1913 *Hain-Tenys Malgaches.* Il fut aussi membre du réseau de résistance du musée de l'Homme.

Les coloniaux

Durkheim, qui s'intéresse à la Tasmanie et à l'Australie, demeure étranger à l'africanisme; Mauss analyse les textes portant sur la Mélanésie, les Amérindiens, l'Inde, mais ne consacre à l'Afrique que quelques passages traitant de la famille et de la religion. On comprend ici l'importance des auteurs coloniaux qui furent longtemps les seuls à écrire à propos du continent africain et dont les travaux sont le plus souvent d'une grande valeur. Cette section est sans doute celle qui compte le plus d'omissions. Rappelons seulement : Faidherbe, L. Monteil, Gaden, Cardaire, Urvoy, Arcin... ou encore le révérend père Tastevin. On se reportera ici à l'extraordinaire travail de R. Cornevin, (R. Cornevin, éd., *Dictionnaire biographique d'outre-mer. Hommes et destins*, Académie des sciences d'outre-mer, 8 vol. parus).

DELAFOSSE, Maurice (1870-1926). C'est en écoutant un émissaire du cardinal Lavigerie dénoncer la traite des esclaves que M. Delafosse aurait décidé de s'enrôler auprès de l'Institut des Frères armés du Sahara dont les membres délivraient les caravanes. Engagé en 1891, il y effectue son service militaire, puis revient en France et apprend l'arabe auprès d'O. Houdas à l'INLCOV (diplôme en 1894). Recruté comme commis des Affaires indigènes en Côte-d'Ivoire, Delafosse occupe ensuite divers postes (dont celui de vice-consul au Liberia) avant de rentrer en France en 1900. Il est alors chargé d'un cours de langues et civilisations soudanaises à l'INLCOV, premier enseignement de cette nature en France. En 1901, il est nommé chef de la partie française de la mission franco-anglaise de délimitation des frontières de la Côte-d'Ivoire, parcourant plus de trois mille kilomètres à pied dans les forêts. Entre 1904 et 1907, il commande les cercles de Korhogo et de Kong, organise l'Exposition coloniale de Marseille, épouse l'une des filles de Houdas, repart en Côte-d'Ivoire puis est nommé responsable du cercle de Bamako par Clozel. Notons qu'il s'oppose au recrutement de troupes noires que défend Diagne. N'obtenant pas le poste de gouverneur de la Côte-d'Ivoire, il rentre définitivement en France en 1917 et reprend ses cours à l'INLCOV. Il participe à la création de l'Académie des sciences d'outre-mer et à celle de l'Institut international africain que codirige Lord Lugard.

L'œuvre de M. Delafosse est très importante, notamment celle de linguiste, mais il est surtout connu pour un *Haut Sénégal-Niger* (1912) en trois volumes, présentant la première monographie historique et ethnographique du Soudan français. Citons aussi *Broussard ou les États d'âme d'un colonial*, recueil d'articles journalistiques et témoignage sur l'Afrique de l'époque vue par un administrateur.

◆ R. Cornevin, 1977, « Préface » à *Haut Sénégal Niger*, Maisonneuve. p. V-XXVIII. L. Delafosse, 1976, *Le Berrichon conquis par l'Afrique*, Paris, Société d'histoire d'outre-mer.

TAUXIER, Louis (1871-1942). L. Tauxier exerce le métier de rédacteur de l'Assistance publique (1898-1904) avant d'être nommé administrateur-adjoint de première classe des colonies (1905). Il occupe son premier poste en Guinée à Kankan puis à Farannah. Entre 1908 et 1910, il est affecté à Ouagadougou, au Mali et en Côte-d'Ivoire où il demeure jusqu'à sa retraite en 1927. En 1921 et 1923, il effectue deux missions ethnographiques à la demande du gouverneur de Côte-d'Ivoire, la première pour étudier l'ancien État de Kong, la seconde auprès des populations Gouro et Garou. Après sa retraite et jusqu'à sa mort, il ne cesse de travailler sur l'Afrique au sein de la Société des africanistes, de la Société du folklore colonial ou du Comité d'études historiques et scientifiques de l'AOF.

◆ 1908, *Le Noir de Guinée*, Paris, Bureau de Sciences sociales. 1912, *Le Noir du Soudan. Pays Mossi et Gourounsi. Documents et analyse*, Paris, Larose. 1917, *Le Noir du Yatenga : Mossis, Nioniosés, Samos, Yarsés, Silmi-Mossis, Peuls*, Paris, Larose. 1921, *Le Noir du Bondoukou, Koulangos, Dyoulas, Abrous,* Paris, Larose. 1927, *Nègres Gouro et Garou (centre de la Côte-d'Ivoire)*, Paris, Geuthner. 1927, *La Religion Bambara*, Paris, Geuthner. 1932, *Religion, mœurs et coutumes des Agni de la Côte-d'Ivoire*, Paris, Geuthner. 1937, *Mœurs et histoire des Peuls*, Paris, Payot. 1942, *Histoire des Bambara*, Paris, Geuthner.

▲ P. Lester, 1942, « Nécrologie de L. Tauxier », dans *JSA,* vol. 12 : 255-258. R. Boudon, 1975, « Tauxier », *Hommes et destin*, Académie des sciences d'outre-mer, vol. 2 (2) : 707-708. D. Bonnet, 1984, « Bibliographie des travaux de L. Tauxier », dans *JSA*, vol. 54 : 107-113.

MONTEIL, Charles (1871-1949). Frère de L. Monteil (1855-1925), premier explorateur à avoir gagné Tripoli de Saint-Louis, C. Monteil part en Côte-d'Ivoire comme secrétaire de Binger après son baccalauréat en 1893. Il est chef de poste (à Sahou, Dabou, Thiassalé), puis est nommé à Kayes (Sénégal), Médine et Djenné dans l'actuel Mali. Il rentre en France en 1904, et tout en enseignant les langues et coutumes soudanaises à l'INLCOV (1904-1909), occupe un emploi de rédacteur principal de la Caisse des dépôts et consignations. Prenant sa retraite en 1911, C. Monteil meurt en 1949, ayant consacré le reste de sa vie à la rédaction de travaux africanistes.

◆ 1905, *Contes soudanais*, Paris, Leroux. 1915, *Les Khassonké*, Paris, Leroux. 1927, *Les Bambara du Ségou et du Kaarta,* Paris, Larose. 1929, *Les Empires du Mali*, Paris, Larose. 1931, *La Divination chez les Noirs de l'AOF*, Paris, Larose. 1932, *Une cité soudanaise : Djenné, métropole du delta central du Niger*, Paris, Challamel. 1933, *La Langue des Bozo, population pêcheurs du Niger*, Paris, Larose. 1939, *La Langue Azer,* Paris, Larose.

▲ V. Monteil, 1984, « Charles Monteil », dans *Hommes et destins*, Académie des sciences d'outre-mer, vol. 5 : 402-404.

LABOURET, Henri (1878-1958). Engagé très jeune dans l'armée comme simple soldat, H. Labouret est élève-officier après une licence de droit, puis lieutenant au 4e régiment de tirailleurs sénégalais de l'AOF. En 1918, une grave blessure subie lors des campagnes contre les Agba rend sa main inutilisable et il est détaché en pays Lobi. Il apprend le lobi mais aussi le mandingue et le birifor. Il rentre en France en 1926 et prend la suite de M. Delafosse à l'École coloniale et sa chaire de langue soudanaise de l'INLCOV. Il le remplace aussi à la codirection de l'Institut international africain et de sa revue *Africa.*

◆ 1929 (avec P. Rivet) *Le Royaume d'Arda et son évangélisation au XVIIe siècle,* Paris, Institut d'ethnologie. 1931, *Les Tribus du rameau Lobi*, Paris, Institut d'ethnologie. 1941, *Paysans d'Afrique occidentale,* Paris, Gallimard. 1946, *Histoire des Noirs d'Afrique,* Paris, PUF.

▲ H. Deschamps, 1959, « Nécrologie de Henri Labouret », *Africa*, vol. 29. H. Deschamps, 1959, « H. Labouret », *JSA*, vol. 29 : 291-292.

DECARY, Raymond (1891-1973). Né en 1891, R. Decary obtient une licence en droit (1912) avant d'être mobilisé. Blessé dès la bataille de la Marne et mis en réserve, il demande à être versé aux colonies et arrive à Madagascar en 1916 où il réside avec des interruptions jusqu'en 1944. Parmi ses tâches, il se voit confier la création de la recherche scientifique à Madagascar. Il est l'auteur d'environ 400 articles et d'une vingtaine de livres dont la *Carte ethnographique et démographique de Madagascar* (Tananarive, 1941) où, repérant les terres à rizière, il montre que les Betsileo migrent dans le Sud et dispersent les anciennes tribus à base dynastique.

◆ 1928, *Lexique Français-Antandroy*, Tananarive. 1941 (avec R. Castel), *Modalités et conséquences des migrations intérieures récentes des populations malgaches*, Tananarive. 1951, *Mœurs et coutumes des Malgaches*, Paris, Payot. 1953, *Les Ordalies et les sacrifices rituels chez les anciens Malgaches*, Pau, Marrimponey. 1966, *Coutumes guerrières et organisation militaire chez les anciens Malgaches*, Société d'édition maritime et d'outre-mer.

▲ R. Decary, 1966, *Souvenir et croquis de la terre malgache*. Le *Journal* tenu entre 1916 et 1944 (14 vol.) est consultable à l'Académie des sciences d'outre-mer. R. Delval, « R. Decary », dans R. Cornevin, *Hommes et Destin*, Académie des sciences d'outre-mer, vol. 1 : 248-253.

VIEILLARD, Gilbert (1899-1939). Volontaire durant la campagne de Syrie (1920-1921), G. Vieillard étudie à l'École coloniale tout en suivant les cours de M. Delafosse et de L. Homburger. En 1926, il est nommé à Dakar, puis à Ouagadougou et Say. Après une formation complémentaire, il est nommé à Zinder (1932) et à Dosso (1933) où il rédige alors *Les Coutumiers du Niger*. En 1935, il obtient un poste d'administrateur en Guinée. Déjà réputé pour ses travaux de recherche notamment sur les Fula, il est détaché à l'Institut français d'Afrique noire à sa création en 1938. Engagé en 1939, il est tué dès le début de la guerre.

◆ 1931, « Récits peuls du Macina et du Kounari », *Bulletin du comité d'études historique et scientifique de l'Afrique occidentale française*, vol. 14 : 137-156. 1939, *Notes sur les coutumes des Peuls du Fouta-Djalon*, Paris, Larose. 1940, « Notes sur les Peuls du Fouta-Djalon », *Bulletin de l'Institut français d'Afrique noire*.

▲ P. O'Reilly, 1942, *Mon ami, Gilbert l'Africain*, Dijon, Mémorial. L. Vidal, 1992, « Les génies et les hommes. Les apports du fond Gilbert Vieillard à l'histoire et à l'anthropologie de la possession rituelle en pays peul au Niger », *Gradhiva*, n° 12 : 22-33.

Chapitre 5

La tradition nationale américaine de l'après-Première Guerre mondiale aux années 1950

SOMMAIRE

À la recherche des derniers primitifs

Le monde exotique étant pacifié quelques années après la fin de la Première Guerre mondiale, on trouve désormais partout des missionnaires qui sont souvent les bases arrières des missions ethnologiques. C'est dans ce contexte que l'anthropologie américaine hérite des territoires du Pacifique aux peuples « résolument » primitifs, alors qu'elle ne disposait à peu près jusque-là que d'Amérindiens acculturés. Or, selon les mots de Lévi-Strauss, « l'ethnologie consciente ne date que d'un siècle et n'a devant elle qu'un siècle à vivre. On peut prévoir qu'au XXIe siècle, il n'y aura plus guère qu'une seule humanité [...]. Pendant deux siècles et deux siècles seulement, une humanité passera à côté d'une autre humanité » (C. Lévi-Strauss, 1961 [1958], *Entretiens avec Georges Charbonnier*, Paris, UGE). Si l'ethnologie s'origine de ce verdict, c'est dans cette période qu'est systématiquement répété qu'il convient « d'étudier les sociétés primitives avant qu'elles ne disparaissent » (Mead, 1977, *Letters from the Field*, New York, Harper and Row, p. 14-15). Cet esprit se prolonge jusqu'à la veille de la Seconde Guerre mondiale et jusqu'à l'avènement d'une recherche mettant davantage l'accent sur les dynamiques sociales dues aux colonisations ou au processus d'acculturation.

Un recensement exhaustif étant ici impossible, citons tout de même G. Gorer, engagé dans l'étude des « caractères nationaux », A. Holmberg, auteur d'un best-seller sur une population bolivienne de chasseurs (*Nomads of the Long Bow*, 1950), M. Wolfenstein qui étudia les enfants, A. Leighton qui travailla sur la transition des Navajos à la modernité, L. Sharp, spécialiste de la Thaïlande, ou encore R. Métraux, H. Powdermaker, D. Mandelbaum ou le grand géographe O. Latimore...

Rappelons que dans les pays anglo-saxons, le *college* universitaire précède les *graduate studies*. On y entre vers dix-sept-dix-huit ans et on en sort avec un *BA* quatre ans plus tard. Certaines disciplines (médecine ou droit) n'y sont pas représentées. Le prestigieux collège universitaire Barnard (où enseigna longtemps F. Boas) est strictement réservé aux filles et appartient au groupe de l'université de Columbia.

L'école américaine : la rencontre avec la psychologie et la psychanalyse

On rattache le plus souvent l'école culturaliste aux travaux de Freud. Pourtant Sapir lui reproche ses outrances théoriques dès 1917, et lui préfère les types jungiens immédiatement transposables à l'anthropologie (Sapir, 1917, 1923) et qui inspirent R. Bénédict autant que la lecture de *La Naissance de la tragédie* (Nietzsche). Hays remarque d'ailleurs que lorsqu'en 1927 W. Ogburn et A. Goldenweiser publient *The Social Sciences and their Interactions*, l'ouvrage est de tendance behavioriste et le nom de Freud n'apparaît qu'une fois en note (Hays, 1967 : 364).

Si la démarche freudienne a marqué le culturalisme, à travers notamment des objets d'investigations (ainsi la relation de la mère à son enfant), il n'en retint à aucun moment la principale découverte, c'est-à-dire la présence de l'inconscient à laquelle est substituée la notion de culture. Le monde social y prend le pas sur les structures profondes de l'esprit humain. Au demeurant, les grands textes anthropologiques de Freud (*Totem et Tabou*, *Moïse et le monothéisme*, ...) sont presque ignorés, sinon par Malinowski, et assimilés aux travaux évolutionnistes auxquels, il est vrai, ils se rattachent pour une large part (Kroeber, 1920).

Cela n'est pas étonnant dans le cas de Mead qui n'a pas vingt-cinq ans lorsqu'elle rédige ses premières pages « psychologiques », mais celui de Kardiner, passant deux ans auprès de Freud, pour ensuite se rapprocher de E. Fromm, pose plus de questions. Sur le fond, Kardiner a préféré à

Freud les tests de H. Rorschach et, animateur principal du séminaire où les ethnologues rencontraient la psychanalyse et c'est dans cette optique qu'il l'anima. Faut-il parler de résistance et d'inadéquation des catégories de la psychanalyse au terrain? Reste que l'on peut dire qu'à l'exception de Malinowski qui, prenant Freud au sérieux (à la demande de Seligman), interroge un temps son matériel trobriandais à la lumière de ses théories, Róheim fut longtemps le seul à travailler sur le terrain dans une perspective véritablement psychanalytique.

Parmi les nombreuses pages sur le thème des liens de l'anthropologie à la psychanalyse, citons le *Journal des anthropologues* qui y a consacré un numéro spécial, n° 64-65, printemps-été 1996 (articles de B. Pulman, B. Juillerat, E. Ortigues…)

RÓHEIM, Geza (1891-1953). Né à Budapest dans une famille de commerçants juifs, G. Róheim se passionne pour le folklore hongrois et pour les textes de Frazer et Tylor (dont il rédige la notice nécrologique pour la revue *Man*). Il étudie aux universités de Budapest, Leipzig et Berlin où il obtient un doctorat en philosophie, section géographie. De retour à Budapest, il est nommé attaché au Musée national et collabore à la revue *Ethnographia.* Il utilise les concepts de Freud pour analyser les contes et les mythologies populaires hongroises avant d'élargir ses investigations à l'ensemble du monde slave, puis aux données australiennes. Dans les années 1915-1916, il se fait psychanalyser par Ferenczi.

En 1918, l'université de Budapest institue un cours de psychanalyse assuré par Ferenczi. La Révolution bolchevique, prenant brièvement le pouvoir en 1919, transforme l'enseignement de Ferenczi en une chaire, et donne à Róheim une chaire d'anthropologie. Ils doivent les quitter après la rapide chute du nouveau régime. La fortune familiale permet cependant à Róheim, sans emploi, de poursuivre ses travaux et il publie en 1921 une longue étude intitulée *Das Selbst* (le soi) pour laquelle il reçoit le prix Freud.

En 1925, Róheim publie *Le Totémisme australien*. Freud, Ferenczi et la princesse Marie Bonaparte décident de lui confier une mission en Australie qui sera financée par cette dernière. Accompagné de son épouse, il se rend en Somalie, puis en Australie centrale où il séjourne deux ans auprès des Pitjentara et des Aranta (1928-1930). Utilisant les principes de la psychanalyse, il recueille des rêves mais aussi les jurons, les mythes, les cérémonies et même les jeux des enfants indigènes. S'il publie quelques articles, les ouvrages, fruits de cette mission, ne verront le jour qu'en 1945 ou à titre posthume (1974). En 1931, il se rend à Normandy, l'une des îles d'Entrecasteaux appartenant à la même culture que les Trobriandais, afin d'approfondir les recherches de Malinowski et y reste presque une année. Sur le chemin du retour, il traverse les États-Unis et séjourne chez les Amérindiens Yuma du Sud-Ouest. Nommé professeur à l'université de Budapest, il publie en 1932 *Psychanalyse de types culturels primitifs*. Le livre influence notamment l'étude des Arapesh de M. Mead. En 1938, la menace nazie oblige Róheim à émigrer pour les États-Unis. Il travaille comme psychanalyste à l'hôpital de Worcester dans le New Jersey (1938-1939) puis à New York où il enseigne et pratique la psychanalyse. Il rédige alors quelques-uns de ses travaux les plus importants : *Origine et Fonction de la culture* (1943), *Les Êtres éternels du rêve* (1945) qui examine le rôle de la pulsion érotique dans la culture et *La Guerre, le Crime et l'Alliance* (1945) traitant de celui de l'agressivité. En 1947, un financement du *Viking Fund Inc.* (qui deviendra la Fondation Wenner-Gren pour la recherche anthropologique) lui permet une étude de terrain chez les Navajos. Róheim fonde et dirige la revue *Psychoanalysis and the Social Sciences* et, en 1950, publie *Psychoanalysis and Anthropology*, son meilleur livre, sorte de synthèse rassemblant ses déclarations théoriques, suivi en 1953 par *The Gates of the Dream,* publié le jour de sa mort. Proposant une véritable synthèse entre la psychanalyse et l'ethnologie, Róheim est le tout premier ethnographe s'étant soumis à une analyse. Son concept central est le « trauma ontologique » défini comme le mode d'intervention d'une culture sur le développement libidinal de l'enfant à travers les soins et gratifications, les interdits et répressions donnés par les adultes et variant avec les cultures. On lui doit aussi d'avoir insisté sur l'idée d'une prématurité du nouveau-né et de l'inachèvement de l'homme à la naissance. La néoténie et l'immaturité qui en découlent seraient au fondement de la morale sexuelle et, par dérivation, de la culture. Ainsi, selon Róheim, la mère qui, chez les Australiens centraux, a coutume de se coucher sur son fils, stimule le désir œdipien et l'angoisse de castration, de là un investissement sur le pénis jouant un rôle central dans cette culture. Notons que les observations de Róheim seront partiellement critiquées par G. Devereux, lui reprochant de ne pas avoir tenu compte du phénomène de transfert lors de ses enquêtes.

◆ 1919, *Spiegelzauber* (« La magie du miroir »), Vienne, Internationale Psychoanalytische Bibliothek. 1988 (1930), *L'Animisme, la magie et le roi divin*, Paris, Payot. 1976 (1934), *L'Énigme du Sphinx*, Paris, Payot. 1972 (1943), *Origine et Fonction de la culture*, Paris, Gallimard. 1970 (1945), *Héros phalliques et symboles maternels dans la mythologie australienne, essai d'interprétation psychanalytique d'une culture archaïque*, Paris, Gallimard. 1950, *Psychanalyse et anthropologie. Culture-personnalité-inconscient.* Avant-propos et bibliographie des travaux de Róheim par Roger Dadoun. 1974 (1929, 1954), *Children of the Desert I : The Western Tribes of Central Australia*, New York, Basic Books. *Children of the Desert II : Myths and Dreams of the Aborigines of Central Australia*, New York, Basic Books.

▲ G.B. Wilbur, W. Muensterberger, éd., 1951, *Psychoanalysis and Culture : Essays in Honor of Geza Róheim*, New York. J.-P. Valabrega, 1957, « L'anthropologie psychanalytique », *La Psychanalyse,* n° 3, Paris, PUF. W. Muensterberger, 1969, *L'Anthropologie psychanalytique depuis Totem et Tabou*, Paris, Payot. R. Dadoun, 1972, *Geza Róheim et l'essor de l'anthropologie psychanalytique*, Paris, Payot. M. Moisseeff, 1991, « Róheim, Geza », in Bonte et Izard, p. 636. Kincsõ Verebélyi, 1991, « Róheim, Geza », in C. Winter, p. 590-591.

Les culturalistes américains

F. Boas abandonne l'historicisme et défend une approche psychologique entre 1920 et 1930 (Boas, 1930), mais cette position est déjà dépassée par ses propres élèves et le second courant boasien, qui sera dit « culturaliste », est moins marqué par Boas lui-même que par ses premiers élèves, notamment E. Sapir et R. Benedict. On peut très grossièrement y distinguer deux moments. Le premier, influencé par la psychologie, est celui d'une recherche où l'individu est l'élément premier. On examine comment on éduque dans la société retenue. Les normes et valeurs sociales sont reconstruites depuis l'observation des comportements individuels. Les travaux de M. Mead, mais aussi ceux de C. DuBois sont tout à fait typiques de cette approche. Retrouvant un usage de l'exotisme datant de Montaigne et Montesquieu, le texte ethnographique prend le statut d'un ethno-pré-texte à une mise en perspective et à une critique de la société américaine de l'époque dont, par exemple, Sapir dénonce le matérialisme (Sapir, 1924).

À travers une littérature qui connut un immense succès public (et avec un certain décalage chronologique), l'anthropologie a joué à ce moment-là un rôle idéologique central dans les transformations des valeurs et des relations sociales (reconnaissance du droit au désir sexuel, émancipation de l'individu soumis jusque-là au puritanisme et au pouvoir absolu des Églises, droit des gens à l'éducation et à la santé, lutte contre les préjugés racistes...). Vendus à des millions d'exemplaires, les manuels d'éducation du docteur Spock sont le fruit des travaux de M. Mead dont il suivit les séminaires.

A. Kardiner, mais surtout R. Benedict, qui mettent en avant la notion « de caractère national » (standards culturels intériorisés au cours de l'apprentissage) avec, en toile de fond, le questionnement des comportements des peuples allemand, japonais, puis soviétique, sont sans doute ceux qui font le mieux le lien avec le second moment de cette école, dont les travaux de C. Kluckhohn et R. Linton sont les plus représentatifs. Ces derniers s'interrogent sur les comportements institutionnels et les modes d'intégration culturelle et sociale. Parmi eux, citons aussi W. La Barre, C. S. Coon, L. Wylie, R. A. Levine ou encore D. C. Leighton, pionnière de l'anthropologie médicale.

▲ R. Bastide, 1953, « The field method and the problems of the basic personality school », *British Journal of Sociology*, vol. 3 : 1-13. G. Devereux, 1954, « The Logical Foundations of Culture and Personality Studies », *Transaction of the New York Academy of Sciences*, vol. 7 : 110-131. S. Clapier Valadon, 1976, *Panorama du culturalisme*, Paris, Epi. J. Murra, éd., 1976, *American Anthropology : the Early Years*, Proceedings of the American Ethnological Society, Saint Paul. G. W. Stocking, 1976, « Ideas and institutions in American anthropology : thoughts toward a history of the interwar years », in

G. W. Stocking, éd., *Selected Papers from the American Anthropologist, 1921-1945*, Washington, *AAA*, p. 1-44. R.A. MacMillan, 1986, *The Study of Anthropology, 1931-1937, at Columbia University and the University of Chicago*, York University, Doctoral Dissertation.

BENEDICT, **Ruth,** née **Fulton** (1887-1948). Née à New York d'un père chirurgien dans une vieille famille baptiste d'origine rurale, Ruth Fulton étudie la littérature anglaise au collège universitaire de Vassar (1905-1909) et, après une année passée en Europe, enseigne l'anglais dans un lycée pour filles. En 1914, elle épouse le biochimiste S. Benedict, et durant cinq ans se consacre à la danse et à la poésie (sous le nom d'Anne Singleton). Entre 1919-1922, Ruth Fulton, désormais Benedict, étudie l'anthropologie à la *New School for Social Research* (New York) où elle est l'élève de A. Goldenweiser et de E.C. Parsons. En 1922, R. Benedict s'inscrit à l'université de Columbia où, encore étudiante, elle est l'assistante de F. Boas au collège universitaire de Barnard. À l'instigation de Kroeber, elle fait une première expérience de terrain chez les Serranos du sud de la Californie et, sous l'influence de Lowie, mène une recherche comparative sur les quêtes de visions chez les Amérindiens, obtenant sur ce thème un doctorat en 1923. Alors qu'elle enquête chez les Pima et les Pueblos du Sud-Ouest, elle imagine en 1927 la théorie d'une « configuration culturelle » propre à chaque groupe selectionnée auprès de l'immense potentiel des virtualités humaines. L'appliquant aux cultures amérindiennes, elle présente sa théorie en 1928, à l'occasion du Congrès des américanistes.

Dans son livre le plus célèbre, *Échantillon de civilisations* (1934), R. Benedict propose, à partir de la conception de l'existence d'une personnalité culturelle, une typologie qui s'appuie sur la distinction faite par Nietzsche dans son *Origine de la tragédie*. Elle oppose ainsi la culture apollinienne des Pueblos, proposant des modèles de comportement calme et équilibré (prières discrètes, absence d'activité destructrice...), aux cultures, dionysiaques, valorisant les comportements excessifs et violents : Pima, Kwakiutl, Dobuan, présentant des traits paranoïaques et dont la vie est hantée par des rivalités et des antagonismes sans fin.

En 1928, R. Benedict crée le *Journal of American Folklore* qu'elle dirige jusqu'à sa mort. Enseignant à l'université de Columbia à partir de 1924 et gênée par une surdité grandissante, elle ne se rend plus sur le terrain, mais dirige des travaux sur les Apaches du Sud-Ouest (1930) et les Black-foot du nord des Plaines (1938). Elle s'engage contre le racisme durant la Seconde Guerre mondiale (1940) et, comme sa collègue M. Mead, pour l'entrée en guerre des États-Unis contre le totalitarisme. Elle étudie alors les caractères nationaux des territoires auxquels les Américains n'avaient pas accès dans le cadre du Bureau d'information des armées : Allemagne, Pays-Bas, Roumanie, Japon, Thaïlande. En 1944, le ministère de la Guerre la charge de rédiger une monographie sur le monde nippon (1946), qui visait entre autres objets à déterminer s'il valait mieux ou non conserver l'empereur. Le livre connut un large succès et fit de la « honte » un concept anthropologique (opposé à celui de culpabilité).

Nommée à une chaire d'anthropologie de l'université de Columbia, Benedict démarre l'énorme enquête comparative d'anthropologie sur les cultures contemporaines (France, Syrie, Chine, URSS, Europe de l'Est...) qui monopolise 120 chercheurs de 14 disciplines et 16 nationalités. Le projet appartient à ceux qui, animés par l'idée que « les guerres naissent d'abord dans l'esprit des hommes » (Unesco), donnaient à l'anthropologie culturelle la charge de les prévenir en aidant à la création de relations compréhensives entre nations. Visitant l'Europe durant l'été 1948, R. Benedict décède une semaine après son retour en septembre 1948. Populaire auprès du grand public, l'œuvre de R. Benedict est critiquée par les professionnels qui lui reprochent moins sa théorie d'une personnalité et d'une normalité psychologique culturellement déterminées que la simplicité des oppositions qui en résultent (apollinienne/dionysiaque).

◆ 1931, *Tales from the Cochiti Indians*, Washington, Smithsonian Institution. 1950, (1934), *Échantillon de civilisations*, Paris, Gallimard. 1935, *Zuni Mythology*, New York, Columbia University contributions to Anthropology, Columbia UP, 2 vol. 1940, *Race : Science and Politics*, New York, Modern Age. 1987 (1946), *Le Chrysanthème et le Sabre*, Paris, Picquier. 1959, M. Mead, éd., *An Anthropologist at Work. Writings of Ruth Benedict,* Boston, New York, Houghton Mifflin.

▲ M. Mead, 1948, « Benedict, R. », *AA*, vol. 51 : 457-468. M. Mead, 1959, « Search », « Anne Singleton », « Patterns of Culture », « The Years as Boas' Left Hand », « The Postwar Years », in *An Anthropologist at Work.* M. Mead, 1975, *Ruth Benedict*, New York, Columbia UP. J. Schachter Modell, 1983, *Ruth Benedict : Patterns of a Life*, Philadelphia. R. Handler, 1986, « Vigourous male and aspiring female : poetry, personality and culture in E. Sapir and Ruth Benedict », in W. Stocking, éd., *Malinowski, Rivers, Benedict and others. Essays on Culture and Personality*, *History of Anthropology,* Wisconsin UP, vol. 4 : 127-156. M. Caffrey, 1989, *Ruth Benedict : Stranger in this Land,* Austin. M. Izard, 1991, « Ruth Benedict », in Bonte et Izard, p. 112-113. M. Caffrey, 1991, « Benedict, R. », in C. Winter, p. 44-46. C. Geertz, 1997 (1988), *L'Anthropologue comme auteur*, Paris, Métailié.

KARDINER, **Abram** (1891-1981). Né à New York, A. Kardiner étudie la psychiatrie à l'université de Cornell avant de séjourner deux ans à Vienne auprès de Freud (1921-1922). Il enseigne aux universités de Cornell puis de Columbia et dirige entre 1922 et 1944 un séminaire qui devient celui de l'Institut psychanalytique de New York (créé en 1932 et premier lieu d'enseignement de la psychanalyse aux États-Unis). Consacré à l'étude de la psychologie des sociétés dites « primitives », le séminaire tente de synthétiser l'anthropologie et la psychanalyse. Kardiner est pour beaucoup dans la fondation de l'école dite de « Culture et personnalité » et, avec R. Linton, crée la notion de « personnalité de base ». Son séminaire fut à divers moments coanimé par C. Dubois et R. Linton, y participèrent R. Benedict, E. Sapir, R. Bunzel. En 1939, il publie *L'Individu dans sa société. Essai d'anthropologie psychanalytique* (Paris, Dunod, 1969). Suivent en 1945, *The*

Psychological Frontiers of Society (New York, Columbia UP), en 1947, *War Stress and Neurotic Illness* (New York, Norton). On lui doit une étude sur le Noir américain écrite en collaboration avec L. Ovesey (*The Mask of Oppression : The Psychological Study of the American Negro*, 1951) et, en collaboration avec E. Preble, une histoire de l'anthropologie sous la forme de biographies des fondateurs qui connut un certain succès : *Introduction à l'anthropologie* (Paris, Gallimard, 1966). Citons encore *My Analysis with Freud* (New York, 1977).

▲ M. Dufrenne, 1966, *La Personnalité de base*, Paris. W.C. Manson, 1986, « Abram Kardiner and the Neo-Freudian alternative in culture and personality », in G. W. Stocking, éd., *Malinowski, Rivers, Benedict and Others*, Madison. W. C. Manson, 1988, *The Psychodynamics of Culture : Abram Kardiner and Neo-Freudian Anthropology*, New York. M. Izard, 1991, « Kardiner, A. », in Bonte et Izard, p. 403-404. W. C. Manson, 1991, « Kardiner, A. », in C. Winter, p. 339-440.

HALLOWELL, Alfred Irving (1892-1974). Né à Philadelphie, I. Hallowell obtient un *BA* d'économie à l'université de Pennsylvanie (1914), puis travaille dans le secteur social tout en prolongeant des études de sociologie et d'anthropologie avec F. G. Speck, Goldenweiser et Boas, obtenant un *PhD* de l'université de Columbia en 1924. Il travaille auprès des Algonquins dans les années 1920 et chez les Cree et les Ojibwa du Canada dans les années 1930. Il utilise des tests projectifs afin de mesurer les relations de différence de personnalité accompagnant le degré d'acculturation. Nommé professeur à l'université de Pennsylvanie, il enseigne jusqu'en 1962, puis dans d'autres institutions, et occupe diverses positions prestigieuses. Son ouvrage le plus célèbre est *Culture and Experience* (1955) où il propose un bilan de l'application des tests de Rorschach auprès des Ojibwa. Pour I. Hallowell, inspiré par l'hypothèse de Sapir-Wolf, l'environnement physique et social, culturellement construit, n'est pas objectif, mais dépend du sens que lui attribuent les acteurs. Proche du culturalisme, il s'en démarque en mettant l'accent sur la conscience que chaque individu a de lui-même plutôt que sur un inconscient collectif. Issu du processus de symbolisation culturel comme processus d'hominisation, le « moi » (le *Self*) d'Hallowell est à la conjonction de l'environnement extérieur et des pulsions et images intérieures à l'individu. Il protège l'ordre social en assurant la régularité des fonctionnements sociaux. Si le comportement individuel dépend de principes métaphysiques (autres moi, relations aux ancêtres, etc.), la parenté ne peut être conçue comme au fondement de l'ordre social.

◆ 1955 (1974), *Culture and Experience*, Philadelphia, Pennsylvania UP. 1976, *Contributions to Anthropology : Selected Papers of A. Irving Hallowell.* (introduction de R. F. Fogelson, F. Eggan, M. E. Spiro, G. Stocking, A. F. Wallace, E. Washburn), Chicago UP.

▲ M. E. Spiro, éd., 1965, *Context and Meaning in Cultural Anthropology*, New York, The Free Press. M. E. Spiro, 1976, « R. Hallowell », *AA*, vol. 78 : 608-611. D. Nash, éd., 1977, « Essays in subjective culture : An appreciation of A. Irving Hallowell», *Ethos*, vol. 5 (1). J.S.H. Brown, 1991, «Hallowell, Alfred», in C. Winter, p. 265-266.

LINTON, Ralph (1893-1953). Né dans une vieille famille de quakers de Philadelphie, R. Linton étudie au lycée Quaker, puis entre au collège universitaire de Swarthmore où l'un de ses professeurs (S. Trotter) l'emmène sur des terrains de fouilles archéologiques : Nouveau-Mexique et Colorado (1912-1916), Guatemala (1912-1913), New Jersey (1915). Linton obtient un *BA* d'archéologie en 1916. Servant comme caporal dans l'armée américaine, il participe à la bataille de France (et y est gazé). Cette expérience lui donne l'occasion de publier en 1924 son premier article d'anthropologie sociale : «Totemism and the A.E.F.» (*AA*, vol. 26 : 296-315). Déliant le phénomène totémique de sa gangue mystique et exotique, il montre que les signes employés à la répartition des aviateurs fonctionnent sur le mode dit totémique. Il reprend après la guerre des recherches archéologiques au Colorado (1919), dans l'Ohio (1924) et dans le Wisconsin (1929-1933).
Arrivé aux îles Marquises (où il aménage la tombe de Gauguin) comme archéologue en 1920, Linton en repart ethnologue en 1922. Il est alors employé comme assistant par le musée Field d'histoire naturelle de Chicago et enquête à Madagascar en 1925-1927. En 1927, il obtient son *PhD* à Harvard puis, entre 1928 et 1937, enseigne à l'université du Wisconsin. En 1933, il publie *The Tanala, a Hill Tribe of Madagascar* (Chicago UP) où il montre notamment une opposition entre magicien et possédé. Il se rend ensuite sur le terrain chez les Comanches de l'Oklahoma, puis à son retour publie *De l'homme* (Paris, Minuit, 1968). Alors que le manuel de Kroeber (1923) donnait une grande place à la reconstitution historique et au diffusionnisme, Linton n'y consacre plus que deux chapitres. Il s'applique à définir la notion de culture comme transmission psychologique et met en avant les notions de *patterns* (modèle), de statuts (attribués de naissance ou acquis), enfin de rôle, entendu comme «le statut dans son aspect dynamique» (sur lequel des sociologues tels Morton et surtout Goffman fonderont toute une démarche). Il constate aussi l'existence universelle de modèles types d'inconduite sociale.
Participant en 1936 aux côtés de Redfield et Herskovits à la rédaction d'un *Memorandum for the Study of Acculturation* (Mémoire de l'AAA), Linton en étudie les effets chez les Amérindiens et les Noirs américains, éditant à cette occasion *Acculturation in Seven American Indian Tribes* (1940). En 1937, il succède à Boas comme directeur du département d'anthropologie de l'université de Columbia.
Dans *The Individual and his Society* publié en 1939, et rédigé avec A. Kardiner, M. Linton revient sur sa description des Tanala de la forêt pour les comparer aux riziculteurs Betsileo, et établir que les conditions sociales déterminent une personnalité induisant des institutions secondaires. La culture de riz sur brûlis, associée à une propriété collective, détermine une personnalité de base sécurisée chez les Tanala et, conséquemment, peu d'accusations en sorcellerie : les maladies sont causées par des fautes et de mauvais esprits possesseurs. À l'inverse, chez les Betsileo aux rizières irriguées, la propriété individuelle amène

une insécurité psychologique induisant la place capitale faite à la sorcellerie, ainsi les maladies y sont toujours causées par des sortilèges.
Linton joint le département de l'université de Yale en 1946. Il entame un séminaire d'où naissent *The Psychological Frontiers of Society*, publié par Kardiner, Linton, C. Dubois et J. West, et *Les Fondements culturels de la personnalité* (Paris, Dunod, 1959) de Linton seul, parus tous deux en 1945. Ce dernier livre rend compte depuis l'individu du nœud qu'il forme avec la société (ensemble de relations institutionnelles) et la culture (modèles comportementaux appris organisés en statuts et rôles). L'individu intègre à la fois une personnalité de base (comportement perçu comme normal) et une personnalité statutaire (de groupe) qui se superpose à la première. La personnalité est un agrégat élaborant des réponses-stimulus subconscientes à des situations concrètes, mais l'individu a le choix entre plusieurs modes d'adaptation et différentes conduites. La mort de Linton laisse inachevé le manuscrit de *The Tree of Culture*, que complète et publie (1955) son épouse, Adelin Linton.

◆ 1945, *The Science of Man in the World Crisis*, New York. R. Linton, éd., (avec G. Devereux), 1956, *Culture and Mental Disorders* (ouvrage posthume), Springfield.

▲ C. Kluckhohn, 1958, *Ralph Linton*, National Academy of Sciences. A. Linton et C. Wagley, 1971, *Ralph Linton*, New York, Columbia UP. M. Izard, 1991, « Linton, Ralph », in Bonte et Izard, p. 424-425. L. Mosca, 1991, « Linton, Ralph », in C. Winter, p. 413-415.

MEAD, Margaret (1901-1978). Spécialiste des cultures du Pacifique, activiste et personnage public, M. Mead développe l'usage du concept de culture dans l'opinion. Elle est auteur ou coauteur de 44 livres et par la diversité, l'importance et surtout l'influence de son œuvre, fut sans doute l'anthropologue majeure de l'école américaine.
M. Mead est née à Philadelphie. Son père est professeur d'économie à l'université de Pennsylvanie, sa mère enseignante, diplômée de sociologie, à une époque où cette discipline entre à l'Université et où les femmes n'étudient généralement pas. En 1920, M. Mead entreprend des études de psychologie au collège universitaire de Barnard où enseigne F. Boas et W. Ogburn (présentant les travaux de Freud, Jung, Adler, Rivers). Elle obtient un *BA* (1923), un *MA* (1924), épouse L. Cressman, et s'inscrit au département d'anthropologie que dirige Boas aidé de son assistante, R. Benedict. M. Mead restera toute sa vie liée à Benedict et après sa mort, éditera ses travaux et sa biographie. En 1925, grâce à l'obtention d'une bourse du Conseil national de la recherche, elle part étudier la vie des jeunes filles adolescentes à Samoa (1925-1926) où Boas l'a laissée partir parce qu'un bateau y fait escale toutes les trois semaines. M. Mead croit y découvrir que les adolescentes ne rencontrent pas les tensions psychologiques dont souffrent les jeunes filles américaines et que la transition vers l'âge adulte se fait sans heurts. Rédigeant à son retour *Coming of Age in Samoa. A Psychological Study of Primitive Youth of Western Civilization* (1928*a*), son éditeur lui demande d'ajouter un chapitre portant sur la signification de ses découvertes. C'est l'occasion de la première des proclamations

de M. Mead visant à influencer l'opinion, et Kroeber lui reproche ses réflexions concernant l'éducation donnée aux enfants américains (Kroeber, 1931). Indiquons qu'en 1983, R.A. Goodman et L. Freeman publient chacun un ouvrage dénonçant la légèreté de l'ethnographie de M. Mead et ses conclusions concernant le relativisme culturel. Freeman propose aussi en 1988 un film dans lequel on voit de vieilles informatrices de M. Mead, reconnaissant lui avoir menti (P. Shankman, 1996).

Soutenant sa thèse en 1928 (1928*b*), M. Mead est nommée assistante-conservatrice en ethnologie au Musée d'histoire naturelle américain et obtient une bourse de recherche qui lui permet de se rendre dans les îles de l'Amirauté avec R.F. Fortune, qu'elle épouse sur le bateau. Le couple séjourne six mois à Manus en 1928-1929 (M. Mead reviendra à six reprises à Manus entre 1928 et 1975). En 1930, elle publie *The Social Organization of Manua* et surtout *Growing up in New Guinea : A Study of Adolescence and Sex in Primitive Societies* (1930, 1975). Première anthropologue à étudier l'éducation des enfants, ses conclusions remettaient en cause l'idée d'une universalité des troubles qui accompagnent la période de l'adolescence ainsi que la notion de mentalité prélogique (Lévy-Bruhl). Mais la nouveauté est aussi dans le ton de l'écriture. Comme Malinowski, dans les mêmes années, Mead invente une anthropologie à la lecture facile et plaisante. À la différence de Malinowski cependant, M. Mead ne parle pas des « indigènes », mais introduit des individus précis (Ngasu, Kawa, Ngalowen…) revenant au fil des chapitres. Enfin, l'un des aspects du texte de M. Mead est de proposer une mise en parallèle eux/nous (les Américains) qui, dans la plupart des cas, vise à mettre en valeur les aspects positifs, libérateurs, épanouissants des premiers.

Le rapport comparatif entre une société encore peu touchée par « le commerce étranger » et la société américaine moderne est ensuite élargi à trois sociétés de Nouvelle-Guinée aux cultures très différentes (Arapesh, Mundugumor, Chambuli) chez lesquelles Mead et Fortune se rendent de 1931 à 1933. Mead publiera *Sex and Temperament in Three Primitive Societies* (New York, William Morrow, 1935) qui observe les effets des différences culturelles sur l'identité et la personnalité des femmes et des hommes et le rapport aux enfants. Il s'agit de la première étude anthropologique examinant de manière comparative la situation de la femme. Mead y oppose les Arapesh, chez qui la mère et l'enfant ont des rapports prolongés, où les jeunes garçons ne sont pas incités à l'agressivité, où les hommes s'occupent des enfants et où les deux sexes ont des personnalités douces, des Mundugumor, chez lesquels les grossesses entraînent d'accablants tabous, où l'agressivité est encouragée, et où les femmes qui effectuent tous les gros travaux sont aussi violentes que les hommes. Enfin, elle donne des Chambuli l'image d'une société où les hommes dominent théoriquement la collectivité, mais sont de fait soumis aux femmes.

Accompagnée de G. Bateson qu'elle avait rencontré chez les Chambuli en 1933 et qu'elle a épousé, Mead se rend en mission à Bali de 1936 à 1938. Intéressés par la psychiatrie, ils viennent y étudier les transes et autres formes de dissociation. Les deux chercheurs font un usage documentaire extensif de la photographie. Prenant 38 000 clichés, ils en sélectionnent 759, qu'ils publient en 1942 (*Balinese Character. A Photographic Analysis*, New York, The

New York Academy of Sciences). En 1938, M. Mead retourne chez les Iatmul de Nouvelle-Guinée et en 1939 donne naissance à M. C. Bateson (son unique enfant).

En 1941, R. Benedict lui demande de prendre en charge le Comité sur les habitudes alimentaires de l'armée et elle dirige une enquête nationale sur les habitudes alimentaires des Américains avant le rationnement de guerre (1942). En 1944, elle crée l'Institut d'études interculturelles, une fondation qu'elle finance presque entièrement et divorce de G. Bateson en 1945. Elle publie *American Troops in a British Community* (1945) commandé par le ministère des Armées qui présente l'une à l'autre ces communautés. Elle entre au département d'anthropologie de l'université de Columbia en 1947, mais n'y sera nommée professeur qu'en 1954.

Publié en 1949, *L'Un et l'Autre Sexe. Les rôles d'homme et de femme dans la société* (Paris, Gonthier, 1966) reprend la comparaison entre les sociétés du Pacifique et la societé américaine en étudiant la construction des genres sexués. La pudibonderie et l'hypocrisie de la société américaine empêcheraient la réalisation du potentiel d'une sexualité adulte vécue. Plus intéressant, étant la première ethnologue à décrire avec détail la naissance, la lactation, etc., Mead présente la mère et son enfant comme formant un système biologique et psychologique culturellement défini (thème sur lequel elle revient souvent : 1957, 1958, 1967, 1974…), ébauchant une approche anthropologique des processus d'apprentissage (*imprinting*).

Nommée directeur du Programme de recherches sur les cultures contemporaines après la mort de Benedict, elle rédige un livre sur le caractère national soviétique (1951) grâce à des méthodes qu'elle expose dans *The Study of Cultures at a Distance* (1953). Pour Mead, les individus mûrissent dans un contexte culturel constitué d'un système idéologique, des attentes de l'entourage, et des techniques de socialisation, conditionnant des réponses aux situations, mais aussi les structures psychiques. Préférant l'étude diachronique aux modèles synchroniques, M. Mead s'est attachée à l'analyse des formes du changement économique et social ainsi qu'à celles du changement de personnalité (1949). Dans les années 1950, elle travaille aussi dans le cadre de l'Unesco sur les questions de transformation sociale et de développement (M. Mead, éd., *Cultural Patterns and Technical Change*, Unesco, 1955). En 1953, après vingt-cinq ans, elle retourne au village de Peri où les enfants qu'elle avait connus en 1929 sont les leaders d'une communauté connaissant les difficultés d'une transition vers la vie moderne que tous semblent désirer. Elle décrit ce processus dans *New Lives for Old. Cultural Tranformation-Manus 1928-1953* (1956).

Si le travail de M. Mead véhicule des préoccupations relatives aux difficultés d'adaptation de la jeunesse américaine des années 1930, c'est dans les années 1960 qu'elle se tourne presque exclusivement vers elle. Elle rédige pour ses étudiants *Anthropologists and What They Do* (1965) où elle parle notamment de ses années d'université et un peu du terrain. Elle y revient en détail dans « Field work in the Pacific Islands, 1925-1967 » (dans Peggy Golde, éd., 1970, *Women in the Field; Anthropological Experiences*). Mais surtout, M. Mead milite pour une meilleure éducation des jeunes, une plus grande autonomie et une participation aux décisions concernant leur futur. *Culture and Commitment* (1969) expose en partie cet engagement. Dans *A Way of seeing* (avec Rhoda Métraux, 1970), elle récidive en s'engageant sur des problèmes tels que la pollution, le racisme, les risques de guerre, la surpopulation et la faim dans le monde, puis elle se raconte de nouveau dans *Blackberry Winter : My Earlier Years* (1972). Outre l'université de Columbia, Mead enseigna aux universités de Fordham, Cincinnati et Topeka, fit partie de nombreux comités d'éthique et de santé, fit intégrer l'importance des différences culturelles auprès notamment des travailleurs sociaux qui virent l'anthropologie devenir une part de leur formation. Conservateur au Muséum américain d'histoire naturelle, elle constitua la section dédiée au Pacifique du musée ouvert en 1971. Elle meurt le 15 novembre 1978 à New York d'un cancer du pancréas. Notons qu'outre la controverse déclenchée par Freeman, on a souvent critiqué M. Mead pour avoir négligé les approches quantitatives en faveur d'une analyse souvent qualifiée d'anecdotique. On l'accusa aussi d'imposer à un collectif une approche en termes de psychologie individuelle en ignorant les facteurs historiques et économiques.

◆ 1928*a*, *Coming of Age in Samoa : A Psychological Study of Primitive Youth of Western Civilization*, New York, Morrow. Réédité en 1961 avec une nouvelle préface. L'ouvrage intitulé *Mœurs et Sexualité en Océanie*, Paris, Plon, 1963, inclut une traduction partielle de *Coming of Age in Samoa*... 1928*b*, *An Inquiry Into the Question of Cultural Stability in Polynesia*, New York, AMS Press. 1930, *Growing up in New Guinea* (1930, 1976). *Mœurs et Sexualité en Océanie*, Paris, Plon 1963, inclut une traduction de l'ouvrage. 1932, *Social Organization of Manu*, Honolulu, Bishop Museum. 1937, éd., *Cooperation and Competition among Primitive Peoples*, New York, McGraw-Hill. 1938-1949 (rééd. en 1968-1971) *The Mountain Arapesh*, New York, ANMHP, 3 vol. 1942, avec G. Bateson, *Balinese Character. A Photographic Analysis*, New York Academy of Sciences. 1942, *And Keep Your Power Dry : An Anthropologist Looks at America*, New York, Morrow. 1954 (avec R. Métraux), *Themes in French Culture. A Preface to a Study of French Community*, Stanford, Stanford UP. 1964, *Anthropology, a Human Science. Selected Papers, 1939-1960*, Princeton, Van Nostrand. 1964, *Continuities in Cultural Evolution*, New Haven, Yale UP. 1970, *Culture and Commitment : The New Relations Between the Generations in the 1970's*, New York, Columbia UP. 1971 (avec J. Baldwin), *A Rap on Race*, Philadelphia, Lippincott. 1975 (avec K. Heyman), *World Enough : Rethinking the Future*, Boston, Little Brown. 1977, *Letters From the Field : 1925-1975*, New York, Harper.

▲ A. Kroeber, 1931, «Compte rendu de Growing up in New Guinea», *AA*, vol. : 248-250. 1975, *Ethos*, n° 3 (numéro consacré à M. Mead). J. Gordan, éd., 1976, *Margaret Mead. The complete bibliography, 1925-1975*, La Hague, Mouton. E. Rice, 1979, *Margaret Mead. A Portrait*, New York, Harper & Row. 1980, «In Memoriam Margaret Mead», *AA*, vol. 82 (numéro consacré à M. Mead). M. C. Bateson, 1989 (1984), *Regards sur mes parents. Une évocation de Margaret Mead et de Gregory Bateson*, Paris, Seuil. R. A. Goodman, 1983, *Mead's Coming of Age in Samoa. A Dissenting View*,

Oakland, Pepperine Press. D. Freeman, 1983, *Margaret Mead and Samoa. The Making and Unmaking of an Anthropological Myth,* Cambridge, Mass., Harvard UP. J. Howard, 1984, *Margaret Mead. A Life*, Londres, Harvill Press. L. Holmes, 1986, *Quest for the Real Samoa. The Mead-Freeman Controversy and Beyond*, South Hadley, Bergin & Garvey. P. Grosskurth, 1989, *Margaret Mead*, Harmondsworth. S. Atran, 1991, « Mead, Margaret », in Bonte et Izard, p. 459. R. Métraux, 1991, « Mead, Margaret », in C. Winter, p. 467-469. P. Shankman, 1996, « Mead-Freeman Controversy », in Levinon et Ember, éd., p. 757-759. D. Freeman, 1996, « Foreword » *à Margaret Mead and the Heretic*, Londres, Penguin. Film de V. Yans-MacLaughin intitulé *M. Mead : An Observer Observed,* diffusé par Sinostar, Hong Kong.

DUBOIS, Cora (1903-1991). Née à New York, C. Dubois étudie au collège universitaire Barnard où enseigne Boas, obtient un *BA* en 1927 et un *MA* à Columbia en 1928. Elle s'inscrit ensuite à l'université de Berkeley où R. Lowie l'envoie enquêter chez les Wintu de Californie en 1929-1930. Elle soutient un *PhD* en 1932 (*Wintu Ethnography*, Berkeley, 1935). En 1935, elle obtient une bourse du Conseil national de la recherche afin d'explorer les diverses théories de formation de la personnalité dans la société américaine, et Kardiner l'invite à tenir ensemble un séminaire confrontant la « sociologie freudienne » à la littérature ethnologique (été 1936) dans le cadre de la Société psychanalytique de New York. Le séminaire est prolongé l'année suivante et, en 1938, C. Dubois obtient un financement du Conseil de la recherche en sciences sociales de l'université de Columbia lui permettant de se rendre sur le terrain (Linton la remplacera auprès de Kardiner). À la recherche d'un lieu « présentant une grosse pathologie, elle choisit Alor sur le conseil de J. de Jong sans y trouver cependant les pathologies promises » (l'hystérie arctique ou Amok). Elle y demeure jusqu'en 1939 et publie, en 1944, *The People of Alor. A Social-Psychological Study of an East Indian Island*. Le livre propose de suivre l'évolution de l'individu de sa naissance à l'âge adulte, puis traite d'autres aspects : psychologie de la religion, récits biographiques… et présente aussi les résultats obtenus aux tests projectifs (Rorschach, association libre, dessins d'enfants), chacune des parties rédigées par C. Dubois étant fermée par un chapitre conclusif de A. Kardiner. Elle enseigne l'anthropologie aux collèges universitaires de Hunter (1936) et de Sarah Lawrence (1939-1942), travaille dans le cadre de l'Organisation mondiale de la santé (1942-1954) et, enfin, rejoint le département d'anthropologie de l'université de Harvard (1954-1969).

▲ C. Dubois, 1960, « Introduction » à *The People of Alor.* C. Dubois, 1980, « Some Anthropological Insights », *Annual Review of Anthropology*, vol. 9 : 1-13. S. Seymour, 1988, « Cora Dubois », in Ute Gacs, p. 72-80. N. J. Schmidt, 1991, « Dubois, Cora », in C. Winter, p. 162-163. E. Davis, 1991, « Cora Dubois », *Anthropology Newsletter*, vol. 32 (6) : 5.

KLUCKHOHN, Clyde Kay Mayben (1905-1960). Né dans l'Iowa, C. Kluckhohn commence des études à l'université de Princeton en 1922, mais il est atteint de rhumatismes et sa famille l'envoie résider dans un lieu sec, proche d'une réserve Navajo. Dès 1927, il publie son premier livre *To the Foot of the Rainbow* inspiré par cette expérience. Il étudie successivement aux universités de Princeton et Wisconsin (*BA,* 1928) avant de se rendre en 1931-1932 à Vienne où il découvre à la fois l'école du père Wilhelm Schmidt et la psychanalyse, puis à Oxford où, étudiant avec Marett, il obtient un *Master* en 1932. De retour aux États-Unis, il devient assistant à l'université du Nouveau-Mexique (1932-1934) et soutient une thèse d'anthropologie à l'université de Harvard en 1936 (*PhD*). Il enseigne à Harvard à partir de 1935 et y est responsable du projet d'étude d'une communauté Navajo du Nouveau-Mexique entre 1936 et 1948. Il inaugure un nouveau type de recherche visant à des résultats à long terme et interdisciplinaires qui présentent en détail l'état de la culture Navajo, leur conception du monde et les problèmes d'adaptation à la modernité (1938, 1940, 1944, 1946). *Children of the People* (1947) examine le développement de la personnalité enfantine en utilisant des tests psychologiques. Il travaille durant la Seconde Guerre mondiale pour le gouvernement américain sur le Japon en compagnie de R. Benedict et crée ensuite, avec le sociologue T. Parsons, le psychologue social G. Allport et le psychanalyste H. Murray, le département interdisciplinaire des « relations sociales » de l'université de Harvard (*Personality in Nature, Society and Culture,* 1949) qui jouera un rôle essentiel. Il organise en 1947 le Centre de recherche russe de l'université de Harvard (Kluckhohn, Inkeles et Bauer, 1956). Il fut aussi directeur du département d'anthropologie de cette même université. Il propose une synthèse du culturalisme tout en voulant démontrer qu'il existe des valeurs humaines fondamentales partagées par toutes les cultures. C'est au Nouveau-Mexique qu'il mourut prématurément en 1960, victime d'une crise cardiaque.

◆ 1942, « Myths and Rituals : A General Theory », *Harvard Theological Review,* vol. 35. 1944, *Navaho Witchcraft,* Cambridge, Harvard UP. 1946 (avec D. Leighton), *The Navaho,* Cambridge, Harvard UP. 1947, *Children of the People. The Navaho Individual and his Development,* Cambridge, Harvard UP. 1949, *Mirror for Man*, New York, MacGraw. 1952 (avec A. Kroeber), *Culture : A Critical Review of Concepts and Definitions,* Cambridge, Harvard UP. 1956, *How the Soviet System Works*, Cambridge, Harvard UP. 1962, *Culture and Behavior : Collected Essays of C. Kluckhohn*, recueil d'articles, éd. par R. Kluckhohn.

▲ T. Parsons, E. Z. Vogt, 1962, « Clyde Kay Mayben Kluckhohn, 1905-1960 », *AA*, vol. 64 : 140-161. Repris dans « l'introduction » à la seconde édition de *Navaho Witchcraft*, Boston, Beacon Press, 1967. W. W. Taylor, L. J. Fischer et E. Z. Vogt, éd., 1973, *Culture and Life : Essays in Memory of Clyde Kluckhohn*, Carbondale. R. Price, 1991, « Kluckhohn, C. », in Bonte et Izard, p. 404-405. J. Hay, 1991, « Kluckhohn », in C. Winter, p. 353-354.

OPLER, Morris Edward (1907-1996). Né à Buffalo, M. Opler obtient un *BA* et un *MA* à l'université de Buffalo où il étudie avec L. White qui l'envoie à Chicago où enseignent Sapir, puis Radcliffe-Brown (*PhD*, 1933). Il travaille à l'université de Chicago (1933-1935), est anthropologue au Bureau des affaires indiennes (1936-1937), puis enseigne au collège universitaire de Reed

(1937-1938) et Claremont (1938-1942). Entre 1930 et 1940, il séjourne auprès des Apaches et publie en 1941 son ouvrage le plus célèbre : *An Apache Life-Way : The Economic Social & Religion Institution of the Chirichua Indians* (Chicago UP). Dans le sillage de Linton et Kluckhohn, le livre fait partie des travaux portant sur les modes de l'intégration sociale. Néanmoins, Opler insiste, contre le monolithisme des valeurs transcendantes, sur le fait que des valeurs contradictoires sont présentes au sein d'une même société. Il formule le concept de « thème » défini comme « un postulat ou une posture, déclaré ou implicite, qui usuellement contrôle un comportement ou stimule une activité, qui est tacitement approuvée ou ouvertement promue par une société » (Opler, 1945 : 198). Les thèmes sont actualisés selon deux modes : comme existentiels, énonçant la nature du monde, et comme principes normatifs guidant les relations sociales. Chaque société conjugue plusieurs « thèmes » permettant un équilibre. Ainsi celui de la séparation du spirituel et du temporel hindous amenant au détachement de soi-même se conjugue avec celui de l'implication active et responsable de l'individu dans sa vie. Les deux thèmes complémentaires produisent une intégration satisfaisante (Opler, 1948). Comparant notamment Apaches Chiricahua et Apaches Jicarilla et ces derniers aux Apaches Lipan, Opler s'est attaché à montrer que combinaison et accentuation de thèmes donnent un visage particulier aux différentes cultures (1959).
Opler est aussi l'ethnographe et l'historien des cultures Apaches qu'il rapporte dans de nombreux articles, et particulièrement à travers sa participation au formidable *Handbook of North American Indians* (Berkeley, California UP, 1989). La longue description analytique du rite de longue vie que les jeunes filles Chiricahua effectuent à leur puberté, est particulièrement connue. Durant la Seconde Guerre mondiale, M. Opler travaille dans les camps japonais de Californie et se met au service de la Ligue des citoyens américains d'origine japonaise. Il enseigne à Harvard (1946-1948) et est nommé professeur à l'université de Cornell (1948-1969) où il fonde et dirige un programme d'étude indienne. Il enseigne à l'université d'Oklahoma après sa retraite (1969-1977).

◆ M. Opler, 1945, « Themes as dynamic forces in culture », *American Journal of Sociology,* vol. 51 : 198-206. 1948, « Some recently developed concepts relating to culture », *Southwestern Journal of Anthropology*, vol. 4 : 107-122. 1959, « Composent, assemblage, and theme in cultural integration and differentiation », *AA*, vol. 61 : 955-964. 1983, « The Apachean culture pattern and its origin » et « Chiricahua Apache », Washington, *Handbook of North American Indians, South West,* vol. 10 : 368-392 et 401-418.

▲ M. D. Zamora, M. Mahar et H. Orenstein, éd., 1971, *Themes in Culture : Essays in Honor of Morris E. Opler*, Quezon City. G. C. Williams et C. Peel, éd., 1977, *Essays in Anthropology in Honor of Morris E. Opler*, Norman. M. Mines, 1991, « Opler, Morris E. », in C. Winter, p. 523-524.

OPLER, Marvin Kaufmann (1914-1981). Né à Buffalo, M. Opler obtient un *PhD* en anthropologie à l'université de Columbia en 1938. Il sert dans les services de l'armée entre 1943 et 1946, puis enseigne dans diverses universités dont Stanford et Harvard. Il rejoint le département de médecine de l'université de Cornell en 1952, étudiant alors les maladies mentales de l'univers urbain, puis le département d'anthropologie de l'université de Suny Buffalo en 1958. En 1957, il fonde l'*International Journal of Social Psychiatry*.

◆ 1959, *Culture and Mental Health, Cross-Cultural Studies,* New York, Macmillan. 1963, « The need for new diagnostic categories in psychiatry », *Journal of the National Medical Association*, vol. 55 : 133-137. Anonyme, 1981, « Opler, M. », *AA,* vol. 83 : 617-621.

La marque de Radcliffe-Brown

Après avoir fondé les départements de Capetown et Sydney, Radcliffe-Brown est invité à l'université de Chicago en 1931 par F.-C. Cole qui lui propose d'occuper le poste laissé vacant par le départ de Sapir à Yale. Radcliffe-Brown y demeurera jusqu'en 1937.

Boas et ses étudiants ont balayé les évolutionnistes, et les deux courants mentionnés ci-dessus composent l'anthropologie américaine. L'un place l'histoire conjoncturelle et la culture au poste de commande, l'autre place l'individu face à sa culture, et dans les deux cas, il s'agit d'anthropologie culturelle. À l'inverse, la société, sa structure et son fonctionnement sont au centre de l'anthropologie sociale que Radcliffe-Brown propose à l'université de Chicago. Il y forme trois importants anthropologues : F. Eggan, S. Tax et W. L. Warner, qui publient conjointement en 1937 *Social Anthropology of North American Tribes* (Chicago, Chicago UP) qui fait pendant à l'article récapitulatif de Radcliffe-Brown sur l'organisation sociale des aborigènes australiens.

▲ G. W. Stocking, 1979, *Anthropology at Chicago : Tradition, Discipline, Department*, The Joseph Regenstein Library, Chicago UP.

WARNER, William Lloyd (1898-1970). Né à Redlands en Californie, W. L. Warner est tout d'abord l'étudiant de Kroeber et Lowie à l'université de Berkeley (*BA,* 1925), avant de s'inscrire à Chicago et de devenir celui de Radcliffe-Brown. Recruté comme assistant à Harvard en 1929, il se rend chez les Murngin du Nord-Ouest australien (Arnhem) chez lesquels il demeure trois ans. Il publiera *A Black Civilization : a Social Study of an Australian Tribe* en 1937 (New York) qui présente un système de parenté particulièrement retors qui soulèvera de nombreux débats. Pour certains auteurs cependant tel J. Guiart, les éléments descriptifs doivent être revus, « ce qui tout simplement provoquerait la disparition du système comme tel » (Guiart, *Clefs pour l'ethnologie*, Paris, Seghers, 1971 : 70). Une enquête menée par W. Shapiro en terre d'Arnhem en 1969 (« Miwuyt marriage : Social structure aspects of the bestowal of females in Northeast Arnhem land ». Australian National University, *PhD*) a également convaincu plusieurs auteurs : « Les Murngin tels qu'ils ont été définis dans la littérature de la controverse murngin n'exitent pas et n'ont jamais existé » (J.-A. Barnes, *Three Styles in the Study of Kinship*,

Berkeley, California UP, 1971 : XXIII). Recruté par l'université de Chicago en 1935, Warner se tourne vers une anthropologie sociale de la ville. Il enquête sur *Yankee City* dans le Massachusetts et, avec l'aide de trente collaborateurs, établit une fiche sur la personnalité des dix-sept mille adultes y demeurant. Entre 1941 et 1947, sont publiés quatre volumes de résultats d'enquêtes et si l'idéal américain était un idéal de démocratie, l'anthropologue crut découvrir de tout autres principes. En 1945, Warner étudie Jonesville, ville républicaine du Middle-West, puis étend ses enquêtes à des villes d'Irlande et d'Autriche.

◆ 1930-1931, « Morphology and function of the Australian Murngin type of kinship », *AA*, vol. 32-33 : 207-256, 172-198. 1953, *American Life : Dream and Reality*, Chicago, nouvelle édition revue en 1962.

◆ D. Herzog, 1965, *Klassengesellschaft ohne Klassenkonflikt : eine Studie über William Lloyd Warner und die Entwickung der neuen amerikanischen Stratifikationsforschung*, Berlin. Anonyme, 1991, « Warner, Lloyd », in C. Winter, p. 739-740.

EGGAN, Fred Russell (1906-1991). Né à Seattle, F. Eggan étudie la psychologie à l'université de Chicago (*BA*,1927) où il suit les cours de Sapir. En 1928, il soutient un *Master* intitulé *An Experimental Study of Attitudes towards Race and Nationality*, puis enseigne dans un collège. En 1930, il s'inscrit au département d'anthropologie que F.-C. Cole est en train de monter à l'université de Chicago. Il devient l'assistant de Radcliffe-Brown arrivé en 1931, qui lui demande d'effectuer une étude comparative des structures sociales amérindiennes. Il participe à un stage de terrain dirigé par L. White durant l'été 1932. En 1933, F. Eggan soutient une thèse intitulée *The Kinship Systems and Social Organization of the Western Pueblos with Special Reference to the Hopi Indians* où il montre que la nomenclature hopi est à la base des règles de la vie sociale. Le principe de l'unité du lignage, mis en avant par Radcliffe-Brown, s'applique au matrilignage Hopi. Ego mâle distingue ses frères de mère de ses frères et neveux, mais inclut son frère de mère de mère et son fils de fille de sœur dans la même catégorie que ses frères. Recruté après son doctorat comme chercheur associé, il travaille chez les Choctow du Mississippi, les Cheyennes et les Arapaho de l'Oklahoma où il examine les processus d'acculturation. En 1934, Cole l'envoie étudier les transformations sociales chez les Tinguin des Philippines où lui-même avait déjà travaillé. De retour du terrain en 1936, Eggan obtient un poste d'enseignant à l'université de Chicago et coédite *Social Anthropology of North American Tribes* en 1937. Il quitte le département durant la guerre pour occuper diverses charges de recherche et d'enseignement liées à l'armée. Nommé professeur en 1948, il dirige le département jusqu'en 1952 et prend la direction d'un Centre d'études sur les Philippines en 1953.

Eggan met en avant « la méthode de comparaison contrôlée », consistant à comparer les structures sociales de sociétés *a priori* similaires ou très proches. Dans cet ensemble le plus homogène possible, il est imaginable de tenter de distinguer l'universel du contingent dans la formation et la reproduction des sociétés à travers les modalités de leurs transformations (Eggan, 1954).

◆ 1950, *The Kinship Systems and Social Organization of the Western Pueblos with Special Reference to the Hopi Indians*, Chicago UP. 1954, « Social anthropology and the method of controlled comparison », *AA*, vol. 56 : 743-763. 1966, *The American Indian : Perspectives for the Study of Social Change*, Chicago, Aldine. 1975, *Essays in Social Anthropology and Ethnology*, Chicago, Aldine.

▲ F. Eggan, 1974, « Among the anthropologists », *Annual Review of Anthropology*, vol. 3 : 1-19. E.L. Schusky, 1989, « F. Eggan : anthropologist full circle », *American Ethnologist*, vol. 16 : 142-157. D. Legros, 1991, « Eggan, Fred », in Bonte et Izard, p. 224-225. R.J. DeMallie, 1991, « Eggan, Fred », in C. Winter, p. 174-175. N. Woodbury, 1991, « F.R. Eggan », *Anthropology Newsletter*, vol. 32 (6) : 5. M. Sahlins, 1992, « Fred Eggan », *AT*, vol. 8 : 23-25.

La question sociale et l'acculturation

Du point de vue institutionnel, depuis 1908 et jusqu'en 1946, Kroeber est à l'université de Berkeley (Californie) et, à partir de 1921, Lowie l'y rejoint épisodiquement, puis de façon permanente. À Columbia, Boas prenant sa retraite en 1936, l'université choisit d'engager trois enseignants pour lui succéder : Linton, Steward et Strong (les deux derniers étant d'anciens étudiants de Kroeber). Cole ayant fondé l'université de Chicago, Radcliffe-Brown y enseigne entre 1931 et 1937 après le départ de Sapir pour Yale (où il reste jusqu'en 1938). Du point de vue problématique, sans que l'anthropologie américaine ne délaisse ni la reconstruction des anciennes cultures amérindiennes ni l'étude des derniers pans de primitivité du Pacifique, se développent une recherche sur les communautés rurales et urbaines américaines, ainsi qu'une recherche en terme d'acculturation.

Les sociologues H. et R.S. Lynd sont les pionniers de la première voie. Ils terminent en 1925 l'étude d'une collectivité du *Middle West* baptisée *Middletown*, « comme les anthropologues approchent une tribu primitive » (C. Wissler, « Foreword » à *Middletown*, 1956 : VI). Après avoir séjourné chez les aborigènes australiens, L. Warner, aidé de trente collaborateurs, choisit *Yankee City*, une petite ville du Massachusetts, sur laquelle ils publieront quatre volumes entre 1941 et 1947. Enfin, J. Dolard et H. Powdermaker (qui arrive de Mélanésie) se rendent dans une ville du Mississippi (Cottonville) en 1936. Par la suite, l'anthropologie urbaine ne cessera de se développer.

L'acculturation a d'abord été définie par Graebner en 1880 comme l'étude des modifications résultant du contact entre deux peuples de cultures différentes. Si des anthropologues s'étaient déjà penchés sur cette question, c'est avec l'œuvre de R. Redfield, élaborée à partir du milieu des années 1920, qu'elle devient le centre de la discipline. En 1935, le Conseil national de la recherche en sciences sociales constitue dans une optique d'application, un sous-comité sur ce thème, et R. Redfield, R. Linton et M. Herskovits publient en 1936 *Mémorandum pour l'étude de l'acculturation* (*AA*, vol. 38 : 149-152).

Conçue pour éclairer les militaires durant la guerre puis, la paix revenue, les décideurs, l'anthropologie prétend désormais au statut de science sociale appliquée. Alors que la guerre a précipité les transformations sociales, l'anthropologie se fait rapidement l'écho de la voix des pauvres et des minorités ethniques, devenant bientôt une science majoritairement contestataire avec notamment les œuvres de S. Tax et d'O. Lewis. Jusqu'au milieu des années 1970, les recherches trouvent néanmoins des financements, puis les choses deviennent progressivement beaucoup plus difficiles avec la récession économique et le renouveau du libéralisme absolu.

▲ W. Goldschmidt, éd., 1979, *The Uses of Anthropology*, Washington, *AAA, special publication.*

REDFIELD, Robert (1897-1958). Né à Chicago, Redfield entre en 1915 à l'université de Chicago pour étudier le droit. Engagé volontaire durant la Première Guerre mondiale, il sert comme ambulancier puis retourne à l'université de Chicago (*BA* en 1921). Tout en travaillant dans un cabinet juridique, il suit les cours de R. Park, l'un des premiers sociologues (qui deviendra son beau-père). Un voyage au Mexique effectué en 1923 intensifie sa passion pour les sciences sociales. En 1925, Redfield enseigne la sociologie à l'université du Colorado et, grâce à une subvention du Conseil national des sciences sociales, effectue une première recherche dans le village mexicain de Tepoztlán (1926 et 1927). Il montre les divisions internes parmi les villageois de souche indienne, leur rapport à la modernisation, à la médecine moderne et les valeurs idéologiques de chaque groupe. De retour du terrain en 1927, Redfield s'inscrit au département d'anthropologie de l'université de Chicago désormais indépendant de celui de la sociologie. Après avoir reçu son doctorat en 1928, il est assistant, professeur associé (1930), professeur (1934) et directeur du département (1948). Entre 1930 et 1933, Redfield étudie le village maya de Chan Kom au Yucatan avec l'aide de l'instituteur du village, A. Villa, (coauteur du livre *Chan Kom : A Maya Village*, Washington, Carnegie, 1934). *Folk Culture of Yucatan* (Chicago, Chicago UP, 1941), le livre suivant, compare les effets de la civilisation sur quatre communautés partageant un même héritage maya.

Redfield est conseiller des autorités militaires durant la Seconde Guerre mondiale. Il participe à la conférence de création de l'Unesco, dirige le Conseil américain pour les relations raciales et préside le conseil de l'*American Broadcasting Company*.

Revenu à Chan Kom en 1948, il écrit *Chan Kom : A Village that Chose Progress* (Chicago UP, 1950) qui raconte les ajustements au monde moderne des paysans mexicains. Ceux-ci n'en retiennent que les éléments ne bouleversant pas trop la culture traditionnelle. Dans *The Primitive World and its Transformations* (Ithaca, Cornell UP, 1953) Redfield se propose de décrire théoriquement les conflits accompagnant la diffusion de la culture moderne. On lui doit d'avoir établi un modèle apposant la culture de petite tradition paysanne (la *folk culture*) à la culture urbaine de grande tradition. Dans son dernier livre, *The Little Community and Peasant Society and Culture* (Chicago, Chicago UP, 1955, 2e éd. 1961), il se livre à une analyse des approches et théories anthropologiques alors existantes au regard de son propre terrain et en dresse un formidable panorama. Il décrit ensuite l'évolution de sa propre recherche, et retrouve aux Indes ou en France et en Andalousie, les types idéaux définis au Mexique.

◆ Park Redfield, éd., *The Papers of Robert Redfield,* 2 vol., Chicago UP. 1963, *The Social Uses of Social Science*, recueil d'articles.

▲ N. Tarn, 1981, « R. Redfield », in S. Silverman, éd., *Totems and Teachers*, p. 255-289. M.B. Singer, 1991, « Redfield, R. », in C. Winter, p. 573-574. S. Guggenheim, « Redfield, R. », in Bonte et Izard, p. 616-617.

TAX, Sol (1907-1995). S. Tax étudie à l'université du Wisconsin, où R. Linton l'introduit à l'anthropologie, puis à l'université de Chicago. Si R. Benedict supervise son premier terrain en 1931 (stage d'ethnologie d'été auprès des réserves indiennes Mescalero), Radcliffe-Brown l'influence principalement durant ces années et l'oriente vers l'étude des structures sociales. Il soutient son *PhD* en 1934 puis, employé par la Fondation Carnegie, travaille sous la direction de Redfield qui l'introduit à des recherches sur les Maya du Guatemala. S. Tax travaille huit ans au Guatemala, puis quatre au Mexique étant associé à partir de 1940 à l'université de Chicago où il est nommé professeur en 1944, et dirige le département d'anthropologie après Redfield. Vers la fin des années 1940, il lance l'*action anthropology* (l'anthropologie active) visant à placer l'anthropologie aux services des observés. Cette forme d'anthropologie, bientôt désignée sous les termes d'anthropologie participante ou d'anthropologie interventionniste, se donne pour but d'éclairer les implications des décisions prises par les communautés, ici amérindiennes et d'en défendre les identités culturelles. Avocat de l'autonomie politique des Amérindiens en 1961, il coordonne le premier congrès national amérindien et dirige le programme culturel de la Fondation Carnegie pour les Amérindiens de l'Oklahoma entre 1962 et 1967. Il crée en 1958, à la demande de la Fondation Wenner-Gren, *Current Anthropology* devenu l'une des deux ou trois plus prestigieuses revues d'anthropologie du monde. Président de l'université d'Extension entre 1963 et 1968, il est ensuite associé au *Center for Advanced Study in the Behavioral Sciences* de l'université de Princeton en 1968-1970. Il meurt le 3 janvier 1995 à Chicago.

◆ 1937, « The Municipios of the Midwestern Highlands of Guatemala », *AA*. Vol. : 423-444. 1952, « Action Anthropology », *America Indigena,* vol. 12 : 103-109. 1953, *Penny Capitalism : A Guatemalan Indian Economy*, Smithsonian Institution. 1953, ed., *An Appraisal Anthropology Today*, Chicago UP. 1960, ed., *Evolution After Darwin*, Chicago UP, 3 vol. 1968, éd., *The People versus the System : a Dialogue in Urban Conflict*, Chicago UP.

▲ S. Tax, 1988, « Pride and puzzlement : a retro-introspective record of 60 years of anthropology », *Annual Review of Anthropology*, vol. 17 : 1-21. D. Blanchard et R. Hinshaw, éd., 1979, *Currents in Anthropology : Essays in*

Honor of Sol Tax, La Hague, Mouton. R.A. Rubinstein, éd., 1991, *Fieldwork : the Correspondance of Robert Redfield and Sol Tax*, Boulder. R.A. Rubinstein, 1991, « Tax, Sol », in C. Winter, p. 682-684.

WAGLEY, Charles (1913-1991). Né au Texas, C. Wagley étudie aux universités d'Oklahoma puis de Columbia (*BA*, 1936). Il fait partie de la toute dernière génération des étudiants de Boas puisque celui-ci meurt en 1942. Wagley obtient son *PhD* en 1941 à partir de recherches effectuées au Guatemala en 1937-1938 (*Economics of a Guatemalean Village*, Menasha, *AAA*, 1941). Comme le remarque P. Mercier dans son *Histoire de l'anthropologie* (Paris, PUF, 1966 : 189), C. Wagley est, avec S. Tax, un des premiers à examiner les faits économiques sur le continent américain. Devenu assistant à l'université de Columbia, il participe à la rédaction du volume 3 du *Handbook of South American Indians,* y rédigeant avec E. Galvao les articles « Tenetehara » et « Tapirapé ». On le voit ensuite participer aux actions de l'Unesco sur la question raciale, dirigeant notamment le volume : *Races et classes dans le Brésil rural* (Paris, Unesco, 1952).
M. Harris, qui a rédigé l'un des essais rassemblés dans le volume précité, continue à travailler avec Wagley, et en 1955, les deux hommes proposent une typologie des subcultures valides pour l'ensemble de l'Amérique latine et publient ensuite *Minorities in the New World* (New York, Columbia UP, 1958). C. Wagley enseigne à l'université de Columbia entre 1946 et 1971, année où il prend un poste à Gainesville et termine sa carrière à l'université de Floride où il dirige le Centre d'études sur l'Amérique latine. Il meurt le 25 novembre 1991. Il est l'auteur de nombreux articles dont certains ont été rassemblés sous l'intitulé *The Latin American Tradition. Essay on the Unity and the Diversity of Latin American Culture* (New York, Columbia UP, 1968).

◆ 1953, *Amazon Town : A Study of Man in the Tropics,* Oxford UP. 1963, *Introduction to Brazil,* Columbia UP. 1977, *Welcome of Tears : The Tapirapé Indians of Central Brazil.*

▲ T. Azevedo de, 1991, « C.W. Wagley », in C. Winter, p. 737-738.

LEWIS, Oscar (1914-1970). Né à New York dans une famille juive venue de Pologne, O. Lewis (en réalité Yehezkiel Lekowitz) obtient un *BA* en histoire au *City College de New York* (1936). Il s'inscrit en histoire à l'université de Columbia, mais s'oriente vers l'anthropologie après avoir rencontré R. Benedict. En 1939, il se rend auprès d'une population Blackfoot du Montana canadien avec son épouse (R. Maslow-Lewis) qui l'accompagnera toujours. Il soutient en 1940 une thèse intitulée *The Effects of White Contact upon Blackfoot Culture, with Special Reference to the Role of the Fur Trade* et travaille pour le *Human Relations Area Files* de l'université de Yale.
En 1943, Lewis est embauché par le ministère de la Justice et envoyé à Mexico comme représentant des États-Unis pour l'Institut indien interaméricain qui vient d'être fondé. Il enquête alors sur les problèmes de développement rural et sur la communauté paysanne de Tepoztlán sur laquelle Redfield l'avait

précédé. En 1951, il publie *Life in a Mexican Village : Tepoztlán Restudied* où il montre, à la différence de Redfield, que le progrès n'est pas homogène et que les différences sociales s'accentuent. Lewis travaille au ministère de l'Agriculture puis devient professeur associé aux universités de Washington, de Saint Louis (1946) et d'Illinois où il crée un département d'anthropologie (1948). Il enquête en Espagne (1949) puis en Inde, rédigeant successivement *Group Dynamics in a North-Indian Village : A Study of Factions* (1954, New Delhi) et *Village Life in Northern India* (1958, Illinois UP).
Se concentrant par la suite sur l'anthropologie urbaine et l'analyse de biographies familiales, Lewis met en avant le concept de « culture de pauvreté » qui apparaît dans son œuvre en 1959 (*Five Families. Mexican Case Studies in the Culture of Poverty*, New York, Basic Books). La « culture de pauvreté » se définit par un ensemble de traits statistiquement présents chez les plus pauvres et constituant une commune subculture. En 1963, Lewis entreprend une vaste enquête concernant cent familles portoricaines de San Juan et New York et ne cesse d'affiner son concept. Il précise que la « culture de pauvreté » fait partie et résulte de la culture capitaliste, tendant à aiguiser les distinctions de classe, mais qu'elle met en place des mécanismes favorisant sa perpétuation en dehors des déterminations extérieures. En 1968, Fidel Castro l'invite à venir étudier la société cubaine et à examiner comment cette « culture de pauvreté » a évolué sous la révolution socialiste. O. Lewis et son équipe y recueillent un important matériel publié à titre posthume. En 1970, O. Lewis publie peu avant son décès à la suite d'une attaque, *Anthropological Essays* (1970, New York, Random House), qui se présente comme un regard rétrospectif sur son œuvre.

◆ 1948, *On the Edge of the Black Waxy : A Cultural Survey of the Bell Country, Texas*, Washington University Studies. 1963 (1961), *Les Enfants de Sanchez*, Paris, Gallimard. 1966, *La Vida : Une famille portoricaine dans une culture de pauvreté : San Juan et New York*, Paris, Gallimard. 1968, *A Study of Slum Culture : Backgrounds for la Vida*, New York, Random House. 1969, *A Death in the Sánchez Family*, New York, Random House. 1977-1978 (avec R. Lewis et S. Rigdon), *Living the Revolution : An Oral History of Contemporary Cuba*, 3 vol., Illinois UP.

▲ 1967, Compte rendu de l'œuvre d'O. Lewis par de nombreux contributeurs, *CA*, vol. 8 : 480-500. D. Butterworth, « Oscar Lewis », *AA*, vol. 74 : 747-757. S.M. Rigdon, 1988, *The Culture Facade : Art, Science and Politics in the Work of Oscar Lewis*, Urbana. D. Lonergan, 1991, « Lewis, Oscar », in C. Winter, p. 405-406. M. Melhuus, 1997, « Exploring the work of a copassionate ethnographer. The case of Oscar Lewis », *Social Anthropology*, vol. 5 (1) : 35-54.

L'École substantiviste

Herskovits rédige en 1940 le premier manuel d'anthropologie économique (*The Economic Life of Primitive People*, New York, édition révisée en 1952) mais le court dialogue qu'il ouvre avec les économistes n'est pas très fécond. Cependant, après la Seconde Guerre mondiale, ceux-ci tentent d'aborder les faits économiques avec un œil d'anthropologue, offrant alors à ceux-ci (comme G. Dalton et P. Bohannan) de nouveaux outils conceptuels. Ce sera l'école dite substantiviste, c'est-à-dire fondée sur l'étude des diverses institutions qui, dans chaque société, servent de cadres aux échanges et à la circulation des biens.

▲ G. Dalton et J. Köcke, 1983, « The work of the Polanyi Group : past, present and future » in Sutti Ortiz, éd., *Economic Anthropology*, New York.

POLANYI, Karl (1886-1964). Né à Budapest (Hongrie), K. Polanyi étudie le droit et la philosophie à Budapest où il crée le cercle galiléen. Soldat durant la Première Guerre mondiale, il devient ensuite journaliste pour un quotidien viennois (1924-1933). En 1933, il émigre en Angleterre où il enseigne. S'intéressant aux origines de la révolution industrielle britannique, il commence à préparer *La Grande Transformation* (1944, Paris, Gallimard, 1983). Ayant donné des conférences aux États-Unis sur ce thème, il est recruté comme professeur d'histoire économique par l'université de Columbia en 1947. Son épouse, ex-membre du Parti communiste hongrois, n'obtient pas de visa et s'installe au Canada. Enseignant jusqu'en 1953 à l'université de Columbia, il effectue de constants va-et-vient et codirige, avec C. M. Arensberg et H. W. Pearson, *Les Systèmes économiques dans l'histoire et la théorie* publié en 1957 (Paris, Larousse, 1975).
Dès 1944, Polanyi définit l'économie comme « un procès institutionnalisé d'interaction entre l'homme et son environnement, qui se traduit par la fourniture des moyens matériels permettant la satisfaction de ses besoins » et oppose les sociétés fonctionnant à l'économique à celles fonctionnant par d'autres institutions. Ainsi, si le marché capitaliste a pour vocation le profit, il ne correspond nullement aux institutions d'échange existant dans les sociétés primitives. Le marché local à prix fixe y remplit surtout une fonction d'intégration entre des groupes humains divisés par des rivalités permanentes. Le « port de traite » (concept de Polanyi), met en relation des économies non marchandes et marchandes et répond aux besoins tant militaires que politiques des États. Des fonctionnaires et non pas des commerçants sont chargés du commerce avec les étrangers et les contacts entre les cultures y sont réduits à l'extrême. La théorie économique formelle ne s'applique qu'au système marchand capitaliste où l'économie est libérée, alors qu'ailleurs elle est « encastrée » ou « enchassée » dans la religion, la parenté… dont la reproduction des rapports et non la recherche du profit meuvent les individus.
Polanyi propose de distinguer trois « modèles » empiriquement constitués de forme sociale d'intégration : la réciprocité, la redistribution, l'échange. La réciprocité suppose l'existence de groupes symétriques entre lesquels se tissent des relations d'échange équilibrées. Elle intervient dans la reproduction (prestation de services, allocations périodiques de terres) comme dans la répartition des produits (dons et contre-dons). La redistribution suppose un modèle institutionnel de centricité. Le centre (le prêtre, l'État, le seigneur, le notable) collecte les produits, les stocke et les redistribue notamment pour rétribuer les agents du centre et conserver l'ordre social. Dans le système du marché, les

moyens de production, la terre et le travail sont des marchandises subordonnées aux lois du marché. Ces analyses entraînent la décomposition des biens en types de produits et d'échanges distincts : biens de subsistance, biens matrimoniaux, biens de prestige, biens soumis au marché (P. Bohannan, F. Barth).

◆ 1966, *Dahomey and the Slave Trade*, Seattle, Washington UP. G. Dalton, éd. 1968, *Primitive, Archaic and Modern Economies : Essays of Karl Polanyi*, New York, Anchor Books. H. W. Pearson, éd. 1977, *The Livelihood of Man*, New York.

▲ G. Polanyi, 1991, « Primitive, archaic and modern economies : K. Polanyi's contribution to economic anthropology and comparative economy », *Economics anthropology and development. Essays on tribal and peasant economies*, Basic Books. Y. Garlan, 1973, « L'œuvre de Polanyi : la place de l'économie dans les sociétés anciennes », *La Pensée,* n° 171 : 119-127. L. Dumont, 1983, « Préface » à *La Grande Transformation*, Paris. G. Dalton, éd., 1991, « Polanyi, Karl », in C. Winter, p. 543-545. A. Chapman, « Polanyi, Karl », in Bonte et Izard, p. 578-579.

ARENSBERG, Conrad Maynadier (1910-1997). Né à Pittsburgh, C. Arensberg étudie à l'université de Harvard où il obtient un *BA* en 1931 et un *PhD* en 1934 et où il participe au projet *Yankee City* de L. Warner. Sa thèse, intitulée *The Irish Countryman*, est publiée en 1937. Il est successivement assistant à l'Institut technologique du Massachusetts (1938-1941), professeur associé au département de sociologie et d'anthropologie du collège universitaire de Brooklyn (1941-1946), du collège Barnard (1946-1952), enfin au département d'anthropologie de l'université de Columbia (1953-1980). D'abord spécialiste du monde rural irlandais, Arensberg qui participe beaucoup aux travaux de l'Unesco, s'est surtout consacré à l'anthropologie appliquée au Moyen-Orient, en Inde et dans d'autres territoires, tout en contribuant fortement au développement de l'anthropologie urbaine. Il anima aussi avec Polanyi le « Projet interdisciplinaire sur les aspects économiques du développement institutionnel » dont l'ouvrage *Trade and Markets in the Early Empires* est issu.

▲ 1978, « C. Arensberg, President-elect », *Anthropology Newsletter*, vol. 19 (5) : 13. O. M. Lynch, éd., 1984, *Culture and Community in Europe : Essays in Honor of Conrad M. Arensberg*, Delhi. L. A. Bennett, 1991, « Arensberg, C.M. », in C. Winter, p. 12-13. L. Comitas, 1997, « C. M. Arensberg », *Anthropology Newsletter*, vol. 38 (5) : 18.

Les néo-évolutionnistes

À l'écart du relativisme boasien et de l'approche culturaliste, on assiste après la guerre à un renouveau de l'évolutionnisme (dit néo-évolutionnisme) dont les caractéristiques principales sont de renouer avec une approche totalisante de l'histoire de l'humanité et de refuser une psychologisation des phénomènes sociaux.

Deux courants s'y dessinent : l'un est surtout représenté par G. P. Murdock qui critique le particularisme historiciste et met sur pied le *Human Relations Area Files* ; l'autre est une nébuleuse où s'illustrent V. G. Childe, K. Wittfogel, L. White et J. Steward. V. G. Childe vulgarise une évolution préhistorique de l'humanité fondée sur la production économique. K. Wittfogel propose l'hypothèse de la civilisation hydraulique à l'origine de l'État. L. White réédite les textes de Morgan et approche la culture dans une perspective « énergétiste » de l'évolution. Enfin, J. Steward fournit le schéma d'une évolution polygénique fondée sur la détermination par le milieu naturel.

▲ R. Carneiro, 1973, « The Four Faces of Evolution », in J. J. Honigman, éd., *Handbook of Social and Cultural Anthropology*, Chicago, Rand McNally. H. Claessen, « Evolution and Evolutionism », in Barnard et Spencer, p. 213-218.

WITTFOGEL, Karl August (1896-1988). Né en Allemagne, K. Wittfogel est membre actif du Parti communiste allemand et fréquente l'Institut de recherches sociales de Francfort. Il est brièvement emprisonné, lorsque Hitler arrive au pouvoir en 1933 puis s'enfuit aux États-Unis où il est bientôt un anticommuniste virulent, tout en gardant une vive admiration pour l'œuvre de Marx. Devenu citoyen américain en 1941, il témoigne en 1951 contre le sinologue O. Latimore lors de la chasse aux communistes organisée par le sénateur MacCarthy. Adaptant le concept marxiste de mode de production (condamné à Leningrad en 1931), Wittfogel crée celui de « despotisme oriental » et de « societé hydraulique » dont il retrace l'histoire dans la pratique et la théorie (de Montesquieu à Marx et Staline). Les grands travaux, notamment d'irrigation dans le cas de la Chine, promeuvent un centralisme bureaucratique d'État qui étend son pouvoir à tous les aspects de la vie sociale. Il oppose cette dynamique à l'atomisme des sociétés paysannes et y voit l'origine de l'État. Wittfogel devient directeur du Centre d'histoire de la Chine de l'université de Columbia. Sur Wittfogel, on lira le *Times* du 18 juin 1988.

MURDOCK, George Peter (1897-1985). G. P. Murdock est né à Meriden (Connecticut) dans une famille de fermiers prospère. Il sert dans la garde nationale sur la frontière mexicaine en 1916, puis dans l'artillerie après l'engagement américain. Il reçoit un *BA* en histoire américaine au collège universitaire de Yale (1919), puis entre à la faculté de droit de la même université (1920). Il quitte ses études en 1922 pour voyager en Asie et en Europe. Revenu aux États-Unis, il s'inscrit au département de sciences de la société de l'université de Yale où il est proche de A. G. Keller. Il obtient en 1925 un *PhD* avec une thèse intitulée *The Evolution of Culture by Julius Lippert* (G. P. Murdock, éd.). Murdock enseigne à l'université du Maryland (1926-1928), puis est l'assistant de Keller à Yale (1928-1931). À partir de 1931, il occupe un poste que se partagent les départements nouvellement fondés de

sociologie et d'anthropologie. Durant les étés 1932, 1934 et 1935, il se rend chez les Haida des côtes du Nord-Est et chez les Tenino de l'Oregon. Ce seront ses seuls terrains. En 1934, il publie *Our Primitive Contemporaries* (New York, Macmillan), ouvrage destiné à l'enseignement. En 1937, il énonce les principes du futur *Human Relations Area Files* (HRAF dénommées couramment en français « les *Files* ») qui se propose de cataloguer et de classifier l'ensemble des cultures du monde à partir du principe de traits significatifs. En 1938, succédant à Sapir, Murdock est nommé responsable du département d'anthropologie de l'université de Yale et publie une première édition d'un *Outline of Material Culture* qui est systématiquement augmenté lors de chacune des rééditions. Dès ce livre, il crée la première base de données concernant les peuples du monde qui bénéficie d'un important essor grâce aux financements de la *US Navy*. En 1939, Murdock est nommé professeur d'anthropologie à l'université de Yale. Il sert comme lieutenant (1943-1945), puis commandant (1945-1946) dans la marine américaine durant la Seconde Guerre mondiale.
En 1948, il publie *De la structure sociale* (Paris, Payot, 1972) qui est son œuvre majeure. À partir des fiches concernant deux cent cinquante sociétés du HRAF, il y propose l'énoncé de règles et lois concernant les changements culturels. Le monde social et un composé de strates au changement indépendant et l'évolution présente une palette de possibilités et certaines règles. Ainsi le mode de résidence est le point par où le changement s'introduit le plus facilement, ce qui entraîne de nouvelles règles de filiation et enfin la modification des termes de parenté. En 1949, le HRAF se transforme en un organisme inter-universitaire groupant seize membres. Afin d'en permettre un approvisionnement ethnographique, Murdock crée la revue *Ethnology* en 1962. Les *Files* qui rassemblent alors deux mille cinq cents cultures codifiées avec une centaine de variables, sont utilisées par Murdock pour la rédaction d'un grand nombre d'articles (sur les corrélations entre institutions matrilinéaires et patrilinéaires, sur la stabilité matrimoniale, sur la division sexuelle du travail, etc.) et de certains livres (*Africa : Its Peoples and their Culture History*, New York, MacGraw-Hill, 1959). Murdock quitte l'université de Yale pour occuper un poste de professeur à Pittsburgh en 1960. Il décède le 29 mars 1985.

◆ 1931, « The Science of Culture », *AA*, vol. 34 : 200-215. 1934, « Kinship and social behaviour among the Haïda », *AA*, vol. 36 : 355-385. 1941, *Ethnographic Bibliography of North America*, New Haven, Human Relation Area Files Press. 1957, « World Ethnographic Sample », *AA*, vol. 59 : 664-687. 1966, « Cross-cultural Sampling », *Ethnology*, vol. 4. 1969 (avec D. R. White), « Standard cross-cultural sample », *Ethnology*, vol. 8 : 329-369. 1970 (avec D. O. Morrow), « Subsistence economy and supportive practices : cross cultural codes », *Ethnology*, vol. 12 : 302-330.

▲ R. Naroll, 1964, « On ethnic unit classification », *CA*, vol. 5 : 283-312. J. M. W. Whiting, 1967, « Methods and problems in cross-cultural research », *Handbook of Social Psychology*, New York. 1970, « What have we learned from cross-cultural surveys? », *AA*, vol. 72 : 1227-1280. W. H. Goodenough, 1979, « Murdock, G.P », in L. Stills, éd., vol. 18 : 554-559. W. H. Goodenough, 1985, « G.P. Murdock », *Anthropology Newsletter*, vol. 26 (10) : 4. W. H. Goodenough,

1988, « G.P. Murdock's contributions to anthropology : an overview », *Behavior Science Research*, vol. 22 : 1-9. M. Ember, 1991, « Murdock, G.P. », in C. Winter, p. 493-494. D. Levinson, 1996, « Human Relation Area Files », in Levinson et Ember, p. 597-598.

WHITE, Leslie A. (1900-1975). Né à Salida (Colorado), L. White entreprend des études d'histoire et de sciences politiques avec T. Veblen à l'université d'État de Louisiane, puis de psychologie avec le behavioriste J.-B. Watson à l'université de Columbia où il obtient un *MA*. Il fréquente aussi la *New School for Social Research*, où il suit l'enseignement de A. Goldenweiser. Inscrit en 1925 à l'université de Chicago, il a pour professeurs Cole et Sapir et, sur les conseils du second, enquête chez les Indiens Pueblo Acoma. Il soutient sa thèse (*PhD*) en 1927, puis enseigne l'anthropologie à l'université de Buffalo et au Musée des sciences de Buffalo. Il travaille sur les Indiens Seneca, tout en maintenant son intérêt pour les Pueblos sur lesquels il rédige cinq monographies. Étudiant les Seneca, il relit Morgan dont il édite *Ancient Society*, le *Journal* et la *Correspondance avec Bandelier*, en réorientant sa recherche vers une perspective globale de l'évolution. Un voyage en Union soviétique en 1929, puis un séjour d'enseignement à Pékin en 1936, le mettent en rapport avec le marxisme dont il rejette la dialectique. Nommé en 1930 professeur associé à l'université du Michigan, il succède à J. H. Steward et, bien qu'il ne soit titularisé qu'en 1943, il y termine sa carrière (1970).

L'espèce humaine, en inventant le symbole, constituait un superorganisme appelé culture. Cette conception est déjà présente chez Kroeber et, à un moindre degré, chez Durkheim, mais White invente la *culturology*, science étudiant la culture comme une instance « suprapsychique », de nature symbolique, ayant ses lois de fonctionnement, de reproduction et d'évolution propres et occupant la place de la sociologie dans un arbre comtien des sciences. Dès 1943, il introduit dans « Energy and the evolution of culture », l'idée que les cultures évoluent au rythme de l'accroissement de l'énergie *per capita*. La « loi de White » énonce en effet que l'évolution culturelle est fonction de la quantité d'énergie disponible *per capita*.

The Evolution of Culture (New York, MacGraw-Hill, 1959) rassemble des articles publiés entre 1938 et 1949. Outre celles déjà énoncées, les idées principales de White sont une conception du comportement de la personne humaine comme totalement déterminé par un superorganisme culturel ; cet idéalisme s'allie à un matérialisme faisant de la technologie le facteur déterminant d'un système culturel. Polémiste vis-à-vis des boasiens (1960), White forme M. Sahlins, M. Harris, E. Service, R. Carneiro, L. Binford. Élu président de l'*AAA* en 1964, il prend sa retraite en 1970 et meurt en 1975, laissant inachevé un manuscrit sur lequel il travaillait depuis vingt ans : *Modern Capitalist Culture*.

◆ 1932, *The Acoma Indians*, Glorieta, Rio Grande Press. 1932, *The Pueblo of San Felipe*, Washington, *AAA*. 1935, *The Pueblo of Santo Domingo*, New Mexico, Kraus. 1942, *The Pueblo of Santa Ana*, New Mexico, New York, Kraus. 1940, « The symbol : The origin and basis of human behavior », *Philosophy of Science*, vol. 7 : 451-463. 1945, « History, evolution, and functionalism : three types of interpretation of culture», *Southwestern Journal of Anthropology,* vol. 1 : 221-248. 1947, «Evolutionism in cultural anthropology : A rejoinder», *AA,* vol. 49 : 400-411. 1947, «Evolutionary stages, progress and the evaluation of cultures», *SouthWestern Journal of Anthropology,* vol. 3 : 165-192. 1949, *The Science of Culture : A Study of Man and Civilisation*, New York, Farrar-Straus. 1962, *The Pueblo of Sia*, Washington, *Bureau of American Ethnology.* 1966, *The Social Organisation of Ethnological Theory*, William Marsh Rice University.

▲ A. Kroeber, 1948, «White's scholarly influence», *AA*, vol. 50 : 405-415. J.H. Steward, 1960, «Compte rendu de White, The Evolution of Culture», *AA*, vol. 62 : 144-148. G.E. Dole et R.L. Carneiro, éd., 1960, *Essays in the Science of Culture in Honor of Leslie A. White*, New York, Crowell. E.R. Service, «L.A. White 1900-1975», *AA*, vol. 78 : 612-617. R. Carneiro, 1979, «L. White», in L. Stills, éd., vol. 18 : 803-807. R. Carneiro, 1981, «L.A. White» in S. Silverman, éd., *Totems and Teachers : Perspectives on the History of Anthropology*, New York, Columbia UP. R.A. Barett, 1989, «The Paradoxical anthropology of L. White», *AA*, vol. 91 : 986-999. J. Jamin, 1991, «L. White», in Bonte et Izard, p. 745-746. R.L. Carneiro, 1991, «White, L.A.», in C. Winter, p. 753-754.

STEWARD, Julian Haynes (1902-1972). Né à Washington, J. Steward étudie l'anthropologie à l'université de Berkeley avec A. Kroeber, R. Lowie, E. Gifford puis, après un voyage chez les Shoshone, entre à l'université de Cornell où il obtient un *BA* en zoologie en 1925, avant de retourner à Berkeley où il obtient en 1929 un *PhD* en anthropologie avec une thèse intitulée *The Ceremonial Buffoon of the American Indian* (publiée en 1931 par *The Michigan Academy of Sciences, Arts and Letters*). Dès 1928, il enseigne à l'université du Michigan, puis à l'université de Berkeley (1933-1934). Ses recherches sur les Shoshone l'amènent à entrer au Bureau d'ethnologie américaine en 1935. En 1940, il est chargé d'élaborer le *Handbook of South American Indians*, dont il conçoit la présentation sur un mode non pas géographique, mais fondé sur des critères culturels. Dirigé par J. Steward, ce projet est édité en six volumes entre 1946 et 1949 : 1 : tribus marginales, 2 : hautes cultures, 3 : forêt tropicale, 4 : peuples des Caraïbes, 5 : ethnologie comparative, 6 : index (New York, Cooper Square Publishers). Il s'agit de la première présentation d'ensemble des Amérindiens du sud du continent à laquelle contribua tout l'américanisme français de l'époque (Rivet, Soustelle, Lévi-Strauss, Leroi-Gourhan...). En 1946, Steward devient professeur au département d'anthropologie de l'université de Columbia.
On doit à Steward une théorie de «l'évolution multilinéaire» mettant en avant les formes diverses que les sociétés peuvent suivre vers une plus grande complexité. Il exprime aussi l'idée d'une «écologie culturelle» énonçant que les ressources de l'environnement croisées aux technologies disponibles déterminent les formes de la production qui, elles-mêmes, influencent le système social. En 1952, il accepte un poste de professeur à l'université d'Illinois.

◆ 1938, *Basin-Plateau Aboriginal Sociopolitical Groups*, Washington, *Bureau of American Ethnology*. 1956, *People of Puerto Rico*, Urbana, Illinois

UP. 1976 (1956), *Theory of Culture Change. The Methodology of Multilinear Evolution,* Urbana, Illinois UP. 1959 (avec L.A. Fanon), *Native People of South America*, N.T. McGrawn-Hill. 1977, *Evolution and Ecology : Essays on Social Transformation*, Urbana, Illinois UP.

▲ R. Manners, éd., 1967, *Process and Pattern in Culture : Essays in Honor of Julian H. Steward*, Chicago. R. Manners, 1973, « Julian Haynes Steward », *AA*, vol. 75 : 886-903. R.F. Murphy, 1977, « Introduction » à Steward, *Evolution and Ecology.* R.F. Murphy, 1991, « Steward, Julian H. », in C. Winter, p. 671-672. P. Descola, 1991, « Steward, Julian Haynes », in Bonte et Izard, p. 673-674.

Chapitre 6

L'anthropologie fonctionnaliste britannique

SOMMAIRE

Les refondateurs : Radcliffe-Brown et Malinowski

Du point de vue institutionnel, l'étude des peuples primitifs obtient un statut à l'université d'Oxford lorsqu'en 1883 Tylor, nommé conservateur du musée Pitt-Rivers, est aussi chargé de conférence et enfin, à soixante-quatre ans, professeur (1896). Il est remplacé en 1910 par Marett qui n'est recruté que comme «*reader* d'anthropologie sociale» alors qu'un petit département autonome voit le jour en 1914.

À l'université de Cambridge, Haddon, responsable de l'expédition du détroit de Torres, est nommé *lecturer* à son retour en 1900. À partir de 1904, l'université offre une formation en anthropologie comprenant des cours de préhistoire, de sociologie, d'ethnologie, d'anthropologie physique et d'anthropologie psychologique. Haddon est promu *reader* en 1909.

En 1907, l'université de Liverpool crée une chaire d'anthropologie pour Frazer, mais ce dernier refuse de continuer à enseigner après un semestre.

À partir de 1904, la *LSE* (*London School of Economics* de l'université de Londres) propose un cours d'ethnologie censé être destiné «aux fonctionnaires de l'administration coloniale et aux missionnaires» (Firth, 1963 : 3). Il est successivement dispensé par Haddon, Radcliffe-Brown et Seligman (1910) qui obtient un poste de professeur d'anthropologie à mi-temps en 1913, alors que Westermarck occupe une chaire de sociologie depuis 1907. Après la nomination de Malinowski venu rejoindre Westermarck à la *LSE* après la Première Guerre mondiale, l'anthropologie sociale britannique prend de l'ampleur. Malinowski qui prend bientôt la responsabilité de l'Institut international africain, profite des ressources financières de la Fondation Rockefeller et la plupart de ses étudiants deviennent africanistes.

Du point de vue théorique, l'anthropologie britannique se constitue autour de l'étude des institutions juridiques (Maine, MacLennan...), puis Tylor, Frazer, Marett fondent une anthropologie des représentations, notamment religieuses. Si l'on glisse aussi d'une problématique évolutionniste à une problématique diffusionniste (Tylor, Rivers, Haddon...), les deux courants pensent communément leurs matériaux selon un schéma temporel. En revanche, Malinowski et Radcliffe-Brown se proposent d'évacuer cette dimension au profit de totalités organiques, et c'est alors que se produit une nouvelle rupture avec l'invention de l'anthropologie sociale.

Devenus les maîtres de la discipline, Radcliffe-Brown et Malinowski forment nombre d'étudiants à l'anthropologie sociale entre les années 1920 et 1940. La publication de leurs travaux commence au début des années 1930.

▲ R. Firth, 1963, « A brief history of the department (1913-1963) », *Department of Anthropology*, Londres, *LSE*. I. Jarvie, 1964, *The Revolution in Anthropology*, Londres. J. Lombard, 1972, *L'Anthropologie britannique contemporaine*, Paris, PUF. G. Leclerc, 1972, *Anthropologie et Colonialisme*, Paris, Fayard. T. Asad, éd., 1973, *Anthropology & the Colonial Encounter*, Londres, Ithaca Press. A. Kuper, 1973 (3e éd. 1996), *The Modern British School*, Londres, Routledge. R. Leach, 1984, « Glimpses of the unmentionable in the History of British social anthropology », in *Annual Review of Anthropology*, vol. 13 : 1-23. G.W. Stocking, éd., 1984, *Functionalism Historicized : Essays on British Social Anthropology*, Madison. J. Comaroff, J.L. Comaroff, 1988, « On the founding fathers, fieldwork and functionalism : A conversation with Isaac Schapera », *American Ethnologist*, vol. 15 : 554-565. A. Kuper, 1991, « Grande-Bretagne. L'anthropologie britannique », in Bonte et Izard, p. 305-308. G. Stocking, 1996, *After Tylor. British Social Anthropology, 1888-1951*, Londres, Athlone Press. J. Goody, 1996, *The Expansive Moment. Anthropology in Britain and Africa, 1918-1970*, Cambridge UP.

RADCLIFFE-BROWN, Alfred Reginald (1881-1955). Né à Warwickshire près de Birmingham, Radcliffe-Brown étudie au *Trinity College* de Cambridge (*BA*, 1904) et s'inscrit en anthropologie à l'université de Cambridge sous l'influence de Kropotkin. Sous la direction de W. H. Rivers et de Haddon, il est « le premier étudiant à recevoir une formation en anthropologie » (Radcliffe-Brown, 1965 : 50). L'expédition du détroit de Torres entraîne une série de missions dont la sienne aux îles Andaman (1906-1908).

Entre 1908 et 1910, Radcliffe-Brown enseigne à Cambridge, puis à la *LSE*. Lecteur de Durkheim sous l'influence de H. Ellis, il dit s'être converti au durkheimisme en 1909 bien qu'il ait attendu jusqu'en 1923 pour déclarer qu'ethnologie et anthropologie sociale étaient deux disciplines différentes (« The Methods of Ethnology and Social Anthropology »). R. Lowie le place dans le chapitre consacré à la sociologie française de son *Histoire de l'anthropologie classique* (1937) et Frazer lui reproche l'influence de l'École française de sociologie dans le compte rendu de sa thèse : *The Andaman Islanders* (qui n'est publiée qu'en 1922). Comme le remarque Mercier (1966 : 145), ce retard a pour effet que Radcliffe-Brown et Malinowski paraissent de concert sur la scène professionnelle puisque *Les Argonautes du Pacific-Ouest* est publié la même année.

En Australie occidentale en 1910-1911, Radcliffe-Brown étudie les types de parenté australiens jusqu'en 1930. En 1913, il revient en Angleterre et donne à Birmingham une série de conférences dites d'« anthropologie sociale ». Réformé en 1916, il devient directeur de l'éducation à Tonga, une colonie britannique de Polynésie où il demeure jusqu'en 1919. Il se rend en 1920 auprès d'un frère et d'une sœur en Afrique du Sud où il crée la première chaire d'anthropologie sociale de l'université du Cap en 1921.

Jugeant que les recherches sur l'origine des institutions sont « l'obstacle principal au développement d'une théorie scientifique des sociétés humaines », il propose en 1924 que les termes de parenté soient compris de manière fonctionnelle, c'est-à-dire comme l'interprétation des comportements ou des normes. Une nouvelle explication de l'avunculat argumente ce point. Contre la théorie de Junod qui explique la relation avunculaire dans les sociétés patrilinéaires du Mozambique comme un reste du stade matrilinéaire, Radcliffe-Brown adopte un point de vue structural, écrivant que le « principe de classification adopté par les sociétés est celui de l'équivalence des frères [...] un frère de père est regardé comme une sorte de père comme l'est une sœur de père. À l'inverse, un frère de mère peut être conçu comme une mère. L'avunculat s'explique comme l'identification du frère de mère à la mère dont le terme le désignant signifie souvent "mère mâle" » (« The mother's brother in South Africa », 1965 : 18-31). L'étude des comportements sociaux est par ailleurs indépendante de la psychologie et l'individu, comme tel, n'offre aucun intérêt pour une anthropologie soucieuse de découvrir des lois.

Recruté par l'université de Sydney en 1926, Radcliffe-Brown crée un département d'anthropologie et occupe la première chaire d'anthropologie sociale. En 1929, il écrit un texte fameux sur le totémisme qui prolonge les réflexions de Durkheim. En 1931, il publie dans le premier numéro de la revue *Oceania* « The social organization of Australian tribes » qui n'apporte aucune observation nouvelle, mais présente pour la première fois l'ensemble des faits australiens et donne une brillante illustration de l'emploi de la méthode comparative sur une région définie. En 1931, il laisse sa chaire à Firth (qui ne reste pas) et Elkin la reprend.

Lorsqu'en 1931 Radcliffe-Brown arrive aux États-Unis, Boas et ses étudiants ont « balayé » les évolutionnistes et deux courants se présentent. L'un a développé le particularisme historique (Kroeber, Lowie...) ; l'autre, appelé « Culture et Personnalité » (Mead, Linton...) a repris l'inspiration de Sapir. À l'écart de l'un et l'autre, Radcliffe-Brown forme trois importants disciples à l'université de Chicago : F. Eggan, S. Tax et W.L. Warner, qui publient collectivement une *Social Anthropology of North American Tribes* en 1937, l'année même du retour de Radcliffe-Brown en Angleterre. Il occupe la première chaire d'anthropologie ouverte à l'université d'Oxford, alors que Malinowski quitte Londres pour se rendre aux États-Unis (où il meurt en 1942).

En 1940, dans « On joking relationships », Radcliffe-Brown traite de la relation à plaisanterie définie par l'obligation symétrique ou non, pour deux individus, de se moquer l'un de l'autre, de faire des farces, etc., sans qu'il y ait offense. Il la rapporte aux obligations d'évitement (ainsi évitement de la belle-mère dans une société australienne ou Navajo) et montre que l'une et l'autre de ces coutumes (évitement ou contraire familiarité) visent une même fonction de pacification en prévenant les conflits possibles (Radcliffe-Brown, 1965 : 102). En 1941, il publie « The study of kinship systems » où il définit la famille comme la cellule de base du monde social et son mode polygame comme des formes de famille élémentaire ayant un membre commun. Le système de parenté est égal aux filets des relations sociales (c'est-à-dire des droits et des devoirs) qui s'établissent à partir des relations de filiation, de fraternité (germanité), de couple. Radcliffe-Brown précise le « principe structural de l'unité du lignage » déjà présent en 1924 et qui explique le lévirat, le sororat, la relation avunculaire et les terminologies de parenté. L'introduction à *Systèmes familiaux et matrilinéaires en Afrique* (rassemblant des essais d'élèves de Radcliffe-Brown, Paris, PUF, 1953, éd. originale, 1950) est un achèvement. Pour Radcliffe-Brown toute culture est définie comme « une unité systématique ou intégrée » dans « laquelle chaque élément a une fonction distincte ». Il s'agit de construire la structure de l'ordre social et non pas celle de l'ordre de l'ordre social (de Lévi-Strauss). Les conceptions de Radcliffe-Brown vont séparer l'anthropologie sociale britannique de l'anthropologie culturelle américaine. En témoigne la critique de Murdock déclarant « que les anthropologues britanniques n'utilisent pas le concept de culture [...] et qu'ils sont en fait non pas des anthropologues, mais des professionnels d'une autre catégorie » (Murdock, 1951, « Review of African systems of kinship and marriage », *AA*, vol. 53 : 465).

À l'exception d'un détachement de deux années au Brésil, Radcliffe-Brown occupe la chaire d'anthropologie sociale de l'université d'Oxford entre 1937 et 1946. Prenant sa retraite à cette date, il continuera néanmoins à enseigner aux universités d'Alexandrie (1947-1949), de Grahamstown, Shanghai, Manchester, Londres entre 1951 et 1954.

◆ 1957, *A Natural Science of Society*, miméographie du séminaire de Radcliffe-Brown tenu à Chicago en 1937, Glencoe, The Free Press. 1972 (1952), *Structure et fonction dans la société primitive*, Paris, Seuil. M.N. Srinivas, éd., 1958, *Method in Social Anthropology : Selected Essays*, Chicago UP. A. Kuper, éd., 1977, *The Social Anthropology of Radcliffe-Brown* (recueil d'essais), Londres, Routledge.

▲ M. Fortes, 1955, « Radcliffe-Brown's contribution to the study of social organization », *British Journal of Sociology*, vol. 6 : 16-30. A.-P. Elkin, 1956,

«A.R. Radcliffe-Brown, 1881-1955», *Oceania*, vol. 24. R. Firth, 1956, «A.R. Radcliffe-Brown, 1881-1955», *Proceedings of the British Academy*, vol. 42 : 287-302. A. Kuper, 1977, «Introduction» à *The Social Anthropology of Radcliffe-Brown*. A. Kuper, 1988, «Radcliffe-Brown and Rivers : a correspondance», *Canberra Anthropology*, vol. 11 : 49-82. I. Schapera, 1989, «A.R. Brown to Radcliffe-Brown», *Anthropology Today*, vol. 5, n° 5 : 10-11. G. Lienhardt, 1991, «Radcliffe-Brown, A.R.», in Bonte et Izard, p. 612-614. A. Barnard, 1991, «Radcliffe-Brown», in C. Winter, p. 563-565. A. Barnard, 1992, «Through Radcliffe-Brown's spectacles : Reflections on the history of anthropology, *History of the Human Sciences*», vol. 5 : 1-20. K. Maddock, 1996, «Radcliffe-Brown, A.R.», in Bernard et Spencer, p. 465-466. Sur l'expérience de terrain de Radcliffe-Brown, on pourra aussi se reporter aux pages critiques mais fort intéressantes que lui consacre L. White, 1966, *The Social Organization of Ethnological Theory,* Rice University Studies, vol. 52 : 28-56 et J. Guiart dans *Clefs pour l'ethnologie*, Paris, Seghers, 1971.

MALINOWSKI, **Bronislaw Kaspar** (1884-1942). Malinowski est né le 7 avril 1884 à Cracovie d'un père professeur de langue slave. Il étudie au collège royal John Sobieski de Cracovie, puis à l'université Jagellonienne où il obtient un doctorat en 1908 (1906). S'étant consacré à la recherche, la menace de la tuberculose l'oblige à prendre un congé durant lequel il lit *Le Rameau d'or* de Frazer, ce qui l'amène à l'anthropologie, du moins telle est la légende propagée par Malinowski (Malinowski, 1961 : XVIII). Grâce à une bourse destinée aux futurs enseignants, il se rend à Leipzig où enseignent K. Bücher et W. Wundt, deux maîtres du courant évolutionniste. Le premier, économiste, compose une théorie des stades du développement et s'intéresse particulièrement à l'économie primitive. Le second fonde la psychologie expérimentale et participe de la *Völkerpsychologie* ou «psychologie des peuples». En 1910, Malinowski, qui rédige une thèse sur les aborigènes australiens à partir de documents ethnographiques, émigre en Angleterre où il étudie à la *LSE* auprès de Seligman et Westermarck (ce dernier a déjà rejeté l'idée d'un stade originel de promiscuité universelle dans son *History of Human Marriage*, 1891). James a introduit le fonctionnalisme en psychologie (*Principes,* 1890) et, selon E.R. Leach (1957 : 121), c'est chez lui que Malinowski puise son inspiration.

Publié en 1912, «The economic aspect of the Intichiuma ceremonies» montre comment les rites organisent le travail collectif : «Les idées magiques et religieuses doivent être prises en considération [...] comme des forces mentales coercitives comptant pour l'encouragement des activités économiques humaines» (Malinowski, 1993 : 226). En 1913, Malinowski soutient sa thèse intitulée *The Family among the Australian Aborigenes. A Sociological Study*. Ce texte (dont Radcliffe-Brown traite dans la revue *Man*) est accompagné d'un compte rendu concernant *Les Formes élémentaires de la vie religieuse* de Durkheim pour la revue *Folklore*. Comme le remarque Panoff (1972 : 31-33), les aborigènes sont alors pensés depuis deux objets : les systèmes matrimoniaux et la réflexion sur le «totémisme» que Malinowski choisit d'éviter pour étudier la famille conjugale (ou «nucléaire») primitive. Posant la question de la famille

comme unité économique, Malinowski examine les droits de propriété, la division du travail et remarque que celle-ci, fondée sur la différence sexuelle intérieure à une maison, établit l'unité du groupe social. Le traitement de la descendance lui donne l'occasion d'insister sur le fait que la consanguinité n'a pas d'intérêt pour l'ethnologue qui ne retient que la parenté sociologique.
En 1914, Seligman veut l'envoyer au Soudan, mais ne reçoit des fonds que pour une mission ethnographique en Nouvelle-Guinée. Malinowski aurait dû s'installer sur l'île de Dobu (étudiée plus tard par Fortune), mais ne pouvant le faire, il se rend à Mailu, petite île du sud de la Nouvelle-Guinée. Séjournant chez un missionnaire (W. J. Saville), il se rend journellement au village indigène et enquête entre septembre 1914 et mars 1915.
Malinowski est en route pour son terrain, lorsque la guerre éclate. S'il ne peut se déplacer librement étant sujet autrichien, le département australien des Affaires étrangères l'aide financièrement lorsque sa bourse est épuisée. Retourné en Australie en 1915, il publie *The Natives of Mailu.* Les données portant sur les régimes fonciers soulignent que les droits sur la terre sont multiples et non pas concentrés sur une seule personne légale. S'intéressant aux Trobriandais dont les arts et les chants d'autres Mélanésiens proviendraient, Malinowski séjourne aux îles Trobriand entre juin 1915 et mai 1916, puis entre octobre 1917 et octobre 1918. Bien qu'il n'en soit pas très loin, il ne s'installe pas chez des Européens, mais plante sa tente au milieu du village indigène. Publié en 1916, *Baloma : the Spirits of the Dead* est centré sur les représentations de l'âme et de l'au-delà. Le texte expose que les Trobriandais croient de façon diversifiée à l'existence de deux sortes d'âme : *baloma*, rejoignant l'île des esprits, et *kosi*, revenant effrayer les vivants. Contre le postulat durkheimien d'une psyché collective, il conclut que les faits supposent un choix réifiant de la part de l'observateur, puisque deux ensembles distincts de croyance coexistent selon les individus et qu'il est inutile de rechercher si l'une est plus ancienne ou plus traditionnelle que l'autre.
En 1919, Malinowski, malade, passe un an aux îles Canaries avec son épouse Elsie Masson, fille d'un universitaire de Melbourne qui lui donne trois filles avant de mourir en 1935 (il se remarie par la suite à Anna Valetta Hayman-Joyce). Durant l'été 1920, il publie un premier texte portant sur la *kula*, puis donne à la *LSE* une série de conférences intitulée *L'Économie primitive des îles Trobriand.* On y trouve les points essentiels de ce que R. Firth a synthétisé comme « la place de Malinowski dans l'histoire de l'anthropologie économique ». La sorcellerie est un système où le magicien est un contremaître qui initialise le commencement des travaux de jardinage, en inaugure les différentes étapes (brûlis, nettoyage, récolte...), « établit des standards de qualité lors du contrôle magique des plants par l'imposition de tabous » (Firth, 1957 : 216). Malinowski pose aussi que la sorcellerie-magie donne à son utilisateur la confiance nécessaire à l'accomplissement des tâches. Cette dernière proposition a été critiquée par Fortune, qui soulignait qu'elle pouvait aussi être source d'anxiété, ainsi que par R. Firth (1939, *We, the Tikopia : A Sociological Study of Kinship in Primitive Polynesia*, Londres, p.185), alors que d'autres parlent de l'aspect inhibitoire de la magie qui empêche la recherche d'alternatives.

L'économie des Trobriandais ne relève pas des concepts de l'économie classique. Les Trobriandais « ne travaillent pas sous la pression de la nécessité ou pour gagner leur vie », mais selon leur fantaisie en pensant que les résultats sont ceux de la sorcellerie. Ce point est majeur car, d'un côté, les encyclopédistes (Diderot notamment) avaient diffusé l'image d'un ordre de la nature où l'abondance régnante produit un individu à l'activité strictement ludique (fainéantise dans une version raciste) et, d'un autre, la théorie des stades du développement économique de K. Bücher (comme de l'ensemble de la pensée évolutionniste) suppose une période de l'histoire que les « sauvages » n'auraient pas encore dépassée (il s'agit de rassasier les besoins dans un monde où la rareté impose un ordre de survivance). Malinowski montre qu'il n'en est rien et « qu'un stade pré-économique n'existe chez aucun des peuples primitifs », que « loin d'être indolent, fainéant et irresponsable, le sauvage est capable d'un laborieux travail », bien que sa rationalité ne relève pas de l'utilitarisme classique. Malinowski montre encore que la propriété primitive n'est pas définissable en termes de propriété individuelle ou de communisme primitif, mais en termes de droits multiples de groupes et d'individus. Enfin, que loin d'être aléatoire, l'échange est régulier et complexe (1922).

À partir de son matériel trobriandais, Malinowski rédige sept monographies dont chacune traite d'un champ particulier. Publié en 1922, *Les Argonautes du Pacifique-Ouest* (Gallimard, 1963) définit une nouvelle conception : le « but final de l'ethnographe est, en un mot, de saisir le point de vue indigène, sa relation à la vie et sa vision du monde » (Malinowki, 1961 : 25) et c'est par l'observation et la vie partagée (le plongeon dans le bain de culture étrangère) que l'on y arrive. Ce sera l' « observation participante ». Les *Argonautes* décrit le cycle d'échange intertribal nommé *kula* qui couvre plus de 150 000 km² d'océan et intéresse des milliers de partenaires répartis dans une vingtaine d'îles différentes de la région Massim au sud-est de la Nouvelle-Guinée. Les objets échangés sont de deux types : de longs colliers de coquillages ou corail rouge (*soulava*) circulant dans le sens des aiguilles d'une montre, et circulant dans le sens inverse, des brassards de coquillages blancs (*mwali*). Les objets mettent de deux à dix ans pour faire un tour complet et revenir à leur point de départ. Deux partenaires *kula* se doivent mutuellement hospitalité, protection et assistance en temps de guerre. L'échange de la *kula* est un cadeau suivi par la remise d'un autre cadeau, écrit Malinowski précisant qu'un intervalle sépare les deux cadeaux. Il insiste sur le fait que « toute la vie tribale est pénétrée par ce constant don et contre-don », que les Trobriandais aiment le don et le contre-don pour eux-mêmes (Malinowski, 1961 : 173), et dresse une typologie des échanges, divisés en purs cadeaux (entre époux, entre parents et enfants), échange cérémonial avec paiement de déférence, taro contre poisson… (Malinowski, 1961 : 188). Dans un tel système économique, l'échange crée le liant social (1961 : 175). On sait que Mauss reprit ce thème.

Écrite après celles des évolutionnistes et des diffusionnistes, l'œuvre de Malinowski vient aussi après que les grands recueils géographico-humains ont été réalisés. Sur la seule dynamique de sa propre accumulation savante, l'anthropologie exigeait un changement. Sans doute la tradition britannique pouvait-elle prendre un autre chemin, mais il semble logique qu'elle se soit tournée vers une approche localement délimitée. Les missions de la seconde génération s'organisent d'ailleurs sous la direction de la première. Elles complètent un programme scientifique dans un lieu au moins suggéré. Mais, il y a plus, car débarrassé des inventaires répétitifs, Malinowski s'autorise une écriture s'apparentant à l'art du roman et résout, par cette forme plaisante, le problème de la réification de l'information ethnographique.

Suite à la parution des *Argonautes*, Malinowski travaille sur des thèmes psychologiques. Il publie en 1923 un long article sur la question du père, repris en 1927 dans *La Sexualité et sa répression dans les sociétés primitives* (Paris, Payot, 1967). Examinant les sentiments de l'enfant pour un père dont l'autorité est négligeable aux Trobriand, Malinowski conclut que le complexe d'Œdipe n'est pas universel et que plutôt que le désir refoulé de tuer le père et d'épouser la mère, les Trobriandais éprouvent, comme le montrent leurs mythes, le « complexe matrilinéaire », celui d'épouser la sœur et de tuer l'oncle maternel (1927 : 80-81). E. Jones (disciple de Freud) ayant déjà répondu aux deux articles constituant la première moitié du livre, Malinowski souscrit, dans les troisième et quatrième parties, à l'hypothèse que cette réponse lui a inspiré : le système de filiation matrilinéaire et la négation du rôle du père dans la procréation sont deux moyens que les Trobriandais conjuguent pour détourner sur l'oncle maternel la haine de l'enfant pour son père (1927 : 138-139). Il se propose néanmoins, et surtout, dans l'ouvrage, de réfuter les thèses de *Totem et Tabou* (1913) où Freud imagine le parricide du chef de la horde comme l'événement qui fit passer l'humanité du règne de la nature au règne de la culture, les fils coupables ayant établi les deux règles par excellence (prohibition de l'inceste et respect de l'animal totémique), dont tout le reste découle. S'opposant à la réduction des faits sociaux à des données de la psychologie individuelle, Malinowski objecte que, dans un état de nature, les jeunes adultes auraient immédiatement quitté la horde, comme le font les anthropoïdes, et n'auraient donc eu aucune raison ni de convoiter les femelles du groupe ni de tuer le vieux mâle (1927 : 182). Dans *The Father in Primitive Psychology* (1927), il confronte les filiations matrilinéaire, patrilinéaire et bilatérale et minimise leur rôle, car la relation parents-enfants relève d'abord de l'émotivité.

Malinowski est nommé *reader* à la *LSE* en 1923, et accède en 1927 à la première chaire d'anthropologie sociale créée à l'université de Londres (Seligman étant titulaire d'une chaire d'ethnologie, entendu au sens ancien). Dès 1924, commence un séminaire dont les premiers participants sont : E.E. Evans-Pritchard, A. Montagne, R. Firth, U. Grant-Duff, B. Freire-Marresco, H. Powdermaker, I. Shapera, A. Richards, J. Drieberg, E. Clarke, L. Mair…

Malinowski travaille brièvement chez les Indiens Pueblo en 1926. Il publie successivement *Crimes et Coutumes dans les sociétés primitives* (Paris, Payot, 1930), *Le Mythe dans la psychologie primitive* (Paris, Payot, 1967), en 1929, *La Vie sexuelle des sauvages de Mélanésie* (Paris, Payot, 1930) et, en 1935, *Les Jardins de corail*, (Paris, Maspero, 1974) qui concerne la tenure foncière, l'horticulture vivrière, les rites agraires et les pratiques magiques qui s'y rattachent. Malinowski montre la conception indigène du jardin comme œuvre d'art (Malinowski, 1935 : 80-81) et insiste sur le rôle des échanges de nourriture et les pratiques ostentatoires qui s'y rattachent. Publiée sept ans avant son décès, c'est la dernière grande monographie trobriandaise de Malinowski, qui n'était pas allé sur ce terrain depuis 1919.

En 1920 est créé l'Institut international des cultures et des langues d'Afrique dont Malinowski est bientôt le responsable scientifique. La plupart de ses étudiants seront africanistes. Il leur rend visite sur le terrain en 1934 et en 1938, publie *Methods of Study of Culture Contact in Africa* et, à titre posthume, *Les Dynamiques de l'évolution culturelle. Recherche sur les relations raciales en Afrique* (Paris, Payot, 1970 [1944]). En 1938, il est invité par l'université de Yale et enquête sur les marchés des communautés paysannes du Mexique. La guerre ayant éclaté, il reste aux États-Unis. Devenu président du bureau des exilés polonais de l'Académie des arts et des sciences, il s'occupe activement du sort des intellectuels polonais en exil. Il décède à New Haven à l'âge de cinquante-huit ans.

Composé de trois essais et publié en 1944 à titre posthume, *Une théorie scientifique de la culture* (Paris, Maspero, 1968) expose le plus complètement le système de Malinowski qu'on a souvent qualifié de grand homme de terrain, mais de piètre théoricien. À l'idée marxiste d'un primat de l'infrastructure techno-économique, il substitue une infrastructure physiologique dont les termes sont d'abord ceux des besoins d'organisme individuel. Ces besoins, qu'il nomme « primaires », imposent la création d'un ordonnancement propre à leur satisfaction. Ainsi les besoins biologiques primordiaux sont satisfaits par l'intermédiaire de la culture composant les besoins secondaires. Ces deux catégories de besoins nécessitent une coordination et une intégration satisfaites par des besoins tertiaires tels que la religion, la connaissance ou la magie.

◆ 1925, *The Natives of Mailu,* Transactions and Proceedings of the Royal Society of South Australia, vol. 39 : 495-706. 1921, « The primitive economics of the Trobriand islanders », texte repris dans M. Godelier, 1974, *Un domaine contesté : l'anthropologie économique,* Mouton. 1985 (1967), *Journal d'ethnographe*, Paris, Seuil. B. Malinowski et J. de la Fuente, 1982, *Malinowski in Mexico : The Economics of a Mexican Market System,* Londres. R. Thornton et P. Skalnik, éd., 1993, *The Early Writings of Bronislaw Malinowski*, Cambridge UP. H. Wayne, éd., 1995, *The Story of a Marriage. The Letters of Bronislaw Malinowski and Elsie Masson*, 2 vol., Londres, Routledge.

▲ P. Murdock, 1943, « Malinowski », *AA*, vol. 45 : 441-451. C. Kluckhohn, 1943, « Bronislaw Malinowski, 1884-1942 » *Journal of American Folklore*, vol. 56, n° 221. R. Firth, éd., 1957, *Man and Culture : An Evaluation of the Work of Bronislaw Malinowski*, Londres, Routledge. M. Panoff, 1972, *Bronislaw Malinowski*, Paris, Payot. A. Weiner, 1983 (1976), *La Richesse des femmes ou comment l'esprit vient aux hommes des îles Trobriands*, Paris, Seuil. M.W. Young, éd., 1979, *The Ethnography of Malinowski. The Trobriand Islands 1915-1918*, Londres, Routledge. G.W. Stocking, 1983, « The ethnographer's magic : Fieldwork, in British anthropology from Tylor to Malinowski », G.W. Stocking, *Observers Observed. Essays on Ethnographic Fieldword*, Wisconsin UP, p. 70-121. E. Roy, éd., 1988, *Malinowski Between Two Worlds*, Cambridge UP. M. Jeudy-Ballini, 1991, « Malinowski, B. », in Bonte et Izard, p. 438-440. M.W. Young, 1991, « Malinowski, B. », in C. Winter, p. 444-446. A. Weiner, 1992,

Inalienable Possession. The Paradox of Keeping-While-Giving, California UP.
H. Kuklick, 1996, « Malinowski, B. », in Barnard et Spencer, p. 343-345.

Élèves et disciples de Malinowski et de Radcliffe-Brown

« Durant ma première année à la *LSE*, il n'y avait que trois étudiants en anthropologie. Les deux premiers étaient Evans-Pritchard et R. Firth. I. Schapera vint la seconde année et ils furent bientôt rejoints par A. Richards, E. Clarke, J. Driberg, C. Wedgwood et G. et E. Brown. De forts liens personnels se développèrent entre eux et Malinowski. C'était une sorte de famille » (H. Powdermaker, cité par A. Kuper, 1973 : 70). Puis arrivent M. Fortes, R.F. Fortune, M. Wilson, G. Bateson, S. Nadel, M. Gluckman… S'il s'agit d'une « famille », elle est néanmoins divisée. Seligman enseigne aussi à la *LSE* (et y dirige d'ailleurs Evans-Pritchard qui restera toujours éloigné de Malinowski) et J. Goody écrit : « Durant les vacances d'été, la division prenait une forme territoriale avec la constitution de deux cénacles : l'un chez Seligman à Toot Baldon, l'autre à la résidence de Sopra Bolzano de Malinowski » (Goody, 1996 : 25).

Nous avons dû malheureusement omettre de nombreux noms. Ainsi ceux de E. Ardeney, I. Hogbin, Clarke, Driberg, Wedgwood, les Brown, Powdermaker…

RICHARDS, Audrey Isabelle (1899-1984). Née à Londres dans une famille d'universitaires, A. Richards étudie les sciences naturelles, puis rejoint Evans-Pritchard, Firth et Schapera à la *LSE* en 1927. Elle appartient ainsi à la toute première génération de chercheurs formés par Malinowski et sera longtemps sa disciple la plus proche. Financée par l'Institut international africain, elle est en 1930-1931 la première à enquêter sur le terrain en Zambie. En 1932, elle soutient une thèse consacrée aux problèmes de la nutrition, de la faim et du travail chez les Bemba : *Hunger and Work in a Savage Tribe : a Functional Study of Nutrition Among the Southern Bantu* (Londres, Routledge). Elle retourne chez les Bemba en 1933-1934, mais ce n'est qu'en 1939 qu'est publié *Land, Labour and Diet in Northern Rhodesia : an Economic Study of the Bemba Tribe* (Londres, Oxford UP, 1939). Si elle consacre un chapitre à expliquer quelle était l'appréhension indigène de la nourriture, elle n'oublie pas les questions de production et de propriété et il s'agit sans nul doute de l'une des plus belles ethnographies de l'école fonctionnaliste anglaise. A. Richards enseigne à la *LSE* en 1937, puis en 1938 à Johannesbourg, et se rend chez les Twasna du Nord-Transvaal entre 1939-1940. Employée en 1941 dans le cadre de l'Office colonial et en 1944 comme secrétaire du Conseil colonial de la recherche scientifique, elle enseigne de 1944 à 1950 à l'université de Witwatersrand. Entre 1950 et 1955, elle dirige en Ouganda l'Institut de recherches de l'Afrique de l'Est (fondé en 1948). En 1956, elle publie *Chisungu : A Girl's Initiation Ceremony among the Bemba in*

Northern Rhodesia (Londres, Faber) qui renouvelle l'approche de l'initiation en la suivant depuis les yeux d'une jeune fille. Rentrée en Angleterre en 1956, elle enseigne à Cambridge et y fonde le Centre d'études africaines en 1962. Signalons aussi l'étude d'un village de l'Essex effectuée avec E. R. Leach.

◆ 1954, *Economic Development and Tribal Change*, Cambridge UP. 1940, *Bemba marriage and modern economic conditions,* Livingstone, Rhodes-Livingstone Institute. 1960, *East African Chiefs : A Study of Political Development in some Uganda and Tanganyika Tribes*, Londres, Faber. 1966, *The Changing Structure of a Ganda Village* : *Kizozi 1892-1952*, Nairobi, East African Publishing House.

▲ J. S. La Fontaine, éd., 1972, *The Interpretation of Ritual : Essays in Honour of A.I. Richards*, Londres, Tavistock. R. Werbner, 1979, « Audrey Richards », Stills, éd., vol. 18 : 658-660. Anonyme, 1984, « A. Richards », *Anthropology Newsletter*, vol. 25, déc., p. 3. R. Firth, 1985, « Obituary of Audrey Richards », *Man*, vol. 20 : 341-343. J.S. La Fontaine, éd., 1985, « Audrey Richards : In memoriam », *Cambridge Anthropology*, vol. 10. 1986, « A. Richards », *American Ethnologist,* vol. 13 : 338-362. S. Silverstein, 1988, « Audrey Richards », in Ute Gacs, p. 310-315. M. Abélès, 1991, « Audrey Richards », in Bonte et Izard, p. 620.

MAIR, Lucy Philip (1901-1986). Née à Londres, L. Mair étudie la littérature classique avant de travailler comme secrétaire pour un homme politique. Elle s'inscrit en 1927 au département des relations internationales de la *LSE*, mais suit les séminaires de Malinowski qui l'amène à l'anthropologie. Dès son premier terrain en Ouganda et au Nyasaland (1931), elle se spécialise sur les problèmes de transformations et de changements sociaux, qui sont ceux sur lesquels Malinowski concentre alors toute son attention (Firth, éd., 1957 : 229). Elle soutient une thèse sur les régimes fonciers et les activités agricoles l'année suivante. Nommée aussitôt *lecturer* en « administration coloniale » à la *LSE*, elle devient *reader* en « anthropologie appliquée » en 1956, et professeur en 1963. Spécialiste de l'étude des transformations dues à la colonisation, elle publie *An African People in the Twentieth Century* (1934) et *The Growth of Economic Individualism in African Society* ainsi que *Native Policies in Africa* (1936). Elle se préoccupe de questions de mariage (*Free Consent in African Marriage*, 1958), de chefferies et d'administration autochtone (*Studies in Applied Anthropology*, 1961). Après l'époque des indépendances africaines, elle porte sa réflexion sur les changements modernes dans les jeunes États (*New Nations*, 1963), puis rédige surtout un certain nombre d'ouvrages introductifs.

◆ 1962, *Primitive Government*. Londres, Pinguin. 1965, *An Introduction to Social Anthropology*, Oxford, Clarendon. 1967, *The New Africa.* Londres, Watts. 1969, *La Sorcellerie.* Paris, Hachette. 1969, *Anthropology and Social Change*. Londres, Athlone. 1974 (1971), *Le Mariage. Étude anthropologique,* Paris, Payot. 1977, *African Kingdoms,* Oxford, Clarendon. 1984, *Anthropology and Development,* Londres.

▲ J. David, éd., 1974, *Choice and Change : Essays in Honour of Lucy Mair*, Londres. Anonyme, 1986, « Lucy Philip Mair », *Anthropology Newsletter*, november, p. 4. E. F. Colson, 1986, « Lucy Mair », *AT*, vol. 2 : 22-24. J. David, 1991, « Lucy Mair », in C. Winter, p. 437-439.

FIRTH, Raymond William, sir (né en 1901). Né près d'Auckland en Nouvelle-Zélande, R. Firth fréquente le lycée et le collège d'Auckland. Il publie *The Kauri-Gam Industry : Some Economic Aspects* (Wellington, 1924), et se rend à la *LSE* afin de rédiger une thèse sur l'industrie de la viande congelée en Nouvelle-Zélande. Il suit les séminaires de R. H. Tawney (historien du développement économique) et de Malinowski (qui vient d'être nommé). Tous deux le poussent à travailler sur les économies primitives. Firth publie en 1925 « Economic Psychology of the Maori » (*JRAI*) où il souligne, après Malinowski, qu'on ne peut comprendre l'économie des sociétés traditionnelles sans rechercher les facteurs psychologiques. Sous la direction de Malinowski, à partir de lectures, il rédige un *PhD* intitulé *The Primitive Economics of the New Zealand Maori* (1927) et repart en Nouvelle-Zélande enquêter chez les Maori, puis, en 1928, chez les Tikopia des îles Salomon (où il retourne en 1952, 1966 et 1972). Il y séjourne douze mois, puis rejoint le département d'anthropologie de l'université de Sydney que dirige A.-R. Radcliffe-Brown. Ce dernier quitte le département en 1931, Firth en prend la direction mais dès 1932 accepte un poste à la *LSE* où il est *lecturer* (1932-1935) et *reader* (1935-1944). Après quelques articles sur les Tikopia, il publie en 1936 *We, the Tikopia : A Sociological Study of Kinship in Primitive Polynesia* (2e éd., New York, Barnes et Noble, 1961), consacré au champ de parenté chez cette population et la première des cinq monographies consacrées à cette communauté. En 1939, avec *Primitive Polynesian Economy* (2e éd., Londres, Routledge, 1965), il montre que les notions d'échange et de réciprocité sont liées à celles de valeur et de rareté. En 1940, *The Work of the Gods in Tikopia* (2e éd., 2 vol., Londres, Athlone Press, 1967) aborde dans une perspective strictement fonctionnaliste l'aspect religieux de la culture tikopia.
Changeant de terrain, R. Firth et son épouse (Rosemary Upcott) se rendent en 1939 en Malaisie étudier une communauté de pêcheurs sur lesquels R. Firth publie *Malay Fishermen. Their Peasant Economy* (1946). Forcé de quitter la Malaisie avec l'invasion japonaise de 1940, Firth y retourne en 1947 pour y trouver l'insurrection communiste. Il n'y revient qu'en 1963 et publie alors une version révisée du livre de 1946 incluant l'examen du développement capitaliste de la production. Recruté par l'Amirauté britannique durant la guerre, il est chargé de l'édition des quatre volumes documentaires consacrés aux îles du Pacifique. Il sert ensuite comme premier secrétaire du Conseil colonial de la recherche en sciences sociales qui voit le jour en 1944 et reprend à la *LSE* la chaire de Malinowski, vacante depuis sa mort (1942).
En 1951, R. Firth publie *Elements of Social Organization* (Londres, Watts, 1971) écrit à partir d'une série de lectures données à l'université de Birmingham en 1947. Y définissant l'anthropologie comme la science de l'observation au sein des petits groupes humains, Firth se démarque de ce qu'il nomme la rigidité et les limitations du fonctionnalisme structural. Dès l'intitulé de son livre, il met en avant la notion d'« organisation sociale » contre celle de « structure sociale », la première permettant selon lui de saisir les variations des

«relations sociales de base» et le fonctionnement du système à l'œuvre. L'anthropologie est conçue comme ayant pour but «l'analyse comparative raisonnée» du comportement des individus que le structuralo-fonctionnalisme ignore. Ainsi, à propos du «principe structural de l'unité des parents», Radcliffe-Brown n'a pas considéré toutes les alternatives des situations réelles. Qu'arrive-t-il si la mère n'a pas de frère et qu'il faille faire appel à un oncle classificatoire, qui se trouve être en même temps l'oncle réel d'autres neveux? (cité par Lombard, 1972 : 50). En 1959, *Social Change in Tikopia* : *Re-study of a Polynesian Communauty After a Generation* (Londres, Allen et Urwin) montre qu'entre 1929 et 1952 les transformations intervenues à Tikopia concernent l'organisation, mais non pas la structure sociale.
Le débat entre formalistes et substantivistes l'amène à revenir sur l'aspect économique de son œuvre. Il insiste sur le fait que le concept de rareté est celui qui permet de comprendre l'ensemble des systèmes dans *Essays on Social Organization and Values* (1964) comme dans *Themes in Economic Anthropology* (1965-1967), recueils d'articles d'un collectif formaliste. Il critique aussi la position de Mauss, trop attaché à l'équivalence comme au caractère magique des prestations de supériorité (1967 : 9-17). Firth prend sa retraite en 1968 et enseigne alors aux États-Unis. Il est anobli en 1973.

◆ 1967, *Tikopia Ritual and Belief*, Londres, Allen. 1970, *Rank and Religion in Tikopia : A Study in Polynesian Paganism and Conversion to Christianity*, Londres, Allen. 1973, *Symbol. Public and Private*, Londres, Allen, republié en 1975.

▲ M. Freedman, éd., 1967, *Social Organization : Essays Presented to R. Firth*, Chicago, Aldine. E. Leach, 1979, «R. Firth», in Stills, éd., vol. 18 : 187-192. K.-A. Watson-Gegeo et S.L. Seaton, éd., 1978, *Adaptation and Symbolism : Essays on Social Organization, Presented to Sir Raymond Firth by his Students in the United States and Canada, 1968-1974*, Honolulu. M. Godelier, 1996, «Firth, Raymond», in Bonte et Izard, p. 282-283. K.-A. Watson-Gegeo, 1991, «Firth, Raymond», in C. Winter, p. 197-199. Les pages consacrées à l'œuvre de R. Firth dans J. Lombard (1972) sont particulièrement remarquables. Film de R. Husmann, P. Loizos et W. Sperschneider intitulé *Firth on Firth. Reflections of an Anthropologist* diffusé par l'Institut für den wissenschaftlichen Film de Göttingen.

ELWIN, Verrier (1902-1964). Né à Douvres, Elwin étudie l'anglais au collège universitaire d'Oxford. Consacré pasteur anglican en 1927, il est envoyé comme missionnaire en Inde. Conquis par Mahatma Gandhi, il abandonne le christianisme et se consacre à la lutte pour l'indépendance de l'Inde et aux populations tribales reculées, créant des centres de santé, d'artisanat et des écoles sur leurs territoires. L'anthropologie lui doit un grand nombre d'articles et surtout en 1947 *Maison des jeunes chez les Muria* (Paris, Gallimard, 1959, 1978). Considéré comme l'un des classiques de la discipline, le livre présente le Ghotul, dortoir commun mixte, ouvert aux jeunes gens des deux sexes où, dès la puberté, les jeunes filles et les jeunes garçons sont initiés à l'amour physique par les garçons et les filles plus âgées (lesquelles quitteront le Ghotul pour épouser un homme d'un autre Ghotul). Cette institution a souvent été évoquée, notamment par Lévi-Strauss (1983, « La Famille » dans *Le Regard éloigné*, Paris, Plon), pour souligner le caractère culturel et relatif des interdits pesant sur la sexualité.

◆ 1939, *The Baiga*, Londres, Oxford UP. 1943, *Maria Murder and Suicide*, Bombay. 1944 (S. Hivale), *Folk Songs of the Maikal Hills*, Bombay. 1949, *Myths of Middle India*, Londres, Oxford UP. 1955, *The Religion of an Indian Tribe*, Bombay.

▲ A. Bigot, 1959, « Introduction » à *Maison de jeunes chez les Muria*. C. von Fürer-Haimendorf, 1964, « Verrier Elwin, 1902-1964 », *Man*, vol. 64 : 114-115. D. Mandelbaum, 1965, « V. Elwin », *AA*, vol. 67 : 448-452. V. Elwin, 1973 (1964), *Une vie tribale*, Paris, Fayard. D. Lonergan, 1991, « Elwin, Verrier », in C. Winter, p. 178-179.

EVANS-PRITCHARD, Edward Evan, sir (1902-1973). Né à Crowborough dans le Sussex, fils d'un pasteur anglican, Evans-Pritchard étudie au collège universitaire d'Exeter à Winchester et l'histoire moderne à Oxford. Il se tourne vers l'anthropologie qu'il étudie à la *LSE* où il a comme professeurs Seligman et Malinowski, tout en suivant les cours de G. E. Smith et W. J. Perry au collège universitaire de Londres. Entre 1923 et 1931, il est lecteur à la *LSE*. Grâce au financement de la Société royale et du *Laura Spelman Rockefeller Memorial Fund Trustees*, Seligman l'envoie en mission au Soudan anglo-égyptien en 1926. Il soutient à son retour un doctorat sur les Azandé (1927). Passant entre 1926 et 1940 une grande partie de son temps sur le terrain (Soudan, Zaïre, Kenya), il est le spécialiste des populations des régions du Nil blanc.
Evans-Pritchard occupe la chaire de sociologie de l'université du Caire (1932-1934), puis un poste de chercheur à l'Institut d'anthropologie sociale de l'université d'Oxford créé par Radcliffe-Brown (1934-1940). En 1940, le gouvernement britannique l'emploie comme conseiller de l'administration militaire pour organiser la révolte des Anuak frontaliers contre les Italiens occupant l'Éthiopie (Geertz, 1997) avant de l'envoyer comme conseiller de l'administration militaire en Cyrénaïque (Libye) auprès des Bédouins alawites (1942-1944). Il est nommé *reader* en anthropologie à l'université de Cambridge en 1945 et succède à Radcliffe-Brown à la chaire d'anthropologie de l'université d'Oxford en 1946. Puis il est professeur à Chicago (1950) et invité au *Centre for Advanced Studies in Behavioral Sciences* (de Stanford) en 1957. À la retraite depuis 1970, anobli en 1971, il meurt en 1973.
Après un premier texte intitulé « La danse » (*Africa*, 1928), Evans-Pritchard compare son matériel Azandé au texte de Malinowski sur les Trobriand et montre que fonctions et conceptions de la magie diffèrent en fonction des structures sociales (1929). La magie et la religion retiennent son attention jusqu'à la publication en 1937 de *Sorcellerie, oracles et magie chez les Azandé* (Paris, Gallimard, 1972). Afin de suivre au plus près les conceptions des Zandé, il conserve leur typologie et ne rassemble pas sous un terme unique ce que ces derniers dissocient. Les Zandé prétendent qu'on peut observer par autopsie (ou découvrir grâce aux oracles) dans l'intestin grêle des sorciers une

substance nommée *mangu*, transmise héréditairement en lignée patrilinéaire. À l'inverse, la magie (sorcellerie) nécessite l'utilisation apprise de matériaux et formules. Evans-Pritchard distingue la sorcellerie (*witchcraft*), définie comme un pouvoir inné et souvent inconscient de s'attaquer aux autres de façon surnaturelle, de la magie (*sorcery*), acquise, dont l'usage est bénéfique ou maléfique. Les africanistes ont repris cette distinction où, dans un cas, le sujet est possédé par le pouvoir, alors que dans l'autre, il le possède.
Evans-Pritchard se rend en 1930 chez les Nuer (il y retourne en 1931, 1935 et 1936), alors que les Anglais viennent d'y mater une révolte. S'il se plaindra de ne jamais avoir été accepté, c'est sur eux qu'il rédige l'un des classiques de l'anthropologie : *Les Nuer. Description des modes de vie et des institutions politiques d'un peuple nilote africain* (Paris, Gallimard, 1968), publié en 1940, année où il édite avec M. Fortes *Systèmes politiques africains* (Paris, PUF, 1964), une anthropologie politique comparative, utilisant les catégories mises en avant dans *Les Nuer*. Evans-Pritchard présente les morphologies saisonnières des Nuer, comme Mauss l'avait fait pour les Eskimo (Dumont, 1968 : 4). Il expose donc le type de groupement, la relation à la nature... suivant l'alternance de la saison des pluies et de la saison sèche. Durant la première, les villages vivent repliés, séparés de leurs voisins par la plaine inondée, alors que durant la saison sèche, ils se regroupent autour des points d'eau. L'étude de ce mouvement et dans cette détermination, celle de leur mode de subsistance, enfin l'étroite relation qu'ils entretiennent au bétail, constituent la première partie de l'ouvrage. Evans-Pritchard décrit ensuite une structure sociale Nuer, fondée sur un emboîtement d'oppositions : un groupe ne se définit que dans son opposition à d'autres. L'hostilité permanente qu'ils entretiennent avec leurs voisins (notamment Dinka) amène les Nuer à placer le *district Nuer* comme l'unité politique la plus haute. Mais elle n'a d'autre existence que par cet antagonisme, n'étant elle-même que le dernier stade d'un emboîtement d'unités plus petites : association de villages, village, lignage, segment de lignage. Le principe structural veut que les relations entre ces entités ne soient pas déterminées par leur intériorité, mais par les antagonismes des situations. Tels groupes de même niveau s'opposent lorsque pris comme des touts, et s'unissent lorsqu'ils sont pris comme partie d'un groupe plus important. Ces alliances sont déterminées par le lieu des antagonismes : *a* et *a'* sont opposés au sein de *A*, mais unis lorsque *A* s'oppose à *B*. La seule instance politique nuer est le chef à peau de léopard dont le rôle s'applique à la médiation entre les lignages. L'éloignement rend la permanence de l'hostilité acceptable au-delà d'un territoire restreint, d'autant plus qu'elle légitimise les raids et les razzias. Reprenant Durkheim, Evans-Pritchard définit les Nuer comme une société segmentaire. Dans ces sociétés, les scissions fabriquent de « l'anarchie ordonnée ». « Anarchie » car le pouvoir central est absent, mais « ordonnée » par les principes d'opposition. Evans-Pritchard ouvre à un fonctionnalisme où le concept de fonction n'est plus prioritaire. Il propose une pensée de l'organisation sociale dépassant une approche en terme juridico-politique, telle que jusque-là proposée (de Maine à Radcliffe-Brown) et où le lien social est toujours marqué par le fantôme du contrat. La contradiction devient l'acteur principal d'une structure inconsciente, mais réelle. La première partie du livre

étant très près du terrain, alors que la seconde est totalement abstraite, on peut penser comme Dumont (1971) que c'est au cours même de la rédaction de l'ouvrage que ce schéma est apparu à Evans-Pritchard. Ce qui explique une différence de ton entre ces deux parties (Galey, 1991 : 268).

La question de l'organisation politique abordée avec *Les Nuer* est reprise avec l'exemple des Anuak soudanais, mais c'est avec *Les Systèmes politiques africains* (Paris, PUF, 1964) qu'E. E. Evans-Pritchard et M. Fortes créent un modèle politique des sociétés sans État fondé sur la notion de lignage segmentaire. Selon l'esprit comparatif de Radcliffe-Brown, le livre présente huit sociétés africaines en examinant le rôle de la parenté, le problème des limites territoriales, le mode de vie, la démographie... Opposant les organisations politiques centralisées (à État) aux sociétés segmentaires (Tallensi, Nuer...), Fortes et Evans-Pritchard considèrent que le passage des secondes aux premières s'effectue par le biais de la conquête et que les deux types possèdent également un fondement spatial.

Invité à délivrer la *Frazer Lecture* en 1948, Evans-Pritchard présente *The Divine Kingship of the Shilluk of the Nilotic Sudan* où il attaque l'une des principales thèses de Frazer. Celui-ci décrit une royauté divine shilluk où les actes et l'existence d'un roi, considéré comme le centre de l'univers, affectent le cours du monde et son équilibre. Il est donc mis à mort quand ses forces déclinent et l'esprit de l'ancêtre se réinstalle dans un corps en pleine force (*Le Rameau d'or*, 3e). Evans-Pritchard oppose à la théorie de Frazer un doute radical. Il relève qu'aucun témoignage historique incontestable n'existe, mais aussi que le trône échoue successivement à l'une des branches shilluk en rivalité. La «coutume» du régicide est un mode de résolution du conflit plutôt qu'un effet de la sacralisation de la royauté. M. Young remarque que cette interprétation structurale supprime le problème du sacrifice rituel (M. Young, 1966, «The Divine Kingship of the Jukun», *Africa*, vol. 36 : 135-153), et Adler qu'«Evans-Pritchard réduit le politique à la compétition pour le pouvoir» (Adler, 1982, *La Mort est le masque du roi*, Paris, Payot, 1982 : 265).

Avec *The Sanusi of Cyrenaica* (Oxford, Clarendon Press, 1949), fruit de deux ans de terrain chez les Bédouins, Evans-Pritchard introduit l'histoire puis, allant plus loin, déclare rompre avec le structuro-fonctionnalisme dans sa *Marett Lecture* délivrée à l'université d'Oxford en 1950 et propose de passer de l'étude des fonctions à celle du sens.

Les questions de parenté n'étant traitées que de biais dans les Nuer, il rassemble en 1951 les articles consacrés à ce thème dans *Parenté et mariage chez les Nuer* (Paris, Payot, 1973), mais questionne le champ lui-même : la facilité avec laquelle les Nuer insèrent les ancêtres maternels dans la descendance paternelle, le conduit à reconsidérer la filiation. Il affirme enfin que si le lignage est un groupe structural, les relations familiales sont trop inconstantes pour que l'organisation domestique le soit.

Nuer Religion, publié en 1956, ouvre une nouvelle période. Éludant la théorie durkheimienne, Evans-Pritchard restreint l'analyse à la considération que la religion explique les mystères du monde. Parlant de *Weltanschauung* (1956 : 315), il tente finalement de présenter la conscience religieuse de l'intérieur, car

ce serait la seule manière de la comprendre. Il donne aussi à lire de minutieux examens des rituels et des sacrifices. Fruit de cours donnés en 1962, *La Religion des primitifs à travers les théories des anthropologues* (Paris, Payot, 1965) étudie les grands courants de pensée en matière de recherche religieuse où Evans-Pritchard reprend ses plus anciennes pages sur Tylor, Frazer et Lévy-Bruhl.
Evans-Pritchard considère l'anthropologie sociale non comme une science naturelle, mais comme une discipline appartenant aux humanités. L'anthropologue est un passeur de culture qui interprète avec des catégories de concepts et de valeurs appartenant à sa propre société : « L'anthropologie sociale s'efforce de découvrir des structures et non des lois, elle démontre la cohérence des phénomènes et non l'existence de rapports nécessaires entre les activités sociales, qu'elle interprète plus qu'elle n'explique » (Evans-Pritchard, 1969 : 81).

◆ 1929, « The Morphology and Function of Magic. A comparative Study of Trobriand and Zande Ritual and Spells », *AA*, vol. 31. 1940, *The Political Systems of the Anuak of the Anglo-Egyptian Sudan*, Londres, Lund, Humphries. 1949, *The Sanussi of Cyrenaica*, Oxford, Clarendon. 1950, « Social Anthropology : Past and Present », *Man*, n° 198 : 118-124. 1969 (1951), *Anthropologie sociale*, Paris, Payot. 1962, *Essays in Social Anthropology*, Londres, Faber. 1965 (1971), *La Femme dans les sociétés primitives et autres essais d'anthropologie sociale,* Paris, PUF. 1967, *The Zandé Trickster*, Oxford, Clarendon. 1971, *The Azande : History and Political Institutions*, Oxford, Clarendon. 1974, *Man and Women among the Azande*, Londres, Faber. 1980, *A History of Anthropological Thought*, Londres, Faber.

▲ L. Dumont, 1968, « Introduction » à *Les Nuer*. L. Dumont, 1971, *Introduction à deux théories d'anthropologie sociale, groupes de filiation et alliance de mariage*, Paris-La Haye, Mouton. T. O. Beidelman, 1974, « Sir E. Evans-Pritchard, 1902-1973, an Appreciation », *Anthropos*, vol. 59 : 553-567. T. O. Beidelman, 1974, *A Bibliography of the Writings of E.E. Evans-Pritchard*, Londres, Tavistock. M. Douglas, 1980, *Evans-Pritchard*, Londres, Fontana. A. Kuper, 1982, « Lineage theory : a critical retrospect », *Annual Review of Anthropology,* vol. 11 : 71-95. I. Karp and K. Maynard, 1983, « Reading the Nuer », *CA*, vol. 24 : 481-492. J.A. Barnes, 1987, « E.E. Evans-Pritchard », *Proceeding of the British Academy*, vol. 73 : 447-489. I. Rabinovich, G. Yaffe, 1990, « An Anthropologist as political officer : Evans-Pritchard, the French and the Alawis », in H. Shamir, éd., *France and Germany in an Age of Crisis 1900-1960*, New York. J.L. Amselle, 1990, *Logiques métisses. Anthropologie de l'identité en Afrique et ailleurs*, Paris, Payot. J.-C. Galey, 1991, « Evans-Pritchard », in Bonte et Izard, p. 267-269. T. O. Beidelman, 1991, « Evans-Pritchard », in C. Winter, p. 185-187. C. Geertz, 1997 (1988), *Ici et là-bas. L'anthropologue comme auteur*, Paris, Métailié.

FORDE, Cyril Daryll (1902-1973). Né à Tottenham (Angleterre), D. Forde fait des études de géographie au collège universitaire de Londres, puis occupe un poste de *lecturer* alors qu'il rédige une thèse de préhistoire qu'il soutient en

1927. Associé à l'université de Californie entre 1928 et 1930, il travaille en Arizona et au Nouveau-Mexique, publiant une étude sur l'agriculture et la propriété chez les Indiens Hopi (1931). De retour en Angleterre en 1930, il occupe la chaire de géographie et d'anthropologie de l'université de Wales. En 1934, il publie un livre qui devient rapidement un classique : *Habitat, Economy and Society. A Geographical Introduction to Ethnology,* essai général et théorique insistant sur les liens qu'entretiennent l'environnement, l'habitat, les techniques, l'économie, le religieux et l'organisation sociale. Passé à l'ethnologie, Forde se rend l'année suivante (1935) dans le sud-est du Nigeria chez les Yakö et rompt avec une dominante archéologique et technologique tout en conservant l'influence de l'écologie. De retour chez les Yakö en 1939, il publie en 1941 *Marriage and the Family among the Yakö in South-Eastern Nigeria* (Londres, IAI) où il met en avant un système de parenté à double descendance. En 1944, Forde est nommé administrateur de l'Institut international africain (IAI), responsabilité qu'il assumera juqu'en 1970. En 1945, il occupe la chaire d'anthropologie créée au collège universitaire de Londres et ajoute alors à l'ethnographie des Yakö une réflexion générale sur l'anthropologie (1947) et une vigoureuse coordination de l'africanisme en Europe. Forde édite la revue *Africa*, supervise l'*Ethnographic Survey of Africa* (82 monographies ethniques), organise annuellement entre 1959 et 1969 et, grâce à l'aide de la Fondation Forde, un séminaire africaniste international débouchant sur une série de publications et promouvant de nouveaux thèmes allant de l'histoire de l'Afrique au rôle des associations dans l'Afrique moderne.

◆ 1928, *Ancient Mariners : The Story of Ships and Sea Routes*, New York, Morrow. 1946 (avec S. Richenda), *The Native Economies of Nigeria*, Londres, Faber. 1950, *The Ibo- and Ibo-speaking Peoples of Southern Nigeria*, IAI, Oxford UP. 1958, *The Context of Belief : A Consideration of Fetishism Among the Yakö (Frazer Lecture)*, Liverpool UP. 1964, *Yakö studies*, Oxford UP. 1967, éd. (avec P. M. Kabery), *West African Kingdoms in the Nineteenth Century*, IAI, Oxford UP.

▲ M. Fortes, 1976, « Cyril Daryll Forde, 1902-1973 », *Proceedings of the British Academy*, vol. 62 : 495-483. M. Douglas, 1979, « Daryll Forde », in Stills, vol. 18 : 192-194. M. Douglas, 1991, « Forde, Daryll », in C. Winter, p. 208-209.

NADEL, Siegfried Frederik (1903-1956). Né à Vienne (Autriche), Nadel étudie la composition musicale et la direction d'orchestre entre 1920 et 1923. À partir de 1923, il suit les cours de psychologie de K. Bühler et soutient en 1925 une thèse intitulée *Zur Psychologie des Konsonanzerlebens.* De 1925 à 1927, il dirige l'orchestre de l'opéra de Düsseldorf et, à 27 ans, a déjà écrit deux traités de musicologie et une biographie du compositeur Ferruccio Busoni (*Ferruccio Busoni, 1866-1924*, Leipzig, 1931). Nommé assistant à Berlin, il suit les cours de linguistique de D. Westermann. Ce dernier, qui dirige encore l'Institut international africain, obtient de la Fondation Rockefeller une bourse qui permet à Nadel de se rendre à la *LSE* pour y étudier avec Malinowski et Seligman dont il devient ainsi l'élève (1932). Grâce à un

financement de l'Institut international africain, il se rend chez les Nupé du Nigeria (1933-1935). En 1935, il soutient sa thèse de doctorat : *Political and Religion Structure of Nupe Society*. Il est alors le premier chercheur à avoir étudié une société étatique africaine. Après un nouveau séjour sur le terrain (1935-1936), il suit le cycle de formation à l'administration coloniale de l'université d'Oxford, puis est nommé en 1938 comme anthropologue auprès du gouvernement anglo-égyptien du Soudan où il enquête chez les Nuba. De retour à Londres, il publie en 1942 *Byzance noire. Le Royaume des Nupé du Nigeria* (Paris, Maspero, 1971). S'appuyant sur une importante masse statistique, Nadel reconstruit l'histoire du royaume, son invasion par les Foulani islamisés qui établissent une société féodale au système politique dans lequel l'héritier est choisi successivement dans l'une des trois dynasties des premiers conquérants Foulani. Il montre que l'Islam ne supplante pas les institutions existantes, mais se combine avec les emblèmes et le cérémonial nupé et considère enfin les effets de l'impérialisme britannique.
En 1943, il s'enrôle dans l'armée britannique et sert comme secrétaire du Bureau des affaires indigènes en Éthiopie, puis en Tripolitaine. Démobilisé après avoir été très actif sur le front africain (1946), il est nommé *lecturer* à la *LSE,* puis à l'université de Durham. En 1947, il publie *The Nuba* (Oxford, UP). Nommé directeur du département d'anthropologie du *King's College*, il quitte l'Angleterre en 1950 pour occuper un poste de professeur d'anthropologie à l'université nationale d'Australie de Canberra. Vient alors un premier ouvrage théorique, *The Foundation of Social Anthropology* (Londres, Cohen and West, 1951). Contre un fonctionnalisme rigide, la notion de fonction est remplacée par celle de compétences où se glisse un sujet individuel. Il meurt en 1954 après que *Nupe Religion. Traditional Belief and the Influence of Islam in a West African Chiefdom* (Londres, 1954) eut été publié. Le livre traite des croyances, de la divination, des rituels. La sorcellerie y est conçue comme un facteur négatif de la cohésion sociale, à l'encontre des thèses de Gluckman qui y voit un moyen de règlement des conflits. Publié en 1957 à titre posthume, *La Théorie de la structure sociale* (Paris, Minuit, 1970) propose une formulation rigoureuse des thèses fonctionnalistes. Nadel se propose de donner un statut scientifique à des notions (rôle, relations sociales…) qu'il dit être utilisées naïvement et surtout précise la notion de structure, définie comme ce qui unit culture et société. On observe différents niveaux de structuration dont l'un est le « modèle » (*pattern*) proprement dit et l'autre le « réseau » (*network*). L'étude des aspects complémentaires des notions de rôle et de statut donne lieu à de minutieux décorticages.

▲ R. Firth, 1957, « S.F. Nadel », *AA*, vol. 59 : 117-124. M. Fortes, 1957, « S.F. Nadel, 1903-1956 : A Memoir », in Nadel, *The Theory of Social Structure*, Londres et Glencoe. J. Faris, 1973, « Pax Britannica and the Sudan : S.F. Nadel », in T. Asad, *Anthropology & the Colonial Encounter*, Londres, Ithaca Press, p. 153-173. J. Salat, 1983, *Reasoning as entreprise : the Anthropology of S.F. Nadel*, Göttingen. J. Favret-Saada, 1991, « Nadel, S.F. », in Bonte et Izard, p. 503. M. Freilich, 1991, « Nadel, S.F. », in C. Winter, p. 499-500.

BATESON, Gregory (1904-1980). Fils du fondateur de la génétique en Grande-Bretagne, G. Bateson est né à Cambridge dans une famille affiliée au collège universitaire Saint John depuis plusieurs générations. Il demeure en Suisse, puis à Cambridge où il obtient un *BS* en zoologie (1924) et se rend brièvement aux îles Galapagos. Ayant rencontré A.-C. Haddon, celui-ci l'attire vers l'anthropologie et lui promet de l'envoyer en Nouvelle-Guinée. Il suit alors les cours de Malinowski et de Radcliffe-Brown.

Il séjourne chez les Sulka et les Baining de Nouvelle-Bretagne (1928-1929), et Radcliffe-Brown l'engage à Sydney pour enseigner la linguistique. Il retourne en Grande-Bretagne en 1930, obtient un *MA* et reçoit une bourse du collège Saint John lui permettant de se rendre chez les Iatmul du Moyen Sepik (1931), où il rencontre R. Fortune et M. Mead, et publie un premier article (1932). Retourné à Cambridge (1934), il est invité aux États-Unis (1935) à l'instigation de M. Mead pour y donner une série de conférences aux universités de Columbia et Chicago. En 1936, Bateson publie *Naven* (réédité avec un important épilogue en 1958). Le livre se concentre exclusivement sur le symbolisme d'un rituel de travestissement masculin chez les Iatmul. Bateson y introduit le concept d'« ethos » qui, remplaçant celui de « représentation collective », introduit les variations individuelles. En 1936, M. Mead et G. Bateson partent ensemble pour Bali, se marient au passage à Singapour. Après être retourné chez les Iatmul avec M. Mead en 1938, Bateson travaille au Musée américain d'histoire naturelle de New York en tant que spécialiste de la culture balinaise (1940). En 1942, il publie avec M. Mead *Balinese Character : A Photographic Analysis*. De 1941 à 1942, il analyse les films de propagande nazie au Musée d'art moderne puis est attaché à l'Office gouvernemental des services stratégiques. Il est ensuite successivement professeur invité et *lecturer* à la *New School for Social Research*, puis à Harvard (1947-1948).

Chercheur associé à l'Institut neuropsychiatrique de Langley Porter (1948), Bateson rejoint l'équipe de l'hôpital militaire de Palo Alto (Californie) en 1950, après sa séparation d'avec Mead (1949). En 1952, un financement de la Fondation Rockefeller lui permet de monter une équipe étudiant les familles de schizophrènes (à l'aide notamment de films). Cette équipe émet l'hypothèse du *double bind* (double contrainte) qui énonce que l'enfant reçoit deux injonctions contradictoires de la part de l'un de ses parents. L'exemple souvent donné est l'image d'une mère demandant à son fils de l'embrasser pour le repousser parce qu'il la décoiffe et qui, par ailleurs, lui interdit de prendre conscience de la contradiction des injonctions, alors que l'autre parent n'assure pas de contrepoids. Toujours fautif, l'enfant ne croyant plus à ses perceptions, se retire de la communication et « choisit » l'enfermement. Bateson emploie le concept de « métacommunication » pour désigner le fait spécifique que les humains communiquent par leur style dans la communication. Il est naturalisé américain en 1956. En 1959, il crée le *Mental Research Institute* de Palo Alto (où il engage Watzlawick). Visant à constituer un corpus théorique fondamental, Bateson étudie la communication chez les dauphins et travaille successivement à l'Institut océanographique de l'université de Hawaï et à l'université californienne de Santa Cruz (1972). Il participe aux séminaires du Centre californien de psychologie humaniste d'Esalen et à l'Institut bouddhique Naropa, au Colorado, devenant un leader d'un certain messianisme écolo-humaniste.

◆ 1932, «Social structure of the Iatmul people of the Sepik River», *Oceania*, Sydney, vol. 2 (3) 245-289. 1971, *La Cérémonie du Naven*, Paris, Minuit. Réédité en 1986 par le Livre de Poche agrémenté d'une préface de M. Houseman et C. Severi, «Lecture de Bateson, anthropologue». 1942 (avec M. Mead), *Balinese Character : A Photographic Analysis.* Extraits trad. fr. et présentation d'A. Bensa, 1977, «Les usages sociaux du corps à Bali», *Acte de la recherche en sciences sociales*, n° 14 : 3-33. 1951 (avec J. Ruesch), *Communication : The Social Matrix of Psychiatry*, New York. 1981 (1972), *Vers une écologie de l'esprit*, Paris, Seuil, 2 vol. 1984 (1979), *La Nature et la Pensée*, Paris, Seuil.

▲ S. F. Nadel, 1938, «Review of *Naven*», *Man*, vol. 37 : 121-122. M. C. Bateson, éd., 1977, *About Bateson*, New York, Dutton. Y. Winkin, 1981, *La Nouvelle Communication*, Paris, Seuil. D. Lipset, 1980, *The Legacy of a Scientist*, Prentice-Hall. R. I. Levy et R. Rappaport, 1982, «Gregory Bateson», *AA*, vol. 84 : 379-394. M. C. Bateson, 1989 (1984), *Regards sur mes parents. Une évocation de M. Mead et de G. Bateson*, Paris, Seuil. M. Houseman et C. Severi, 1991, «Bateson, Gregory», in Bonte et Izard, p. 109-110. D. Lonergan, 1991, «Bateson, G.», in C. Winter, p. 38-39. M. Houseman et C. Severi, 1994, *Naven ou le donner à voir. Essai d'interprétation de l'action rituelle*, Paris, CNRS-MSH.

WILSON, Godfrey (1908-1944). Son père étant spécialiste de Shakespeare, G. Wilson étudie les lettres à l'université d'Oxford avant que M. Hunter ne lui fasse découvrir l'anthropologie. Ils suivent ensemble le séminaire de Malinowski et partent pour le Tanganyika (Tanzanie). Tous deux engagent une recherche exclusivement centrée sur les processus d'acculturation et refusent par ailleurs de distinguer entre la sociologie, l'histoire et l'anthropologie sociale. M. Hunter et G. Wilson se marient en 1935. Recommandé par Lugard et Hailey, Wilson est nommé directeur de l'Institut Rhodes-Livingstone, premier de ce type, en mai 1938. Se voulant scientifiquement indépendant et désirant étudier la société urbaine et les campements miniers de près, Wilson se heurte aux compagnies minières qui lui retirent l'autorisation d'enquêter après des grèves. Sa position d'objecteur de conscience mène ensuite à sa démission de la tête de l'Institut en avril 1941 (Brown, 1973 : 192) et à son remplacement par Gluckman.
Rédigé avec M. Wilson-Hunter, *The Analysis of Social Change Based on Observations in Central Africa* (Cambridge UP) propose une vue globale des transformations sociales à travers l'examen de celles des Nyakyusa. Le concept de base est celui de l'équilibre comme nécessité sociale fondamentale.

◆ 1938, «The Rhodes-Livingstone Institute of Central African Studies», *The Cambridge Review*, n° 172. 1940, «Anthropology as a Public Service», *Africa*, vol. 13. 1939 (avec M. Wilson), «The study of African Society», *Rhodes-Livingstone Papers*, n° 2. 1941-1942, «Essay on the economics of detribalisation in Northern Rhodesia», *Rhodes-Livingstone Papers*, n° 5 et n° 6.

▲ M. H. R., 1944, « Godfrey Wilson », *Africa*, vol. 14. M. Gluckman, 1944, « G. Wilson » in *The Rhodes-Livingstone Journal*, n° 1. R. Brown, 1973, « Anthropology, a colonial rule : the case of G. Wilson and the Rhodes-Livingstone Institute, Northern Rhodesia » in T. Asad, *Anthropology & the Colonial Encounter*, Londres, Ithaca Press, p. 173-197.

Le Cap et la Rhodésie

Une antenne du fonctionnalisme anglais est constituée en Afrique du Sud. On y étudie l'anthropologie à l'université de Witwatersrand (Johannesbourg) avec A.W. Hoernlé puis I. Shapera (enseignant à Witwatersrand puis au Cap), et l'on se rend en Angleterre suivre les cours de Malinowski. C'est le chemin que suivront M. Fortes, B. Marwick, L. Kuper, H. Kuper, M. Gluckman... En 1921, Radcliffe-Brown fonde une chaire d'anthropologie sociale à l'université du Cap et l'occupe jusqu'en 1926. Mais c'est en 1937 l'établissement de l'Institut Rhodes-Livingstone en Rhodésie du Nord (Zimbabwe) qui donne un formidable élan à l'ethnographie de cette région du monde, tout en ouvrant à de nouvelles problématiques théoriques.

▲ A. Kuper, 1987, *South Africa and the Anthropologists*, Londres, Routledge. R. Gordon, 1988, « Apartheid's anthropologists : the genealogy of Afrikaner anthropology », *American Ethnologist,* vol. 15 : 535-553. R. Gordon, 1990, « Early social anthropology in South Africa », *African Studies,* vol. 49 : 15-48.

HOERNLÉ, Agnes Winifred, née Tucker (1885-1960). Née à Kimberly (Afrique du Sud), A. Hoernlé étudie à l'université de Cambridge avec Rivers et Haddon (1908-1910), puis se rend à Leipzig, Bonn et Paris, où elle suit notamment les cours de Durkheim. Elle retourne en Afrique du Sud en 1912 et enquête auprès des Nama Khoi (Hottentots). Mariée en 1914, elle se tourne vers l'anthropologie appliquée et participe à la fondation de l'Institut sud-africain pour l'étude des relations raciales. Elle enseigne à l'université de Witwatersrand où elle a comme élèves M. Gluckman, E. Krige, H. Kuper, I. Schapera qu'elle envoie à la *LSE* auprès de Malinowski.

◆ P. Castens, éd., 1985, *The Social Organization of the Nama and other Essays by Winifred Hoernlé*, Johannesburg.

▲ M. Gluckman et I. Schapera, 1960, « Dr. Winifred Hoernlé : An Appreciation », *Africa*, vol. 30 : 262-263. P. Cartens, G. Klinghardt et M. West, éd., 1987, *Trails in the Thirstland : the Anthropological Field Diaries of W. Hoernlé*, Cape Town. R. Gordon, 1987, « Remembering Agnes W. Hoernlé », *Social Dynamics*, vol. 13 : 68-72. P. Carstens, 1991, « Hoernlé, Agnes », in C. Winter, p. 298.

SCHAPERA, Isaac (né en 1905). Né dans un village du Namaqualand (Afrique du Sud) d'un père négociant, I. Schapera suit l'enseignement de Radcliffe-Brown à l'université du Cap. Obtenant un *MA* en 1925, il se rend à la *LSE* et suit les séminaires de Seligman et de Malinowski. Ayant obtenu un *PhD* en 1929, il revient en Afrique du Sud, effectue un premier terrain chez les Tswana du Botswana (qu'il étudie jusqu'en 1950) et travaille sur les Hottentots et les Bushmen (1930, *The Khoisan Peoples of South Africa : Bushmen and Hottentots*, Londres, Routledge). En 1930, il remplace temporairement W. Hoernlé à l'université de Witwatersrand et compte parmi ses étudiants M. Gluckman, E. Krige et H. Kuper. Il est nommé professeur d'anthropologie sociale à l'université du Cap en 1935. Il prolonge alors ses enquêtes sur les Tswana, abordant la plupart des aspects de la vie sociale de cette population. Cela le conduit à participer à l'avènement d'une anthropologie du droit avec la publication en 1938 de *A Handbook of Tswana Law and Custom* (Londres, Oxford UP) qui devient un classique, à innover en traitant de la vie sexuelle (dans *Married Life in an African Tribe*, Londres, Oxford UP, 1940) ou du travail migratoire (*Migrant Labour and Tribal Life. A Study of Conditions in the Bechuanaland Protectorate,* 1947, Londres, Oxford UP).
En 1950, Schapera est nommé professeur à la *LSE.* C'est désormais une ethnologie du pouvoir politique qui retient son attention. Comme Nadel ou Evans-Pritchard, Schapera pense qu'il convient que l'ethnologue établisse des comparaisons régionales plutôt que de vastes synthèses a-géographiques. C'est ce qu'il propose avec *Government and Politics in Tribal Societes* (Londres, Watts, 1956), recueil d'articles consacré à l'étude de l'organisation politique. Les fonctions politiques sont présentées dans une optique comparative en relation à l'environnement, l'économie, la densité des groupes. Notons que Schapera désavoue la thèse de Gluckman sur le rôle de la rébellion comme facteur de renforcement de l'unité, puisqu'elle finit souvent par des sécessions. Dans la dernière partie de sa carrière, Schapera se consacre beaucoup à l'histoire des premières explorations, éditant les papiers et la correspondance de Livingstone (1959-1974).

◆ Éd., 1937, *The Bantu-speaking Tribes of South Africa : An Ethnological Survey*, Londres, Routledge. 1940, *Married Life in an African Tribe*, Londres, Faber. 1943, *Native Land Tenure in the Bechuanaland Protectorate*, Londres. 1952, *The Ethnic Composition of Tswana Tribe.* 1959-1963, éd., *David Livingstone's Journals and Letters, 1841-1956*, Londes, 6 vol. 1970, *Tribal Innovators, Tswana Chiefs and Social Change*, *1795-1940*, Londres, Athlone. 1971, *Rainmaking Rites of Tswana Tribes*, Leiden.

▲ M. Fortes, 1975, « Isaac Schapera : an appreciation », in M. Fortes and S. Patterson, éd., *Studies in Social Anthropology*, Londres. 1979, « The published works of Isaac Schapera », in W.A. Shack et P.S. Cohen, éd., *Politics in Leadership. A Comparative Perspective,* Oxford, Clarendon. J. Comaroff et J.L. Comaroff, 1988, « On the founding fathers, fieldwork and functionalism : a conversation with Isaac Schapera », *American Ethnologist*, vol. 15 : 554-565. M. Izard, 1991, « Isaac Shapera », in Bonte et Izard, p. 653-654. M. Auslander, 1991, « Schapera, Isaac », in C. Winter, p. 613-614.

FORTES, Meyer (1906-1983). Né en 1906 à Bristown (province du Cap) dans une famille juive émigrée de Russie, M. Fortes étudie au Cap où il reçoit un *MA*, puis se rend à la *LSE* où il obtient en 1930 un *PhD* de psychologie sur les tests de perception : *The Cross-Cultural Testing of Intelligence.* Entre 1931 et 1933, il travaille sur la délinquance juvénile et, à l'invitation de Malinowski, rejoint comme psychologue le séminaire d'anthropologie de la *LSE* où il se lie à Evans-Pritchard et Schapera. Grâce à Seligman, il est associé à l'Institut international africain entre 1933 et 1937 et travaille au Ghana chez les Tallensi, les Ashanti et les Tswana. Il publie un premier article sur les rituels (1936), puis sur les coutumes matrimoniales des Tallensi (1937). Recruté comme *lecturer* à la *LSE* en 1938-1939, il est chercheur en sociologie africaine à l'université d'Oxford entre 1939 et 1941. En 1940, il coédite *Les Systèmes politiques africains* (Paris, PUF, 1964) avec Evans-Pritchard. Préfacé par Radcliffe-Brown, et après une célèbre introduction, le livre rassemble huit contributions portant sur des systèmes politiques africains explorés à l'aide du rôle de la parenté dans l'organisation politique, de l'influence de la démographie, du mode de vie, de l'aspect territorial, de la force organisée, des réponses à l'administration coloniale… Reprenant le paradigme durkheimien de l'opposition entre société à solidarité mécanique et société à solidarité organique, Fortes et Evans-Pritchard mettent en évidence celle qui sépare les sociétés à organisation politique centrale et sociétés lignagères-segmentaires.

Militaire entre 1941 et 1944, M. Fortes est ensuite nommé directeur du département de sociologie du *West African Institute* créé au Ghana. En 1945, il publie *The Dynamics of Clanship among the Tallensi. The First Part of an Analysis of the Social Structure of a Trans-Volta Tribe* (Londres, Oxford UP) faisant suite à sa contribution à *African Political Systems* où il énonçait que c'est l'homogénéité de la culture et le système économique agricole qui impliquent la stabilité territoriale, et le réseau parental et clanique et surtout les doctrines mystiques et pratiques rituelles (liant et préservant les individus) qui tissent le politique (Amselle, 1990, *Logique métisse*, Paris, Payot, p. 97). En 1949 fait suite *The Web of Kinship among the Tallensi. The Second Part of an Analysis of the Social Structure of a Trans-Volta Tribe* (Londres, Oxford UP). Alors qu'en 1945 Fortes ne traitait que de la patrilinéarité, il parle ici du rapport aux deux lignages se rencontrant dans l'unité domestique qui assure leur continuité. Tout en restant fidèle aux principes de Radcliffe-Brown (unité et solidarité du lignage), il introduit les conflits et les clivages, notamment entre générations. Édité par M. Fortes, *Social Structure. Studies Presented to A.R. Radcliffe-Brown* (Londres, Oxford UP, 1949) propose que la recherche d'une structure implique qu'on dégage les normes qui président au fonctionnement de la société par induction, à partir d'exemples répétés, d'où la nécessité de recourir aux méthodes statistiques.

Sans abandonner les Tallensi, Fortes travaille sur les Ashanti à la filiation bilinéaire ou indifférenciée dont il traite dans sa contribution (1950) à *Systèmes familiaux et matrimoniaux en Afrique* (Paris, PUF, 1953). S'il rejette comme Radcliffe-Brown « l'histoire conjoncturelle », Fortes introduit la contradiction dans la structure avec « Time and social structure : An Ashanti case studies » (1949) où il montre comment l'héritage devient un enjeu avec l'arrivée des missionnaires. *Reader* en anthropologie sociale à l'université d'Oxford entre 1947 et 1950, il est nommé professeur d'anthropologie sociale au collège royal de l'université de Cambridge en 1950. Publié en 1959, *Œdipe et Job dans les religions africaines* (Tours, Mame, 1974) traite du culte des ancêtres et illustre le double aspect contradictoire (et où se loge l'individu) de la croyance de certains peuples en un principe de fatalité (œdipien) et en celui d'une justice surnaturelle moins déterministe (jobien). Dans *Kinship and the Social Order : The Legacy of Lewis Henry Morgan* (1969, Chicago, Aldine), il définit la filiation et la descendance comme le cœur de la parenté contre un privilège accordé aux formes d'alliance.

◆ Éd. (avec G. Dieterlen), 1965, *African Systems of Thought,* Londres, Oxford UP. 1970, *Time and Social Structure and Other Essays,* Londres, Oxford UP. 1983, *Rules and the Emergence of Society*, Londres, Oxford UP. 1987, *Religion, Morality and the Person*, Cambridge, Cambridge UP.

▲ P. Worley, 1956, « The kinship system of the Tallensi : A reevaluation », *JRAI,* vol. 86 : 37-75. R. M. Keesing, 1970, « Shrines, ancestors and cognatic descent : The kinship system of the Tallensi : A reevaluation », *AA*, vol. 72 : 755-775. L. Dumont, 1971, « M. Fortes », in *Introduction à deux théories d'anthropologie sociale*, Paris, p. 75-81. J. A. Barnes, 1971, *Three Styles in the Study of Kinship*, Berkeley, California UP. M. Fortes, 1978, « An Anthropologist's apprenticeship », *Annual Review of Anthropology*, vol. 7 : 1-30. S. Druker-Brown *et al.*, éd., 1983, « In memory of M. Fortes », *Cambridge Anthropology*, vol. 8 : 1-70. Liberski, 1991, « Meyer Fortes », in Bonte et Izard, p. 289. J. A. Barnes, 1991, « Fortes, Meyer », in C. Winter, p. 211. On se reportera aussi aux excellentes pages traitant d'*African Systems of Kinship and Marriage* dans J.-L. Amselle, 1990, *Logiques métisses. Anthropologie de l'identité en Afrique et ailleurs*, Paris, Payot (autour surtout des pages 93-100) et à celles de J. Lombard (1972).

WILSON, Monica, née Hunter (1908-1982). Née à Lovedale, petit village d'Afrique du Sud, de parents missionnaires, M. Hunter Wilson étudie l'histoire puis l'anthropologie au collège universitaire Girton de l'université de Cambridge (*BA,* 1930). Elle se rend ensuite chez les Pondo de la province du Cap effectuer la première étude sur le changement social en Afrique. Elle retourne à Cambridge et, sous la direction de Hodson, obtient un *PhD* en 1934. En 1936, elle publie *Reaction to Conquest. Effect of Contact with Europeans on the Pondo of South Africa* (Londres, Oxford UP). Elle y observe les changements qui ont affecté le groupe Pondo. Ayant épousé en 1935 G. Wilson, tous deux s'engagent dans un programme de la Fondation Rockefeller sur l'étude de l'impact des cultures européennes sur les sociétés africaines, supervisé par l'Institut international africain. G. Wilson devient en 1938 le premier directeur de l'institut Rhodes-Livingstone, mais il démissionne en 1941 et meurt en 1944. Écrit en commun, *The Analysis of Social Change* est publié en 1945. Les deux auteurs y insistent sur la notion d'échelle car selon eux, c'est d'abord en terme de différence d'échelle qu'il faut comprendre l'acculturation. Recruté comme *lecturer* par le collège de Fort Har, M. Wilson obtient en 1947 la chaire d'anthropologie du collège universitaire de Rhodes puis succède en 1952 à I. Schapera à l'université du Cap. Elle se plonge dans l'étude des villes, les processus d'urbanisation des ruraux, leurs formes de solidarité et l'organisation des minorités raciales. Elle travaille aussi sur les Nyakyusa du Malawi dont elle met en valeur les rituels et les classes d'âge déterminant les communautés résidentielles. La parenté et l'âge sont en effet les deux principes fondamentaux de l'organisation villageoise et des rituels religieux. Opposée à l'apartheid, M. Wilson reste cependant en Afrique du Sud où elle dirige le département d'anthropologie de l'université du Cap jusqu'à sa retraite (1973).

◆ 1951, *Good Company : A Study of Nyakyusa Age Village*. Londres, Oxford UP. 1957, *Rituals of Kingship among the Nyakyusa*, Londres, Oxford UP. 1959, *Communal Rituals among the Nyakyusa*, Oxford UP. 1959, *Divine Kings and the Breath of Men*, Cambridge UP. 1970, *The Thousand Years before van Riebeeck,* Johannesburg, Witwatersrand UP. Éd. (avec L. Thompson), 1971, *The Oxford History of South Africa*, vol. 1 et 2, Oxford, Clarendon. 1981, *Freedom for my People. The Autobiography of Z.K. Mathews : Southern Africa 1901 to 1968*, Cape Town and Londres, Philip et Collings.

▲ D. Brokensha, 1983, « Monica Wilson 1908-1982 », *Africa*, vol. 53 : 3. M.E. West, 1988, « Monica Hunter Wilson », in Ute Gacs, p. 372-382.

GLUCKMAN, Max Herman (1911-1975). Né à Johannesbourg, M. Gluckman étudie le droit à l'université de Witwatersrand et l'anthropologie avec W. Hoernlé (*BA,* 1934), puis à l'université d'Oxford avec R. Marett tout en suivant le séminaire de Malinowski. Entre 1936 et 1938, il enquête chez les Zoulous et en 1938 obtient un *PhD* avec *The Realm of the Supernatural among the Southeastern Bantu*. Gluckman opte pour la nationalité britannique et ne cessera de dénoncer l'apartheid. Employé en 1939 par l'Institut Rhodes-Livingstone (Zambie), il enquête chez les Lozi de Borotseland (1939-1941). En 1940, il collabore à *Systèmes politiques africains* (Paris, PUF, 1964) avec un article sur les Zoulous. Evans-Pritchard ayant exposé que la structure des sociétés segmentaires se maintient par un équilibre intégrateur dont les vendettas participent, Gluckman montre que, pareillement, les rébellions et les révoltes menacent les hommes en place, mais non l'institution royale qu'en réalité, elles renforcent. A. Kuper a porté l'attention sur le fait que Gluckman aborde la question de la domination raciale blanche et qu'il est le seul anthropologue de l'époque à en parler (Kuper, 1983 : 145). Directeur de l'Institut Rhodes-Livingstone entre 1941 et 1947, Gluckman fonde une véritable école (« Seven-Years Research Plan of the Rhodes-Livingstone Institute », *Human Problems in British Central Africa,* vol. 4 : 1-32, 1945). Il travaille sur les Tonga (1944) et les Lamba (1946) avant d'être nommé *lecturer* à l'université d'Oxford. Devenu en 1949 le premier professeur d'anthropologie sociale de l'université de Manchester, il crée l'école dite de Manchester (F. G. Bailey, V. Turner, R. Frankenberg, A. Epstein…).

En 1949, il participe au volume d'hommages offert par M. Fortes à Radcliffe-Brown et, en 1950, à *Système africain de parenté et de mariage,* y rendant

compte des Lozi et des Zoulous. Il élargit la thèse d'une revitalisation de l'ordre par sa contestation avec l'exemple d'un rituel de guerre des sexes.
En 1951, Gluckman édite avec E. Colsen *Seven Tribes of British Central Africa* (Londres, Oxford UP) où il traite des Lozi sur lesquels il revient en 1955 avec *The Judicial Process among the Borotse of Northern Rhodesia* (Manchester UP) et, en 1965, avec *The Ideas in Borotse Jurisprudence* (Manchester UP). Ces deux livres exposent les techniques et les procédures légales des cours Lozi, et constituent une contribution majeure à l'anthropologie juridique.
Fruit de la conférence Frazer délivrée en 1952, *Rituals of Rebellion in South-East Africa* (1954, Manchester UP) réaffirme que les rituels sont l'expression des conflits, mais renforcent la structure sociale existante. Consacré aux rituels, au principe d'autorité et à la sorcellerie, *Custom and Conflict in Africa* (Glencoe, Free Press) est l'une des meilleures introductions aux grands principes des sociétés africaines. En 1962, l'édition d'*Essays on The Ritual of Social Relation* (rassemblant les conférences de Fortes, Forde et Turner présentées à Manchester) donne à Gluckman l'occasion d'une lecture du célèbre ouvrage de Van Gennep sur les rites de passage.
Publié en 1963, *Order and Rebellion in Tribal Africa. Collected Essays with an Autobiographical Introduction* (Londres, Cohen) reprend les grandes orientations de Gluckman. Il insiste sur le fait que les hommes et les groupes sont toujours placés en situation d'allégeances multiples par des règles qui sont elles-mêmes souvent contradictoires et ambiguës, et sur l'idée d'une résolution des conflits par des rituels, rattachant chacun à des valeurs communes. Il reproche de plus à Malinowski son oubli de l'histoire et pense nécessaire d'établir la durée structurale de chaque institution. En 1963, Gluckman dirige le *Bernstein Israel Research Project*, étudiant l'immigration et l'industrialisation en Israël. En 1965, il écrit avec F. Eggan l'introduction à *The Relevance of Models for Social Anthropology,* l'un des quatre volumes issus de la conférence anglo-américaine *New Approches in Social Anthropology* tenue à Cambridge en 1963, qui jette un pont entre les deux traditions nationales. Employé à partir de 1971 par la Fondation Nuffield, il abandonne la direction du département de Manchester tout en continuant son séminaire. Gluckman meurt le 13 avril 1975 alors qu'il était invité à l'université de Jérusalem.

◆ Éd., 1972, *The Allocation of Responsability*, Manchester UP. 1975, « Anthropologists and Apartheid : The Work of South African Anthropologists », in M. Fortes et S. Patterson, éd., *Studies in African Social Anthropology*, Londres, Academic Press.

▲ R. Firth, 1975, « Max Gluckman », *Proceedings of the British Academy*, vol. 61 : 479-496. E. Max, 1975, « Anthropological studies in a centralized State : Max Gluckman and the Bernstein Israel Research Project », *Jewish Journal of Sociology,* vol. 17 : 131-150. M. J. Aronoff, éd., 1976, *Freedom and Contraint : A Memorial Tribute to Max Gluckman*, Amsterdam, Van Gorcum. E. Colson, 1977, « The Institute under Max Gluckman, 1942-1947 », *African Social Research*, vol. 24 : 285-295. R. Brown, 1979, « Passages in the life of a white anthropologist : Max Gluckman in Northern Rhodesia », *Journal of*

African History, vol. 20 : 525-541. M. Izard, 1991, « Gluckman, Max Herman », in Bonte et Izard, p. 302.

KUPER, Hilda, née Beemer (1911-1992). Née au Zimbabwe, H. Kuper étudie l'anthropologie avec A.W. Hoernlé et I. Schapera (*BA*, 1930). Elle enquête sur les Indiens de Natal et sur le comportement citadin des travailleurs ruraux émigrés, enfin sur le Swaziland à partir de 1934. Venue à Londres, elle obtient en 1942 un *PhD* à la *LSE* où elle est l'assistante de Malinowski. Sa thèse est publiée en deux volumes différents en 1947. Le premier, intitulé *The Uniform of Color : a Study of White-Black Relationships in Swaziland* (Johannesburg, Witwatersrand UP), montre comment la domination économique de la société blanche écrase les sociétés traditionnelles, et insiste sur l'égalité biologique des races. Le second, pour lequel elle est plus connue, *An African Aristocracy* (Londres, Oxford UP), décrit en détail l'organisation sociale des Swazi. Elle insiste sur la fonction intégratrice des grandes cérémonies royales. Elle est nommée en 1972 biographe officielle du roi Sobhuza II. H. Kuper enseigne aux universités de Witwatersrand (1940-1945), de Natal (1959-1962), de Californie à Los Angeles (1963-1978).

◆ 1952, *The Swazi*, Londres, IAI. 1955, *The Shona*, Londres, IAI. 1960, *Indian People of Natal*, Natal, South African UP. 1963, *The Swazi : a South African Kingdom*, New York, Holt. Éd., 1965, *Urbanization and Migration in West Africa*, Los Angeles, California UP. 1965, *Bite of Hunger : a Novel of Africa*, New York, Harcourt. 1970, *A Witch in my Heart : a Play Set in Swaziland in the 1930s,* Londres, Oxford UP. 1981, *Biography as Interpretations*, Bloomington, Indiana UP.

▲ M. Gluckman, 1984, compte rendu de *An African Aristocracy*, *Africa*, vol. 18 : 63-64. H. Kuper, 1984, « Function history, biography », in G. Stocking, éd., *Functionalism, Historicized*, Madison, Wisconsin UP, p. 192-213. K. Moran, 1988, « Hilda Beemer Kuper », in Ute Gacs, p. 194-201. N. J. Schmidt, 1991, « Kuper, Hilda Beemer », in C. Winter, p. 369-370. Anonyme, 1992, « Hilda Kuper », *AT*, vol. 8, n° 3 : 18.

MARWICK, Brian Allen (né en 1911). Né à Johannesbourg, Marwick étudie à l'université de Witwatersrand auprès d'A. W. Hoernlé et de Schapera puis à Oxford auprès d'Evans-Pritchard. Il travaille à l'Institut Rhodes-Livingstone sous la direction de Gluckman puis enseigne à l'université de Witwatersrand. Quittant l'Afrique du Sud, il occupe ensuite un poste de professeur de sociologie à l'université de Stirling (Écosse). Il est surtout connu pour son ethnographie de la sorcellerie chez les Cewa (*Sorcery in its Social Setting : A Study of the Northern Rhodesian Cewa*, 1965, Manchester) et l'édition d'un volume sur ce même thème de la sorcellerie : *Witchcraft and Sorcery : Selected Readings* (1970, 1982, Harmondsworth, Penguin).

L'Australie et la Nouvelle-Zélande

Après la période héroïque où s'illustrent Spencer, Gillen, ... Radcliffe-Brown est le premier à assurer le développement de l'ethnologie dans cette partie du monde où il inaugure la première chaire d'anthropologie à Sydney en 1926. Notons cependant qu'A. Kuper écrit : « Ce poste lui fut assuré par cet érudit distingué provenant de Sydney, l'anatomiste E. Smith, dont il considérait les théories diffusionnistes comme totalement ridicules. Radcliffe-Brown construisit un programme de premier cycle, qui était particulièrement ouvert aux officiers coloniaux et aux missionnaires. Avec l'aide financière du gouvernement, Radcliffe-Brown établit un projet de recherche touchant les aborigènes et démarra *Oceania*. En dépit de ses activités, l'occupation de la chaire de Sydney par Radcliffe-Brown s'avéra finalement désastreuse. Alors qu'elle avait commencé sous les meilleures auspices, l'arrogance et les maladresses de Radcliffe-Brown lui aliénèrent ses plus fidèles partisans. En période de contrainte budgétaire, il retourna le gouvernement contre ses projets et lorsqu'il quitta Sydney en 1931, le département était sur le point de fermer. Firth reprit les choses à ce point et avec son successeur, Elkin, ils réussirent à remonter la pente » (Kuper, 1996 : 45).

Après Firth (1931-1933) et Elkin (1933-1956), en 1946 l'université nationale de Canberra offre une chaire d'anthropologie à Nadel. Celui-ci, mort en 1956, est remplacé par J.A. Barnes, tandis que l'université de Perth (université de l'Ouest australien) crée cette année-là une chaire qu'occupe R.M. Berndt. En 1950, l'université d'Auckland (Nouvelle-Zélande) crée un département d'anthropologie. Les développements qui suivent sont trop nombreux pour être relatés ici.

Hormis les chercheurs dont les biographies sont développées ci-dessous, citons P. Kaberry, élève bien-aimé de Malinowski, Geddes, qui reprend la chaire d'anthropologie de l'université de Sydney après la retraite d'Elkin, C.W.M. Hart, qui quitte l'Australie pour la Californie, ou encore R. Keesing.

▲ R. Firth, 1932, « Anthropology in Australia, 1926-1932 and after » in *Oceania*, vol. 3 : 1-12. A.P. Elkin, 1958, « Anthropology in Australia », *Manking*, vol. 5 (6). I. Bashkow, 1995, « Colonial administrators of Papua on their anthropological training », *History of Anthropology Newsletter* vol. 12 (2) : 3-14. J. Morton, 1996, « Australia », in Levinson et Ember, p. 116-119.

ELKIN, Adolphus Peter (1891-1979). A. Elkin étudie à l'université de Sydney puis est consacré pasteur de l'Église anglicane (1915). Après avoir rédigé un *MA* sur les religions australiennes, il obtient un *PhD* à l'université de Londres avec une thèse intitulée *Myth and Ritual of the Australian Aborigines* (1927). Grâce à l'appui de Radcliffe-Brown, il succède à R. Firth à la chaire d'anthropologie de l'université de Sydney en 1933, et occupe ce poste jusqu'en 1956. Ce fut le seul département d'anthropologie australien jusqu'en 1945. Éditant le journal *Oceania* jusqu'en 1979, Elkin travaille conjointement sur l'archéologie, l'ethnologie et l'anthropologie physique des Aborigènes australiens. Il est aussi le défenseur des droits tant des Aborigènes australiens que de ceux des Papous de Nouvelle-Guinée. Elkin est surtout connu en France pour être l'auteur d'une présentation globale de la culture australienne publiée en 1938 : *Les Aborigènes australiens* (Paris, Gallimard, 1968).

◆ 1933, *Studies in Australian Totemism*, Sydney. 1944, *Citizenship for the Aborigines,* Sydney. 1953, *Social Anthropology in Melanesia*, Londres, Oxford UP.

▲ R.M. and C.H. Berndt, éd., 1965, *Aboriginal Man in Australia : Essays in Honour of Emeritus Professor A.P. Elkin*, Sydney. R.M. et C.H. Berndt, 1979, « A.P. Elkin, 1891-1979 », *Oceania*, vol. 14 : 161-167. 1981, *AA*, vol. 83 : 368-371. T. Wise, 1985, *Self-Made Anthropologist : the Life of A.P. Elkin*, Londres. R. Allen. et C. Berndt, 1991, « Elkin, A.P. », in C. Winter, p. 177-178.

CHILDE, Vere Gordon (1892-1957). Né à Sydney, G. Childe est réputé pour ses interprétations de l'évolution économique préhistorique. Il étudie l'archéologie à l'université d'Oxford et, retournant en Australie, il est le secrétaire d'un homme politique du *Labour Party*. Il retourne à l'archéologie après la chute du gouvernement et sera successivement professeur de préhistoire à l'université d'Édimbourg (1927-1946), puis directeur de l'Institut d'archéologie de l'université de Londres (1946-1956). Publié en 1925, *The Dawn of European Civilization* dresse le premier panorama historico-culturel du néolithique et de l'âge du bronze. Influencé par le marxisme entre 1935 et 1946, Childe propose dans *What Happened in History* (1942, Harmondsworth) d'appliquer aux anciennes sociétés l'idée que les intérêts d'un groupe dirigeant peuvent bloquer le progrès technique et social.

◆ 1969 (1928), *New Light on the Most Ancient East*, Londres, Norton. 1952 (1936), *Man Makes Himself*, Londres, Norton. 1951, *Social Evolution*, New York, Peter Smith.

▲ B. Trigger, 1980, *Gordon Childe. Revolutions in Archeology*, Columbia UP. S. Green, 1981, *Prehistorian : a Biography of V. Gordon Childe*, Bradford-on-Avon.

KEESING, Felix Maxwell (1902-1961). Né à Taiping dans une Malaisie alors britannique, F. Keesing obtient un *MA* à l'université de Nouvelle-Zélande puis séjourne aux États-Unis. Il revient en Nouvelle-Zélande étudier les Maori sur lesquels il écrit son *PhD* : *The Changing Maori*, soutenu en 1928. Il se rend ensuite à Yale et Chicago. Entre 1930 et 1934, il travaille pour l'Institut du Pacifique-Sud puis, en 1933-1934, étudie avec B. Malinowski avant de créer le département d'anthropologie et de sociologie de l'université d'Hawaï. Participant à l'effort de guerre en 1942 en tant qu'instructeur et conseiller de la *US Navy*, il continue à travailler pour l'armée américaine après la guerre. En 1948, il devient le directeur du département de sociologie et d'anthropologie de l'université de Stanford, puis, après la séparation des deux disciplines en 1956, directeur du seul département d'anthropologie.

◆ 1939, *Three Centuries of Contact and Culture Change among the Mimomini Indians of Wisconsin*, American Philosophical Society, Memoir. 1956 (avec M. Keesing), *Elite Communication in Samoa : A Study of Leadership*, Stanford UP. 1958, *Cultural Anthropology : the Science of Custom*, New York, Holt, Rinehart and Winston.

▲ B.J. Siegel et G. Spindler, 1962, « F. Keesing », *AA*, vol. 64, p. 351-355.

FORTUNE, Reo Franklin (1903-1979). Né en Nouvelle-Zélande, R. Fortune étudie au collège universitaire de Victoria (*BA*, 1924), à l'université de Cambridge (*MA* d'anthropologie, 1927), puis à l'université de Columbia et enquête en Mélanésie (1928-1929). Ayant rencontré M. Mead sur le bateau le ramenant de Dabu, il l'épouse. Ils se rendent ensemble dans les réserves Omaha du Nebraska en 1929, puis en Nouvelle-Guinée. Fortune soutient sa thèse en 1931 et, en 1932, publie conjointement *Omaha Secret Societies* (New York, Columbia UP) et *Sorciers de Dobu. Anthropologie sociale des insulaires de Dobu dans le Pacifique* (Paris, Maspero, 1972), son ouvrage le plus connu. Il repart sur le terrain en 1932-1933, 1935-1936 et 1951-1952. C'est au cours de son second terrain que Mead le quitte après avoir rencontré G. Bateson. Fortune publie encore *Manus Religion* (Philadelphia, American Philosophical Society) en 1935 et les *Arapesh* (New York, Augustin, 1942). Entre 1936 et 1939, il enseigne à l'université de Canton (il édite un livre sur les Yao), dans l'Ohio en 1940-1941 puis à Toronto (1942-1944). Il sert dans l'armée canadienne, puis dans l'administration frontalière à Burma avant d'être recruté par l'université de Cambridge (1947).

BERNDT, Ronald Murray (1916-1990). Né à Adélaïde, R. Berndt étudie l'anthropologie sociale à l'université de Sydney avec Elkin et Hogbin. Ayant rencontré Catherine Webb (devenant C. H. Berndt), ils travaillent tous deux pour l'administration auprès des aborigènes du Nord-Ouest. Ils partent ensemble à Londres en 1953 et obtiennent leur *PhD* à la *LSE* en 1955. Enseignant l'anthropologie à l'université de Perth à partir de 1956, ils fondent et dirigent le département d'anthropologie qui voit le jour en 1963. Souvent réalisés avec son épouse, les travaux de R. Berndt portent sur les aborigènes australiens et les Papous des Hautes-Terres de Nouvelle-Guinée. Il en décrit les mythes, la religion et les styles artistiques dont il est le spécialiste. Il a aussi beaucoup travaillé sur la question de la guerre chez ces populations. La collection des Cahiers de l'homme dirigée par C. Lévi-Strauss a publié (en anglais) *An Adjument Movement in Arhem Land* (1961).

◆ 1951, *Kunapipi : a Study of the Australian Aboriginal Religious Cult*, Melbourne, Cheshire. 1962, *Excess and Restraint : Social Control among a New Guinea Mountain People*, Chicago, Chicago UP. 1964 (avec C. H. Berndt),

The World of the Firth Australians, Melbourne et Chicago. 1974, *Australian Aboriginal Religion*, Leiden. 1988 (avec C. H. Berndt), *The Speaking Land : Myth and Story in Aboriginal Australia*, Ringwood.

▲ H. Morphy, 1990, « R.M. Berndt », *AT*, oct. vol. 6 : 22-23. R. Tonkinson, 1991, « Berndt, Ronald », in C. Winter, p. 52-53.

BERNDT, Catherine Helen, née Webb (1918-1994). Née à Auckland (Nouvelle-Zélande) en 1918, Berndt étudie l'anthropologie à l'université de Sydney où elle rencontre R. Berndt avec lequel travaillera toute sa vie. Elle étudie à la *LSE* où elle obtient un *PhD* (1955). Ses pages les plus connues sont en France *Women's Changing Ceremonies in Northern Australia* (Paris, Mouton, 1950) dans lesquelles elle décrit les cérémonies féminines et les rapports entre les sexes. C. et R. Berndt ont également milité pour les droits des aborigènes.

◆ 1993, *A World that Was : the Yaraldi of the Murray Rivers and the Lakes, South Australia,* Canberra UP.

▲ S. Kaldor, 1988, « Catherine Berndt », in Ute Gacs, p. 8-17. R. Tonkinson et M. Howard, 1990, « The Berndts : a biographical sketch » dans R. Tonkinson et M. Howard, éd., *Going it Alone? Prospects for Aboriginal Autonomy : Essays in Honour of Ronald Berndt and Catherine Berndt*, Canberra. R. Tonkinson, 1991, « Berndt, Ronald », in C. Winter, p. 51-52. Anonyme, 1994, « Catherine Berndt », *AT,* aug., vol. 10 : 27.

Chapitre 7

Les écoles francophones

SOMMAIRE

Le Muséum d'histoire naturelle

À partir de 1856, A. de Quatrefages, T. Hamy, R. Verneau et P. Rivet se succèdent à la chaire d'anthropologie du Muséum d'histoire naturelle. Ils seront suivis par H. Vallois (1950-1960), J. Millot (1968-1968), R. Gessain (1968-1970) et J. Guiart (1970-1990). La thématique raciale restera dominante jusqu'au milieu des années 1950. L'élection de H. Vallois contre C. Lévi-Strauss en 1950 provoque une division de la profession qui a persisté jusqu'à récemment.

▲ J.-P. Bocquet-Appel, 1989, « L'anthropologie physique en France et ses origines institutionnelles », dans *Gradhiva*, n° 6 : 23-34.

VALLOIS, Henri (1889-1981). Né à Nancy, H. Vallois obtient un doctorat en médecine, puis en sciences naturelles. Professeur à la faculté de médecine de Toulouse (1922-1941), il est directeur d'études à l'EPHE (1932-1936) et professeur au Muséum d'histoire naturelle. En 1941, il reprend la chaire de P. Rivet après sa fuite en Colombie (à la suite de l'arrestation du réseau de résistance du musée de l'Homme) et il assure la direction de ce musée. Rivet reprend sa chaire à la Libération mais Vallois y est élu lorsque Rivet prend sa retraite en 1950. Vallois sera directeur de l'Institut de paléontologie humaine, président de la commission « Anthropologie, préhistoire et ethnologie » du CNRS, président de l'Union internationale des sciences anthropologiques et ethnographiques de l'Unesco. Se consacrant d'abord à l'étude des races, la seconde partie de sa carrière fut surtout, après la guerre, préoccupée de paléontologie. Vallois établit que les différences « raciales » ne concernaient pas seulement l'anatomie, mais aussi la physiologie, et au cours de missions menées chez les Indiens du Yucatan entre 1927 et 1932, que race et métabolisme sont liés. Partisan modéré des classifications raciales, H. Vallois a des affirmations surprenantes, il classe ainsi l'intelligence parmi les caractères psychologiques totalement héréditaires non seulement en 1944, mais encore en 1951 (rééd. des *Races humaines*, 1951 : 6). On lui doit aussi un ouvrage sur les Pygmées : *Les Pygmées Baka du Cameroun* (1976).

◆ 1926, *Traité d'anthropologie*. 1950, *La Paléontologie et l'origine de l'homme*. 1952, *Les Hommes fossiles, élements de paléontologie humaine*. 1955, *Les Primates*.

▲ Articles P. Huard *et al.*, 1982, « H. Vallois », *Bulletin et Mémoires de la Société d'anthropologie de Paris*, vol. 9.

MILLOT, Jacques (1897-1980). Né en 1897, J. Millot étudie la médecine puis la zoologie. À l'initiative de P. Rivet, il devient le secrétaire général de la revue militante *Races et racisme* fondée en 1937 et prônant l'égalité entre les races. Il se présente en 1941, après la révocation de Rivet, à la chaire d'anthropologie du Muséum d'histoire naturelle contre H. Vallois et obtient 10 voix contre 4 lors du vote des professeurs. Le vote de l'Académie des sciences leur donnant 18 voix chacun, J. Carcopino, sécrétaire d'État sous Vichy, tranchera en faveur de Vallois. Ce dernier ayant été reélu en 1950, J. Millot lui succède en 1960 et occupe cette chaire jusqu'en 1968. Approfondissant les questions de la classification des races, J. Millot établit un lien entre le groupe sanguin et la race en 1935. En 1937, il publie, avec P. Lester, *Les Races humaines* dont la seconde édition affirme que « la race est indélimitable » (1939 : 38). On doit aussi à J. Millot d'avoir beaucoup dynamisé la recherche française en Afghanistan, en Iran et dans la région himalayenne.

◆ 1952, *Biologie des races humaines*, Paris, Armand Colin.

▲ 1963, « Titres et travaux scientifiques », Paris, musée de l'Homme. J. Guiart, 1980, « Jacques Millot », *Objets et Mondes*, vol. 20 : 3-4. Bocquet-Appel, 1989.

MONOD, Théodore (né en 1902). Fils et petit-fils de pasteur, né à Rouen, T. Monod est assistant au Muséum d'histoire naturelle après un doctorat de sciences. En 1922, il commence à enquêter sur le terrain saharien où il est militaire. Il obtient le diplôme d'arabe littéral de l'INLCOV en 1938 puis fonde au Sénégal en 1938 l'Institut français d'Afrique noire (IFAN), qu'il dirige jusqu'en 1965. Il est élu professeur au Muséum d'histoire naturelle en 1942, doyen de la faculté des sciences de Dakar (1957-1959), membre de l'Académie des sciences (1963).

◆ 1987, (1937), *Meharées*, Paris, Actes Sud. 1943, *L'Hippopotame et le Philosophe*, (rééd. corrigée chez Julliard en 1996). 1984, *L'Émeraude des Garamantes*, Paris, Actes Sud. 1997, *Maxence au désert (contient d'anciens textes)*, Paris, Actes Sud. 1997, *Les Carnets de Théodore Monod*, Paris, Prés aux clercs. 1997, *Terre et ciel. Entretien avec S. Estibal*, Paris, Actes Sud. 1997, *Chercheur d'absolu, suivi de textes de combats* (contient les textes écrits à Dakar en 1942-1944), Paris, Actes Sud.

Les élèves de Mauss et de l'Institut d'ethnologie de l'avant-guerre

Entre 1928 et 1940, l'Institut d'ethnologie encadre la formation ethnologique et organise cent quatre missions (missions Labouret, Lévi-Strauss, Le Cœur...). L'esprit des belles-lettres marque ses premiers pas. En témoignent son premier diplômé, P. Mus, qui devient le directeur de l'École française d'Extrême-Orient (EFEO), et l'importance de l'Abyssinie (Éthiopie), qui intéresse parce que «fantôme» des civilisations antiques : M. Cohen s'y rend en 1910, M. Griaule en 1928; elle tient la première place lors de la mission Dakar-Djibouti, 1933-1934.

La Caisse nationale des sciences, qui précède le Centre national de la recherche scientifique (créé en 1938), embauche ses premiers ethnologues (M. Leiris et J.-P. Lebeuf), alors que d'autres diplômés deviennent préparateurs à la Ve section de l'EPHE (M. Griaule) ou se trouvent chargés d'un des départements du musée du Trocadéro (Schaeffner, Leroi-Gourhan...) qui devient musée de l'Homme en 1937.

▲ 1988, rééd. du *Bulletin du Musée d'ethnographie du Trocadéro*, Paris, Jean-Michel Place. Préface de J. Jamin. D. Fabre, 1997, «L'ethnologie française à la croisée des engagements 1940-1945», in J.-Y. Boursier, *Résistants et Résistance*, Paris, l'Harmattan. G. Gaillard, 1989, «Chronique de la recherche ethnologique dans son rapport au Centre national de la recherche scientifique 1925-1980», *Cahiers pour l'histoire du CNRS*, n° 3 : 85-127. G. Gaillard, 1990, du *Répertoire de l'ethnologie française, 1950-1970*, Paris, CNRS, chapitre premier.

CUISINIER, Jeanne (1890-1964). Après des travaux littéraires, J. Cuisinier entreprend à partir de 1923 des voyages qui la mènent dans la péninsule indochinoise, à Java et à Madagascar... Elle s'inscrit à l'Institut d'ethnologie et à l'INLCOV. Ses premiers travaux portent sur la danse cambodgienne. En 1936, elle publie *Danse magique de Kelantan* (Paris, Institut d'ethnologie) dans lequel elle montre l'origine javanaise des personnages représentés. Cette démarche diffusionniste se poursuit par la recherche sur les influences réciproques des aires océaniennes, indiennes et est-asiatiques. Elle sera directeur d'études à la Ve section de l'EPHE.

◆ 1951, *La Danse sacrée en Indochine et en Indonésie*, Paris, PUF. 1951, *Sumangat*, Paris, Gallimard.

▲ J. Faublée, 1965, «Jeanne Cuisinier», *JSO*, p. 1-4.

SCHAEFFNER, André (1895-1980). A. Schaeffner commence par préparer le concours d'entrée à l'Institut de chimie qu'il abandonne pour la musicologie. Spectateur de la Revue nègre qui produit Sydney Bechet et Joséphine Baker en 1925, il y rencontre G. H. Rivière. En 1925, il publie le premier livre en français sur *Le Jazz* (Paris, 1986, Jean-Michel Place). Il aide à la préparation du catalogue de l'exposition d'art précolombien du Pavillon de Marsan (musée des Arts décoratifs) en 1928 et P. Rivet l'invite à joindre l'équipe du musée du Trocadéro où il est chargé d'organiser le département d'organologie musicale (appelé ensuite d'ethnologie musicale puis d'ethno-musicologie). Ayant entendu en 1914 *Le Sacre du printemps*, il publie *Stravinsky* en 1931 (Paris, Rieder). Il participe aux missions Dakar-Djibouti (1933-1934) et Sahara-Soudan (1935) que dirige M. Griaule. En 1936, il publie *L'Origine des instruments de musique. Introduction ethnologique à l'histoire de la musique instrumentale* (Paris, Jean-Michel Place, 1980). Il est nommé maître de recherches au CNRS en 1941. En 1947, il se rend chez les Kissi de Guinée en compagnie de son épouse, D. Paulme, puis chez les Baga de Guinée et les Bété de Côte-d'Ivoire.

◆ 1957, Introduction et notes à *Nietzsche. Lettres à Peter Gast*, Monaco, 2 vol. Rééd. chez Ch. Bourgois, 1981. Recueil d'articles : 1980, *Essais de musicologie et autres fantaisies,* Paris, Le Sycomore. 1951, *Les Kissi; une société d'Afrique noire et ses instruments de musique*, Paris, Hermann.

▲ J. Jamin, 1980, « A. Schaeffner (1895-1980) », *Objets et Mondes*, vol. 20 : 131-135. G. Rouget, « In Memoriam, A. Schaeffner, 1895-1980 », *Journal of the Society for ethnomusicology*, vol. 35 (1) : 99-101. G. Rouget, 1980, « A. Schaeffner », *JSA,* vol. 50 : 109-110. F. Lesure et G. Rouget, éd., 1982, « Les fantaisies du voyageur : 32 variations Schaeffner », Paris, *Revue de musicologie* vol. 68. J. Jamin, 1991, « A. Schaeffner », in C. Winter, p. 612-613. J. Jamin, 1991, « Schaeffner, A. », in Bonte et Izard, p. 652-653.

RIVIÈRE, Georges-Henri (1897-1985). Né à Paris, G.-H. Rivière ne fait pas d'études supérieures, mais devient pianiste de jazz tout en assurant le secrétariat du collectionneur D. Weill qui crée puis subventionne les revues *Les Cahiers d'arts* et *Documents*. G.-H. Rivière y rencontre G. Bataille et A. Métraux et participe à la grande exposition d'art précolombien de 1928. P. Rivet le recrute comme sous-directeur du musée d'Ethnographie du Trocadéro (1929). Après un stage en Norvège, il réorganise le Musée avant de participer à la création du musée de l'Homme ouvert en 1937. Il fonde cette même année le musée des Arts et traditions populaires. Contre une conception évolutionniste ou strictement artistique, il organise la présentation des collections selon une conception environnementaliste. Créateur du Centre d'ethnologie française du CNRS, il emmène en stage de terrain des générations d'étudiants et dirige d'importantes recherches sur la France rurale (notamment sur l'Aubrac).

◆ G.-H. Rivière, 1968, « Musée et autres collections publiques d'ethnographie » dans J. Poirier, éd., *Ethnologie générale*, Paris, Gallimard, p. 472-493. « Introduction » et édition de *L'Aubrac, étude ethnologique, linguistique, agronomique et économique d'un établissement humain*, Paris, 6 vol., 1970-1982.

▲ Anonyme, 1985, *Anthropology Newsletter*, n° 10. I. Chiva, 1985, « G.-H. Rivière : un demi-siècle d'ethnologie de la France », *Terrain*, n° 5 : 76-83. 1987, « Hommage de la Société d'ethnologie française à Georges-Henri

Rivière», *Ethnologie française*, vol. 17 (1). 1989, *La Muséologie selon Georges-Henri Rivière : cours de muséologie, textes et témoignages*, Paris. C. Faure, 1989, *Le Projet culturel de Vichy. Folklore et révolution nationale 1940-1944*, Paris, éd. du CNRS. J. Jamin, 1991, «Rivière, G.-H.», dans Bonte et Izard, p. 413-414. J. Jamin, 1991, «G.-H. Rivière», in C. Winter, p. 586-587.

GRIAULE, Marcel (1898-1956). M. Griaule commence des études de mathématiques qu'il interrompt pour s'engager comme volontaire dans l'aéronautique (1918). Il participe à la campagne de Syrie et découvre l'ethnographie. Rentré en France, il obtient une licence ès lettres (1929) et suit les enseignements de Mauss et Cohen. En 1927, il obtient le diplôme d'amharique et effectue une première mission en Éthiopie (alors appelée Abyssinie) en 1928-1929. Il en ramène des articles scientifiques, un ouvrage savant (*Le Livre de recettes d'un dabtara abyssin,* Institut d'ethnologie), et un récit de voyage, *Les Flambeurs d'hommes* publié en 1934 (Paris, Berg International, 1991). Il est élu secrétaire général-adjoint de la Société des africanistes qui voit le jour (1931). Profitant du succès de l'Exposition coloniale et de la tenue du premier congrès de l'Institut international africain, P. Rivet obtient de la Chambre des députés qu'elle vote une loi décidant de la mission Dakar-Djibouti qui traverse quinze pays d'Afrique d'ouest en est. Dirigée par M. Griaule, la mission comprend E. Lutten, A. Schaeffner, D. Lifchitz, M. Leiris, J. Mouchet, Larget et P.-H. Chombart de Lauwe. Partant de Paris en mai 1931, elle quitte Djibouti le 7 février 1933 avec le relevé de 30 langues, une collection de 300 manuscrits et 3 500 objets.

La revue *Le Minotaure* consacre la totalité de son deuxième numéro à l'importante exposition organisée au musée du Trocadéro. En 1936, M. Griaule devient directeur-adjoint du Laboratoire d'ethnologie. Bien qu'il publie encore *Jeux et divertissement abyssins* (Paris, Institut d'ethnologie, 1934) et qu'il se fasse l'avocat de l'Éthiopie auprès de la Société des Nations après l'agression italienne, rédigeant *La Peau de l'ours* (Paris, Grasset, 1936), livre militant, c'est désormais à l'étude des Dogon que M. Griaule se voue (depuis, cinq générations d'ethnologues se sont succédé auprès de ce peuple).

En 1935, une nouvelle mission (mission Sahara-Soudan) comprend N. Gordon, S. de Ganay, D. Paulme et D. Lifchitz. Ces deux dernières restent huit mois chez les Dogon. En 1936-1937 a lieu la mission Sahara-Cameroun comprenant G. Dieterlen. En 1938, M. Griaule soutient son doctorat avec *Masques dogons* (thèse principale, Paris, Institut d'ethnologie, 1938, 1983) et *Jeux Dogons* (thèse secondaire, Paris, Institut d'ethnologie, 1938). En 1938-1939 il dirige la mission Niger-lac No dont J.-P. Lebeuf fait partie. Mobilisé de septembre à juillet 1940, il est décoré de la croix de guerre. En 1940, il est chargé du cours d'ethnologie de l'Institut d'ethnologie et, en 1941, remplace à l'INLCOV M. Cohen, démis après les lois antisémites. Il est élu professeur à la première chaire d'ethnographie de l'université de la Sorbonne en 1942.

En 1946-1947, M. Griaule dirige une nouvelle mission qui a pour objet les cosmologies dogon et bambara et les sociétés bozo et kouroumba. C'est au cours de cette mission qu'Ogotemmêli passe 34 journées d'entretien avec M. Griaule auquel il raconte la cosmologie et la mythologie dogon. La transcription de son récit est publiée sous l'intitulé *Dieu d'eau* (Paris, Fayard, 1948, 1992). Écrit dans un style grand public, le livre brise toute idée d'une simplicité des conceptions métaphysiques africaines et montre que la richesse de leurs mythes n'a rien à envier à celle des Grecs. Pour M. Griaule, c'est la force déterminante des mythes et des symboles qui explique les règles d'organisation sociale. Ainsi le vannier ou le forgeron reproduit par son travail les événements mythiques premiers (unifiant les principes mâle et femelle). Griaule explique aussi la parenté à plaisanterie qu'entretiennent Dogon et Bozo par leur métaphysique. Dès l'origine du monde, la règle était celle de la gémelléité, les êtres devaient naître par couple, et l'échange des insultes est cathartique parce qu'elles nettoient le foie des deux parties de leurs impuretés. La réalité sociale s'identifie au système de représentation métaphysique qui semble fonctionner de façon autonome, et c'est par réfraction que l'on arrive au monde social. On trouve ici un supra-social rappelant la conscience collective de Durkheim. On a critiqué cette conception en remarquant que Griaule ne présente pas d'explication scientifique, mais confond celle-ci aux données devenues métalangage, et que son approche suppose une homogénéité des mythes, or les versions d'Ogotemmêli sont-elles les seules? M. Griaule regroupe une véritable école concentrée sur l'étude de la cosmologie des peuples de la boucle du Niger (Dogon, Bambara, Bozo...). Le Laboratoire de système de pensée en Afrique noire du CNRS prolonge aujourd'hui l'étude des représentations au niveau du continent tout entier.

♦ 1943, *Les Sao légendaires,* Paris, Gallimard. 1947, *Arts de l'Afrique noire,* Paris, Le Chêne. 1957, *Méthode de l'ethnographie* (établi par G. Calame-Griaule), Paris, PUF. 1991 (1965) (avec G. Dieterlen), *Le Renard pâle,* Paris, Institut d'ethnologie. 1996, *Descente du troisième verbe*, Paris, Fata Morgana.

♦ P. Champion, 1956, « Griaule, M. », in *JSA,* vol. 21. D. Forde, 1956, « Griaule, M. », *Africa*, vol. 26. A. Sarraul, 1957, *M. Griaule, conseiller de l'Union française*, Paris, Nouvelles Éditions latines. 1987, *Ethnologiques. Hommages à Marcel Griaule.* Textes réunis par S. de Ganay, J.-P. Lebeuf, D. Zahan, Paris, Hermann. J. Clifford, 1983, « Power and dialogue in ethnography : Marcel Griaule's initiation », in G. Stocking, éd., *Observers Observed: Essays on Ethnographic Fieldword*, Madison, Wisconsin UP. E.A. van Beek, 1991, « Dogon restudied : a field evaluation of the work of Marcel Griaule », *CA*, vol. 32 : 139-167. A. Adler, 1991, « Griaule, M. », in Bonte et Izard, p. 309-310. D. Casajus, 1997, « Compte-rendu de 1996, Descente du troisième verbe », *JSA,* vol. 67 : 186-188 (des pages essentielles).

BASTIDE, Roger (1898-1974). Né à Nîmes, R. Bastide passe une agrégation de philosophie (1924). Du fait du prestige que connaît l'École française de sociologie, c'est à la France que le Brésil fait appel lorsque s'ouvrent ses jeunes universités et R. Bastide est nommé professeur à celle de São Paulo en 1938 (s'y rendent F. Braudel, F. Perroux, P. Monbeig, C. Lévi-Strauss). R. Bastide marque fortement de son influence les intellectuels brésiliens parmi lesquels il réside jusqu'en 1952. Spécialiste de sociologie religieuse, ayant écrit *Les Problèmes de la vie mystique* (Paris, A. Colin, 1931) et *Éléments de sociologie religieuse* (Paris, A. Colin, 1936), il se passionne dès son arrivée pour les phénomènes de syncrétisme entre civilisations occidentale et africaine en Amérique, thème sur lequel il rédige de nombreux livres et articles : *Le*

Candomblé de Bahia, rite Nagô, (Paris-La Haye, Mouton, 1958), *Les Religions africaines au Brésil* (Paris, PUF, 1960), *Les Amériques noires* (Paris, Payot, 1967). Intéressé par les singularités des formes pathologiques, il est l'un des premiers à voir dans la transe un mode de guérison et est l'un des créateurs de l'ethnopsychiatrie (*Sociologie des maladies mentales*, Paris, Flammarion, 1965). En 1951, R. Bastide est élu directeur d'études de psychiatrie sociale à la VIe section de L'EPHE, puis, après avoir soutenu sa thèse (1958), est nommé professeur d'ethnologie sociale et religieuse à l'université de la Sorbonne. Il crée le Centre de psychiatrie sociale à partir de 1960. En 1959, il prend en main la section ethnographie-ethnologie de *L'Année sociologique*. Il fonde en 1966 le Laboratoire de sociologie de la connaissance.

◆ 1970, *Le Prochain et le Lointain*, Paris, Cujas. 1971, *Anthropologie appliquée*, Paris, Payot. Éd., 1972, *Sens et Usages du terme structure dans les sciences humaines et sociales*, Paris, Mouton. 1974, éd., *Les Femmes de couleur en Amérique latine,* Paris, Anthropos. 1975 (avec F. Morin et F. Raveau), *Les Haïtiens en France*, Paris, Mouton. 1975, *Le Sacré sauvage et autres essais*, Paris, Payot.

▲ J. Duvignaud, 1974, «Pour R. Bastide», *CIS,* vol. 57. Ch. Lavine d'Épinay, 1975, «R. Bastide sociologue», et J. Faublée, «R. Bastide ethnologue», *L'Année sociologique*, p. 13-43. D. Dautry, «Roger Bastide. Bibliographie 1921-1974», Paris, CNRS. F. Morin, 1975, «Roger Bastide ou l'anthropologie des gouffres», *Archives de Sciences sociales des religions*, vol. 40 : 99-107. 1976, *L'Autre et l'Ailleurs : hommages à Roger Bastide*, Paris. A.P. Lyono, 1979, «R. Bastide», Stills, éd., vol. 18 : 40-42. Anonyme, 1991, «R. Bastide», in C. Winter, p. 37-38. A. Deluz, 1991, «Bastide, R.», in Bonte et Izard, p. 108-109. C. Ravelet, éd., 1996, *Études sur R. Bastide. De l'acculturation à la psychiatrie sociale*, Paris, L'Harmattan. En 1993 ont été créés les *Cahiers d'études bastidiennes* dédiés à son œuvre.

COMHAIRE, Suzanne, née Sylvain (1898-1975). Née à Port-au-Prince, S. Comhaire est la première Haïtienne à obtenir une licence et un doctorat. Après avoir suivi les cours de l'Institut d'ethnologie, elle étudie pendant un temps avec Malinowski. En 1936, elle épouse J. Comhaire, un chercheur belge. Ils partent ensemble sur le terrain haïtien en 1937 où S. Comhaire-Sylvain commence le recueil de la littérature orale (*Conte du pays d'Haïti,* Port-au-Prince, 1938). Alors que son époux est mobilisé en 1939, elle se rend à New York où elle enseigne à la *New School for Social Research.* Entre 1943 et 1945, J. et S. Comhaire travaillent ensemble à Kinshasa sur l'enfance africaine, puis elle enseigne à l'université d'Oxford. Les deux époux deviennent ensuite fonctionnaires aux Nations unies et s'intéressent principalement à la place de la femme dans les cultures africaines. S. Comhaire-Sylvain meurt d'un accident de la route au Nigeria en 1975. Elle a surtout rédigé une multitude de rapports et d'articles.

DUMÉZIL, Georges (1898-1986). Élève à l'ENS, G. Dumézil choisit la voie ouverte par Fustel de Coulanges plutôt que celle de Durkheim et de *L'Année* *sociologique*. La découverte en France de la grammaire comparée et de la linguistique avec M. Bréal ouvre un courant fécond, passant de F. de Saussure (1857-1913) et A. Meillet (1866-1936) à E. Benvéniste (1902-1976) et G. Dumézil. En 1924, ce dernier soutient sous la direction d'A. Meillet, un doctorat (1924) qu'il consacre à l'analyse des analogies entre les légendes, portant sur la fabrication et la consommation de l'ambroisie indienne et de la bière chez les Germains. L'existence d'un apparentement linguistique entre le grec, l'iranien, le sanskrit… supposerait une origine commune dite indo-européenne qu'une comparaison sémantique découvrirait et c'est d'abord en ce sens que G. Dumézil travaille (1929). En 1938, il a l'intuition qu'il ne faut pas chercher les rapprochements lexicaux et sémantiques, mais les coïncidences structurales révélant des caractères invariants à des faits de prime abord différents. Les trois groupes sociaux présents en Inde : les brahmanes (prêtres), les râjanya (guerriers) et les vaiçya (agriculteurs) se retrouvent identiquement à Rome avec les trois prêtres de Jupiter (la souveraineté), Mars (la guerre) et Quirinus (le peuple) offrant à leurs dieux respectifs un sacrifice commun. Des peuples circulant de l'Inde à l'Europe auraient partagé une idéologie qui énoncerait que le monde ne peut se reproduire que par la collaboration harmonieuse et hiérarchisée de trois fonctions : Mitra-Varuna, Indra, les Açvins chez les Indo-Iraniens ; Jupiter, Mars, Quirinus chez les Romains ; Odin, Thor et Freyr chez les Scandinaves.

Au reproche souvent formulé, qu'il s'agirait d'une structure quasi naturelle partagée par toutes les sociétés humaines, G. Dumézil répond que seuls les Indo-Européens en ont pris conscience et tiré un cadre général de pensée sociale et religieuse alors que, par exemple, l'Asie s'est dotée d'une idéologie bipartite. Après avoir cherché derrière le tripartisme les vestiges d'une organisation sociale jadis réelle (1930), G. Dumézil a opté pour n'y voir qu'une doctrine dont les castes indiennes seraient un durcissement récent. Introduisant la notion de transformation, montrant qu'en mythologie comparée, l'exigence d'une version primitive est vaine (car il a toujours existé des variantes), G. Dumézil influence C. Lévi-Strauss. Pratiquant une quarantaine de langues, Dumézil fut le spécialiste des langues caucasiennes, redécouvrant entre autres, en Anatolie, le lazes et l'oubykh avant qu'elles ne disparaissent. Entre 1948 et 1968, il enseigne à la section des sciences religieuses de l'EPHE puis au Collège de France (chaire de civilisation indo-européenne) et dans des universités nord-américaines (Princeton, Chicago…). Il est élu à l'Académie française en 1978.

◆ 1924, *Le Festin d'immortalité : étude de mythologie comparée indo-européenne*, Paris, Geuthner. 1939, *Mythes et Dieux des Germains*, *Jupiter, Mars, Quirinus,* 1941-1948, Paris, Gallimard, 4 vol. 1952, *Les Dieux des Indo-Européens,* Paris, Gallimard. 1968-1971-1973, *Mythe et Épopée*, 3 vol., Paris, Gallimard (rééd. en 1995).

▲ H. Rousseau, 1957, « G. Dumézil », *Critique,* vol. 8 : 731-756. C. S. Littleton, (1966, 1973, 3e éd. 1982), *The New Comparative Mythology : An Anthropological Assessment of the Theories of Georges Dumézil*, Berkeley et Los Angeles, California UP. D. Sperber et P. Smith, 1971, « Mythologie de G. Dumézil », *Les Annales*, vol. 26 (3-4). G. Dumézil, 1987, *Entretiens avec*

D. Eribon, Paris, O. Jacob. C. S. Littleton, 1991, in C. Winter, p. 165-166. G. Charachidzé, 1991, « G. Dumézil », in Bonte et Izard, p. 203-204.

O'REILLY, Père **Patrick** (1900-1988). P. O'Reilly fait partie des premières générations de l'Institut d'ethnologie dont il passe le diplôme en 1934. P. Rivet l'envoie alors en mission étudier les rites funéraires et d'initiation aux îles Bougainville dont il ramène 3 000 objets. Père membre de la congrégation mariste, ethnologue bénévole et gérant du foyer d'étudiants (où F. Mitterrand et É. Balladur logeront), O'Reilly ne terminera jamais sa thèse. Il devient le secrétaire général de la Société des océanistes à sa création en 1945 et se dévouera à la biographie de l'Océanie pour le *Journal de la Société des océanistes* et à l'établissement de biographies.

◆ 1955, *Biographie méthodique analytique et critique de la Nouvelle-Calédonie*, Paris, Société des océanistes. 1975, *Tahitiens. Répertoire biographique de la Polynésie française*, Paris, Société des océanistes.

▲ 1982, « Hommage au R. P. Patrick O'Reilly », *JSO*, vol. 38.

LEIRIS, **Michel** (1901-1990). Né à Paris, M. Leiris rencontre A. Masson et M. Jacob, alors qu'il fait des études de chimie et rejoint en 1924 le mouvement surréaliste avec lequel il rompt en 1929. S'intéressant à la psychanalyse naissante en France, il est en analyse avec A. Borel (1929-1935). Élève à l'Institut d'ethnologie et bénévole au musée du Trocadéro, il accompagne G. Limbour en Égypte puis collabore à la revue *Documents* fondée par G. Bataille en 1929. Membre de la mission Dakar-Djibouti (1931-1933) comme secrétaire-archiviste, il publie quelques articles scientifiques, mais surtout en 1934 *L'Afrique fantôme* (Paris, Gallimard), journal de voyage de la mission. Le livre ouvre à l'ethnologie une perspective nouvelle, car loin de l'observation scientifique détachée, M. Leiris y livre une relation au terrain. Obtenant une licence de lettres (1935), il est chargé du département Afrique du musée de l'Homme. Il est aussi actif dans le cadre du Collège de sociologie que fonde G. Bataille en 1937. En 1945, il participe à la mission d'études sur les migrations (M. Leiris, J. Dresch et A. Lucas) en Côte-d'Ivoire et au Ghana en vue de l'abolition du travail forcé. Membre du Comité de rédaction de la revue *Les Temps modernes* qui voit le jour à son retour, il est ainsi engagé dans l'actualité, mais termine la rédaction de *La Possession et ses aspects théâtraux chez les Éthiopiens du Gondar* (Paris, Plon, 1947) et d'une thèse intitulée *La Langue secrète des Dogon de Sanga* (Paris, Institut d'ethnologie, 1948). A. Métraux lui confie pour l'Unesco une première mission aux Antilles et d'autres, nombreuses, suivront (*Contact de civilisation en Martinique et en Guadeloupe*, Paris, Gallimard, 1945). Prenant dès 1950 une position anti-colonialiste (« L'ethnologie devant le colonialisme », republié chez Gonthier en 1969), M. Leiris signe le manifeste des 121 lors de la guerre d'Algérie. Parallèlement à son travail d'ethnologue, il a poursuivi une carrière de poète et de romancier. Son œuvre littéraire se caractérise par une « esthétisation de la confession » (1992 : 560).

◆ 1939, *L'Âge d'homme*, Paris, Gallimard. 1969, *Cinq Études d'ethnologie. Le racisme et le tiers-monde*, Paris, Gonthier. *La Règle du jeu*, Paris, Gallimard, 5 vol. 1992, *Journal 1922-1998*, édition établie, présentée, annotée par J. Jamin, Paris, Gallimard. 1995, *Miroirs de l'Afrique*, Paris, Gallimard.

▲ C. Juliet, 1988, *Pour Michel Leiris*, Paris, Fourbis. S. Ferrei, 1987, « L'Afrique fantôme, quête de l'autre, quête de soi », *Écrits d'ailleurs. Georges Bataille et les ethnologues*, Paris, MSH. S. J. Jamin et S. Price, 1988, « Entretien avec M. Leiris », *Gradhiva*, n° 4 : 29-56. S. Price, 1991, « Leiris, M. », in C. Winter, p. 397-398. J. Jamin, « Leiris, Michel », in Bonte et Izard, p. 413-414.

MÉTRAUX, Alfred (1902-1963). Né à Lausanne, A. Métraux passe son enfance en Argentine, son adolescence en Suisse et fait ses études supérieures à Paris. Alors qu'il n'a que vingt ans, il entre en relation épistolaire avec J. Cooper. De 1922 à 1925, il étudie à l'École des Chartes, à l'INLCOV (diplôme en 1927), suit les cours de M. Mauss à l'EPHE (diplôme en 1927). En 1928, il soutient une thèse de doctorat intitulée *La Culture matérielle des Tupi-Guarani* (Paris, Institut d'ethnologie), se rend en Suède au musée de Göteborg auprès de E. von Nordenskjöld étudier la muséologie, puis en Argentine afin de fonder l'Institut d'ethnologie de l'université de Tucuman dont il reste le directeur jusqu'en 1934. À cette date, il quitte l'Argentine pour participer à la mission franco-belge de l'île de Pâques avec l'archéologue H. Lavachéry. Entre 1936 et 1938, il est attaché au musée de Honolulu et enseigne aux universités de Berkeley et Columbia. En 1939, il est professeur invité au musée Bishop de l'université de Yale, puis se rend sur les terrains bolivien et argentin. En 1940, soutenu par la même fondation, il travaille avec J. Dollard et L. Bloomfield à l'Institut des relations humaines. En 1941, il rejoint le Bureau d'ethnologie américaine de la *Smithsonian Institution* et participe activement à l'édition du *Handbook of South American Indians*. Il retourne en Europe en 1945 et, jusqu'en 1962, travaille dans le cadre des organisations internationales. A. Métraux est membre du Bureau des affaires sociales de l'ONU (1946) puis membre permanent du Département des sciences sociales (1950) de l'Unesco (1947). Il travaille en Amazonie (1947-1948), dirige les recherches de l'Unesco à Haïti (1948-1950), enquête en 1954 sur les migrations des Indiens Aymara et Quechua du Pérou et de la Bolivie. De retour en France en 1961, il est directeur d'études à la VIe section de l'EPHE où il forme les jeunes américanistes. A. Métraux se donne la mort en 1963.

◆ 1928, *La Religion des Tupinamba et ses rapports avec celles des autres tribus Tupi-Guarani,* Paris, Leroux. 1930, *Contribution à l'étude de l'archéologie du cours supérieur et moyen de l'Amazone,* Buenos Aires. 1931 (avec H. Ploetz), *La Civilisation matérielle et la vie sociale et religieuse des Indiens Zé du Brésil méridional et oriental,* Tucuman. 1951, *L'Île de Pâques,* Paris, Gallimard. 1958, *Le Vaudou haïtien,* Paris, Gallimard. 1961, *Les Incas,* Paris, Seuil. 1967, *Religions et Magies indiennes d'Amérique du Sud,* Paris, Gallimard. 1978 (compilation, introduction et notes par A.-M. d'Ans), *Itinéraires 1 (1935-1953). Carnets de notes et journaux de voyage,* Paris, Payot.

◆ C. Wagley, 1964, « Alfred Métraux », *AA*, vol. 66 : 603-613. Numéro spécial de la revue *L'Homme*, vol. 4, 1963 (contribution de R. Bastide, M. Leiris, C. Tardits, C. Lévi-Strauss...). R. Métraux, 1991, « Métraux, A. », in C. Winter, p. 475-476. S. Dreyfus, 1991, « Métraux, A. », in Bonte et Izard, p. 476-477.

MUS, Paul (1902-1969). Né à Bourges, P. Mus passe sa jeunesse au Viêt-Nam où ses parents enseignent. Rentré en France, il suit les cours de S. Lévy et M. Granet. Premier diplômé de l'Institut d'ethnologie (1925), il joint l'EFEO avant d'être élu directeur d'études à l'EPHE. En 1944, à quarante-deux ans, envoyé en mission par le général de Gaulle, il se fait parachuter au Viêt-Nam pour y organiser la résistance contre les Japonais. De cette expérience, il fait un livre : *Le Viêt-Nam chez lui* (Paris, Seuil, 1946). Il est élu professeur au Collège de France en 1946. Dès 1949, il témoigne pour l'indépendance des peuples colonisés dans *Témoignage chrétien*, publiant deux livres sur ce thème : *Viêt-Nam. Sociologie d'une guerre* (Paris, Seuil, 1952), *Le Destin de l'Union française. De l'Indochine à l'Afrique* (Paris, Seuil, 1954). Bien que politiquement actif, P. Mus est avant tout un érudit ; citons *Barabudur. Esquisse d'une histoire du bouddhisme fondée sur la critique archéologique des textes* (Paris, Hanoi, EFEO, 1935) ou *La Lumière sur les six voies. Tableau de la transmigration bouddhique* (Paris, Hanoi, EFEO, 1939). Il se rapproche de la sociologie de G. Gurvitch dans les dernières années de sa vie, comme en témoigne l'article « La sociologie de Georges Gurvitch et l'Asie », dans *Cahiers internationaux de sociologie* (1967), fruit du séminaire de 1964-1965.

▲ G. Marchant, « Paul Mus », *Bulletin de l'École française d'Extrême-Orient*, vol. 14 : 24-42. G. Condominas, 1970, « Paul Mus, Sociologue », *CIS*, vol. 19 : 53-68.

ODDON, Yvonne (1902-1982). À l'entrée de la bibliothèque du musée de l'Homme figure une plaque commémorant le souvenir d'Y. Oddon, sa créatrice. Née en 1902, elle étudie à l'École américaine de bibliothécaire (qui exista entre 1924 et 1929) puis, après deux ans passés aux États-Unis, devient la bibiothécaire du musée du Trocadéro en 1929, puis du musée de l'Homme inauguré le 20 juin 1938. Membre du réseau de résistance du musée de l'Homme, elle est arrêtée en 1941. Déportée en Allemagne en mars 1942, elle y survit et dirige à son retour la bibliothèque du Musée jusqu'à sa retraite (1964).

◆ F. Weil, 1982, « Oddon, Yvonne (1902-1982) », *Objets et Mondes*, vol. 22, fac.1 : 3-7.

VERGER, Pierre (1902-1996). Né dans une famille d'imprimeurs de la grande bourgeoisie, P. Verger est initié à la photographie en 1932. Il en fait une passion, visite l'URSS puis l'Océanie et, à son retour (1933), rencontre G.-H. Rivière. Après qu'il a, en 1934, accompagné comme photographe un journaliste de *Paris-Soir* dans un reportage autour du monde, P. Rivet l'engage pour diriger le laboratoire de photo du musée du Trocadéro. Il photographie en 1935-1936 l'Afrique noire et les Antilles. Affecté comme photographe du Gouvernement général de l'Afrique occidentale à Dakar en 1940, il y rencontre T. Monod qui vient de créer l'IFAN. En 1942-1943, il collecte au Pérou et en Bolivie des documents ethnographiques pour le musée de Lima. À partir de 1946, il entreprend des recherches sur les Candomblés, le culte des Orisha et Vodoun de Bahia puis les Xango et, en 1949, reçoit une bourse de l'École française d'Afrique, qui lui permet d'effectuer un séjour au Bénin pour des recherches sur les origines des cultes africains pratiqués dans le Nouveau Monde. Initié au vaudou à Kétou (Bénin), Verger devient l'un des grands prêtres du candomblé brésilien. Il est nommé chargé (1962) puis maître de recherches (1972) au CNRS. Il soutient en 1966 une thèse de 3e cycle intitulée *Flux et reflux de la traite des nègres entre le golfe du Bénin et Bahia de Todos os Santos (XVIIe au XIXe siècle)* (Paris, Mouton) qui étudie en profondeur le va-et-vient des cultes et traditions yorubas. Entre 1977 et 1980, il est professeur aux universités d'Ifé (Nigeria) et de Bahia. Il meurt le 11 février 1996 à Salvador Bahia dans le quartier pauvre où il s'était installé.

◆ 1937, *South Seas Islands*, Londres, Routledge. 1957, *Notes sur le culte des Grisha et Vodun à Bahia, la baie de tous les saints au Brésil, et à l'ancienne côte des esclaves*, Dakar, IFAN. 1994, *Le Pied à l'étrier. Correspondance entre A. Métraux et P. Verger (1946-1963)*, J.-P. Le Bouler éd., Paris, Jean-Michel Place.

▲ Entretien avec le journal *Le Monde*, le 17 juin 1993. V. Montaigne, « Pierre Verger », *Le Monde* du 14 février 1996.

LHOTE, Henri (1903-1991). H. Lhote fait partie de cette génération d'ethnologues qui furent aussi des explorateurs et souvent des militaires. Orphelin et fruit de la « mystique scout » (J. Faublée, 1994), il ne passe jamais le baccalauréat mais fréquente les cours de l'École d'anthropologie, puis ceux de l'Institut d'ethnologie et notamment ceux de préhistoire de l'abbé Breuil (1932). Débutant ethnologue, sa carrière s'oriente vers les recherches préhistoriques. En 1934, il traverse deux fois le Ténéré et l'Aïr, ce qu'il est l'un des premiers à réaliser. C'est lors de ce voyage qu'il effectue les premiers relevés des fresques du Tassili. En 1936, il écrit avec H. Kelley son premier article (« Les collections africaines du département de préhistoire exotique du Musée d'ethnographie du Trocadéro », *JSA*), suivent des livres et des articles. Ne pouvant se rendre sur le terrain durant la guerre, il rédige une thèse *Les Touaregs du Hoggar* (1944, Paris, Payot) puis en 1947, *Comment campent les Touaregs* (Paris, J. Susse) et en 1951, *La Chasse chez les Touaregs* (Paris, Amiot-Dumont). Il organise une exposition sur les fresques du Tassili en 1957-1958 et se consacre désormais aux gravures rupestres présentes au Sahara. H. Lhote est nommé maître de recherches au CNRS (1960), puis directeur (1967).

◆ 1988, *Les Touareg*, Paris, Armand Colin. 1984, *Le Hoggar,* Paris, A. Colin. 1988, À *la découverte des fresques du Tassili,* Paris, Arthaud.

▲ La revue *Sahara*, 1991, n° 4, 1992-1993, n° 5. J. Faublée, 1994, « In Mémoriam, H. Lhote », *JSA*, vol. 64 : 78-80.

DIETERLEN, **Germaine** (née Teissier du Cross en 1903). Née à Paris, G. Dieterlen étudie à la Ve section de l'EPHE avec Mauss. Bénévole au musée du Trocadéro, elle fait partie des 4e et 5e missions dirigées par Griaule en 1936-1937, puis en 1938-1939. Elle publie à son retour « Le Duge, signe historique d'alliance chez les Dogon de Sanga » dans le *Bulletin du Comité d'études historiques et scientifiques de l'AOF* (1938). En septembre 1940, G. Dieterlen obtient le diplôme de l'EPHE conféré par M. Mauss, L. Massignon et L. Homburger pour un mémoire intitulé *Les Âmes des Dogon* (Institut d'ethnologie, 1941). Elle obtient successivement une licence ès lettres (1941), un diplôme d'amharique (1943) et de peul (1944). En 1946, elle participe à la 6e mission Griaule, élargissant ses recherches concernant la cosmologie Dogon aux Bambara et aux Bozo.
Elle soutient son doctorat en 1949 avec *Essai sur la religion Bambara* (thèse principale, Paris, PUF, 1951) et *Documents pour l'étude de la personne chez les Soudanais* (thèse secondaire). Écartant l'idéologie des États (Ségou et Hamdallahi) et les effets de la colonisation, le premier de ces textes apporte une révélation de la culture bambara comparable à l'apport de Griaule sur les Dogon. G. Dieterlen expose une cosmologie énonçant le principe d'un dieu créateur d'où sortent par scission les âmes et les dieux essentiels : Pamda est le principe mâle, graines et soleil, et génère son épouse, Moussa Koroni : la terre… Les techniques naissant d'un conflit entre Pamda et Moussa Koroni, causé par les infidélités et la jalousie, puis Faro (le fleuve), combattant Pamda, le désacralisent, ce qui a pour effet d'introduire la maladie et la mort. Le livre montre aussi que Faro (devenu l'aîné) s'insinue dans tous les actes de la vie : procréation, initiation, mariage, travaux agraires… et comment les Bambara possèdent un symbolisme associé à chaque partie du corps. G. Dieterlen étudie les rites (de naissance, d'imposition du nom…), les techniques de divination, les cultes (individuels et familiaux), présente les confréries du Komo…
Nommée directeur de recherche au CNRS en 1950 et directeur d'études des religions de l'Afrique noire en 1956, G. Dieterlen prolonge les recherches de Griaule sur les systèmes de représentation africains après la mort de ce dernier (1956). En 1961, elle est nommée responsable de la RCP 11 du CNRS (programme Boucle du Niger) qui accueille pratiquement la totalité des jeunes chercheurs africanistes français. C'est avec J. Rouch qu'elle filme le cycle de la cérémonie dogon du Sigui (se déroulant tous les soixante ans) entre 1966 et 1973. Entre 1969 et 1972, elle est directeur du Groupe de recherche sur les religions d'Afrique noire du CNRS-EPHE transformé en 1974 en Laboratoire de systèmes de pensée en Afrique noire. Elle organise en 1971 un très important colloque sur *La Notion de personne en Afrique noire* (édité par le CNRS en 1973).

◆ 1952 (avec M. Griaule), *Signes graphiques soudanais*, Paris, Hermann. 1961 (avec A.H. Bâ), *Koumen, texte initiatique des pasteurs Peul*, Paris-La Haye, Mouton. 1965 (avec M. Griaule), *Le Renard pâle, tome 1, le mythe cosmologique*, Paris, Institut d'ethnologie. 1972 (avec Y. Cissé), *Les Fondements de la Société d'initiation du Komo*, Paris-La Haye, Mouton. 1988, *Essai sur la religion bambara*, 2e éd. augmentée d'une introduction, Éditions de l'université de Bruxelles.

▲ M. Izard, 1991, « Dieterlen, Germaine », in Bonte et Izard, p. 200-201. 1978, *Systèmes de signes. Textes réunis en hommage à Germaine Dieterlen*, Paris, Hermann. G. Dieterlen a raconté son itinéraire à N. Echard dans une série d'entretiens réalisée pour France-Culture en 1988.

GESSAIN, Robert (1907-1986). R. Gessain obtient un doctorat de médecine en 1932. Élève à l'Institut d'ethnologie en 1932-1933, il fait partie des bénévoles du musée du Trocadéro. En 1934, il effectue son service militaire au Maroc et ramène un certain nombre d'objets au Musée. Il participe à la mission du « Pourquoi pas? » se rendant en 1934-1935 chez les Inuit d'Angmagssalik (ou Ammassalik) au Groenland (photographie, pathologie, génétique, anthropométrie) que dirige P.-É. Victor et à la seconde mission (1936-1937). Nommé maître de conférence à l'EPHE, il fonde la Société des explorateurs et voyageurs français. Il se rend au Mexique auprès des Tepehua en 1937-1938. Entre 1942 et 1945, il est secrétaire général de l'équipe « population » de la Fondation française pour l'étude des problèmes humains d'A. Carrel, puis en 1945-1946, chef du service de l'INED que dirige A. Sauvy. À partir de 1945, R. Gessain s'intéresse à la psychanalyse (qu'il finira par excercer quelques années). Il est de ceux qui rompent avec l'Association internationale de psychanalyse pour fonder l'École freudienne de Paris (1953). En 1955, étant allé au Zaïre y présenter *Les Maîtres fous*, film de J. Rouch, il se rend aussi à Kédougou, où son épouse M. de Lestrange a travaillé dans l'immédiat après-guerre. Ce terrain devient aussi le sien et, de 1961 à 1978, il y retourne souvent, l'ayant choisi comme l'un des trois isolats depuis lesquels une enquête multidisciplinaire et comparative doit être menée (les deux autres étant Ammassalik au Groenland et Plozévet en Bretagne). Docteur ès sciences en 1957, R. Gessain est nommé sous-directeur du musée de l'Homme (1958). Entré au Comité consultatif de la recherche scientifique que crée de Gaulle en 1959, il fonde le Centre de recherche anthropologique du CNRS. En 1960, il est élu professeur au Muséum d'histoire naturelle. Il fut aussi directeur du musée de l'Homme (1968-1970).

◆ 1947, *Les Esquimaux, du Groenland à l'Alaska*, Paris, Bourrelier. 1969, *Ammassalik ou la civilisation obligatoire*, Paris, Flammarion. 1981, *Ovidos. La grande aventure des hommes et des bœufs musqués*, Paris, Robert Laffont. On lui doit de très nombreux articles principalement publiés dans les *Cahiers du Centre de recherche anthropologique* et dans la revue *Objets et Mondes*.

▲ R. Gessain, 1989, *Un homme marche devant*, Paris, Arthaud (introduction et commentaires de M. Gessain, J.-L. Étienne, M. Perez… Journal de route tenu en 1936). M.-P. Ferry, 1988, « Témoignage » dans *Gradhiva*, n° 3 : 67-

69, et M.-P. Ferry, 1988, «In Memoriam», *J.A*, vol. 56 : 125-127. J. Dorst, 1986, «R. Gessain», *Objets et Mondes*, vol. 23.

LEBEUF, Jean-Paul (1907-1994). J.-P. Lebeuf assiste aux cours de M. Mauss et en 1935, il est recruté par la Caisse nationale de la recherche, étant ainsi le premier ethnologue à être employé par ce qui ne porte pas encore le nom de Centre national de la recherche scientifique. Il participe à la mission Sahara-Cameroun en 1936-1937 et enquête auprès des populations du Tchad, notamment sur les Fati. L'étude des Sao, civilisation disparue des bords du Chari, l'amène à une prospection archéologique livrant quelques objets. En 1938-1939, il participe à la mission Lebaudy-Griaule dans le Nord-Cameroun et la région du lac Iro au Tchad. En 1941, il prépare et organise l'Exposition archéologique du Tchad, ce qui lui sera reprochée après la guerre. G. Calame-Griaule nous indique cependant qu'il fit partie du réseau de résistance Le Dantec, ce qui l'amène à la prison de Fresnes. Ayant épousé en 1943 A. Masson-Detourbet, il repart avec elle en mission archéologique et ethnologique en 1947, inaugurant l'ethno-archéologie française. Il est conseiller de l'Organisation mondiale de la santé (1953-1955), et secrétaire permanent du Comité interafricain pour les sciences humaines (1956-1959). En 1959, il soutient ses thèses : *L'Habitation des Fali. Montagnards du Cameroun septentrional* (thèse principale, Paris, Hachette, 1961) et *Le Gisement Sao-Kotoko de Makari (Cameroun septentrional), archéologie et ethnographie* (thèse secondaire, Paris, CNRS). Participant à la création de la RCP 11 du CNRS (programme Boucle du Niger), il fonde sa propre équipe en 1965 et organise le premier colloque international d'archéologie africaine en 1966. En 1961, est fondé l'Institut national pour les sciences humaines à Fort-Lamy (actuel N'Djamena) qu'il dirige jusqu'en 1972.

◆ 1941, *Les Collections du Tchad. Guide pour leur exposition,* Paris, musée de l'Homme. 1945, *Quand l'or était vivant*, Paris, J. Susse. 1948-1951, *Fouilles dans la région du Tchad,* Paris, Société des africanistes. 1950 (avec A. Lebeuf), *La Civilisation du Tchad*, Paris, Payot. 1957, *Application de l'ethnologie à l'assistance sanitaire*, Bruxelles, Institut de sociologie Solvay. 1976, *Études Kotoko,* Paris La Haye, Mouton.

▲ G. Calame-Griaule, 1994, «Jean-Paul Lebeuf», *JA*, vol. 64 : 91-112.

VICTOR, Paul-Émile (1907-1995). Né à Genève, P.-É. Victor obtient le diplôme de l'École centrale de Lyon, puis une licence ès sciences tout en suivant les cours de Mauss. J.-B. Charcot acceptant d'amener une équipe ethnologique à bord de son bateau jusqu'aux Inuit d'Angmagssalik et de la reprendre une année plus tard, P.-É. Victor dirige une expédition (1934-1935) comprenant F. Matter, M. Perez et R. Gessain. L'expédition rapporte 3 500 objets et l'enregistrement de 700 légendes. En 1936, P.-É. Victor est responsable de l'expédition Trans-Groenland francaise comprenant R. Gessain, M. Perez, E. Knuth et lui-même qui traverse le Groenland d'est en ouest, P.-É. Victor restant ensuite seul pendant quatorze mois dans une famille

Inuit. Ayant fui la France après l'Occupation, il rejoint l'*US Air Force,* puis il crée en 1947 les Expéditions polaires françaises qu'il dirige jusqu'à sa retraite (1976). Il s'installe alors sur une petite île de la Polynésie française dont il a fait l'acquisition, et sur laquelle il meurt.

◆ 1938, *Boréal*, Paris, Grasset. 1939, *Banquise*, Paris, Grasset. 1952, *Expéditions polaires françaises*, Paris, La Documentation française. 1953, *La Grande Faim*, Paris, Julliard. 1989 (avec J. Robert-Lamblin), *La Civilisation du phoque*, Paris, A. Colin et Chabaud.

▲ *Le Monde* du 9 mars 1995.

TILLION, Germaine (née en 1907). G. Tillion obtient le diplôme de l'Institut d'ethnologie en 1932 et dès 1934 est chargée d'une mission en Algérie en compagnie de T. Rivière pour le musée de l'Homme. Subventionnée par la Fondation Rockefeller puis par le CNRS (1941) et sur les conseils de Massignon, elle commence à enquêter dans les Aurès sous la direction de M. Mauss dans le cadre d'une inscription en thèse. En 1942, elle obtient le diplôme de berbère de l'INLCOV mais, associée à l'organisation « Résistance » du musée de l'Homme, elle est arrêtée et déportée (1943-1945). Survivante, elle retrouve ses fonctions au Musée après la guerre, alors que la Gestapo a détruit sa documentation ethnographique. Passant de la section ethnographie du CNRS à celle d'histoire moderne, elle enquête sur les crimes de guerre jusqu'en 1954, puis sur les conseils de Massignon, accepte d'être mise à la disposition du Gouvernement général de l'Algérie. Elle est élue directeur d'études pour l'ethnographie du Maghreb à la VIe section de l'EPHE en 1958, dirige bientôt la RCP 48 (littérature orale du Maghreb) et prend sa retraite en 1977. Son livre le plus connu est sans doute *Le Harem et les cousins* (Paris, Seuil, 1966).

◆ 1960, *Les Ennemis complémentaires,* Paris, Minuit. 1961, *L'Afrique bascule vers l'avenir. L'Algérie en 1957 et d'autres textes*, Paris, Minuit. 1988 (1973), *Ravensbrück*, Paris, Seuil.

▲ 1997, *La Traversée du mal*, Germaine Tillon. Entretien avec Jean Lacouture, Paris, Arléa.

DEVEREUX, Georges (1908-1985). Né en Roumanie dans une famille juive, G. Devereux suit l'émigration de sa famille en France. Après des études de physique (1926-1927), il obtient le diplôme de malais de l'INLCOV (1931) et celui de l'Institut d'ethnologie. Entre 1931 et 1935, il est chargé de mission au Musée d'histoire naturelle et, après une licence de lettres, la Fondation Rockefeller lui octroie une bourse qui lui permet d'effectuer une mission chez les Hopi, Yuma, Cocopa et Mohave (1932). De 1932 à 1950, il effectue cinq missions chez les Mohave, mais se rend aussi en 1933-1934 chez les Roro et les Pygmées Karuama de Papouasie et chez les Moi Sedang du Viêt-Nam. Émigré aux États-Unis, G. Devereux obtient un *PhD* à l'université de Berkeley (1936). Il est sociologue à l'hôpital d'État de Worcester entre 1939 et 1941, puis jusqu'en 1943 professeur assistant en ethnologie et sociologie à l'université de

Middlesex, et instructeur à celle du Wyoming. De 1945 à 1953, il est ethnologue et directeur de recherches à l'hôpital *Winter Veterans* (Kansas) et chargé de conférence à l'Institut de psychanalyse de Topeca. Entre 1946 et 1952, G. Devereux effectue plusieurs études sur les Amérindiens hospitalisés pour maladie mentale. En 1953-1955, il est chercheur auprès d'une fondation pour enfants à Philadelphie. En 1956, il est nommé professeur d'ethnopsychiatrie à la faculté de médecine de l'université Temple à Philadelphie, puis *lecturer* en ethnologie à l'université de Columbia à partir de 1959. Rentré en France, il est élu directeur d'études à la VIe section de l'EPHE où il enseigne. G. Devereux exerce par ailleurs à titre privé en tant qu'analyste. Il crée en 1978 la revue bilingue *Ethnopsychiatrica.* Il meurt en 1985, demandant que ses cendres « soient répandues dans le cimetière mohave de Parker, en Arizona » (T. Nathan, 1996 : 17). Signalons encore qu'un fonds G. Devereux a été déposé au Laboratoire d'anthropologie sociale.

◆ 1951, *Reality and Dream*, New York UP. 1953, *Psychoanalysis and the Occult*, New York UP. 1956, *Therapeutic Education*, New York. Harper Brothers. 1996 (1961), *Ethno-Psychiatrie des Indiens Mohaves*, Paris, Synthélabo. 1980 (1967), *De l'angoisse à la méthode dans les sciences du comportement*, Paris, Flammarion. 1970, *Essais d'ethnopsychiatrie générale*, Paris, Gallimard. 1972, *Ethnopsychanalyse complémentariste*, Paris, Flammarion. 1975, *Tragédie et Poésie grecque*, Paris, Flammarion.

▲ 1986, *Anthropology Newsletter,* n° 4 : 3. A. Deluz, 1991, « Devereux, Georges », in Bonte et Izard, p. 198-199. T. Nathan, 1996, « Préface » à G. Devereux, 1996, *Ethno-Psychiatrie des Indiens Mohaves*.

LÉVI-STRAUSS, Claude (né en 1908). Né à Bruxelles, Lévi-Strauss obtient une agrégation de philosophie et, après avoir brièvement enseigné en France, est nommé à l'université de São Paulo (sur la recommandation de Bouglé). Ayant suivi les cours de l'Institut d'ethnologie, il y découvre l'ethnographie et effectue plusieurs missions à l'intérieur du Brésil. Revenu en France pour la campagne de 1940, il est forcé de s'exiler avec l'Occupation. Il enseigne alors à l'École libre des Hautes Études de la New School à New York où, devenu conseiller culturel, il continue à résider après la guerre. Lévi-Strauss raconte ce parcours dans *Tristes Tropiques* (1955), une autobiographie intellectuelle qui est également l'un des plus beaux livres de cette seconde moitié du XXe siècle. Il revient en France en 1948 pour y soutenir ses thèses intitulées *Les Structures élémentaires de la parenté* (Paris, Mouton, 1967) et *La Vie familiale et sociale des Indiens Nambikwara* (Paris, Société des africanistes, 1948). Il succède à M. Leenhardt à l'EPHE en 1950 et est élu au Collège de France (1960), où il enseigne jusqu'à sa retraite en 1983.
C'est en suivant les cours du linguiste R. Jakobson à New York que Lévi-Strauss a l'idée de l'anthropologie structurale. En rupture avec la philologie, la linguistique structurale a montré que toutes les langues étaient constituées sur des oppositions de base, telle en français celle du *P* et du *B*. Les principes de l'analyse sont : le passage de l'étude des phénomènes conscients à celle des infrastuctures inconscientes, le traitement des termes non comme des unités

indépendantes, mais au contraire depuis leurs relations, l'introduction de la notion de systèmes, l'énonciation de lois générales. S'en inspirant, Lévi-Strauss renouvelle les objets de l'anthropologie. Ainsi l'anthropologie considérait la famille nucléaire comme l'atome élémentaire du social et les familles polygames comme un agrégat de familles monogames. À cela Lévi-Strauss oppose une théorie de l'alliance fondée sur l'échange des femmes. Montrant comment les hypothèses pour expliquer la prohibition de l'inceste sont insatisfaisantes, il relève qu'universellement partagée par le genre humain, elle est, à ce titre, du côté de la nature. Paradoxalement, cette « nature du genre humain » est particulière dans sa réalisation. Elle ne touche pas les mêmes personnes suivant les sociétés. Certaines autorisent et même prescrivent le mariage d'un homme avec sa première petite-fille ou le mariage entre proches cousins, alors que d'autres sociétés les interdisent. « Partout où la règle se manifeste, nous savons avec certitude être à l'étage de la culture. Systématiquement, il est aisé de reconnaître dans l'universel le critère de la nature [...] La prohibition de l'inceste présente, sans la moindre équivoque, et indissolublement réunis, les deux caractères où nous avons reconnu les attributs contradictoires de deux ordres exclusifs : elle constitue une règle, mais une règle qui, seule entre toutes les règles sociales, possède en même temps un caractère d'universalité » (Levi-Strauss [1947], 1967, *Les structures élémentaires de la parenté*, Paris, Mouton, citation p. 10). De fait, cette prohibition n'est pas tant une règle négative d'interdiction qu'une règle positive obligeant des hommes à donner les femmes de leur groupe à d'autres hommes. La circulation des femmes entre des groupes d'hommes tissant le lien social, Lévi-Strauss s'est attaché à décrire et à expliquer des cycles qu'il classifie selon trois modèles de réciprocité : élémentaires (la structure désigne de façon positive les conjoints possibles d'un individu), semi-complexes (la structure interdit le mariage avec des individus d'importants groupes sociaux) et complexes (la prohibition est définie par un degré de proximité).

Nous n'avons ici rapporté que les prémices d'une œuvre immense qui se propose de résoudre bien d'autres problèmes, tels ceux du dualisme ou du totémisme. Comme l'écrit M. Hénaff, Lévi-Strauss ayant présenté *Le Totémisme aujourd'hui* (Paris, PUF, 1961) comme une introduction à *La Pensée sauvage* (Paris, Plon, 1962), « l'occasion s'offrait d'une valorisation (ou dramatisation) de la question analogue à celle réalisée par l'affrontement de l'énigme de la prohibition de l'inceste qui ouvrait l'étude des *Structures élémentaires de la parenté,* avec cette différence que le problème de l'inceste était un vrai problème, tandis que celui du totémisme ne résultait justement que d'une illusion » (Hénaff, 1991 : 313). Reprenant les pas de Goldenweiser et Linton, Lévi-Strauss déconstruit le phénomène totémique qui ne relève pas de l'association de chaque clan avec une espèce animale supposée ancestrale, mais consiste au mieux en une association du monde naturel, fondée sur les traits distinctifs et par isomorphisme en une classification des clans sur la même base. Travaillant à partir de 1952 sur les mythologies sud-américaines, C. Lévi-Strauss publie les quatre volumes des *Mythologiques* entre 1964 et 1972. Le commentaire de tel ou tel mythe ne se suffit pas à lui-même, et il n'y a pas de mythe originaire ou authentique. Un mythe est toujours une version et un type de pensée à l'œuvre dont les principes sont ceux des structures profondes de la pensée humaine. La découvrir est la tâche que Lévi-Strauss propose à l'anthropologie dès 1950 dans son « Introduction à l'œuvre de M. Mauss » (Mauss, 1950). Les mythes ne sont pas analysés isolément, mais articulés les uns aux autres et Lévi-Strauss retrouve le mythe Bororo de référence tout au long des 813 présentés par les quatre volumes. Les mythes eux-mêmes sont constitués de variantes d'unités constitutives qui, regroupées en motifs faisant système entre eux, constituent des mythèmes. Les mythes auraient pour fonction d'intégrer dans une structure logique et intelligible des problèmes et contradictions se posant sur d'autres plans. Sans l'avoir jamais abandonné, Lévi-Strauss revient sur le champ de la parenté dans les dernières années de son enseignement (1976-1982). Il délaisse néanmoins les systèmes d'alliances élémentaires à filiation unilinéaire pour traiter des sociétés à maison, terme qu'il définit tout au long d'un cycle où il parcourt l'Indonésie, la Mélanésie, la Polynésie, la Micronésie, Madagascar et l'Afrique.

Docteur *honoris causa* de très nombreuses universités, médaille d'or du CNRS, membre de l'Académie française (1973) et de plusieurs académies étrangères, ce penseur fut aussi un grand organisateur. Il créa avec F. Braudel la fameuse VIe section de l'EPHE (aujourd'hui EHESS), il fut le secrétaire général du Conseil international des sciences sociales de l'Unesco, organisation où il joua un grand rôle au début des années 1950, fonda deux revues d'ethnologie (*L'Homme* et *Études rurales*) et enfin le Laboratoire d'anthropologie sociale qui est l'une des unités de recherche les plus prestigieuses du monde.

◆ 1952, *Race et Histoire*, Paris, Unesco. 1958, *Anthropologie structurale*, Paris, Plon. 1962, *La Pensée sauvage*, Paris, Plon. 1973, *Anthropologie structurale deux*, Paris, Plon. 1975, *La Voie des masques*, Skira (rééd. Plon). 1983, *Le Regard éloigné*, Paris, Plon. 1984, *Paroles données*, Paris, Plon. 1985, *La Potière jalouse*, Paris, Plon. 1989, *Des symboles et leurs doubles*, Paris, Plon. 1991, *Histoire de Lynx*, Paris, Plon. 1993, *Regarder, écouter, lire*, Paris, Plon.

▲ F. Lapointe, C. Lapointe, 1977, *C. Lévi-Strauss and his Critics : an International Bibliography of Criticism (1950-1976)*, New York. Charbonnier, 1961, *Entretiens avec C. Lévi-Strauss*, Plon (rééd. 10/18). J. Pouillon, 1966, « L'œuvre de Lévi-Strauss », *Les Temps modernes*, n° 126. Y. Simonis, 1968, *C. Lévi-Strauss ou la passion de l'inceste. Introduction au structuralisme*, Paris, Aubier-Montaigne. E. Leach, 1970 (1970), *Lévi-Strauss*, Paris, Seghers. C. Backès-Clément, 1970, *Lévi-Strauss ou la structure et le malheur*, Paris, Seghers. R. Bellour, C. Clément, éd., 1979, *Claude Lévi-Strauss* (textes sur et de), Paris, Gallimard. D. Sperber, 1982, « Claude Lévi-Strauss aujourd'hui », *Le Savoir des anthropologues*, Paris, Hermann, p. 87-128. D. Pace, 1983, *C. Lévi-Strauss; the Bearer of Ashes*, Londres, Routledge & Kegan Paul. D. Eribon, 1988, « C. Lévi-Strauss », *De près et de loin*, Paris O. Jacob (entretiens). C. Geertz, 1997 (1988), *L'Anthropologue comme auteur*, Paris, Métailié. M. Hénaff, 1991, *Claude Lévi-Strauss*, Paris, Belfond. B. Saladin d'Anglure, 1996, « Lévi-Strauss, C. », in Bernard et Spencer, p. 333-336.

LÉVY, Paul (né en 1909). Né à Hanoi, P. Lévy quitte l'Indochine pour entrer en classe préparatoire de l'École coloniale au lycée Louis-le-Grand. En 1929-1930, il suit des études de droit mais entreprend parallèlement l'étude du chinois et de l'art khmer. À partir de 1932, il suit les cours de sanskrit de S. Lévy de même que ceux de Mauss, de Granet et de Leenhardt. En 1934, il obtient le diplôme de l'Institut d'ethnologie et, en 1936, une licence ès lettres. Il est recruté par l'EFEO en 1937 et fonde en 1938 l'Institut indochinois pour l'étude de l'homme avec P. Huard et Coedès ainsi que le Musée d'ethnographie d'Hanoi (1939). En 1943, P. Lévy soutient ses thèses *Recherches préhistoriques dans la région de M'lu Prey. Cambodge* (Hanoi, EFEO, thèse principale) et *Vocabulaire français-Kuy* (Hanoi, EFEO, thèse secondaire). Brièvement interné durant l'Occupation japonaise, il est directeur de l'EFEO entre 1947 et 1950. En 1948, une conférence sur les religions malayo-polynésiennes lui est confiée dans le cadre de l'EPHE (V^e^ section) où il reprend la direction d'études pour les religions de l'Asie du Sud-Est après la mort d'E. Mestre. Il fut président de la Ve section entre 1971 et 1974, année où il prit sa retraite. Auteur de nombreux articles, P. Lévy a publié une *Histoire du Laos* (1974).

PAULME, Denise (née en 1909). Née à Paris de parents travaillant pour une compagnie de navigation et voyageant en Afrique, D. Paulme entreprend des études de droit. Elle s'intéresse bientôt au « droit primitif » et , en 1930, se rend aux cours de Mauss donnés à l'Institut d'ethnologie et qui l'éblouissent. Quand elle le rencontra, il lui proposera de se joindre à l'équipe des bénévoles aidant P. Rivet à réorganiser le musée d'ethnographie du Trocadéro. En 1932, elle obtient le diplôme de l'Institut d'ethnologie ainsi qu'une licence en droit. Elle participe en 1935 à la mission Sahara-Soudan dirigée par M. Griaule qui comprend S. de Ganay, Mme Gordon (devenue Lazareff), E. Lutten, A. Schaeffner. L'équipe quittera « Sanga » en y laissant D. Lifchitz et D. Paulme qui composent une mission autonome de huit mois financée par la Fondation Rockefeller. D. Paulme soutient une thèse de droit intitulée *L'Organisation sociale des Dogon* en 1940 (Jean-Michel Place, 1988). Ayant publié plusieurs articles sur cette population, elle travaille après la guerre en Guinée chez les Kissi et les Baga (*Les Gens du riz*, Paris, Plon, 1954) avant de s'intéresser aux Bété de Côte-d'Ivoire (*Une société de Côte-d'Ivoire hier et aujourd'hui : les Bété*, Paris, Mouton, 1962). Conservatrice au musée des Arts océaniens et africains (*Les Civilisations africaines*, Paris, PUF, 1953 ; *Sculptures de l'Afrique noire*, Paris, PUF, 1956), elle est élue directeur d'études à la VIe section de l'EPHE en 1957. Les recherches de D. Paulme s'orientent alors dans trois directions : l'étude de la condition féminine (édition de *Femmes d'Afrique noire*, Paris, Mouton, 1966), la question des classes d'âge, thème sur lequel elle organise un important colloque en 1969 (*Classes et Associations d'âge en Afrique de l'Ouest*, Paris, Plon, 1971), la transcription et l'étude des contes africains (*La Mère dévorante. Essai sur la morphologie des contes africains*, Paris, Gallimard, 1976, 1986). Enfin, notons que D. Paulme a beaucoup traduit en français les anthropologues anglo-saxons.

▲ 1979, « Gens et paroles d'Afrique : écrits pour Denise Paulme », *CEA*, vol. 19. A. Dupuis, 1987, « Correspondance de Déborah Lifchitz et Denise Paulme avec Michel Leiris, Sanga 1935 », *Gradhiva*, n° 3 : 44-58. J. Jamin, 1991, « Paulme, Denise », in C. Winter, p. 530-531. J. Jamin, 1991, « Paulme,

D. », in Bonte et Izard, p. 564. D. Paulme a raconté son itinéraire dans une série d'entretiens diffusée sur France-Culture en 1993.

LEROI-GOURHAN, André (1911-1986). Autodidacte, ayant passé son baccalauréat en candidat libre, A. Leroi-Gourhan est de ceux qui, derrière Mauss, se joignent à l'équipe de bénévoles du musée du Trocadéro avant qu'il ne devienne le musée de l'Homme. En 1931, il obtient une licence de lettres et le diplôme de russe de l'INLCOV puis celui de chinois (1933). En 1934, il rédige plusieurs chapitres (L'homme et la nature, L'homme en Europe...) pour le volume VIII (« La Vie mentale ») de *L'Encyclopédie française*. L'Institut l'envoie enquêter au Japon où il réside avec son épouse de 1936 à 1938. Il est ensuite chargé de mission auprès des musées nationaux avant d'être recruté par le CNRS. Organisant une grande exposition d'art chinois en 1943, il publie *Documents pour l'art comparé d'Eurasie septentrionale* (Paris, éd. d'Art et d'Histoire) et *L'Homme et la Matière* qui renouvelle l'étude de la technologie et dont le premier volume *Évolution et Technique* (Paris, Albin Michel, 1971) est publié en 1943 et le second *Milieux et Techniques* (Paris, Albin Michel, 1973) en 1945. Partant de l'idée que sa capacité à manipuler l'environnement distingue l'homme de l'animal, Leroi-Gourhan propose une typologie des techniques établissant celles qui sont à la base des autres, permettant ainsi d'expliquer leurs inventions et leurs diffusions notamment grâce à l'utilisation du concept de tendances. Il est décoré de la croix de guerre et de la médaille de la Résistance. Appliquant sa méthode à ses propres matériaux, il soutient une thèse intitulée *Archéologie du Pacifique-Nord. Matériaux pour l'étude des relations entre les peuples riverains d'Asie et d'Amérique* (Institut d'ethnologie, 1946), dans laquelle il relate les voyages d'objets et les échanges de techniques suivis par les peuples esquimaux et indiens d'Asie en Amérique, par l'examen minutieux des variations dont ont fait l'objet les lames, harpons... autour de la mer de Béring. Nommé sous-directeur du musée de l'Homme, il fonde en 1947 le Centre de formation à la recherche ethnologique (CFRE). Ce sera longtemps le seul en France où les ethnologues apprendront leur métier. Professeur à l'université de Lyon, il commence les fouilles de la caverne des Furtin et invente la méthode de découpage horizontal. Il reconstitue la vie des chasseurs-collecteurs de la préhistoire, alors que jusqu'à lui on se contentait de ramasser les objets immédiatement intéressants. À partir de 1948, il commence les fouilles d'Arcy-sur-Cure où il crée une école. En 1954, il soutient une thèse ès sciences et obtient la chaire d'ethnologie de la Sorbonne en 1956. En 1964, il ouvre le chantier de Pincevent et publie successivement *Le Geste et la Parole* (Albin Michel, 1964) et *La Mémoire et les Rythmes* (Albin Michel, 1965). Ses réflexions portent sur le développement humain dans sa globalité. Il propose notamment une théorie du processus d'hominisation qui met en rapport la station debout, la libération de la main et la position du crâne sur la colonne vertébrale. En 1969, il est élu à la chaire de préhistoire du Collège de France.

◆ 1936, *La Civilisation du renne*, Paris, Gallimard. 1964, *Les Religions de la préhistoire,* Paris, PUF. 1966, *Préhistoire de l'art occidental*, Paris, Mazenod. 1972, *Fouilles de Pincevent. Essai d'analyse ethnographique d'un habitat magdalénien*, Paris, CNRS. 1983, *Les Racines du monde. Entretiens avec Claude-Henri Rocquet,* Paris, Belfond. 1983, *Mécanique vivante. Le crâne des vertébrés du poisson à l'homme*, Paris, Fayard. 1983, *Au fil du temps. Ethnologie et préhistoire (1935-1970)*, Paris, Fayard. A. et A. Leroi-Gourhan, 1989, *Un voyage chez les Aïnous. Hokkaïdo 1938*, Paris, Albin Michel.

▲ 1973, *L'Homme, hier et aujourd'hui. Recueil d'études en hommage à André Leroi-Gourhan,* Paris, éd. Cujas. R. Cresswell, 1985, « Leroi-Gourhan », *Journal d'agriculture traditionnelle et de botanique appliquée*, vol. 32, et 1986, *Techniques et Culture*, vol. 7, janv. « Hominisation et technique ». Revue *La Pensée* : nov.-déc.1986, n° 254, « Hommage à A. Leroi-Gourhan », articles d'A. Casanova, P. Bonte, A. Haudricourt, Ch. Parain. R. Cresswell, 1991, « Leroi-Gourhan, André », in Bonte et Izard, p. 414-415.

HAUDRICOURT, André Georges (1911-1996). A. Haudricourt étudie tout à la fois à la faculté des lettres et à l'Institut national d'agronomie. Devenu ingénieur agronome, il est chargé de mission en Union soviétique sur les conseils de M. Mauss et d'A. Chevalier (1933-1935). Il est attaché de recherches au Laboratoire d'agronomie coloniale d'A. Chevalier entre 1939 et 1945. En 1943, il publie en collaboration avec L. Hédin, *L'Homme et les plantes cultivées* (réédité en 1987 aux éd. Métailié) qui présente pour la première fois en France les fondements de l'ethnobotanique. Il obtient à l'INLCOV les diplômes de siamois, de taï, de mélanésien, d'océanien, de laotien entre 1944 et 1947. En 1947, il est recruté par l'EFEO comme bibliothécaire et réside à Hanoi. En 1949, il publie en collaboration avec M. Juilland *Essai pour une histoire structurale du phonétisme français*. Il est nommé chargé de recherches au CNRS en 1951, maître (1955) et directeur (1960).

◆ 1954, (avec M. J. Brunhes Delamarre), *L'Homme et la Charrue*, Paris, Gallimard, (rééd. La Manufacture, 1987). 1978 (en collaboration avec C. Hagège), *La Phonologie panchronique*, Paris, PUF.

▲ A.-G. Haudricourt raconte son itinéraire à P. Dibie au cours d'entretiens rassemblés sous l'intitulé *Les Pieds sur terre*, Paris, Métailié, 1987. Signalons que la revue *La Pensée* consacre à son œuvre une part importante de son numéro de sept.-oct. 1973. P. Dibie, « A.-G. Haudricourt », *Le Monde* du 23 août 1996.

DUMONT, Louis Charles Jean (né en 1911). Né à Salonique en Grèce et émigré en France, L. Dumont abandonne ses études sans avoir obtenu de diplôme. En 1937, il trouve un emploi de secrétaire au Musée national des arts et traditions populaires qui voit le jour et que dirige G.-H. Rivière. Intéressé par le milieu qu'il découvre, il suit les cours de Mauss et retourne à l'université. Il publie alors un article sur la fabrication des sabots de bois en Sologne. Prisonnier de guerre entre 1939 et 1945, il est employé dans une ferme, puis dans une usine de Hambourg. Il apprend l'allemand et obtient une grammaire de sanskrit par courrier. L'un des employés de la bibliothèque municipale de Hambourg le présente au professeur Schubring, spécialiste du domaine indien, qui accepte de lui donner un cours hebdomadaire de sanskrit. Il reprend son emploi au Musée à la Libération, où, après avoir passé une licence de lettres, il est nommé assistant (1947). Il s'occupe d'un programme sur le mobilier français et de la revue *Le Mois d'ethnographie française*. Il a par ailleurs découvert durant sa captivité l'œuvre de G. Dumézil. Rivière l'envoie observer le festival de Tarascon auquel il consacre son premier livre, publié en 1951 (*La Tarasque*, Paris, Gallimard). Il obtient à l'INLCOV le diplôme d'indi et de tamoul (1948), et L. Renou lui obtient une bourse qui lui permet de partir en Inde avec l'idée d'une comparaison structurale possible entre le Nord aryen et le Sud dravidien. Il passe huit mois chez les Pramalai Kallar en 1948, puis deux chez les Tamouls en 1949-1950. Un travail ethnographique rigoureux prend le dessus, mais Lévi-Strauss lui a donné à lire les chapitres sur l'Inde des *Structures élémentaires de la parenté*, et c'est en s'en inspirant qu'il organise son travail. De retour du continent indien en 1951, Dumont reprend brièvement son poste au Musée, puis, grâce au professeur Fürer-Haimendorf, obtient une place de *lecturer* à l'université d'Oxford. Il s'y forme à l'anthropologie sociale britannique et obtient en 1954 un doctorat : *Une sous-caste de l'Inde du Sud. Organisation sociale et religion des Pramalai Kallar* (Paris-La Haye, Mouton, 1957) puis, après un nouveau séjour en Inde, il est nommé directeur d'études à l'EPHE (1955). Il y crée le Centre d'études indiennes en 1962, puis un Laboratoire du CNRS consacré au monde insulindien. Il participe activement à la création du Cycle de formation à l'ethnologie sociale souhaitée par Lévi-Strauss à la VIe section et donne dans ce cadre une série de conférences : *Introduction à deux théories d'anthropologie sociale* (Paris-La Haye, Mouton, 1971) et *Dravidien et Kariera. L'alliance de mariage dans l'Inde du Sud et en Australie* (Paris-La Haye, Mouton, 1975). Après une première comparaison : *La Civilisation indienne et nous* (Paris, A. Colin, 1964), il propose une réflexion globale sur les castes dans *Homo hierarchicus. Le Système des castes et ses implications* (Paris, Gallimard, 1966), qui s'ouvre par la réfutation des explications sur les castes. Il reprend cependant de Bouglé l'opposition entre pur et impur dans un système d'éléments gradué en référence au religieux comme totalité (englobant le politique et l'économique). Le livre examine aussi l'évolution de ce système. Dans *Homo aequalis, Genèse et épanouissement de l'idéologie économique* (Paris, Gallimard, 1977), Dumont retrace l'histoire de la pensée économique qui apparaît plus comme l'avènement d'une idéologie que comme celui d'une science descriptive. Se séparant du politique et de la moralité générale, elle pose l'individualisme contre le holisme, concept trouvé par Dumont pour définir une idéologie où l'individu est subordonné à la totalité sociale. Cela lui donne l'occasion de traiter l'œuvre de Marx de façon nouvelle. En 1983, *Essai sur l'individualisme. Une perspective anthropologique sur l'idéologie moderne* (Paris, Seuil) élargit la problématique de l'émergence de l'individualisme à l'ensemble de l'histoire intellectuelle occidentale. Enfin, en 1991, dans *Homo aequalis. L'idéologie allemande, France-Allemagne et retour* (Paris, Gallimard), L. Dumont propose une réflexion d'ensemble sur les formes de civilisation dans leur rapport à l'individu à partir d'une comparaison entre les pensées allemande et française, car, pour Dumont, seul le point de vue comparatif permet de mettre en exergue les spécificités.

▲ J.-C. Galey, « The Spirit of apprentices in a master craftsman » et « A conversation with L. Dumont », Paris, le 12 décembre 1979, in T.-N. Madan, 1982, *Ways of Life : King Householder Renouncer. Essays in Honour of Louis Dumont*, New Delhi, Vikas Publications. J.-C. Galey, 1991, « Dumont, Louis », in Bonte et Izard, p. 204-206. J.-C. Galey, 1991, « Dumont, Louis », in C. Winter, p. 166-168.

EMPERAIRE, José (1912-1958). J. Emperaire suit les cours donnés à l'Institut d'ethnologie et, à partir de 1945, participe à des recherches archéologiques, d'abord en France puis chez les Alakaluf et les Fuégiens de Patagonie chez lesquels il séjourne entre 1945 et 1948, effectuant des fouilles près du détroit de Magellan. Entré au CNRS en 1949, il reçoit le prix Liotard en 1950. On doit à J. Emperaire les premières recherches de reconnaissance et des fouilles dans de nombreux sites du Brésil et de la Patagonie dont rendent souvent compte des articles publiés en compagnie de son épouse, A. Laming-Emperaire, dans le *Journal de la Société des américanistes*. Il meurt en 1958 à la suite d'un éboulement de terrain de fouilles.

▲ J. Emperaire, dans *Journal de la Société des américanistes*, 1959.

SOUSTELLE, Jacques (1912-1990). Né à Montpellier dans une famille ouvrière, J. Soustelle entre à l'ENS dont il sort agrégé de philosophie. En 1931, il épouse G. Fagot (originaire de Tunis) qui devient elle-même ethnologue. De 1932 à 1938, il effectue plusieurs missions en Amérique centrale, publiant *Mexique, terre indienne* (Paris, Grasset, 1935), puis *La Famille Otomi-Pame du Mexique central* (Paris, Institut d'ethnologie) et « La Culture matérielle des Lacandons » (*Journal de la Société des américanistes,* 1937). À son retour, il est chargé de cours à l'École coloniale et au Collège de France ainsi que sous-directeur du musée de l'Homme. Il est alors le disciple préféré de P. Rivet et, comme lui, membre de la direction du « Comité de vigilance des intellectuels antifascistes ». En 1940, il publie son livre le plus important : *La Pensée cosmologique des anciens Mexicains* (Paris, Hermann) avant de rejoindre le général de Gaulle à Londres. Après une mission de propagande en Amérique latine en 1941, il est nommé commissaire au service de l'information (1942), puis directeur général des Services spéciaux à Alger (1943-1944). Commissaire de la République à Bordeaux, il est successivement ministre de l'Information (1945) puis des Colonies, et député (1951-1958), enseignant à la VIe section de l'EPHE, Gouverneur général de l'Algérie (1955-1956), ministre de l'Information (1958-1959), délégué général de l'Organisation commune des régions sahariennes (1959-1960). Partisan de l'Algérie française, Soustelle rejoint la conjuration militaire anti-gaulliste (1962) et il est poursuivi pour atteinte à la sécurité de l'État. Il écrit sur l'Algérie (1962, 1965) et reprend ses travaux d'archéologie (1966). Comme d'autres, il est sauvé par les événements de Mai 1968 et rentre en France après que le tribunal eut prononcé un non-lieu (octobre 1968). Il est élu directeur d'études à l'EPHE en 1969. Député réformateur du Rhône (1973-1978), il entre à l'Académie française en 1983.

◆ 1955, *La Vie quotidienne des Aztèques à la veille de la conquête espagnole*, Paris, Hachette. 1962, *L'Espérance trahie*, Paris, Alma. 1967, *Les Quatre Soleils*, Paris, Plon. 1968, *Vingt-huit Ans de gaullisme*, Paris, La Table Ronde. 1970, *Les Aztèques*, Paris PUF. 1975, *La Recherche française en archéologie et anthropologie*, Paris, Documentation française. 1980, *Les Olmèques*, Paris, Gallimard. 1982, *Les Maya*, Paris, Gallimard.

▲ D. Fournier, 1991, « Soustelle, Jacques », in C. Winter, p. 651. B. Ullmann, 1995, *Jacques Soustelle*, Paris, Plon.

FAUBLÉE, Jacques (né en 1912). J. Faublée étudie le malgache avec J. Paulhan à l'INLCOV et suit l'enseignement de Mauss au début des années 1930. Assistant au musée du Trocadéro, il part en mission dans les Aurès en 1935, 1936 et 1937. Il obtient le diplôme de l'EPHE en 1937, puis travaille au musée de l'Homme. De 1938 à 1941, il repart en mission chez les Bara de Madagascar (*JSA*, vol. 11, 1941), et, à son retour, est chargé d'un cours d'ethnographie de Madagascar à l'ENFOM ainsi que du cours de Malgache de l'INLCOV (1943 et 1955). En 1943, M. Griaule obtient un poste d'assistant à la chaire d'ethnologie de l'université de Paris et propose ce poste à J. Faublée qui le refuse sur les conseils du doyen. Nommé chargé de conférence à l'ENA en 1947, il part pour Madagascar en 1948, puis pour l'Algérie en 1950, année où il soutient ses thèses : *La Cohésion de la société Bara* (thèse principale) et *Les Esprits de la vie à Madagascar* (thèse secondaire). Assistant au Musée d'histoire naturelle, il est élu professeur à l'INLCOV en 1953. On doit à J. Faublée une collaboration à *L'Année sociologique* où il tient pratiquement seul la rubrique des comptes rendus des livres d'ethnologie à partir de l'année 1965 (publié en 1967). Il s'y élève contre le structuralisme dans les années 1970.

◆ 1946, *Ethnographie de Madagascar*, Paris, Maisonneuve. 1946, *Introduction au Malgache*, Paris, Maisonneuve. 1947, *Récits Bara*, Paris, Institut d'ethnologie. À partir de 1960, « Description et analyse de sociétés appartenant au domaine ethnographique », *L'Année sociologique*.

CAILLOIS, Roger (1913-1978). Né à Reims, R. Caillois entre à l'ENS et fréquente assidûment le groupe surréaliste avant de joindre G. Bataille et le Collège de sociologie. Il obtient l'agrégation de grammaire en 1936 et, passionné par les cours d'ethnologie de M. Mauss, le diplôme de l'EPHE. Après *Les Impostures de l'art* (1935) et *La Mante religieuse* (1937), il rédige deux ouvrages de réflexion anthropologique d'importance qui le font connaître très jeune : *Le Mythe et l'Homme* (Paris, Gallimard, 1938) puis *L'Homme et le Sacré* (Paris, Gallimard, 1939). Il expose, dans une perspective évolutionniste, comment le mythe exprime une solidarité avec l'univers et comment la règle et le sacré imposent conjointement le licite, mais aussi son contraire, l'excès périodique, qui les revigore. R. Caillois passe l'Occupation en Argentine où, actif, il fonde l'Institut français de Buenos-Aires, édite *Lettres françaises*. Le Gouvernement de la Libération le nomme chargé de missions culturelles en Amérique du Sud en 1945. R. Caillois fut aussi haut fonctionnaire à l'Unesco et rédacteur en chef de *Diogène*. En 1954, il s'attaque au structuralisme et au relativisme de Lévi-Strauss (« Illusions à Rebours », *La Nouvelle Revue française*, n° 24, 25 : 1010-1024; 58-70) qui lui répond sévèrement (« Diogène couché », *Les Temps modernes*, mars 1955). Il est élu à l'Académie française en 1972. Venu de la grammaire à la sociologie, R. Caillois, après une longue réflexion poétique sur les minéraux, termine son œuvre par un travail sur la langue française qu'il qualifiait de « seul lieu géométrique où je puisse me tenir ». Toujours fasciné par le pouvoir de mise en ordre du monde par la pensée, R. Caillois conserve de son premier à son dernier ouvrage une approche de l'univers où tout est signe à la conscience (qui classe) et résonance à l'imaginaire (qui relance vers un autre objet).

▲ M. Panoff, 1993, *Les Frères ennemis, Caillois et Lévi-Strauss*, Paris, Payot.

BESSAIGNET, Pierre (1914-1989). Né à Cannes, P. Bessaignet passe une licence de philosophie à Paris et suit les cours de M. Mauss à la Ve section de l'EPHE et ceux de kanak de l'INLCOV avec M. Leenhardt. En 1940, il se rend à l'université de Yale puis d'Harvard où il étudie avec Schumpeter. Il travaille d'abord dans le cadre du plan Marshall, entre au CNRS en 1949 comme chargé de recherches, enquête chez les Iroquois du Sud-Dakota, puis est professeur à l'université de Hobart (État de New York). En 1956, l'Unesco le charge de créer le département de sociologie de l'université de Dacca où il est professeur, enquêtant également sur les populations bengali. En 1959, il enquête après F. Barth pour l'Unesco en Iran, enseigne dans le cadre du jeune Institut d'études et de recherches en sciences sociales de Téhéran où il crée la section d'études anthropologiques. Recruté par l'université de Nice en 1965, Bessaignet participe à la création du Centre d'études des relations interethniques et y occupe la chaire d'ethnologie entre 1967 et 1983.

◆ 1945 (en collaboration), *La Crise française*, Paris, le Pavois. 1960, *Tribesman of the Chitagong Hill Tracts*, Asiatic Society of Pakistan Publication. 1961, *La Méthode de l'anthropologie*, université de Téhéran. 1961, *L'Étude sociologique des villages du Guilan par la méthode de photographie aérienne*, université de Téhéran, IERSS. 1966, *Principes de l'ethnologie économique*, Paris, Librairie générale de droit et de jurisprudence. 1988, *Ethnologie et formation d'infirmière : pratique des soins et médecines différentes*, Nice, IDERIC. 1989, *Le Secteur tertiaire, la fête et la ville*, Nice, Serre.

▲ A. Ata, *L'Anthropologie de l'Iran*, thèse en cours, université de Paris-VIII.

CAZENEUVE, Jean (né en 1915). Né à Ussel, J. Cazeneuve entre à l'ENS en 1937. Dès 1938, il passe une licence de philosophie et obtient le diplôme de l'Institut d'ethnologie. Prisonnier de guerre entre 1940 et 1945, il passe l'agrégation de philosophie (1946), est pensionnaire de la Fondation Thiers (1946-1948) et rédige *La Psychologie du prisonnier de guerre* (Paris, PUF) qui est couronné par l'Académie française et la Société des gens de lettres. Il est nommé maître de conférence à l'université d'Alexandrie en 1948, puis attaché de recherches au CNRS (1950). Se rendant aux États-Unis grâce à une bourse de la Fondation Rockefeller, il obtient un *MA* du département des relations sociales qu'a monté Parsons à l'université de Harvard et enquête en Arizona en 1954-1955. En 1957, il est nommé chargé de recherches au CNRS après avoir soutenu ses thèses (*Les Rites et la Condition humaine*, Paris, PUF, 1958; *La Mentalité archaïque*, Paris, Armand Colin), chargé de cours à la Sorbonne, puis chargé d'un cours de «Sociologie de la diffusion des connaissances par la radio et la télévision» à la VIe section de l'EPHE (1961). Spécialiste de la sociologie des mass-médias, il fut professeur à la Sorbonne et président-directeur de TF1.

◆ 1957, *Les dieux dansent à Cibola. Le Shalaïko des Indiens Zuni*, Paris, Gallimard. 1967, *Dictionnaire de l'ethnologie*, Paris, Larousse.

▲ J. Cazeneuve, 1978, *Des métiers pour un sociologue. Entretien avec A. Akoun*, Paris, Éditions France-empire.

RODINSON, Maxime (né en 1915). Né dans une famille modeste «passionnément attachée au communisme» (1972 : 455), M. Rodinson travaille dans son adolescence, alors que «l'intérêt érudit et militant l'amène à fréquenter des musulmans» autour de 1932. Il suit les cours de Mauss et obtient les diplômes de turc (1935), d'amharique (1936), d'arabe littéral (1936), d'arabe oriental (1936) à l'INCLOV. Enseignant dans le secondaire, il est détaché au Liban où il travaille au service des antiquités. En 1943, une revue du Parti communiste libano-syrien publie son premier article («Sociologie durkheimienne et sociologie marxiste»). En 1947, M. Rodinson revient à Paris et de 1948 à 1955, travaille à la Bibliothèque nationale. Il écrit alors quelques articles publiés dans le *Bulletin de l'IFAN*. En 1950-1951, il dirige, à la demande du PCF, la revue mensuelle *Moyen-Orient*. Chargé de cours à la VIe section de l'EPHE, il est promu directeur d'études à la IVe section (sciences historiques et philologiques), lorsque M. Cohen prend sa retraite. À la suite de divergences, le PCF suspend pour une année son adhésion en 1958 et il ne demande jamais sa réintégration. Commence alors pour M. Rodinson une période d'intense activité éditoriale s'ouvrant par une étude de «L'Arabie avant l'Islam» (dans *Histoire universelle*, Encyclopédie de la Pléiade, t. 2), suivi de *Mahomet* (Paris, Seuil 1961, rééd. 1968, 1989).

◆ 1966, *Islam et Capitalisme,* Paris, Seuil. 1967, *Magie, Médecine et Possession à Gondar*, Paris-La Haye, Mouton. 1972 *Marxisme et Monde musulman*, Paris, Seuil (dont les citations sont extraites). 1979, *Les Arabes*, Paris, Seuil. 1980, *La Fascination de l'Islam,* Paris, Seuil. 1993, *De Pythagore à Lénine. Des activismes idéologiques*, Paris, Fayard.

▲ J.-P. Digard, éd., 1982. *Hommage à Maxime Rodinson. Le cuisinier et le philosophe. Études d'ethnographie historique du Proche-Orient*, Paris, Maisonneuve-Larose.

LOT-FALCK, Éveline (1918-1974). É. Lot-Falck est la fille du médiéviste F. Lot. Sa sœur ayant épousé l'ethnologue B. Vildé, elle fréquente assez jeune le musée de l'Homme et suit les derniers cours de Mauss. Elle s'intéresse à Madagascar, mais reprend le terrain de B. Vildé en Asie centrale, après qu'il a été fusillé pour résistance. En 1945, elle épouse R. Falck, chargé du département muséologie, et écrit ses premiers articles. À partir de 1952, elle s'occupe des départements Asie, Europe de l'Est et Arctique du musée de l'Homme. Elle devient la spécialiste française du chamanisme et crée en 1963 une direction d'études de l'Eurasie septentrionale et de l'Arctique à la Ve section de l'EPHE. Elle meurt d'une longue maladie en 1974. On lui doit surtout *Les Rites de chasse chez les peuples sibériens* (Paris, Gallimard, 1953). Elle y décrit le monde mythique des différentes populations et émet la thèse d'une couche de rite archaïque identifiant l'homme à l'animal, trouvant également un dieu créateur indifférent et une multitude d'esprits, maîtres de parcelles de nature (mer, montagne, monstre...), dont les relations et les oppositions se modèlent sur celles des hommes.

▲ L. Delaby et R. Hamayon, 1977, « Évelyne Lot-Falck », *L'Ethnographie*, n° 74-75. L. Delaby et R. Hamayon, 1975, « Évelyne Lot-Falck. Son œuvre ». M. Mahn-Lot, I. Vildé, 1975, 1973, « Évelyne Lot-Falck. Sa vie », *Objets et Mondes*, vol. 15 : 106-110. J. Faublée, 1975, « Évelyne Lot-Falck », *L'Année sociologique*.

Les sacrifiés

L'ethnologie française à vu naître en son sein ce qui semble avoir été le premier réseau de résistance. M. Blumenson en a raconté l'histoire en 1977 dans *Le Réseau du musée de l'Homme. Les débuts de la résistance en France* (Paris, Seuil, 1979). Aux pertes subies après le démantèlement du réseau s'ajoutent celles d'ethnologues venus combattre sur le sol national lors de la Libération ou capturés et membres d'un autre réseau de résistance. L'aspect humain mis de côté, ces pertes eurent d'importantes incidences sur le développement de la tradition française. Que serait devenu l'africanisme français si Maupoil ou Le Cœur avaient vécu? Il semble que la disparition de Vildé engendre un très sérieux retard de l'européanisme au sein de la tradition ethnologique française. Outre le livre de Blumenson, on se référera aussi à la petite notule d'Herskovits intitulée « Anthropology during the war : France » (*AA*, vol. 47 : 639-641) et à D. Fabre, 1997, « L'ethnologie française à la croisée des engagements, 1940-1945 » in J.-Y. Boursier, *Résistants et Résistance*, Paris, l'Harmattan.

LEWITZKY, Anatole (1902-1942). A. Lewitzky est né en Russie, mais sa famille s'installe en France après la révolution de 1917. Il effectue des études dans de grandes difficultés matérielles puis est attaché au musée du Trocadéro en 1935. Spécialiste des cultures sibériennes et du chamanisme, il dirige le département d'Europe et d'Asie après l'ouverture du musée de l'Homme en

1937, et après la création du département Europe, garde la direction de celui dédié à l'Asie. Membre du réseau du Musée que crée B. Vildé, il est arrêté en même temps que lui. Ils sont fusillés le 23 février 1941.

▲ 1945, « A. Lewitzky », *Journal de la Société des océanistes*, vol. 1 (1). P. Ghrenassia, « A. Lewitzky. De l'ethnologie à la résistance », *La Liberté de l'esprit*, n° 16 : 237-253.

LE CŒUR, Charles (1903-1944). Né à Paris, C. Le Cœur entre à l'ENS et suit les cours de M. Mauss à la Ve section de l'EPHE. Il donne en 1927 son premier article (« Le commerce de la noix de kola en Afrique occidentale », *Annales de Géographie,* vol. 36), devient l'un des collaborateurs de *L'Année sociologique* et se rend à l'instigation de M. Mauss chez les Téda du Tibesti. En 1939, il soutient ses thèses de doctorat : *Le Rite et l'Outil. Essai sur le rationalisme social et la pluralité des civilisations* (Paris, PUF) et *Textes sur la sociologie et l'école au Maroc* (Paris, PUF, 1939). Nommé à l'IFAN que dirige T. Monod, il se rend à Dakar en 1942, mais se porte volontaire en 1944 et perd la vie au mois de juillet pendant la campagne d'Italie. On doit à son épouse d'avoir terminé son *Dictionnaire ethnographique de la langue téda* (Paris, Larose, 1950). *Le Rite et l'Outil* fit l'objet de plusieurs comptes rendus. Signalons que celui de P. Mercier, publié dans les *Cahiers internationaux de sociologie* en 1946 (In Memoriam C. Le Cœur, *Études nigériennes*, n° 1, 1953) contient sa bibliographie complète, ainsi que deux textes inédits.

MAUPOIL, Bernard (1906-1945). Élève à l'École coloniale après une licence en droit, B. Maupoil en obtient le diplôme en 1932 tout en suivant les cours de Mauss à la Ve section de l'EPHE. En 1934, il est nommé administrateur-adjoint des colonies. Il effectue de longs séjours au Bénin (alors Dahomey) ainsi qu'en Guinée. Il obtient d'être détaché à l'IFAN que dirige T. Monod à sa création en 1938. Il se montre ouvertement gaulliste à l'occasion de l'essai de débarquement de la France libre à Dakar, ce qui lui vaut d'être muté en France. Rapatrié en 1942, il rejoint la Résistance et se fait arrêter en juillet 1944. Incarcéré à Fresnes, Maupoil est ensuite envoyé dans un camp de travail où il disparaît en novembre 1944. Il obtient sa thèse à titre posthume en 1946 avec *La Géomancie de l'ancienne Côte des esclaves* (Paris, Institut d'ethnologie, 1988) publiée en 1943. L'ouvrage expose le *Fa*, système de divination pratiqué au Bénin, apparenté à l'*Ifa* yorouba dont il proviendrait, puis dans une seconde partie étudie les formules, les légendes, les chants, les interdits, les prières, liés à chacun des deux cent cinquante signes du système. Témérité de l'époque, Maupoil fait du *Fa* une version ouest-africaine d'éléments venus des civilisations égyptienne, grecque, chaldéenne et hindoue.

▲ Anonyme, 1945, « Maupoil », *JSA*, 1945, vol. 15 : 38. 1988, Postface de C. Rivière à « La géomancie de l'ancienne Côte des esclaves », Paris, Institut d'ethnologie, p. 687-692.

LIFCHITZ ou **Lifszyc, Déborah** (1907-1942). Née en Ukraine et venue en France au début des années 1920, D. Lifchitz étudie l'amharique avec M. Cohen. En juillet 1932, elle rejoint en Éthiopie la mission Dakar-Djibouti que dirige M. Griaule. Elle est nommée attachée au musée d'ethnographie du Trocadéro en 1933 et chargée de cours d'amharique à l'INLCOV. Accompagnant la mission Sahara-Soudan jusqu'en pays Dogon, elle compose avec D. Paulme une extension de la mission sous la forme d'une mission autonome Paulme-Lifchitz. Elles résident seules à Sanga entre mars et septembre 1935 (financées par la Fondation Rockefeller). Reprenant son poste au musée à son retour, D. Lifchitz est arrêtée en tant que juive par la police française en février 1943 et, déportée à Auschwitz, elle y est gazée. On lui doit plusieurs articles publiés dans le *Journal des africanistes* et *Textes éthiopiens magico-religieux* (Paris, Institut d'ethnologie, 1940).

▲ A. Dupuis, 1987, « Correspondance inédite de Déborah Lifchitz et Denise Paulme avec Michel Leiris. Sanga 1935 », *Gradhiva*, n° 3, p. 44-59.

VILDÉ, Boris (1908-1941). Né en Russie, B. Vildé est mêlé à la constitution d'un mouvement séparatiste livonien et emprisonné. Il quitte l'Union soviétique pour l'Allemagne en 1930. En septembre 1932, il est à la tête d'un mouvement étudiant anti-chemises brunes et est emprisonné. Libéré, il quitte l'Allemagne pour Paris et se trouve logé dans le même immeuble que Gide qui l'introduit au monde parisien. En 1934, il obtient la nationalité française par son mariage avec l'une des filles de F. Lot. Selon son *Journal*, Gide le recommande à P. Rivet qui l'embauche comme linguiste au musée de l'Homme (A. Gide, 1954, *Journal 1939-1949*, Paris, Gallimard, p. 1234), l'envoie enquêter en Estonie et en Finlande, puis le nomme chef du département Europe du musée de l'Homme. Avec l'Occupation, il devient l'âme et le chef du premier réseau de résistance en France : le réseau du musée de l'Homme qui imprime son premier tract en décembre 1940 et fournit de faux papiers aux évadés. Arrêté, il est fusillé en compagnie de cinq de ses camarades le 23 février 1941.

▲ 1988, *Journal et lettres de prison (1941-1942)*, Paris, CNRS, Cahiers pour l'histoire du temps présent, n° 7 (présentation et notes de F. Bedarida et D. Veillon). Y. Lelong, 1987, « L'Heure très sévère de B. Vildé », *La Liberté de l'esprit*, n° 16 : 329-341.

Chapitre 8

Les écoles francophones de l'après-Seconde Guerre mondiale aux années 1980

SOMMAIRE

L'Institut d'ethnologie, la Ve section de l'EPHE, le musée de l'Homme et l'EFEO sont, jusqu'à la veille de la Seconde Guerre mondiale, les seuls lieux où l'on effectue des recherches en anthropologie. Trois institutions qui voient le jour en 1938 modifient cette situation : le Centre national de la recherche scientifique (CNRS), l'Institut français d'Afrique noire (IFAN) et l'Office de la recherche scientifique et technique d'outre-mer (ORSTOM). Grâce à ces trois organismes de recherche, les anthropologues ont désormais un statut et, pour un temps, des moyens. Mais comme un lieu de formation manque encore, en 1946-1947 est créé le Centre de formation à la recherche ethnologique (CFRE). On y accède avec une licence dont un des quatre certificats doit être d'ethnologie. Ce certificat est obtenu à la Sorbonne où M. Griaule occupe la chaire d'ethnographie. Sont aussi créées des chaires d'ethnologie à Lyon, Montpellier, Strasbourg.

Les professeurs du Muséum d'histoire naturelle ayant élu H. Vallois à la succession de P. Rivet en 1950, C. Lévi-Strauss s'investit fortement au sein de la Section des sciences économiques et sociales de l'EPHE (VIe section créée en 1947). Il y joue auprès de F. Braudel le rôle de conseiller et fait créer des centres de formation et de recherche. Il dirige par ailleurs, dans le cadre de l'Unesco, le Conseil international des sciences sociales. Dans les années 1950, cet organisme finance un assez grand nombre des missions anthropologiques. N'oublions pas non plus l'étoffement d'une formation à l'ethnologie à l'université de la Sorbonne (Paris-V) ainsi qu'au sein de la Ve section de l'EPHE.

Avec la création des laboratoires et des recherches coopératives sur programme dans les années 1960, le CNRS assure un emploi à pratiquement tous ceux qui ont suivi un cursus complet en anthropologie. Des revues et de nombreuses collections voient le jour.

Dans l'extrême fin des années 1960, les départements d'ethnologie de l'université de Nanterre (Paris-X), de Jussieu (Paris-VII), de Vincennes (Paris-VIII) montent d'importants cursus de formation à l'ethnologie, mouvement qui touche également la province dont les universités se dotent de départements d'ethnologie ou d'importantes filières ethnologiques (Nice, Montpellier, Strasbourg, Lyon...).

D. Fabre, 1997, « L'ethnologie française à la croisée des engagements 1940-1945 », in J.-Y. Boursier, *Résistants et Résistance*, Paris, L'Harmattan. G. Gaillard, 1988, Thèse, *Éléments pour servir à la constitution d'une histoire de l'ethnologie française de ces trente dernières années*, Paris, EHESS. G. Gaillard, 1990, *Répertoire de l'anthropologie française* 1950-1970, Paris, CNRS, 2 vol. G. Gaillard, 1989, « Chronique de la recherche ethnologique dans son rapport au Centre national de la recherche scientifique 1925-1980 », *Cahiers pour l'histoire du CNRS*, n° 3, 85-127.

Manque ici malheureusement P. Métais, P. Erny et G. Nicolas.

L'École coloniale et l'École nationale de la France d'outre-mer : administrateurs et militaires

Suivant l'exemple de l'Angleterre et de la Hollande, l'État français fonde une École coloniale en 1889 et ce n'est que très progressivement, après la Première Guerre mondiale, qu'elle prend de l'importance. En 1950, elle devient l'École nationale de la France d'outre-mer (ENFOM). Y enseignent alors P. Mus, R. Delavignette, J. Dresch, M. Leiris, L.S. Senghor, J. Faublée... L'École est par la suite transformée en Centre des hautes études sur l'Afrique et l'Asie Modernes (CHEAAM). Sur l'École coloniale, on lira : « Centenaire de l'École nationale de la France d'outre-mer » (*Mondes et Cultures*, vol. 46 (1), 1986). On regrette de ne pas avoir eu l'espace d'inclure ici, plus nombreuses, les figures de « colonisateurs ethnologues ». Citons surtout H. Deschamps et H. Delavignette.

CHAPELLE, Jean (1905-1986). Sortant de l'École militaire de Saint-Cyr en 1926, J. Chapelle s'embarque pour l'Afrique occidentale comme officier méhariste et sert successivement au Niger, en Mauritanie, au Soudan (actuel Mali) et au Tchad. Commandant du cercle d'Agadez (Niger), il suit le stage du CHEAAM en 1947-1948, puis est nommé adjoint au directeur. Il est préfet du Borkou-Ennedi-Tibesti au Tchad (1958-1959) et, après sa retraite, administrateur de l'Institut national tchadien de sciences humaines de N'Djamena (1962), chargé des archives du Tchad et conservateur du Musée (1963). J. Chapelle a mené d'importantes recherches au Tibesti et au Borkou.

◆ 1957, *Les Nomades noirs du Sahara*, Paris, Plon (rééd. chez L'Harmattan, 1982). 1980, *Le Peuple tchadien, ses racines et sa vie quotidienne*, Paris, L'Harmattan et ACCT. 1987, *Souvenir du Sahel, Zinder, lac Tchad, Komadougou*, Paris, L'Harmattan (souvenir de 1927 à 1930).

PALES, Léon (1905-1988). Né à Toulouse, Léon Pales se passionne, encore enfant, pour les fouilles. Il passe une licence de sciences (H. Vallois est son professeur), puis s'inscrit à l'Institut d'anthropologie (doctorat en 1929) et à l'École militaire du Service de santé colonial (1925). Il est chirurgien à Brazzaville (1931-1933), puis à Fort-Lamy en 1934-1936, et recueille des objets qu'il offre au musée de l'Homme. Il exerce à Marseille et devient professeur à l'École de médecine (1938-1943). Dans l'après-guerre, le gouvernement français, désireux de tenir les engagements pris en 1943 devant les futures Nations unies, crée l'importante Mission anthropologique de l'OAF dont il confie la direction à Pales qui, entre 1945 et 1950, étudie l'alimentation et la nutrition des populations. Ce fut, sur le plan mondial, la première enquête d'envergure sur ce thème. Rentré en France fin 1950, Pales est nommé sous-directeur du musée de l'Homme par H. Vallois. Celui-ci, élu à la chaire d'anthropologie du Muséum d'histoire naturelle, est donc directeur du Musée. Les publications de L. Pales sont innombrables et ont principalement un caractère anthropométrique et médical.

▲ L. Pales, s.d., *Titres et Travaux scientifiques du Docteur Léon Pales*, Bibliothèque du musée de l'Homme. M. Garcia, 1988, « Notice nécrologique », dans *Bulletin de la Société préhistorique ariégeoise*.

BERQUE, Jacques (1910-1995). J. Berque passe son enfance et sa jeunesse en Algérie où son père est administrateur. Après des études et un court séjour en France, il obtient un poste de contrôleur civil au Maroc (1934). Tentant de constituer des coopératives agricoles communautaires, il se heurte aux colons et est relégué en 1947 dans une province lointaine comme chef d'une circonscription du Haut-Atlas (1947-1953). C'est dans ce cadre qu'il entreprend l'enquête à partir de laquelle il écrit sa thèse, *Les Structures sociales du Haut-Atlas* (PUF, 1955, la 2e éd. inclut « Retour aux Seksawa », 1978). Le livre devient immédiatement le grand classique sur cette région du monde. J. Berque montre notamment comment la mise en place de l'irrigation organise la société et l'ajustement que rencontre celle-ci avec le droit musulman. En 1951, J. Berque est directeur d'économie sociale à l'Institut des hautes études marocaines et, conjointement, expert de l'Unesco en Égypte. Soutenant sa thèse en 1955, il est élu directeur d'études à la VIe section de l'EPHE. Il devient professeur au Collège de France en 1956. C'est un spécialiste de l'islam (religion à laquelle il s'est converti).

◆ 1936, *Les Pactes pastoraux Beni Meskine. Contribution à l'étude des contacts nord-africains*, Alger. 1944, *Essai sur la méthode juridique maghrébine*, Rabat. 1957, *Histoire sociale d'un village égyptien au* XXe *siècle*, Paris-La Haye, Mouton. 1960, *Les Arabes d'hier à demain*, Paris, Seuil. 1964, *Dépossession du monde*, Seuil. 1970, *L'Orient second*, Paris, Gallimard. 1980, *L'Islam au défi*, Paris, Gallimard. 1989, *Mémoires des deux rives*, Paris, Seuil. 1991, *Le Coran. Traduction exégétique*, Paris, Sindbad.

▲ *Le Monde* des 29 juin et 7 juillet 1995. A. Mahé, « Dossier J. Berque », *Droit et Cultures*, Vol. 32 (2) : 175-227.

MONTEIL, Vincent (né en 1913). Fils de C. Monteil, V. Monteil travaille au Bureau des affaires indigènes marocain entre 1939 et 1948. Il fait les campagnes de Tunisie (1943) et de la Libération. En 1948, il effectue un stage au CHEAAM (brevet, 1951). Entre 1950 et 1954, il est d'abord attaché militaire adjoint à Téhéran, puis en Corée et en Indochine. Nommé au cabinet du ministre des Affaires marocaines et tunisiennes, il est chef de cabinet du directeur général de l'Algérie, puis travaille au Maroc et au Liban. Soutenant ses thèses en 1960, il devient directeur de l'Institut fondamental d'Afrique noire de Dakar, qui remplace l'IFAN avec l'indépendance. Il le reste jusqu'en 1967 tout en assurant la fonction de professeur à l'université de Dakar. Il est ensuite membre du corps diplomatique et notamment ambassadeur en Indonésie. Converti à l'islam, il en est l'un des spécialistes.

◆ 1958, *Les Officiers*, Paris, Seuil. 1960, *L'Islam moderne*, Paris, Klincksieck. 1964, *L'Islam noir. Une religion à la conquête de l'Afrique*, Paris, Seuil (2e éd. 1980). 1972, *Indonésie*, Paris, Seuil. 1972, *L'Iran*, Paris, Seuil. 1982, *Les Musulmans soviétiques*, Paris, Seuil.

CORNEVIN, Robert (1919-1988). R. Cornevin obtient le brevet de l'ENFOM puis est nommé administrateur au Sénégal (1941), au Bénin (1942), au Cambodge (1945-1947) et au Togo (1948-1956). En 1960, il publie une *Histoire des peuples de l'Afrique noire* (Paris, Berger-Levrault) puis rend compte de l'histoire du Dahomey/Bénin (1962) et du Togo (1962). R. Cornevin est nommé directeur du CHEAAM et de la revue *Afrique contemporaine* en 1961. Il est élu secrétaire général de l'Académie des sciences d'outre-mer. R. Cornevin fut l'éditeur d'*Hommes et Destin. Dictionnaire biographique de l'outre-mer* (8 vol.) publié par la même académie.

◆ 1962, *Histoire du Dahomey*, Paris, Berger-Levrault. 1962, *Histoire du Togo*, Paris, Berger-Levrault. 1962, *Histoire de l'Afrique noire,* Paris, Payot, 2 vol.

POIRIER, Jean (né en 1921). J. Poirier étudie le droit, obtient le diplôme de l'ENA et de l'ENFOM. Directeur du Centre des étudiants de la France d'outre-mer en 1946, il est nommé assistant de M. Leenhardt, puis entre au CNRS. Il crée l'Institut de recherches scientifiques de Madras et occupe un poste de maître de conférence à l'université de Tananarive. À partir de 1947, il enseigne l'ethnologie générale à l'ENFOM et devient maître de conférence à l'ENA. Nommé contrôleur général au ministère du Travail, il est élu en 1957 professeur à la chaire d'ethnologie de l'université de Lyon où il succède à Leroi-Gourhan. Il part en 1961 à Madagascar où il fonde le département de sciences humaines de l'université d'Antananarivo. Professeur à l'université de Nice en 1970, il y demeure jusqu'à sa retraite. L'œuvre de J. Poirier est double, d'un côté il y a le travail personnel du chercheur dont *Les Beanzano. Contribution à l'étude des structures sociales d'une population malgache* (2 vol.) est l'exemple, de l'autre il y a le rassembleur, le diffuseur de savoir, dirigeant de grands chantiers. La coédition avec A. Leroi-Gourhan, A. Haudricourt et G. Condominas d'une *Ethnologie de l'Union française* (2 vol.) en 1953 fut le premier livre de ce type. Il fut suivi par *Ethnologie générale* (1968), puis de deux volumes d'*Ethnologie régionale* (1972, 1978), enfin de trois volumes d'*Histoire des mœurs* publiés dans la célèbre Bibliothèque de la Pléiade des éditions Gallimard, et les parties «Sociétés traditionnelles» de l'*Encyclopédie philosophique universelle* (1994) éditées aux PUF.

ALEXANDRE, Pierre (1922-1994). P. Alexandre est né à Alger en 1922 dans une famille bordelaise ayant longtemps commercé avec l'Afrique. En 1940, Merleau-Ponty (son professeur de philosophie) l'amène à participer au groupe «Socialisme et Liberté» de tendance trotskysante. Diplômé de l'ENFOM en 1945, il est administrateur au Cameroun en 1946. Ses notes de service le font remarquer par Montagne, mais ne sont pas toujours appréciées par ses supérieurs hiérarchiques qui les jugent «pleines de mauvais esprit». Muté au Togo en 1953, il travaille sur les Kotokoli dans le cadre d'un mémoire (*Éléments pour une monographie des Kotokoli*) pour le CHEAAM. Il y effectue un stage en 1954, puis y est détaché entre 1955 et 1958 en tant que directeur des études. En 1956, il publie un *Manuel élémentaire de langue Bulu* (Paris, J. Peyronnet) et, en 1958 (avec J. Binet), *Le Groupe dit Pahoui* (Paris, PUF). Grâce à J. Tubiana, il est nommé chargé de cours de langue bantoue à l'INLCOV en 1958 et profite de la possibilité d'une bourse pour compléter sa formation à Londres, obtenant un diplôme de postgraduation en anthropologie en 1959. Chargé de conférence dans le cadre du cycle d'initiation à la recherche africaniste que crée le CEA, il est nommé professeur à l'INLCOV en 1960. En 1965, il prend la suite de G. Balandier à la direction de la section africaine du Centre d'études et de recherches sur les relations internationales de l'Institut des sciences politiques. P. Alexandre fut, dès leur second numéro (1961), le secrétaire général des *Cahiers d'études africaines* qui durent en partie leur succès à son dévouement.

◆ 1967, *Langues et langage en Afrique noire*, Paris, Payot. 1981, *Les Africains*, Paris, Lidis.

▲ 1995, G. Calame-Griaule : «In memoriam P. Alexandre», *JSA*, vol. 65 (1) : 142-144.

LACROIX, Pierre-Francis (1924-1977). P.-F. Lacroix étudie à l'ENFOM. Il est nommé administrateur au Cameroun en 1944, puis au Niger où il demeure jusqu'en 1958. Chargé de cours de peul à l'INLCOV, il y occupe la chaire de peul en 1960 qu'il transforme en chaire de peul-mandingue en 1962. Très actif au sein des organisations internationales, il crée par ailleurs l'ERA 246 du CNRS : Recherches linguistiques et littéraires au Sahel et au Soudan occidentaux.

▲ P. Alexandre, 1977, « P.-F. Lacroix », *JSA,* vol. 47 : 127-129. Collectif, 1981, *Itinérances en pays peul et ailleurs...* Mélanges offerts à la mémoire de P.-F. Lacroix, Société des Africanistes, 2 vol.

PERSON, Yves (1925-1982). Y. Person est élève à l'ENFOM (mémoire de diplôme : *La Nouvelle-Calédonie et l'Europe, de la découverte à la fondation de Nouméa, 1774-1854*) tout en obtenant une licence d'histoire-géographie en 1949. En 1950-1951, il est en stage au CFRE. En 1951, il est nommé chef de cabinet adjoint du gouverneur à Porto-Novo (Bénin), avant de servir en Guinée, puis en Côte-d'Ivoire, pays qu'il quitte en 1960. En 1960, il participe au renouveau de l'histoire africaine (avec Suret-Canale en France, Vansina en Belgique, P. Curtin aux États-Unis, Niane en Guinée, Crowder et Wilks en Grande-Bretagne). Il entre au CNRS en 1961 et enseigne à l'université de Dakar. Il explore les archives de l'AOF dans le cadre d'une thèse sur Samory, soutenue en 1968 et publiée en trois volumes par l'IFAN (1968-1975). Il est alors nommé professeur au CRA. Militant au PSU, puis au Parti socialiste, il combat pour le droit des minorités nationales et dirige en 1972 un numéro des *Temps modernes* sur le thème des « Minorités nationales en France ».

▲ 1982, « In memoriam Yves Person », *JSA*, témoignages de C. Tardits, C. Wondji, J. Lombard, E. Terray, J. Devisse, C.-H. Perrot.

PAGEARD, Robert (né en 1927). R. Pageard obtient une licence de droit puis de lettres avant de suivre la formation de l'ENFOM (diplôme en 1950). En 1953, il soutient une thèse ès lettres sur « Goethe en Espagne ». Il est magistrat au Mali puis au Burkina-Faso (1954-1964) avant d'occuper la même fonction à Chartres et à Versailles. Il prend sa retraite en 1987. Resté amateur, bien qu'ayant participé aux travaux de l'équipe dirigée par G. Dieterlen au CNRS, R. Pageard a rédigé de très nombreux articles portant principalement sur le droit coutumier, la littérature d'origine africaine, l'histoire et les sociétés de l'Afrique de l'Ouest (notamment sur les Mossi) dans des revues très diverses. Il a aussi écrit sur la littérature espagnole et allemande, de même qu'un livre sur Versailles.

Les chercheurs des indépendances

Nous appelons ici « chercheurs des indépendances » les anthropologues dont la carrière débute après la Seconde Guerre mondiale, alors qu'il est clair que les indépendances sont inéluctables. L'ethnologie française connaît alors un élan qui se poursuit jusqu'au milieu des années 1970.

Le Centre de formation aux recherches ethnologiques

Sous les auspices conjointes du musée de l'Homme, de l'ORSTOM et du CNRS, A. Leroi-Gourhan crée le Centre de formation aux recherches ethnologiques. Acceptant après entretien les étudiants titulaires d'une licence (droit, sciences, lettres...), le CFRE dispense une formation de deux ans au bout de laquelle les élèves sont stagiaires à l'ORSTOM ou au CNRS et s'attaquent à leur thèse. En 1948-1949, le Centre compte huit élèves (dont quatre satisfont aux examens). Il prolonge la formation universitaire des futurs ethnologues jusqu'en 1968, année de sa disparition. Sur le CFRE, on lira le *Bulletin du CFRE* édité à partir de janvier 1951.

MOLET, Louis (1915-1993). Licencié en théologie protestante en 1941, L. Molet exerce son sacerdoce à Madagascar entre 1941 et 1950. Il s'inscrit ensuite au CFRE, puis travaille entre 1951 et 1958 dans le cadre de l'Institut de recherche scientifique à Madagascar et à l'ORSTOM entre 1958 et 1976. En 1953, il publie *Le Bœuf dans l'Ankaizinana* (Tananarive, IRSM) et *Le Bain royal à Madagascar* (Tananarive, IRSM) en 1955, soutenus comme thèse d'État. L. Molet émet l'hypothèse que l'ensevelissement et la consommation de la viande des zébus ont remplacé la manducation de la chair des défunts par leurs proches. Il a aussi travaillé en Polynésie, en Afrique noire, puis à Djibouti. On lui doit de grandes enquêtes sur les questions d'émigration et de déplacement à Madagascar.

◆ 1960, *L'Expansion tsimihery*, Tananarive, IRSM. 1979, *La Conception malgache du monde, du surnaturel et de l'homme en Imerina*, Paris, L'Harmattan.

EMPERAIRE-LAMING, Annette (1917-1977). Stagiaire au CFRE en 1946-1947, A. Emperaire-Laming rejoint en 1952 J. Emperaire en Patagonie chilienne où tous deux poursuivent des fouilles. J. Emperaire mourant en 1958, elle poursuit seule les travaux commencés. Elle soutient ses thèses d'État en 1964 et est élue à la direction d'études d'anthropologie préhistorique de la VIe section de l'EPHE en 1965.

◆ 1948, *Lascaux, chapelle Sixtine de la préhistoire*, Vézère, Centre d'études et de documentation préhistorique. 1954, *Tout au bout du monde : hommes et bêtes de Patagonie*, Paris, A. Dumont. 1980, *Le Problème des origines américaines*, Paris, MSH.

▲ 1980-1981, *Journal de la Société des américanistes*, vol. 72 : 75-77. G. Soustelle, 1977, « A. Laming-Emperaire », *Objets et Mondes*, vol. 16 : 42.

RAULIN, Henri (né en 1918). Exerçant la profession d'instituteur tout en poursuivant des études, H. Raulin est inspecteur de l'enseignement primaire en Indochine (1946-1949) puis est détaché au ministère de la France d'outre-mer

(1950-1952). En 1954-1955, il suit les cours du CFRE puis l'année suivante, les séminaires de G. Balandier, tout en exerçant de nouveau le métier d'instituteur. Il se rend ensuite en mission en Côte-d'Ivoire pour l'ORSTOM (1957, *Étude des groupements immigrés. Problèmes fonciers dans la région de Gagnoa et de Daloa*), puis travaille pour le compte d'une société d'études privée dans le même pays. En 1961, il est nommé attaché au CNRS et rejoint la RCP 11. À partir de 1964, il s'intéresse à l'ethnologie française, travaille en Haute-Savoie, en Auvergne, dans le Châtillonnais et devient en 1965 secrétaire général de l'Institut d'ethnologie. En 1966, il soutient une thèse de 3e cycle intitulée *La Dynamique des techniques agraires en Afrique tropicale du Nord* (Paris, CNRS, 1967). Il travaille ensuite sur l'architecture rurale française (Cuisenier et Raulin, éd., *L'Architecture rurale française : corpus des genres, des types et des variantes,* 18 vol. publiés, Musée national des arts et traditions populaires et Berger-Levrault).

◆ 1980 (avec Raynaud), *L'Aide au sous-développement*, IEDES. 1984, *Techniques agraires et Instruments oratoires au sud du Sahara*, Cahiers de l'ORSTOM.

BERNOT, Lucien (1919-1993). Né dans une famille paysanne du Loiret, L. Bernot obtient une licence ès lettres, puis étudie le chinois à l'INLCOV (diplôme en 1947) tout en suivant les enseignements du CFRE (1946-1947). Stagiaire au CNRS en 1947, il effectue, en collaboration avec R. Blancard et sous la direction de C. Lévi-Strauss, une enquête sur une communauté rurale française pour le compte de l'Unesco (1948-1949). Il est nommé attaché au CNRS en 1951, se rend en mission au Pakistan oriental et au Bangladesh puis rédige un rapport sur les paysans haïtiens pour l'Unesco. Il participe à l'élaboration de la *Bibliographie internationale d'anthropologie socio-culturelle* (1955-1956) et repart en mission en Asie du Sud (1959-1960). Nommé chargé de recherches en 1961, il participe à l'enseignement d'initiation à l'anthropologie culturelle que Lévi-Strauss crée à la VIe section de l'EPHE. En 1964, il devient directeur d'études dans le cadre de la même section, et oriente ses étudiants vers la technologie dont il est l'un des grands spécialistes. En 1967, il soutient ses thèses : *Les Paysans du Pakistan oriental, l'histoire, le monde végétal et l'organisation sociale des réfugiés marmo (mog)* (thèse principale, Paris, Mouton, 1967, 2 vol.) et *Les Cak, contribution à l'étude ethnographique d'une population de langue moï* (thèse secondaire, Paris, CNRS, 1967). Il participe à la création du département de socio-ethnologie de l'université de Nanterre où il est chargé de cours. En 1971-1972, il est responsable de l'Atlas du Centre de documentation et de recherches sur l'Asie du Sud-Est et le monde insulindien (Laboratoire du CNRS, 183). L. Bernot est responsable du DEA d'ethnologie de l'EHESS à partir de 1975 et est élu professeur à la chaire de sociologie de l'Asie du Sud-Est du Collège de France en 1979. Son approche très ethnographique se propose de saisir tous les aspects d'une société : linguistiques, technologiques, sociaux, historiques.

◆ 1953 (avec R. Blancard), *Nouville, un village français*, Paris, Institut d'ethnologie (rééd. avec une préface de C. Lévi-Strauss et une postface de F. Zonabend, éd. des Archives contemporaines). 1958 (avec D. Bernot), *Les Khyyong des collines de Chitagong (Pakistan oriental). Matériaux pour l'étude linguistique des Chin*, Paris, Mouton.

▲ 1987, *De la voûte céleste au terroir, du jardin au foyer : mosaïque sociographique.* Textes offerts à L. Bernot, réunis par B. Koechlin, F. Sigaut, J. Thomas, G. Toffin, Paris, éditions de l'EHESS. G. Toffin, 1995, « L. Bernot », *L'Homme*, n° 133 : 5-8.

TUBIANA, Joseph (né en 1919). Né à Alger, J. Tubiana entre à l'université en 1938, mais les mesures antisémites du gouvernement de Vichy lui interdisent de reprendre ses études après la mobilisation. Alors qu'il est employé mécanographe dans une filiale algérienne de la société des Grands Moulins de Paris, J. Cantineau, professeur de sémitique comparé à l'université d'Alger, l'initie bénévolement à l'éthiopien classique (guèse), à l'arabe et aux civilisations du Moyen-Orient. La paix revenue, il étudie le guèse à Paris (avec Mgr S. Grebaut et M. Cohen), suit les cours de M. Griaule et ceux de phonologie d'A. Martinet. Stagiaire au département Afrique noire du musée de l'Homme en 1946, il remplace ensuite J. Faublée au département Afrique blanche. En 1949-1950, il est chargé d'une mission en Éthiopie. Chargé de cours à l'INLCOV, il est nommé professeur délégué en 1951, puis professeur titulaire de la chaire d'amharique en 1957. Parti en mission au Tchad en 1956-1957, il crée, en 1966, la RCP 45 du CNRS, « Populations anciennes et actuelles des confins Tchado-Soudanais », qui existe pendant une vingtaine d'années.

◆ 1977, *Zaghawa from an Ecological Perspective*, Rotterdam, Balkema. 1989 (avec M.-J. Tubiana), *Contes Zaghawa* (2e éd. L'Harmattan). 1990, éd., *La Révolution éthiopienne comme phénomène de société,* Paris, L'Harmattan.

BALANDIER, Georges (né en 1920). G. Balandier obtient une licence de lettres et le diplôme de l'Institut d'ethnologie en 1942. Nommé dans un lycée, il est réfractaire au Service du travail obligatoire et rejoint la Résistance. De retour à Paris après la guerre, il suit les cours de M. Leenhardt, travaille au musée de l'Homme pour un « chantier de chômeurs intellectuels », publie un roman (*Tout compte fait*, Paris, Pavois, 1946), puis est recruté par l'ORSTOM qui le détache à l'IFAN après avoir brièvement suivi la formation du CFRE. En compagnie de P. Mercier, il enquête en Mauritanie, puis, près de Dakar, chez les Lébou. Écrit avec P. Mercier, *Particularisme et évolution. Les pêcheurs Lébou* (Dakar, IFAN, 1952) est inspiré par le courant américain « Culture et Personnalité ».
En 1947, Balandier fonde le Centrifan de Conakry et le *Bulletin d'études guinéennes,* puis rejoint l'ORSTOM de Brazzaville. Il travaille sur la situation des Fang, sur les mouvements messianiques des Bakongo et sur la ville de Brazzaville. De nombreux articles et rapports aboutissent à ses thèses de doctorat : *Sociologie des Brazzavilles noires* (Paris, Armand Colin) et *Sociologie actuelle de l'Afrique noire. Dynamique des changements sociaux en Afrique centrale* (Paris, PUF, 1955). Le premier livre est l'une des premières études d'une ville en formation, et insiste sur les liens s'établissant entre les citadins et la paysannerie (on lira l'admirable préface de J. Copans à la 2e édition). La publication du second aurait fait l'effet d'un « coup de tonnerre » (P. Alexandre). G. Balandier, mettant l'accent sur les phénomènes d'acculturation, parle dès 1948 d'une ethnologie de la « situation coloniale »,

et son approche s'éloigne d'une conception intégriste pour souligner l'hétérogénéité et le mouvement. Comparant les réactions au phénomène de crise déclenchée par la colonisation chez les Fang, patrilinéaires, segmentaires et faiblement hiérarchisés et chez les Ba-Kongo, matrilinéaires, dotés de chefferies territoriales, Balandier montre qu'elles furent différentes parce que déterminées de manière interne et que toutes les sociétés vivent sur leurs dynamismes propres. Il considère qu'il n'y a plus désormais que des sociétés dans l'histoire. Ces thèmes présents sont développés dans un cours donné à l'Institut d'études politiques à partir de 1952 où Balandier parle du développement comme d'une « course de vitesse ». Il a rejeté une approche culturaliste impliquant une globalité intégratrice pour s'attacher aux dynamiques sociales dont les agencements se révèlent plus particulièrement à l'occasion de crises où s'exprime le retour du tiers exclu du temps commun. La notion de contradiction est fondamentale, mais n'entraîne aucun téléologisme hégélien ou marxiste, car les contradictions ne sont que rétrospectivement déterminantes et les sociétés toujours ouvertes « à la charge du possible ».

Rentré en France en 1951, G. Balandier rejoint le Centre d'études sociologiques (CNRS) et enseigne à l'Institut des sciences politiques avant d'être nommé directeur d'études de sociologie de l'Afrique noire à la VIe section de l'EPHE. Proche de Gurvitch, de qui il reprendra la direction des *Cahiers internationaux de sociologie*, il l'est aussi de Lévi-Strauss avec lequel il se brouille en 1959. En 1956, il publie *Tiers-Monde. Sous-développement et développement* (Paris, PUF), en 1957 *Afrique ambiguë* (Paris, Plon) livrant pour le grand public une version romancée de ses travaux. Après avoir été chargé de mission auprès du secrétariat d'État à la recherche scientifique en 1954, et directeur du Bureau international de recherches sur les implications sociales du progrès technique dans les pays en voie de développement pour l'Unesco, Balandier entre au Cabinet de Cornut-Gentille, ministre de la France d'outre-mer et tentera de rapprocher Sekou Touré de de Gaulle (1958).

En 1958, G. Balandier crée le Centre d'études africaines (CEA) où il a pour étudiants R. Jaulin, M. Izard, Cl. Meillassoux, puis E. Terray, D. Sperber, J. Copans, P.-P. Rey…, auxquels il ouvre une pratique de l'ethnologie où la rencontre du contemporain prend le pas sur la nostalgie du néolithique et l'observation de cultures mourantes. Cette révolution conceptuelle s'accompagne à la fois d'une dénonciation répétée des effets de l'occidentalisation et de la domination coloniale (misère, création d'un prolétariat déraciné…) et de propos rappelant ceux de Marx quant à la colonisation britannique de l'Inde : libération des « cadets par rapport aux aînés, des femmes par rapport aux hommes, et même des vivants par rapport aux morts ». En 1960, Balandier crée les *Cahiers d'études africaines* et commence un séminaire de post-agrégation à l'ENS (1960-1966). En 1962, il assure l'enseignement de sociologie et d'ethnologie du CRA, fondé à la Sorbonne par H. Deschamp, et est élu professeur de sociologie à l'université de la Sorbonne en 1965. Il s'efforce alors de constituer une anthropologie politique intégrant le mouvement et qui confronte l'entreprise structuraliste. Depuis *Anthropologie politique* (1969) jusqu'à *Pouvoir sur scènes* (1980), cette démarche conduit à plusieurs livres mettant l'accent sur les relations qu'entretiennent pouvoir et sacré. *Anthropo-logiques*

(Paris, PUF, 1974) met en avant que tout ordre social est un permanent déséquilibre, fruit de la répartition inégale des ressources et de l'opposition entre les âges et les sexes, l'inégalité entre les hommes et les femmes étant le paradigme de toute autre inégalité. Ce triple antagonisme traverse toutes les sociétés et il n'en est pas de « plus froides que d'autres », et la coupure entre ethnologie et sociologie n'a pas de sens. G. Balandier « rapatrie ensuite l'anthropologie sur les sociétés de la modernité ».

◆ 1965, *La Vie quotidienne au Royaume du Kongo du XVI*e *au XVII*e *siècle*, Paris, Hachette. 1971, *Sens et puissance. Les dynamiques sociales*, Paris, PUF. 1977, *Histoire d'Autres*, Paris, Stock. 1985, *Le Détour, pouvoir et modernité*, Paris, Fayard. 1988, *Le Désordre. Éloge du mouvement*, Paris, Fayard. 1994, *Le Dédale*, Paris, Fayard. 1997, *Conjugaisons*, Paris, Fayard.

▲ M. Maffesoli et C. Rivière, éd., 1985, *Une anthropologie des turbulences. Hommage à Georges Balandier*, Paris, Berg International. 1986, *Afrique plurielle, Afrique actuelle. Hommage à G. Balandier*, Paris, Karthala. G. Gosselin, éd., 1990, *Les nouveaux enjeux de l'anthropologie. Autour de G. Balandier*, Paris, L'Harmattan. G. Balandier a raconté son itinéraire dans *« Conjugaisons »*. De très nombreuses émissions de radio et télévision lui ont été consacrées. Citons : P. Gange : *« Une anthropologie des moments critiques », entretien avec G. Balandier*. Cassette vidéo.

DUPIRE, Marguerite (née en 1920). M. Dupire étudie la philosophie (licence en 1941) puis la psychologie et l'ethnologie (1944-1945). En 1948, elle obtient un DES de philosophie et se rend pour deux ans aux États-Unis où elle complète sa formation d'ethnologue aux universités du Nord-Ouest (de Northwestern), puis de Pennsylvanie. Il est précisé sur la jaquette de *L'Organisation sociale des Peul* que c'est à la suite de la lecture d'un article de H. Lhote sur « les Bororo du Niger et les problèmes de leur origine » qu'elle décide d'étudier ces nomades. Elle effectue un premier terrain en 1950 et entre au CNRS en 1953. À partir de cette date, elle effectue de nombreuses missions. En 1954, elle donne sa première contribution au *Journal des africanistes*. Elle soutient une thèse de 3e cycle en 1962 : *Peuls nomades. Étude descriptive des Wodaabe du Sahel Nigérien* (Paris, Institut d'ethnologie) et soutient une thèse d'état en 1970 : *Organisation sociale des Peul. Études d'ethnographie comparée* (Paris, Plon, rééd. L'Harmattan, 1996). Elle fait toute sa carrière au CNRS où elle est directeur de recherches.

◆ 1958 (en collaboration avec J.-L. Boutillier), *Le Pays Adioukrou et sa palmeraie*, Paris, Berger-Levrault. 1960, *Planteurs autochtones et étrangers en basse Côte-d'Ivoire orientale*, Abidjan. 1961, « La place du commerce et des marchés dans l'économie des Bororos », *Études nigériennes*, n° 3. 1962, « Les facteurs humains de l'économie pastorale », *Études nigériennes*, n° 6. 1994, *Sagesse sereer. Essais sur la pensée sereer ndut*, Paris, Karthala.

CONDOMINAS, Georges (né en 1921). Né à Haiphong, G. Condominas suit son père dans ses mutations successives, passe son baccalauréat en France, puis s'inscrit en 1940 à la faculté de droit d'Hanoi (licence en 1943). Il assiste alors à quelques conférences (G. Coedès, P. Huard et P. Lévy) à l'Institut indochinois pour l'étude de l'homme. Il obtient en 1945-1946 une bourse de l'ORSTOM et suit les cours de M. Leenhardt, M. Griaule et A. Leroi-Gourhan. Stagiaire au CFRE, il est détaché en 1947 par l'ORSTOM à l'EFEO et se rend chez les Mnong Gar du Viêt-nam. Outre deux des plus beaux livres que l'ethnologie française ait produits (1957 et 1965), il ramène le premier lithophone de pierre découvert (aujourd'hui visible au musée de l'Homme). *Nous avons mangé la forêt de la pierre-génie Göo. Chronique de Sar Luk, village Mnong Gar* (Paris, Mercure de France, 1957, réédité en 1974) reconstitue la vie quotidienne d'un village en insistant sur la notion de fait social total développée par Mauss et introduisant en filigrane l'interprétation de la théorie de l'échange de Mauss par Lévi-Strauss. Ses réflexions sur la guerre d'Indochine ne sont pas appréciées par les colons et il est rappelé en France en 1950, puis muté au Togo où il enquête auprès des Mina. Entre 1955 et 1959, il travaille sur les Hauts Plateaux de Madagascar où il étudie comment les communautés rurales autonomes fonctionnent et se greffent sur le *Fokon'olona* (forme d'organisation villageoise traditionnelle). Il est nommé directeur d'études à la VIe section de l'EPHE en 1960, et y crée en 1961 le Centre de documentation et de recherche sur l'Asie du Sud-Est et le monde Insulindien, la RCP Atlas de l'Asie du Sud-Est et un Laboratoire associé au CNRS (1971).

◆ 1960, *Fokon'olona et collectivités rurales en Imerina,* Paris, Berger-Levrault. 1965, *L'Exotique est quotidien, Sar Luk, Viêt-Nam Central,* Paris, Plon. 1978, *L'Espace social, à propos de l'Asie du Sud-Est,* Paris, Flammarion.

▲ Collectif, 1981, *Orient pour G. Condominas*, Paris-Toulouse, Privat et Sudestasie.

TARDITS, Claude (né en 1921). C. Tardits obtient le diplôme de HEC en 1942 et s'engage en 1943 dans l'*US Air Force*. Il passe une licence de lettres en 1949, suit le stage du CFRE (1949-1950) puis, boursier de la division des relations culturelles, il étudie aux universités de Northwestern, Chicago et Columbia (1950-1953) et séjourne chez les Indiens Fox. Rentré en France, il devient attaché au CNRS et se rend au Bénin (Dahomey) pour y étudier les problèmes fonciers (1954) et les effets de la scolarisation (1954-1955). C. Tardits est détaché à l'ORSTOM en 1955 avant d'être chargé de mission au CNRS. En 1957-1958, il commence une enquête chez les Bamiléké qu'il poursuit jusqu'au milieu des années 1960, puis se tourne vers les sociétés Bamoun du Cameroun central. Nommé chargé de conférence à l'EPHE en 1963, il participe à l'enseignement du cycle d'initiation à l'ethnologie. Directeur d'études à la Ve section de l'EPHE (1964), il en assure la présidence entre 1975 et 1979 puis en 1983, mais abandonne cette fonction pour devenir président des trois sections de l'EPHE (sciences de la Terre, sciences philologiques et historiques, sciences religieuses).

◆ 1953, « Notes sur la formation des ethnologues aux USA », *Bulletin du CFRE.* 1956 (avec P. Adam et J. Clerc), *Société paysanne et problèmes fonciers de la palmeraie dahoméenne*, ORSTOM. 1958, *Porto-Novo, les nouvelles générations africaines entre leurs traditions et l'Occident*, Paris, Mouton. 1960, *Les Bamiléké de l'Ouest Cameroun*, Paris, Berger-Levrault. 1980, *Le Royaume Bamoun*, Paris, A. Colin, Publication de la Sorbonne. 1981, *Contribution de la recherche ethnologique à l'histoire des civilisations du Cameroun*, 2 vol., Paris, CNRS.

MERCIER, Paul (1922-1976). P. Mercier passe une licence de lettres et le diplôme de l'Institut d'ethnologie. Recruté par l'ORSTOM (1947), il est détaché à l'IFAN. Il travaille d'abord sur la Mauritanie, puis chez les Lébou de Dakar (avec G. Balandier). En 1948, il est nommé directeur du Centre IFAN du Dahomey (aujourd'hui Bénin). Entre 1952 et 1955, il est chef de la section de sociologie de l'IFAN de Dakar et dirige une équipe pluridisciplinaire enquêtant sur les milieux urbains, tout en effectuant de nombreuses missions au Bénin jusqu'en 1967. Auteur de nombreux articles dans *Présence africaine*, *Bulletin de l'Ifan*, *Cahiers internationaux de sociologie*..., il est nommé maître de recherches en 1955, et chargé de conférence d'ethnologie à l'ENFOM et à la VIe section de l'EPHE en 1956. En 1959, il est promu directeur d'études dans cette même section. Il assure un enseignement régulier à l'université Laval du Québec entre 1962 et 1972. En 1968, il soutient ses thèses intitulées *Tradition, Changement, Histoire. Les Somba du Dahomey septentrional* (Paris, IFAN-Anthropos) et *Contribution à la sociologie des villes du Sénégal occidental à la fin de la période coloniale* (Dakar, IFAN). Il est nommé maître de conférence à l'université de la Sorbonne en 1970. On lui doit aussi la première *Histoire de l'ethnologie* (Paris, PUF, 1966) publiée en français. P. Mercier s'est suicidé en 1976.

▲ G. Calame-Griaule, 1977, « In Memoriam », *JSA*, vol. 47 : 128.

BALFET, Hélène (née en 1922). H. Balfet obtient une licence d'histoire et de géographie (1943), le certificat d'ethnologie (1944) et le diplôme du CFRE (1947). Elle est recrutée par le CNRS où elle effectue toute sa carrière. En 1952, elle part pour une première mission en Afrique du Nord qui sera suivie de beaucoup d'autres. H. Balfet se spécialise sur la céramique et plus généralement la culture matérielle. Son activité s'est principalement déployée au sein du département de technologie qu'elle dirigea au musée de l'Homme. Elle enseigna aussi à l'université d'Aix-en-Provence où elle fut maître de conférence.

CRESSWELL, Robert (né en 1922). Né à New York, R. Cresswell s'engage en 1942 dans l'armée américaine et fait les campagnes de France, de Belgique et d'Allemagne (il reçoit la Médaille d'argent). Resté en France après la guerre, il passe une licence de lettres (1950) et étudie au CFRE (1951). Nommé chargé de recherches au CNRS en 1955, il enquête en Irlande. En 1960, il réside dans deux villages maronites du Liban et commence à travailler de façon comparative sur les deux terrains (« Expériences d'ethnologie comparative : Liban et Irlande », *Travaux et Jours*, n° 18, 1966). Il obtient son doctorat en 1969 : *Une communauté rurale de l'Irlande* (Paris, Institut d'ethnologie). Le texte qui devait être sa thèse secondaire (supprimée cette année-là) est publié par la suite dans *Études rurales :* « Parenté et régime foncier dans un village libanais ». Il poursuit ensuite des études de terrain au Maroc. À partir de 1967, il est chargé d'enseignement aux universités de Lille, puis de Paris-V. En 1981, il est nommé directeur de recherches au CNRS. Il fonde la revue *Techniques et Cultures* en 1983 et crée le laboratoire CNRS du même nom en 1974.

◆ R. Cresswell, éd., 1975, *Éléments d'ethnologie*, 2 vol., Paris, A. Colin. 1976 (avec M. Godelier), éd., *Outils d'enquête et d'analyse anthropologiques*, Paris, Maspero. 1996, *Prométhée ou Pandore ? Propos de technologie culturelle*, Paris, Kimé.

DELANGE-FRY, Jacqueline, née Silbert (1924-1991). J. Delange suit l'enseignement du CFRE (1947-1948), puis travaille au musée de l'Homme. Elle est coauteur (avec M. Leiris) du volume sur l'Afrique noire de la prestigieuse collection « Univers des formes » publiée chez Gallimard : *Afrique noire, la création plastique* (1967), et auteur de *Arts et Peuples de l'Afrique noire, Introduction à une analyse des créations plastiques* (Paris, Gallimard, 1967). Directrice du département Afrique noire (1960-1970), elle quitte ce poste pour suivre son époux P. Fry au Canada où elle publie plusieurs catalogues d'art africain et enseigne à l'université d'Ottawa.

▲ F. N'Diaye et M.-C. Dupré, 1991, « J. Delange », *JSA,* vol. 61 : 107-110.

LE MOAL, Guy, né à Paris en 1924. G. Le Moal obtient une licence de lettres, puis le diplôme du CFRE (1947-1948). Entré à l'ORSTOM, il est détaché à l'IFAN en 1949, travaille au Sénégal et en Mauritanie avant de fonder le Centre IFAN de Ouagadougou en 1950. Il en assure la direction jusqu'en 1963. Détaché au CNRS, il y reste jusqu'à sa retraite qu'il prend comme directeur de recherches. Outre la réalisation de la première carte ethnique du Burkina-Faso et ses importants travaux sur les Bobo, G. Le Moal est surtout connu pour la réalisation de 14 films ethnographiques.

◆ 1961, film : *Les Masques de feuilles*. 1969, film : *Le Grand Masque Molo*. 1980, *Les Bobo. Nature et fonction des masques*, Paris, ORSTOM.

GAMELON, Simone, née Dreyfus en 1925. S. Dreyfus-Gamelon entre au CFRE puis est nommée attachée au département d'ethnomusicologie du musée de l'Homme en 1946. Après une licence de lettres (1951), elle est recrutée par le CNRS. Elle rejoint le Laboratoire d'anthropologie sociale à sa création en 1961-1962, et soutient en 1963 une thèse de 3e cycle intitulée *Les Kayapo du Nord. État de Para, Brésil. Contribution à l'étude des Indiens Gé* (Paris-La Haye, Mouton). Chargée de cours à l'Institut des hautes études d'Amérique latine, elle est maître-assistante en ethnologie à l'université de la Sorbonne (1965), et chargée de conférence à la VIe section de l'EPHE. Elle est élue directeur d'études en 1969. S. Dreyfus-Gamelon est à l'origine d'un important colloque codirigé avec G. Condominas, intitulé *L'Anthropologie en France. Situation actuelle et avenir. Paris, 18-22 avril 1977* (CNRS, 1979).

GUIART, Jean (né en 1925). Né à Lyon, J. Guiart est membre puis directeur d'un chantier de chômage intellectuel attaché au département d'Océanie du musée de l'Homme entre 1944 et 1946. Il fréquente parallèlement la faculté de théologie protestante, l'Institut d'ethnologie, la Ve section de l'EPHE et l'INLCOV (diplôme d'océanien, 1946). Il entre au CFRE qui vient d'être créé, puis est boursier de l'ORSTOM (1948). Il est nommé chargé puis maître de recherches à l'ORSTOM de Nouméa entre 1948 et 1956. Entré à l'EPHE en 1957 comme directeur d'études des religions océaniennes, il crée en 1962 le Centre documentaire pour l'Océanie, soutient en 1963 une thèse intitulée *Structures de la chefferie en Mélanésie du Sud* (Paris, Institut d'ethnologie) qui se présente comme l'*opus magnum* des formes et des variantes de l'organisation du pouvoir en Mélanésie. La même année, il crée la RCP 27 du CNRS dirigée vers l'Océanie. Après avoir occupé la chaire d'ethnologie de l'université de la Sorbonne, il est élu à celle du Muséum d'histoire naturelle et devient directeur du musée de l'Homme.

◆ 1956, *Un siècle et demi de contacts culturels à Tanna*, Paris, ORSTOM. 1956, *Contes et Légendes de la grande terre*, Nouméa. 1963, *Les Religions de l'Océanie*, Paris, PUF. 1963, *L'Océanie*, Paris, Gallimard. 1966, *Mythologie du masque en Nouvelle-Calédonie*. Paris, Société des océanistes. 1973 (avec J. Espirat, M.-S. Lagrange et M. Renaud), *Système des titres, électifs ou héréditaires, dans les Nouvelles-Hébrides centrales, d'Efate aux îles Shepherds*, Paris, Institut d'ethnologie. 1983, *La terre est le sang des morts, la confrontation entre Blancs et Noirs dans le Pacifique-Sud français*, Paris, Anthropos.

GARANGER, José (né en 1926). Licencié ès lettres, J. Garanger fait le stage du CFRE et s'inscrit en thèse de 3e cycle avec A. Leroi-Gourhan en 1960. Entré au CNRS en 1962, il se tourne vers l'archéologie du Pacifique-Sud et se rend fréquemment sur le terrain à partir de 1963. On peut le considérer comme le fondateur des études françaises en ce domaine. Il enseigne à la Sorbonne à partir de 1968 et, en 1970, soutient une thèse d'État (1972). En 1973, il fonde la RCP Ethno-histoire du Pacifique. Il est élu professeur à l'université de Paris-I en 1980, et y crée le Laboratoire d'ethnologie préhistorique en 1983.

◆ 1964, «Recherches archéologiques dans le district de Tautira, Tahiti, Polynésie française», *Journal de la Société des océanistes*, vol. 20 : 5-21. 1972, *Archéologie des Nouvelles-Hébrides. Contribution à la connaissance des îles du centre*, Paris, Société des océanistes.

LAVONDÈS, Henri (né en 1926). H. Lavondès obtient une licence de lettres (1948), suit l'enseignement du CFRE (en compagnie d'A. Lavondès) et entre à l'ORSTOM où il effectue toute sa carrière, devenant directeur de recherches.

◆ 1960, *Sociologie du développement agricole*, Tananarive. 1961 (avec P. Ottino), *Problèmes humains dans la région de la Sakay*, Tananarive, ORSTOM. 1964-1966 (avec Teikiehuupoko), *Récits marquisiens*, Papeete, ORSTOM, 2 vol. 1967, *Bekoroka. Quelques aspects de la vie familiale et sociale d'un village malgache*, Paris-La Haye, Mouton. 1975, *Terre et mer : pour une lecture de quelques mythes polynésiens,* Paris, université de Paris-V, thèse.

LOMBARD, Jacques (né en 1926). J. Lombard obtient le diplôme du CFRE après avoir passé une licence en droit. En 1951, il est nommé directeur du Centrifan du Dahomey (Bénin), directeur-adjoint de l'IFAN de Dakar (1960), puis professeur de sociologie à l'université de Dakar (1965). Rentré en France en 1968, il est professeur d'ethnologie à l'université de Lille-I, président de cette université et du Comité technique de sociologie de l'ORSTOM (1973-1982). On lui doit la première étude de sociologie urbaine africaine avec *Cotonou, ville africaine* (Études dahoméennes, 1953) de même que la première étude d'ensemble présentant l'ethnologie britannique : *L'Anthropologie britannique contemporaine* (Paris, PUF, 1972). Sa thèse principale intitulée *Structures de type «féodal» en Afrique noire. Étude des dynamismes internes et des relations sociales chez les Bariba du Dahomey* (Paris, Mouton, 1965) marque l'anthropologie politique et, inspirée par Gurvitch, rompt avec un fonctionnalisme homogénéisant.

◆ 1963, *Géographie humaine du Sénégal (population et genres de vie)*, Dakar. 1967, *Autorités traditionnelles et pouvoir européen en Afrique noire*, Paris, A. Colin. 1994, *Introduction à l'ethnologie*, Paris, A. Colin.

▲ G. Gaillard, 1993, «J. Lombard», *Encyclopédie philosophique*, Paris, PUF, vol. 3 : 4155.

BERNUS, Suzanne, née Vianès (1928-1990). S. Bernus suit les cours d'histoire-géographie d'H. Balfet au lycée et l'accompagne à l'un des séminaires de M. Leenhardt. Avant même d'avoir terminé sa licence, elle effectue le stage du CFRE, puis se rend en Guyane où elle travaille au service indien s'occupant de développement. De retour en France, elle passe une licence et travaille bénévolement au musée de l'Homme. H. Deschamps l'embauche pour travailler sur les migrations à Madagascar. Elle publie en collaboration avec lui, en 1959, *Les Malgaches du Sud-Est* (Paris, Berger-Levrault) ainsi qu'une *Contribution à l'étude des migrations antesake* (Paris, ORSTOM). Elle effectue des enquêtes pour une entreprise privée en Côte-d'Ivoire avant que J. Rouch ne vienne la chercher pour travailler sur les migrations au Ghana. Elle entre en 1960 au CNRS, rejoint l'IFAN de Niamey, crée et prend la direction de la collection *Études nigériennes* et épouse l'ethnologue et géographe E. Bernus. En 1966, elle soutient une thèse de 3e cycle : *Particularismes ethniques en milieu urbain : l'exemple de Niamey,* et entre au Laboratoire d'anthropologie sociale (1972). Tout en prolongeant un travail ethnologique, elle se tourne vers l'archéologie (1973). Élue secrétaire général de la Société des africanistes, elle meurt dans un accident de voiture survenu au Mali le 7 avril 1990.

◆ 1963, *Niamey, population et habitat*, Études nigériennes, n° 11. 1972, «Présentation et traduction» du *Journal de Barth*, Études nigériennes, n° 28. 1979, *Programme d'archéologie d'urgence*, Niamey.

▲ 1984, «Entretien avec S. Lallemand», *JSA*, n° 18. 1990, «Salut irrémédiable à S. Bernus», *JSA*, vol. 60 : 7-8. 1992, G. Calame-Griaule et E. Bernus, «Mémoire de Sable. Écrits pour S. Bernus», témoignages de G. Calame-Griaule, J. Rouch, N. Echard, J. Faublée, S. Dreyfus-Gamelon..., *JSA*, vol. 61. S. Dreyfus-Gamelon, «Activités américanistes», *JSA*, 1992, vol. 62 : 239-253, puis 1993, vol. 63 : 71-72.

CAPRON, Jean (né en 1929). J. Capron obtient une licence de philosophie (1952) et passe le diplôme du CFRE (1955). Stagiaire au CNRS et placé sous la direction de G. Dieterlen en 1955-1957, il commence à travailler chez les Bobo du Niger et du Burkina-Faso. Nommé attaché au CNRS en 1959, il travaille au Centre IFAN de Ouagadougou. Il soutient en 1966 une thèse de 3e cycle intitulée *Anthropologie économique des populations Bwa, Mali, Haute-Volta. Introduction à l'étude des communautés villageoises* (Paris, Institut d'ethnologie). Rentré en France, il est maître de conférence à l'université de Poitiers. Après avoir soutenu en 1988 une thèse d'État intitulée *Le Pouvoir villageois. Essai sur le régime politique des populations Bwa*, il devient professeur dans cette même université.

OTTINO, Paul (né en 1930). Né à Nice, P. Ottino obtient une licence de droit (1956) puis le diplôme du CFRE, et entre à l'ORSTOM (1958). En 1962, il soutient une thèse en sciences économiques : *Les Économies paysannes malgaches du Bas-Mangoky* (Paris, Berger-Levrault, 1963) et conjointement un doctorat de 3e cycle en ethnologie : *Les Changements dans les campagnes malgaches*, enfin une thèse d'État en 1969 : *Rangiroa, parenté étendue, résidence et terres dans un atoll polynésien.* Il est maître de conférence à l'université de Nanterre (1971), puis professeur à celles de Tananarive et de la Réunion (1974). Il est ensuite directeur d'études cumulant à l'EHESS (1975-1982). Il a codirigé les RCP 441 et 714 (études de l'océan Indien) et fut invité par le *Bishop Museum* (1966-1967), l'université de Pittsburgh (1972-1973), la *Research School for Pacific and Asian Studies* de l'université de Canberra en 1987-1988 et en 1992-1994.

◆ 1965, *Ethno-histoire de Rangiroa (archipel des Tuamotu)*, Papeete, ORSTOM. 1972, *Rangiroa : Parenté étendue, résidence et terres dans un atoll polynésien*, Paris, Cujas. 1977 (avec Ph. Bonneau et J.-C. Tatard), *La Promotion du milieu rural réunionnais,* Saint-Denis, Service de l'Agriculture. 1986, *L'Étrangère intime : Essai d'anthropologie de civilisation de l'ancien Madagascar*, Paris, Archives contemporaines, 2 vol. 1996, *Les Champs de l'ancestralité, parenté, alliances et patrimoine à Madagascar*, Paris, Karthala.

▲ B. Champion, *L'Étranger intime. Mélanges offerts à Paul Ottino, Madagascar, Tahiti, Insulinde, Monde Swahili, Comores, Réunion,* Paris (à paraître).

ECHARD, Nicole (1937-1994). N. Echard suit le cycle du CFRE et s'intéresse à la Polynésie (ce qui l'amène à rassembler la bibliographie du volume *L'Art océanien* écrit par J. Guiart pour la collection «Univers des Formes», 1963). Elle publie quelques articles d'ethnographie française pour la revue *Études rurales* avant de partir au Niger dans le cadre d'un projet d'ethnologie appliquée. À partir de cette date (1963), elle retourne sur ce terrain chaque année, travaillant sur les sociétés hausa. Recrutée par le CNRS en 1967, elle réalise cette année-là son premier film ethnographique, puis cinq autres jusqu'en 1973 dont *Salamou,* couronné par le prix Flaherty à Venise (1972). N. Echard a ensuite travaillé auprès des femmes et sur la métallurgie dans les régions sahéliennes. En 1983, elle édite *Métallurgies africaines. Nouvelles contributions* (Paris, Société des africanistes).

◆ 1963 (avec J.-C. Muller), *Le Développement rural : étude de ses causes et de ses mécanismes dans une commune du Sénégal,* ronéo. 1964, « Étude socio-économique dans les vallées de l'Ader Doutchi Majya », Paris-Niamey, *Études nigériennes.*

▲ P. Bonte, 1994, « N. Echard », *JSA*, vol. 64 : 91-112. C. Quiminal et M. Sélim, 1995-1996, « Images d'elle », *JA,* n° 63 : 9-11.

Les griauliens

GANAY, Solange de (née en 1902). S. de Ganay étudie l'ethnologie et se joint à la mission Griaule de 1935, à celle de 1937, puis aux suivantes. Spécialiste des sociétés Dogon et Bambara, elle enquête également dans d'autres régions de l'Afrique (ainsi les Bara). *Les Devises des Dogons* (Travaux et mémoires de l'Institut d'ethnologie, 1941) s'efforce de discerner les catégories fondant l'individu et d'éclairer la notion de *nyama* (force vitale). Citons encore *Le Binou, Yébéré* (Paris, Geuthner, 1942).

ZAHAN, Dominique (1915-1991). Né en Roumanie, D. Zahan étudie à la Sorbonne et obtient une licence ès lettres (1942) avant d'être nommé chef de la section d'immigration de l'Office du Niger de Ségou (au Mali). Il rejoint la mission de M. Griaule de 1948, travaille à ses côtés et publie de très nombreux articles, mais conserve son poste à l'Office du Niger jusqu'en 1958. Soutenant ses thèses en 1960, il est élu professeur d'ethnologie à l'université de Strasbourg, puis reprend la chaire de sociologie africaine de la Sorbonne à partir de 1969. D. Zahan est surtout connu pour sa thèse principale intitulée *Sociétés d'initiation Bambara. Le N'Domo, le Koré* (Paris-La Haye, Mouton, 1960). Il est professeur invité aux États-Unis et en Roumanie après sa retraite.

◆ 1969, *La Viande et la Graine, mythologie Dogon*, Paris, Présence africaine. 1970, *Religion, spiritualité et pensée africaine*, Paris, Payot. 1995, *Le feu en Afrique*, Paris, L'Harmattan.

▲ P. Erny, A. Stamm, éd., 1996, *Mort et vie. Hommages au professeur D. Zahan*, Paris-Montréal, L'Harmattan.

ROUCH, Jean (né en 1917). J. Rouch étudie à l'École des ponts et chaussées (ingénieur en 1941), alors que ses vraies passions sont les séminaires de

M. Griaule et la cinémathèque. Recruté par l'Administration, il est envoyé au Niger et s'y distingue comme gaulliste. Fin 1942, il est muté à l'IFAN de Dakar que dirige T. Monod et publie un article sur le culte des génies chez les Songhay (*JSA*, 1945, vol. 15). Il effectue les campagnes de la Libération, revient à Dakar et persuade T. Monod de l'intérêt de descendre le Niger (4 000 kilomètres) en pirogue. C'est avec J. Sauvy et P. Ponty qu'il réalise cette aventure dont il ramène deux premiers films, *La Chasse à l'hippopotame* et *Au pays des mages noirs*. A. Leroi-Gourhan lui confie l'enseignement audiovisuel du CFRE.
En 1948, Rouch commence une série d'enquêtes sur les Songhay (1954-1960), réalise *Circoncision* (prix Misguich, 1949) et *Initiation à la danse des possédés* (prix du Festival des films maudits de Biarritz, 1949). Entre 1950 et 1953, il réalise d'autres films importants avant d'enquêter sur les migrations en Côte-d'Ivoire, au Ghana, au Togo pour l'Institut international africain, tout en réalisant des films qui lui valent de nombreux prix : *Jaguar*, *Mamy Water*, *Les Maîtres fous* (premier prix du documentaire au festival de Venise en 1957), *Moi un Noir* (prix Delluc en 1959), *Chronique d'un été* (prix de la critique internationale, festival de Cannes, 1961). En 1959, J. Rouch dirige l'IFAN du Niger puis la RCP 11 du CNRS. Directeur de recherche (1967), il ouvre un laboratoire d'audiovisuel dans le cadre de la Ve section de l'EPHE et enquête sur la communauté de Bregbo (Côte-d'Ivoire). Entre 1967 et 1974, il filme la cérémonie du Sigui dogon. J. Rouch dirigea aussi la Cinémathèque française.

◆ 1954, *Les Songhay*, Paris, PUF. 1960, *La Religion et la Magie Songhay*, Paris, PUF, (rééd. université de Bruxelles, 1989). 1979, «Le renard fou et le maître pâle» dans *Systèmes de signes. Textes réunis en hommage à G. Dieterlen*, Paris, Herman.

SERVIER, Jean (né en 1918). J. Servier suit l'enseignement de M. Griaule, puis effectue le stage du CFRE (1948). Entré au CNRS, il travaille sur la Kabylie berbère. En 1955, il soutient ses thèses intitulées *Jeux rituels et Rites agraires des Berbères d'Algérie* (thèse principale) et *Chants des femmes de l'Aurès* (thèse secondaire). Partisan de l'Algérie française (avec P. Rivet et J. Soustelle), il travaille pour les autorités. Recruté par l'université de Montpellier, il est nommé professeur en 1961 et participe à la création d'un important département d'anthropologie. Il prend sa retraite en 1983. Publié en 1962, *Les Portes de l'année. Rites et symboles. L'Algérie dans la tradition méditerranénne* (Paris, Le Rocher, 1985) décrit les rites accompagnant le cours de l'année agraire qu'il relie à ceux de la Grèce antique.

◆ 1959, *Demain, en Algérie*, R. Laffont. 1964, *L'Homme et l'Invisible, essai d'ethnologie générale*, (rééd. Imago-Payot, 1980). 1986, *Méthode de l'ethnologie*, Paris, PUF.

▲ C. Lacoste-Dujardin, 1996, *Opération oiseau bleu. Des Kabyles, des ethnologues et la guerre*, Paris, La Découverte.

PÂQUES, Viviana (née en 1920). V. Pâques passe une licence de lettres et suit les cours de M. Griaule qu'elle accompagne dans ses missions d'après-guerre. Elle obtient le diplôme du CFRE en 1952. Chargée de recherches au CNRS en 1953, elle enseigne l'ethnologie à l'IEDES. En 1965, elle soutient ses thèses de doctorat intitulées *L'Arbre cosmique dans la pensée populaire et dans la vie quotidienne du Nord-Ouest africain* (thèse principale) et *L'Occultisme d'après les témoignages littéraires du Cinquecento italien* (thèse secondaire). Elle oriente alors ses recherches sur l'Afrique du Nord. Après l'élection de D. Zahan à la chaire de sociologie africaine de la Sorbonne en 1969, V. Pâques lui succède à la chaire d'ethnologie de la faculté des lettres et sciences humaines de l'université de Strasbourg.

◆ 1954, *Les Bambara,* Paris, PUF. 1971, *Les Sciences occultes d'après les documents littéraires italiens du XVIe siècle,* Paris, Institut d'ethnologie. 1991, *La Religion des esclaves*, Paris, Bergame.

CALAME-GRIAULE, Geneviève, née Griaule en 1924. G. Calame-Griaule (fille de M. Griaule) obtient successivement le DES de langues classiques (1945), le diplôme d'arabe à l'INLCOV (1947), une licence d'arabe littéral (1948) et l'agrégation de grammaire où elle est reçue première (1949). Elle se rend une première fois au Mali chez les Dogon en 1946 à l'occasion de la 6e mission Griaule et y retourne en 1954, 1956, 1957, 1958, 1960… Entrée au CNRS en 1951, elle est nommée directeur après avoir soutenu ses thèses en 1966 : *La Parole chez les Dogon* (thèse principale, Paris, Gallimard, 1966) et *Dictionnaire Dogon. Dialecte Toro, langue et civilisation* (thèse secondaire, Paris, Klincksieck, 1968). G. Calame-Griaule dirige ensuite l'unité de recherches associée n° 1024 du CNRS : «Langage et culture en Afrique de l'Ouest», fonde les *Cahiers de littérature orale* et se consacre à la Société des africanistes. Modèle de l'étude de la notion de parole en Afrique noire, *La Parole chez les Dogon* (2e édition, Institut d'ethnologie, 1987) ne se limite pas à l'étude ethnographique des comportements verbaux, mais montre comment la physique de la parole dogon est liée à la mythologie dogon, à la personne et au corps de la personne humaine.

◆ 1958, *Le Lièvre et le Tambour, fable Dogon*, Paris, Présence africaine. 1977, éd., *Langage et Cultures africaines. Essais d'ethnolinguistique*, Paris, Maspero. 1987, *Des cauris au marché. Essai sur des contes africains*, Paris, Société des africanistes.

CARTRY, Michel (né en 1931). Né à Enghien, M. Cartry passe une licence, un diplôme d'études supérieures de philosophie, puis effectue le stage du CFRE et suit les cours de G. Balandier. Il est assistant au Centre d'études et de recherches des relations internationales de l'Institut des sciences politiques. En 1962-1963, il mène une première enquête chez les Gourmantché du Burkina-Faso. D'abord recruté par le CNRS, il est ensuite directeur d'études pour les religions de l'Afrique noire à la Ve section de l'EPHE (1973). En 1974, il prend la codirection (avec L. de Heusch) du Laboratoire de système de pensée en Afrique noire. Outre de nombreux articles, il a édité *Sous le* *masque de l'animal. Essais sur le sacrifice en Afrique noire* (Paris, PUF, 1987).

Disciples et indépendants

BÂ, Amadou Hampaté (1901-1991). Né dans une puissante famille fula de Bandiagara (Mali), H. Bâ étudie à la fois à l'École coranique et à l'École coloniale. Après avoir occupé divers emplois dans l'administration à partir de 1922, il est affecté par l'IFAN en 1942. Enquêtant avec J. Daget, il collecte la tradition orale sur l'histoire des Fula et publie avec lui en 1955 *L'Empire peul du Macina* (Paris, Mouton, 2e éd., 1984), écrit à partir des témoignages d'environ un millier d'informateurs, et qui raconte l'aventure des Peuls de Cheikou Amadou. Devenu directeur de l'Institut des sciences humaines de Bamako, il publie avec G. Dieterlen *Koumen. Texte initiatique des pasteurs peuls* (Paris, Mouton, 1961), récit initiatique retraçant la marche d'un ancêtre pasteur sur le chemin de la connaissance. Publié avec L. Kesteloot, *Kaïdara : Récit initiatique peul* (Julliard, 1969) est un conte pour adultes raconté en vers. H. Bâ participe activement à la vie politique du Mali, devient ambassadeur, puis membre du conseil exécutif de l'Unesco. Toute son œuvre est imprégnée par la volonté de sauvegarder le patrimoine culturel africain. Publié en 1973, *L'Étrange destin de Wangrin ou les roueries d'un interprète africain* (Paris, UGE, 10/18) est sans doute l'un des meilleurs romans traitant de la colonisation. *Récits initiatiques Peuls. L'éclat de la grande étoile suivi du bain rituel* (1978) (Paris, A. Colin, 1974) est le recueil des textes récités lors de l'initiation des chefs. Après avoir raconté son maître dans *Vie et Enseignement de Tierno Bokar, le sage de Bandiagara* (Paris, Seuil, 1980), H. Bâ a décrit son enfance puis son adolescence dans *Amkoullel, l'enfant peul* (Paris, Actes Sud, 1994).

▲ 1991, *Sépia*, numéro de juin, spécial A. H. Bâ. 1993, « Notes et documents. Hommage à A. H. Bâ », *JSA*, vol. 62 : 53-80. 1970, A. I. Sow, *Inventaire du fond Amadou Hampâté Bâ*, Klincksieck. 1993, M. Devey, *Hampaté Bâ. L'homme de la tradition*, Paris, L'Harmattan.

MANNONI, Octavio (1913-1990). Il convenait de citer ici ce psychanalyste qui, alors qu'il était professeur de lycée à Tananarive (Madagascar), écrivit l'un des livres influençant le plus la jeune école française d'après-guerre : *Psychologie de la colonisation* (publié en 1950 par les éditions du Seuil après l'avoir été par épisodes dans *Esprit*). Mannoni tente de décrire à la fois le passage de l'ancienne à la nouvelle société malgache et surtout le côté psychologique de la dépendance coloniale passant par l'émergence d'un complexe de culpabilité et d'infériorité. La révolution de 1947 permet la construction d'une autre réalité, car elle a libéré le Malgache du complexe de dépendance.

ROUGET, Gilbert (né en 1916). G. Rouget commence à la Sorbonne des études suspendues par la guerre. Fait prisonnier, il s'évade et devient bénévole en 1942 au département d'ethnologie musicale du musée de l'Homme. En

1943, il passe une licence de lettres tout en apprenant le piano. Nommé aide-technique au Musée (1946), il se rend au Congo puis au Sénégal, Côte-d'Ivoire, Bénin, Nigéria... En 1960, il se rend à la *School of African and Oriental Studies* de Londres. Il est successivement assistant (1953), attaché (1957), chargé (1962), maître (1966), puis directeur de recherches au CNRS. En 1965, il prend la suite d'A. Schaeffner à la direction du département d'ethno-musicologie du musée de l'Homme. Il est créateur et responsable de la RCP 178, puis de l'Équipe de recherches en ethno-musicologie du CNRS. Outre de très nombreux enregistrements, G. Rouget a publié quantité de textes (souvent croisés aux enregistrements comme dans *Un roi africain et sa musique de cour*, CNRS, 1992), et il est surtout connu pour son livre intitulé *La Musique et la Transe* (Paris, Gallimard, 1980).

ORTIGUES, Edmond (né en 1917). Docteur en philosophie et en théologie, E. Ortigues enseigne brièvement dans le secondaire à Lyon avant d'entrer au CNRS (1952). En 1961, il est détaché à l'université de Dakar et enquête au Centre hospitalier de Fann en compagnie de M.-C. Ortigues (psychanalyste) avec laquelle il publie *Œdipe africain* (Paris, Plon, 1966, 2e éd. UGE; 1973, 3e éd., L'Harmattan). À partir de l'observation de 178 cas, les auteurs replacent les thèmes œdipiens en milieux wolof, lébou et sérère : le conflit est transféré sur les frères, la culpabilité reste à l'état d'ébauche, les défenses de type anal sont peu élaborées... Nommé professeur à l'université de Rennes en 1966, E. Ortigues prend sa retraite en 1983. *Religions du livre et religions de la coutume* (Paris, Le Sycomore, 1981) oppose religion de la coutume ancestrale et religion du salut, et leur transmission à travers une collection de textes portant sur l'individualité tallensi, la gémellité chez les Bambara et les Dogon, la foi augustinienne...

◆ 1954, *Le Temps de la parole*, Paris, Delachaux et Niestlé. 1962, *Le Discours et le Symbole*, Paris, Aubier. 1986 (avec M.-C. Ortigues), *Comment se décide une psychothérapie d'enfant ?*, Paris, Denoël (rééd. 1993).

SURET-CANALE, Jean (né en 1921). Bien que J. Suret-Canale se dise géographe et historien, il se doit de figurer ici, son œuvre ayant joué un rôle majeur dans l'histoire de la discipline des années 1960. J. Suret-Canale obtient le premier prix du concours général qui offre en récompense un voyage au Bénin et en Indochine (1938). Il est brièvement arrêté en 1941 pour fait de résistance, et passe à la clandestinité en 1942. Assistant de géographie à Rennes, il passe l'agrégation en 1946 puis devient professeur au lycée de Dakar dont il est expulsé en 1949. Il enseigne alors dans différents lycées et rédige le premier tome de *L'Afrique noire occidentale et centrale* (Paris, Éd. sociales, 1959). En 1959, il se met à la disposition de la Guinée nouvellement indépendante, sert comme proviseur de lycée et comme directeur de l'ENS. Il est de nouveau professeur dans un lycée à son retour en France avant d'être recruté (1966) puis, selon ses mots, « évincé du CNRS en 1974 ». Recruté par l'université d'Oran, il y reste jusqu'en 1978 pour ensuite occuper un poste de maître de conférence à l'université de Paris-VII-Jussieu, et soutient une thèse à la veille de sa retraite. Il assura par ailleurs la codirection du Centre d'études et de recherches marxiste (1963-1979) et fut membre du Comité central du Parti communiste français de 1967 à 1972.

◆ 1959, 1964, 1972, *Afrique noire occidentale et centrale*, 3 vol. 1970, *La République de Guinée*, Paris, Éd. sociales. 1980, *Essais d'histoire africaine*, Paris, Éd. sociales. 1987, *Afrique et Capitaux. Géographie des investissements en Afrique tropicale d'influence française*, Paris, L'Arbre verdoyant, 2 vol.

GESSAIN, Monique, née de Lestrange en 1921. Après une licence de lettres obtenue en 1941, M. Gessain travaille sur les Bassari (1946). En 1955, elle publie *Les Coniagui et les Bassari*, (Paris, PUF). En 1962, elle soutient une thèse de 3e cyle intitulée *Le Mariage chez les Bassari.* Après avoir été attachée de recherches au CNRS, elle est nommée chargée puis directeur de recherches. Durant toute sa carrière, M. Gessain se consacre à l'étude des Bassari sur lequels elle écrit des articles principalement destinés au *Journal des africanistes*, à *Objets et Mondes* et aux publications du Centre de recherches anthropologiques (laboratoire dirigé par son époux, R. Gessain). En 1976, elle soutient une thèse d'État intitulée *Environnement végétal et anthropologie écologique des Bassari du Sénégal oriental. Évolution du village d'Etyolo depuis 1900.*

◆ 1967, *Les Migrations des Coniagui et Bassari*, Paris, Société des africanistes. 1976, (avec M.-Th. de Lestrange), *Collections bassari du musée de l'Homme*, Paris, musée de l'Homme. 1997 (avec M. Jouvet) *Le Grenier des rêves. Essai d'onirologie diachronique*, Paris, Odile Jacob.

THOMAS, Louis-Vincent (1922-1994). L.-V. Thomas étudie la philosophie, enseigne en France, puis est nommé au lycée de Dakar (1948). Le géographe P. Pélissier l'emmène parcourir la Casamance; il pense alors à une thèse sur les populations Diola et rédige plusieurs articles pour le *Bulletin de l'Institut d'Afrique noire* et la revue *Notes africaines.* En 1959, il soutient ses thèses : *Les Diola. Essai d'analyse fonctionnelle sur une population de Basse-Casamance* (thèse principale, Dakar, IFAN, 2 vol.), et *Étude technique de la personnalité Diola* (thèse secondaire). Nommé professeur de sociologie à l'inauguration de la faculté des lettres de l'université de Dakar, il en devient le doyen après le départ de V. Monteil (1965). Dans les années qui suivent l'indépendance du Sénégal, il s'enthousiasme pour la construction de l'Afrique nouvelle : *Les Idéologies négro-africaines d'aujourd'hui* (Nizet, 1961, Dakar 1965), *Le Socialisme et l'Afrique* (Paris, Le Livre africain, 2 tomes, 1966-1967), *Dakar en devenir* (Paris, Présence africaine, 1968). En 1967, il publie « La place des morts dans la société africaine traditionnelle : le culte des ancêtres » dans *Notes africaines.* C'est le début d'une longue enquête sur la mort et les sociétés humaines : *Cinq Essais sur la mort africaine* (Dakar, fac. des lettres), *L'Anthropologie de la mort* (Paris, Payot, 1975, 2e éd. 1980), *Mort et Pouvoir* (Paris, Payot, 1978), *Le Cadavre* (Bruxelles, 1980), *La Mort africaine* (Paris, Payot, 1982), *Rites de mort* (Paris, Fayar, 1985). Il est élu professeur à l'université de la Sorbonne en 1968.

◆ 1975 (avec R. Luneau), *La Terre africaine et ses religions*, Paris, Larousse (rééd. L'Harmattan, 1980). 1974, *Civilisation et Divagation*, Paris, Payot. 1977 (avec R. Luneau), *Les Sages dépossédés,* Paris, Laffont. 1984, *Fantasme au quotidien*, Paris, Le Méridien.

▲ P. Baudy, 1984, « L.-V. Thomas », *Sociétés,* n° 1 : 34-37. P. Baudry, P. Fougeyrollas, « La mort de L.-V. Thomas », *Le Monde* du 25 janvier 1994.

MALAURIE, Jean (né en 1922). J. Malaurie est recruté comme géographe par le CNRS en 1948 à l'occasion de la mission de P.-É. Victor chez les Inuit (1948-1949). À son retour en 1949, il part pour le Hoggard : *Hoggard, Touareg, derniers seigneurs* (Paris, Nathan, 1954), puis pour l'Arctique (mission géographique française de Thulé). Il est de retour à Paris en octobre 1951 et présente en 1953 les cartes qu'il a établies. Il crée la collection « Terres et Hommes » qui publie plusieurs ouvrages mais n'est qu'un prélude à la collection « Terre humaine » voyant le jour chez Plon en 1955. En 1957, il est nommé directeur d'études de géographie et d'écologie arctiques à la VIe section de l'EPHE et y fonde le Centre d'études arctiques en 1958. Il publie *Exploration cartographique dans le Groenland-Nord occidental,* suivi en 1963 de *Igloolik et sa région (Nord-Est canadien). Étude socio-économique.* En 1963 la revue *Inter-Nord* voit le jour. En 1965, il publie *Les Derniers Rois de Thulé* (Paris, Plon).

◆ Films : *Les Derniers Rois de Thulé,* (ORTF, 1970), *Nuit (de la Sibérie au Groenland)* (7 films, Antenne 2, 1980).

▲ Collectif, 1990, *Pour J. Malaurie. 102 témoignages en hommage à quarante ans d'études arctiques*, Paris, Plon (livre fondamental pour l'histoire de l'anthropologie française).

DIOP, Cheikh Anta (1923-1986). Né au Sénégal, C.A. Diop étudie la physique à Paris tout en participant à la création de la revue *Présence africaine.* Recruté comme physicien par le CNRS, il s'intéresse à la littérature, l'ethnologie, la linguistique et l'égyptologie. Il soutient sa thèse en 1958, est recruté par l'IFAN, puis enseigne l'histoire à l'université de Dakar. Diop émet l'hypothèse d'une origine noire africaine de la culture égyptienne antique « ce qui n'est pas entièrement faux, et en inférait que toutes les civilisations de la Méditerranée avaient une même origine, ce qui est pour le moins téméraire » (Balandier, 1997 : 242). Si la thèse est hasardeuse, elle donne lieu au développement d'une formidable érudition touchant tous les aspects de l'histoire, de la culture et de la société africaine.

◆ 1955, *Nations nègres et Culture*, Paris, Présence africaine. 1960, *L'Afrique noire précoloniale, étude comparée des systèmes politiques et sociaux de l'Afrique noire, de l'Antiquité à la formation des États modernes*, Paris, Présence africaine. 1981, *Civilisation ou Barbarie : anthropologie sans complaisance*, Paris, Présence africaine. 1983, *L'Unité culturelle de l'Afrique noire. Domaines du patriarcat et du matriarcat de l'Antiquité classique*, Paris,

Présence africaine. 1988, *Parenté génétique de l'égyptien pharaonique et des langues négro-africaines : processus de sémitisation,* Dakar, IFAN.

▲ J.M. Ela, 1989, *Cheikh Anta Diop ou l'honneur de penser,* Paris. A. Froment, 1991, « Origine et évolution de l'homme dans la pensée de Cheikh Anta Diop, analyse critique », *CEA*, vol. 21 : 29-64. C. Coquery-Vidrovitch et A. Froment, 1992, « Débat », *CEA*, vol. 22 : 133-141.

RETEL, Anne, née Laurentin (1925-1983). A. Retel-Laurentin obtient un doctorat de médecine en 1953 et commence par exercer au Gabon. En 1954, elle obtient une bourse lui permettant d'étudier la médecine tropicale aux États-Unis et devient médecin nutritionniste pour les services des statistiques de la FAO (1956-1957). Recrutée par le CNRS, elle participe à la seconde campagne de la mission ethnologique de l'Est-Oubangui (République Centrafricaine). Elle soutient une thèse de 3e cycle en 1965 : *Femmes Nzakara, oracles, augures, ordalies* (Paris, Mouton). Son travail a surtout porté sur l'infécondité et la stérilité des femmes Nzakara, sujet sur lequel elle soutient une thèse d'État (1974). Elle organise le « premier colloque d'anthropologie médicale » (CNRS 28-30 novembre, 1983) quelques jours avant sa mort, survenue dans un accident d'automobile en Afrique.

◆ 1960, *Le Niveau de santé au Sénégal. Perspectives de développement des services sanitaires. Étude statistique de l'état nutritionnel et sanitaire de 10 140 enfants de 0 à 14 ans.* Dakar, ministère de la Santé. 1974, *Sorcellerie et Ordalies. L'épreuve du poison en Afrique noire. Essai sur le concept de négritude,* Paris, Anthropos. 1974, *Infécondité en Afrique noire. Maladies et conséquences sociales*, Paris, Masson. 1975, *Infécondité et maladies. Les Nzakara de République centrafricaine,* INSEE. 1979, *Un pays à la dérive. Histoire et évolution sociale d'une population en régression démographique,* Paris, J.-P. Delage.

▲ J. Benoist, D. Paulme, A. Epelboin, M.-P. Ferry, 1983, *JSA,* vol. 53 : 197-203.

CHIVA, Isaac (né en 1925). Né en Roumanie, I. Chiva passe son baccalauréat, puis fait des études de technique textile qu'il continue en 1947 à Paris (diplôme des Arts et Métiers en 1949). En 1950, il passe une licence ès lettres incluant le certificat d'ethnologie. Entre 1951 et 1953, il est stagiaire au Laboratoire d'ethnologie française du CNRS. De 1955 à 1960, il travaille au musée des Arts et Traditions populaires. En juillet 1960, il est nommé chef de travaux auprès de Lévi-Strauss à l'EPHE et s'occupe de la revue *Études rurales.* En 1961, il devient sous-directeur du Laboratoire d'anthropologie sociale, suppléant, puis sous-directeur (1962) et directeur d'études à l'EPHE (1971).

◆ I. Chiva, 1958, *Les Communautés rurales. Problèmes, méthodes et exemples de recherches*, Paris, Unesco. Éd., 1972 (avec P. Rambaud), *Les Études rurales en France : tendances et organisation de la recherche*, Paris, Mouton. Éd. (avec J. Goy), 1981-1985, *Les Baronnies des Pyrénéens. Anthropologie et histoire, permanences et changements,* 2 vol., Paris, EHESS. I. Chiva et U. Jeggle, éd., 1987, *Ethnologie en miroir. La France et les pays de langue allemande*, Paris, EMSH. 1994, *Une politique pour le patrimoine*, Rapport à J. Toubon, ministère de la Culture et de la Francophonie.

MEILLASSOUX, Claude (né en 1925). Né à Roubaix dans une famille de la bourgeoisie textile, C. Meillassoux obtient le diplôme de l'Institut d'études politiques en 1947, puis étudie l'économie et les sciences politiques à l'université du Michigan (*MA*, 1949). Entre 1950 et 1952, il est interprète auprès de la mission de production française aux États-Unis, puis travaille en France dans la publicité et commence à se mêler de politique. En 1955, Balandier l'engage dans le cadre du Bureau international de recherche sur les implications sociales du développement technique de l'Unesco. Meillassoux y découvre l'anthropologie, suit les cours de la VIe section de l'EPHE et commence à publier des comptes rendus. En 1958, G. Balandier l'envoie enquêter avec A. Deluz chez les Gouro de Côte-d'Ivoire. Il publie à son retour « Essai d'interprétation du phénomène économique dans les sociétés d'autosubsistance » (*Cahiers d'études africaines*, vol. 1 : 38-67) qui opère une révolution épistémologique importante. S'inspirant de l'école substantiviste, C. Meillassoux y montre comment les aînés dominent les cadets grâce au mécanisme de la gestion des dots. Soutenue en 1962 et publiée en 1964, sa thèse de 3e cycle : *Anthropologie économique des Gouro de Côte-d'Ivoire. De l'économie d'autosubsistance à l'agriculture commerciale* (Paris, Mouton, 1964) ouvre à une anthropologie économique marxiste.
C. Meillassoux entre au CNRS en 1963 et y effectue toute sa carrière. Enquêtant au Mali et au Sénégal, il travaille d'abord sur le rôle de la société Soninké dans l'histoire de l'Afrique noire. L'Institut international africain lui propose de participer à une vaste enquête sur les associations volontaires dans l'Afrique urbaine (*Urbanization of an African Community : Volontary Association in Bamako*, Washington, 1968). L'organisation d'un colloque lui donne l'occasion de répéter que la notion d'ethnie doit être inscrite dans un contexte socio-historique et culturel (éd., 1971, *L'Évolution du commerce africain depuis le XIXe siècle en Afrique de l'Ouest*, Londres, Oxford UP). C. Meillassoux reprend le modèle théorique constitué en 1960 et l'élargit pour analyser la rencontre de la communauté domestique et du capitalisme (1975*a*). L'ouvrage est un événement. Cela l'amène à analyser le mode d'exploitation sud-africain (1969) et à diriger une équipe du CNRS dédiée à l'Afrique australe (1988, 1991). Publié en 1986, *Anthropologie de l'esclavage. Le ventre de fer et d'argent* (Paris, PUF) mêle la recherche historique à la conceptualisation. Parce qu'il se définit non en terme de perte de liberté, mais par son mode de reproduction non génésique, l'esclavage détermine l'organisation économique et militaire des sociétés le pratiquant. À partir des années 1990, et notamment dans des articles traitant de la parenté Inuit, Meillassoux s'attaque au traitement structuraliste de la parenté qu'il dénonce comme une approche naturaliste. Sans doute est-il avec Lévi-Strauss l'auteur français ayant le plus fortement marqué la discipline.

◆ 1967 (avec L. Doucoure et D. Simagha), *Légende de la dispersion des Kusa (épopée Soninké)*, Dakar, IFAN. 1975*a*, *Femmes, greniers et capitaux*, Paris, Maspero. Éd., 1975*b*, *L'Esclavage en Afrique précoloniale*, Paris, Maspero. 1977, *Terrain et Théories* (recueil d'articles), Paris, Anthropos. 1979, *Les*

Derniers Blancs, le modèle sud-africain, Paris, Maspero. Éd., 1988, *Verrouillage ethnique en Afrique du Sud*, Paris, Unesco. 1991, (avec C. Messiant), *Génie social et manipulation culturelle en Afrique de l'apartheid*, Paris, Arcantère.

▲ M. Panoff, 1977, « C. Meillassoux et le mode de production domestique », in *La Revue française de sociologie*, vol. 18 (1). G. Gaillard, 1988, « Chap. 11 et 12, Le Centre d'études africaines, C. Meillassoux », in *Images d'une génération. Éléments pour servir à la constitution d'une histoire de l'anthropologie française de ces trente dernières années*, Thèse EHESS. B. Schlemmer, éd., *Sur les terrains de C. Meillassoux*, Paris, Karthala (sous presse).

BOUTILLIER, Jean-Louis (né en 1926). J.-L. Boutillier fait des études de sciences économiques (doctorat en 1953), puis suit les cours de l'Institut d'ethnologie et complète sa formation anthropologique à l'université de Californie. La totalité de sa carrière se déroule au sein de l'ORSTOM dont il fut l'un des premiers chercheurs, alliant l'économie aux sciences humaines à partir de données très empiriques.

◆ 1958 (avec M. Dupire), *Le Pays Adioukrou et sa palmeraie.* 1955, 1956, 1957, *Enquête, nutrition et niveau de vie*, Odiopodoume, ORSTOM. 1960 (avec J. Causse), *Bongouanou, Côte-d'Ivoire,* Paris, Berger-Levrault. 1993 (1988), *Princes, Marchands et Paysans : Boura, royaume de la savane ivoirienne*, Paris, Karthala. 1993, éd. (avec Y. Goudineau), *Cahiers des sciences humaines : trente ans (1963-1992)*, Paris, ORSTOM.

CUISENIER, Jean (né en 1927). J. Cuisenier passe l'agrégation de philosophie en 1954. Il est alors nommé assistant à l'Institut des hautes études de Tunis puis attaché, maître et directeur de recherches au CNRS. Prenant la relève de G.-H. Rivière en 1968, il occupe le poste de conservateur en chef du musée des Arts et Traditions populaires et la direction du Centre d'ethnologie française. Il soutient sa thèse en 1971 : *Économie et parenté, essai sur les affinités de structures entre système économique et système de parenté dans le domaine turc et dans le domaine arabe* (Paris-La Haye, Mouton, 1975). Prenant les modèles de la théorie des jeux, J. Cuisenier y propose une lecture du mariage avec la fille du frère de Mère (dit mariage arabe) qui insiste sur les stratégies des acteurs.

◆ Éd. (avec H. Raulin *et al.*), 1979, *Les Sources régionales de la Savoie : une approche ethnologique*, Paris, Fayard. 1979, *Récits et contes populaires de Normandie*, Paris, Gallimard. 1987 (avec M. Ségalen), *Ethnologie de la France*, Paris, PUF. 1990, *Ethnologie de l'Europe*, Paris, PUF. 1996, *Le Feu vivant et ses rituels dans les Carpates*, Paris, PUF.

JAULIN, Robert (1928-1996). R. Jaulin obtient un DES d'esthétique avec *L'Opposition du magique et du religieux, est-elle valable en esthétique ?* (1950), puis une licence de philosophie (1951), avant d'être recruté par le CNRS (1953). Il soutient ses thèses de doctorat : *Quelques correspondances des structures filmiques et archaïques* et *Langage filmique et structure des Houailou* (1955), s'intéresse à la psychanalyse (1956) et, après avoir fréquenté les séminaires de Balandier, rejoint Lévi-Strauss. En 1958, il se rend au Tchad en pays Sara du moyen Chari afin d'y enquêter sur l'organisation économique de l'espace et de la parenté du clan Mara, puis sur l'initiation (Jaulin, 1965). Il est nommé chargé de recherches et se tourne vers l'américanisme, effectuant une première mission en pays Bari (1959) et est bientôt le défenseur des droits des minorités amérindiennes et le pourfendeur de la civilisation occidentale «porteuse de mort». En 1967, il est conjointement nommé professeur d'ethnologie et directeur du département d'ethnologie de l'université de Jussieu qui voit le jour. Il y crée les célèbres *Cahiers de Jussieu* dans une collection de poche (10/18).

◆ 1965, *La Mort Sara*, Paris, Plon. 1965, *La Géomancie, essai d'analyse formelle*, Paris, La Haye, Mouton. 1966, «La maison bari», *Journal de la Société des américanistes*, vol. 55, p. 111-153. 1970, *La Paix blanche*, Paris, Seuil. Éd. (avec P. Richard), 1972, *Anthropologie et calcul*, Paris, UGE, 10/18. 1974, *Gens de soi, gens de l'autre,* Paris, UGE, 10/18. 1977, *Les Chemins du vide*, Paris, Bourgois. 1979, *Jeux et Jouets, essai d'ethnotechnologie*, Paris, Aubier. 1995, *L'Univers des totalitarismes,* Paris.

▲ J.-T. Desanti, «R. Jaulin. Un ethnologue engagé», *Le Monde* du 26 nov. 1996, p. 12.

DAMPIERRE, Éric de (né en 1928). É. de Dampierre obtient une licence de lettres, le diplôme de la VIe section (1946), une licence de droit (1947) et le diplôme de l'Institut d'études des sciences politiques (1948). Il effectue son service militaire à Casablanca dans l'armée de l'air (1948-1949), puis est vacataire au Centre d'études sociologiques du CNRS. Entre 1950 et 1952, il est invité à l'université de Chicago, stagiaire au Centre d'études sociologiques. De 1946 à 1952, il enquête sur la formation des élites ouvrières au sein d'un programme comprenant A. Touraine, E. Morin… Il crée et dirige chez Plon la collection «Recherches en sciences humaines» qui publie à la fois quelques-uns des grands titres de la sociologie allemande et américaine et des travaux à caractère ethnologique. En 1954, il est chargé d'une mission en Oubangui-Chari par l'ORSTOM. Effectuée en pays Nzakara, l'enquête porte sur des questions démographiques, mais traite aussi des relations de parenté, de clientèle et de l'organisation politique des sultanats du Haut-Oubangui (2e mission en 1957-1958). De retour à Paris, É. de Dampierre travaille pour l'Unesco et crée la collection des «Classiques africains». Il est nommé sous-directeur d'études à la VIe section (1961) puis maître de conférence en ethnologie à l'ouverture de l'université de Nanterre (1967) où il est élu professeur (1969).

◆ 1948, «Juin 1948. De l'enthousiasme à la déception et au massacre», in *La révolution prolétarienne*, XVII : 508-512. 1963, *Poètes nzakara*, Paris, Julliard. 1967, *Un ancien royaume Bandia du Haut-Oubangui*, Paris, Plon.

▲ Collectif, *Singularités. Les voies d'émergence individuelle. Textes pour Éric de Dampierre, présentés par le laboratoire d'ethnologie et de sociologie comparative*, Paris, Plon.

PERROT, Claude-Hélène (née en 1928). C.-H. Perrot passe un Capes d'histoire-géographie puis exerce dans l'enseignement secondaire jusqu'en 1961. Inscrite au CEA, elle y soutient une thèse de 3e cycle en 1963. De 1963 à 1966, elle est détachée à la direction de la recherche en Côte-d'Ivoire puis, de 1966 à 1971, elle est maître-assistante à l'université d'Abidjan. Elle est ensuite attachée de recherches au CNRS (1971-1972), maître de conférence à l'université d'Abidjan (1973-1974), puis à l'université de Paris-I (1974-1983) où elle est élue professeur en 1983. Elle dirige le CRA entre 1985 et 1987. En 1979, C.-H. Perrot soutient un doctorat d'État intitulé *Les Anyi-Ndenye et le pouvoir politique aux XVIIIe et XIXe siècles* (Abidjan et Paris, CEDA et Publications de la Sorbonne, 1982) qui, partant de l'origine et l'implantation de la population anyi, se présente aussi comme une histoire totale, élaborée à partir des archives, de la culture matérielle, des rituels et de la tradition orale.

◆ 1970, *Les Sotho et les missionnaires européens au XIXe siècle*, Annales de l'université d'Abidjan. 1994, éd. (avec A. van Dantzig), *M.-J. Bonnat et les Ashanti, Journal (1869-1974)*, Paris, Société des africanistes.

BERNUS, Edmond (né en 1929). E. Bernus étudie la géographie et, bénéficiant d'une bourse, étudie un village malinké riverain du fleuve Niger avant d'être nommé assistant à l'IFAN. Il séjourne en Côte-d'Ivoire (où il étudie les migrations, et l'histoire et la géographie de Kong, ville du nord du pays), puis au Niger (1962), parcourt pendant trente ans la zone sahélienne et écrit surtout sur les Touareg auxquels il consacre sa thèse d'État (*Les Illabakan, Niger. Une tribu touarègue sahélienne et son aire de nomadisation*, Paris, Mouton-ORSTOM, 1974). À partir du milieu des années 1980, il travaille avec des archéologues et des préhistoriens dans le cadre d'un programme pluridisciplinaire.

◆ 1960, *Kong et sa région*. Études éburnéennes, Abidjan. 1972 (avec S. Bernus), *Du sel et des dattes. Introduction à la communauté d'In Gall et de Tegidda-n-Tesemt*, Niamey, Études nigériennes. 1981, *Touaregs nigériens. Unité culturelle et diversité régionale d'un peuple pasteur*, Paris, ORSTOM (2e éd. L'Harmattan). 1990, *Touaregs. Chronique de l'Azawak,* Paris, Plume. 1990, éd. (avec F. Pouillon), *Sociétés pastorales et développement*, Paris, Cahiers de l'ORSTOM.

LABURTHE-TOLRA, Philippe (né en 1929). Ph. Laburthe-Tolra passe une agrégation de philosophie. Nommé au Bénin, il y crée en 1962 le Centre d'enseignement supérieur et commence à travailler sur les Béti patrilinéaires. Le Centre est transformé en université en 1964 et il y enseigne jusqu'en 1977. Élu professeur à l'université de la Sorbonne à cette date, il y reste jusqu'à sa retraite. Il exerce aussi à Ouagadougou entre 1982 et 1986. Son travail se caractérise par la minutie d'une ethnographie moins attachée à l'exposé des structures sociales qu'à disséquer le vécu subjectif des individus. Laburthe-Tolra est également l'auteur de romans à la trame africaniste : *Le Tombeau du soleil* (Paris, Odile Jacob, 1986), *L'Étendard du prophète* (Paris, Odile Jacob, 1989).

◆ 1971 (avec R. Bureau), *Initiation africaine. Supplément de philosophie et de sociologie à l'usage de l'Afrique noire*, Yaoundé, éd. Clé. 1981, *Les Seigneurs de la Forêt. Essai sur le passé historique, l'organisation sociale et les normes éthiques des anciens Béti du Cameroun*, Paris, Publication de la Sorbonne. 1985, *Initiations et Sociétés secrètes au Cameroun. Essai sur la religion béti*, Paris, Karthala. 1991 (avec C. Falgayrettes-Leveau), *Fang*, Paris, musée Dapper. 1994, *Le Réjouissement de l'abîme : concepts et affects autour de l'œuvre de Roger Bastide*, Paris, L'Harmattan.

THOMAS, Jacqueline (née en 1930). Diplômée de mandingue de l'INLCOV en 1952, J. Thomas obtient une licence de sociologie en 1953. En 1956-1957, elle enquête sur les migrations des Ngbaka de l'actuelle République centrafricaine. L'originalité de son travail réside à l'époque, en ce qu'il analyse le phénomène de migration non depuis le point d'arrivée des migrants (la ville), mais depuis les zones forestières se dépeuplant. Devenue membre du CNRS dans le cadre de la RCP 11, elle crée la RCP 121 « Plateaux d'Afrique centrale » à l'occasion du premier éclatement de la précédente en 1965. J. Thomas devenue directrice de recherches, cette RCP est transformée en l'Equipe de recherches : « Langues non-écrites. Enquête et description » (1969), puis en laboratoire, ce sera l'un des plus importants du CNRS.

◆ 1956 (avec A. Haudricourt) *Instruction pour la notation des langues exotiques*, Paris, IGN. 1963, *Le Parler Ngbaka de Bokanga. Phonologie, morphologie, syntaxe*, Paris-La Haye, Mouton. 1963, *Les Ngbaka de la Lobaye. Le dépeuplement rural chez une population forestière de République centrafricaine*, Paris-La Haye, Mouton. 1967 (avec A. Haudricourt), *La notation des langues. Phonétique et phonologie*, Paris, IGN et Institut d'ethnologie, 2 disques. 1971 (avec L. Bernot coéditeur), *Langues et techniques. Nature et société*, Paris, Klincksieck, 2 vol. 1971 (avec L. Bouquiaux coéd.), *Enquête et Description des langues à tradition orale*, Paris, Selaf. 1978 (et F. Cloarec-Heiss), *L'Aka, langue bantoue des Pygmées de Mongoumba (Centrafrique). Introduction à l'étude linguistique. Phonologie*, Paris, Sélag. 1981 (avec S. Bahuchet coéditeur), *Encyclopédie des Pygmées Aka. Techniques, langage et société d'une population forestière de chasseurs-cueilleurs d'Afrique Centrale*, Paris, Sélaf.

SÉBAG, Lucien (1933-1965). Né en Tunisie, L. Sébag a F. Châtelet comme professeur de philosophie, et le retrouve à la cellule des étudiants communistes de la Sorbonne qui, vers 1953-1955, compte également Clastres, Adler, Cartry, Pividal… Sébag passe une licence de philosophie en 1955, soutient un DES en 1956, suit les cours de Vernant, Lacan, Lévi-Strauss et rompt avec le parti communiste. Il est inscrit au CEA en 1958-1959, mais se tourne très vite vers l'analyse des mythes amérindiens et les séminaires de A. Métraux. Il apporte avec *Marxisme et Structuralisme* (Paris, Payot) une critique épistémologique de l'analyse marxiste, à laquelle il reproche une transitivité directe de l'idéologique au social, alors que le sens de chaque terme est toujours d'abord à déterminer depuis l'organisation interne de son niveau propre, comme le font les structuralistes avec le décriptage des mythes. En 1963, L. Sébag et P. Clastres effectuent une mission d'une année chez les Guayaki du Paraguay. Sébag publie à son retour (1964) plusieurs articles, mais se suicide le 9 janvier 1965 en laissant inachevé *L'Invention du monde chez les Indiens Pueblos*. Le livre, terminé par une équipe (S. Dreyfus-Gamelon, P. Smith, J. Lacan-Bataille...), est publié en 1971 (Paris, Maspero). Reprenant son travail de terrain, C. Bernand-Munoz écrit *Les Ayoré du Chaco septentrional. Étude critique à partir des notes de L. Sébag* (Paris, Mouton). Aujourd'hui presque oublié, L. Sébag n'en occupe pas moins une place de choix dans l'histoire de l'anthropologie française.

◆ 1956, «La démocratie athénienne et la guerre du Péloponnèse», *La Pensée*, n° 66 : 114-124. 1963, «La geste de Kasewat», *L'Homme*, vol. 3 : 22-76. 1964, «L'analyse des rêves d'une Indienne Guayaki», *TM*, vol. 19 : 2180-2237. 1965, «Le mythe code et message», *TM*, vol. 20 : 1607-1623. 1965, «Le shamanisme Ayoréo», *L'Homme*, vol. V, p. 6-32 et p. 92-123.

▲ K. Axelos, 1965, «L. Sébag», *Aléthéia,* janvier, p. 237-241. J.-P. et M.-C. Boons, 1965, «L. Sébag», *TM,* vol. 20 : 1603-1606. P. Verstraeten, 1966, «L. Sébag», *Aléthéia,* mai, p. 89-102. B. Scholte, 1966, «Compte rendu de L. Sébag, marxisme et structuralisme», *AA*, vol. 68 : 1255-1256. M. Perrin, 1972, «Compte rendu de L. Sébag, L'invention du monde chez les Indiens Pueblos», *Journal de la Société des américanistes,* vol. 61 : 283-286.

CLASTRES, Pierre (1934-1977). P. Clastres étudie la philosophie (licence en 1957, DESS en 1958) et assiste aux séminaires de Lévi-Strauss et d'A. Métraux. Entré au CNRS dans le cadre du Laboratoire d'anthropologie sociale, il se rend sur le terrain amérindien en compagnie de L. Sébag en 1962. En 1965, il soutient une thèse de 3e cycle : *La Vie sociale d'une tribu nomade : les Indiens Guayaki du Paraguay.* En 1973, il publie *Chronique des Indiens Guayaki. Ce que savent les Aché chasseurs nomades du Paraguay* (Paris, Plon). En 1974, il publie *Le Grand Parler. Mythes et chants sacrés des Indiens Guarani* (Paris, Seuil) et surtout *La Société contre l'État* (Paris, Seuil). Publié à titre posthume, *Recherches d'anthropologie politique* (Paris, Minuit) rassemble des écrits antérieurs. Clastres, qui oppose les sociétés sans État aux sociétés étatiques, propose l'exposition d'une logique de la société primitive. Dirigée contre l'ethnocentrisme, l'œuvre retourne positivement le «manque d'État» caractérisant ces sociétés dans la littérature, comme un fait de la volonté des acteurs, refusant la centralisation du pouvoir et sa conséquence : la séparation entre dominants et dominés. Le politique et le social se confondent, car «la société primitive est le lieu du refus d'un pouvoir séparé, parce qu'elle-même, et non le chef, est le lieu réel du pouvoir» (1974 : 136). Clastres entre lors de sa création au Comité de rédaction de la revue *Libre*, qui se veut être aux années 1970 ce que la revue *Argument* fut aux années 1950-1960. Il disparaît dans un accident d'automobile en 1977, âgé de quarante-cinq ans.

◆ 1992, *Mythologie des Indiens Chulupi*, Louvain-Paris, Peeters.

▲ M. Cartry, 1978, « Pierre Clastres », texte d'hommage publié dans *Annuaire de la Ve section de l'École des Hautes Études*, vol. 85, et dans *Libre* n° 4 : 55. C. Lefort, 1978, « Pierre Clastres », *Encyclopaedia universalis*, et dans *Libre*, n° 4 : 50-54. M. Gauchet, 1977, « P. Clastres », *Libération* du 10 et 11 octobre, et dans *Libre*, n° 4 : 55-68. 1978, « Une pensée contre l'État : hommage à Pierre Clastres », *Autogestion et socialisme*, n° 40. M. Abensour, éd., 1987, *L'Esprit des lois sauvages*, Paris, Seuil. E. Terray, 1989, « Une nouvelle anthropologie politique », *L'Homme*, n° 110 : 5-29.

GIBBAL, Jean-Marie (1938-1993). Né à Grenoble, J.-M. Gibbal obtient le diplôme de l'Institut des sciences politiques. Il est coopérant en Côte-d'Ivoire (1965), puis, recruté par le CNRS, il rejoint le Groupe de recherches sur les problèmes urbains en Afrique que dirige P. Mercier qui l'envoie enquêter à Abidjan. En 1974, il publie *Citadins et Villageois dans la ville africaine : l'exemple d'Abidjan* (Paris, PUG) qui décrit sur un mode oppositionnel les quartiers de Marcory à la population ivoirienne, et Koumassi à la population étrangère, en insistant sur les réseaux de solidarité. Dans la seconde moitié des années 1970, il travaille sur les rites de possession, ce qui l'amène à enquêter en Afrique sahélienne et au Mali. Il publie successivement en 1982 *Les Tambours d'eau* (Paris, Le Sycomore) et en 1984 *Guérisseurs et Magiciens du Sahel* (Paris, Métailié). Reprenant le trajet de J. Rouch, Gibbal rejoint Mopti à Tombouctou en pirogue et rédige un récit d'introduction ethnologique, *Les Génies du fleuve : voyage sur le Niger* (Paris, Presses de la Renaissance, 1988), pour lequel il reçoit le prix Alexandra David-Neel. Il meurt le 13 février 1993. Rappelons que J.-M. Gibbal s'est voulu à la fois ethnologue et poète (1980*a*, 1980*b*, 1980*c*) et qu'il est l'auteur d'essais littéraires portant sur l'œuvre de son ami G. Perros (1980*d*, 1991).

◆ 1980*a*, *L'Amour, mine de rien*, Paris, Recherche. 1980*b*, *Le Masque intérieur*, Paris, Oswald. 1980*c*, *Le Sens de l'orientation*, Paris, Oswald. 1980*d*, *Georges Perros*, Paris, Recherches. 1984 (avec F. Deck), *Légère Contribution à l'étude des sols*. 1986, *Chez Bonne idée : image du petit commerce en Afrique de l'Ouest*, Paris, Alternative. 1991, *Georges Perros. La spirale du secret*, Paris, Plon.

▲ N. Pope, « Mort de l'ethnologue Jean-Marie Gibbal », *Le Monde* du 16 février 1993. J.-P. Castelain, 1993, « La mort d'un ami, J.-M. Gibbal », M.-P. Ferry, éd., *L'Afrique d'une société savante*, Société des africanistes, p. 81-84. Le numéro 75 de la revue *Archives de sciences sociales des religions* est entièrement consacré à J.-M. Gibbal. On se rapportera aussi au numéro 79 de la même revue : « Transes et possessions », septembre 1992.

Chapitre 9

Quelques chercheurs appartenant à d'autres traditions nationales

SOMMAIRE

Les Scandinaves

Si les musées y sont très tôt constitués (le *Nordiska Museet* est fondé en 1873), M. Ségalen relève qu'« en Europe du Nord le terme d'ethnologie s'applique généralement aux travaux consacrés au domaine scandinave, tandis que les recherches menées dans les cultures différentes relèvent de l'anthropologie sociale ».

▲ T. Gerholm et U. Hannerz, « Introduction : The shaping of national anthropologies », *Ethnos*, 1 : 5-35. M. Ségalen, 1991, « Europe du Nord. L'ethnologie de l'Europe du Nord », in Bonte et Izard, p. 263-264.

WESTERMARCK, Edvard Alexander (1862-1939). Né à Helsinki (Finlande) d'un père trésorier de l'université, Westermark étudie l'esthétique et la philosophie, puis l'enseigne. En 1886, il passe une année à Londres, vivant pratiquement au *British Museum*, et revient avec les premiers chapitres d'un livre sur l'histoire du mariage qu'il soutient comme thèse de doctorat. Il retourne en Angleterre et rencontre Tylor qui le recommande à l'éditeur Macmillan. Ce dernier publie en 1891 une *Histoire du mariage* (Paris, Mercure de France, 4 vol., 1934-1938). Le livre met fin au mythe de la promiscuité sexuelle initiale en montrant la récurrence systématique de la monogamie parmi les populations primitives. Rejetant l'idée d'une matrilinéarité ayant précédé la patrilinéarité et celle de la horde primitive (Maine), il les remplace par celle d'une cellule familiale monogame dirigée par un mâle protecteur qu'il fonde sur l'éthologie des singes anthropoïdes et d'autres animaux (hippopotames, écureuils, phoques…). Il y a pour Westermarck la nécessité biologico-fonctionnelle d'un tel arrangement dans la mesure où les jeunes de l'espèce humaine sont incapables de se suffire durant plusieurs années. Ce n'est qu'ensuite, et pour des causes circonstantielles, que polyandrie et polygénie virent le jour. Westermarck propose aussi l'une des premières théories générales expliquant l'universalité de la prohibition de l'inceste qui, un peu naïve, la ramène à une absence de désir causée par une vie partagée dans l'enfance. Lévi-Strauss défait cette conception rappelant que les Zandé ont pour proverbe que « l'envie de femme commence à la sœur » (Lévi-Strauss, 1967 : 20) et demandant pourquoi toutes les sociétés interdisent des rapports dont on n'aurait nul désir. D'autres études vont au contraire dans le sens de Westermarck (A. Wolf, 1970, 1995). Doté d'une bourse de l'Université, Westermarck voyage avant d'enseigner conjointement à Helsingfors et Londres. En 1897, il commence à visiter le Maroc sur lequel il écrit beaucoup et où il revient souvent pour de périodiques missions. En 1906, il publie *L'Origine et le Développement des idées morales* (Paris, Payot, 1928-1929). En 1907, il est nommé à la chaire de sociologie de l'université de Londres où il aura comme élève Malinowski.

◆ 1921 (1914), *Les Cérémonies du mariage au Maroc*, Paris, Leroux. 1926, *Ritual and Belief in Morocco*, Londres, MacMillan. 1929, *Memories of my Life*, Londres. 1932, *Ethical Relativity*, Londres. 1933, *Pagan Survivals in Mohammedan Civilisation*, Londres. 1939, *Christianity and Morals*, Londres.

▲ T. Stroup, éd., 1982, *Edward Westermarck : Essays on His Life and Works*, Helsinki. A. P. Wolf, 1970, « Childhood association and sexual attraction : a further test of the Westermarck hypothesis », *AA*, 72 : 503-515. T. Stroup, 1991, « Westermarck, Edvard Alexander », in C. Winter, p. 749-750. Éd., 1991, « Westermarck, Edward », in Bonte et Izard, p. 744-745. A.P. Wolf, 1995, *Sexual Attraction and Childhood Association. A Chinese Brief for Edvard Westermarck*, Cambridge UP.

NORDENSKJÖLD, Erland Nils Herbert, baron (1877-1932). Né à Ström (Suède), fils d'A. E. Nordenskjöld, l'un des explorateurs du pôle Nord, E. Nordenskjöld étudie la géologie et la paléontologie, puis se rend en Argentine en 1898. S'intéressant aux Amérindiens, il explore le Chaco et le Paraguay, travaille beaucoup en Bolivie, en Argentine et au Brésil (1908-1909, 1913-1914, 1927). En 1912, il publie *Histoire de la culture indienne de l'Amérique du Sud* où il affirme que les cultures amérindiennes sont nées de manière indépendante et ont influencé l'Océanie et non pas l'inverse. Américaniste de renom, c'est auprès de lui que P. Rivet envoie A. Métraux compléter sa formation. Devenu professeur d'ethnologie à Göteborg en 1924, E. Nordenskjöld fit du musée qu'il dirige à partir de 1913, l'un des plus beaux et des plus modernes du monde. G. H. Rivière vint s'en inspirer à l'occasion de la création du musée de l'Homme. Il meurt en 1932 à Göteborg.

◆ 1910, *Indianerleben*. 1911, *Indianer och hvita i nordöstra Bolovia* (Indiens et Blancs du Nord-Est bolivien). 1915, *Forskningar och äventyr i Sydamerika* (Recherches et Aventures en Amérique du Sud). 1930, *Ars Americana. L'archéologie du Bassin de l'Amazone*. 1919-1931, *The Comparative Ethnographical Studies*, 9 vol.

▲ R. Lowie, 1933, « E. Nordenskjöld », *AA*, vol. 35 : 158-161. J.-A. Alvarsson, 1991, « Nordenskjöld, Erland », in C. Winter, p. 510-512.

BIRKET-SMITH, Kaj (1893-1977). Né à Copenhague (Danemark), Birket-Smith fit l'expérience de deux courts séjours au Groenland avant de participer comme ethnographe à la cinquième expédition que dirige K. Rasmussen à Thulé en 1921-1923. Birket-Smith rédige sa thèse sur les Eskimo Caribou (*The Caribou Eskimo : Material and Social Life and Their Cultural Position*, 2 vol., 1929) qu'il représente comme les plus archaïques des Eskimos. En 1929, il rejoint le département d'ethnographie du Musée national danois qu'il dirige comme conservateur en chef entre 1946 et 1963. En 1945, il fonde le département d'anthropologie de l'université de Copenhague.

◆ 1953, *The Chugach Eskimo*, Copenhagen. 1956, *An Ethnological Sketch of Rennell Island, a Polynesian Outlier in Melanesia*, Copenhague. 1965, *The Paths of Culture : a General Ethnology*, Madison (trad. de 1941-1965 : Kulturens).

▲ J. Nicolaisen, 1980, « Scandinavia : All approaches are fruitful », in S. Diamond, éd., *Anthropology : Ancestors and Heirs*, La Hague, p. 259-273. J. Ovesen, 1991, « Birket-Smith, Kaj », in C. Winter, p. 60-61.

BARTH, Fredrick (né en 1928). Né à Leipzig d'un père chercheur en géologie, F. Barth passe son enfance en Allemagne, aux États-Unis et, durant la guerre, en Norvège. Il accompagne encore ses parents à Chicago en 1946 et venant de terminer ses années de lycée, s'inscrit à l'université. S'intéressant d'abord à la paléontologie avant de choisir l'anthropologie culturelle, il obtient un *MA* en 1949. En 1951, il est invité par R. Braidwood (son professeur d'archéologie) à participer aux fouilles de Jarmo (Irak) et, celles-ci terminées, il reste parmi les Kurdes de la région chez lesquels il effectue ses premières recherches. La Norvège n'offrant pas de centre d'enseignement, il obtient une bourse gouvernementale qui lui permet de se rendre à la *LSE* où, venu pour R. Firth, il découvre E. Leach. Il rédige *Principles of Social Organization in Southern Kurdistan* (Oslo, 1953). Rentré à Oslo, il apprend le parse (Pashtu, Afghan) auprès de G. Morgenstierne et, en 1954 se rend au Nord-Pakistan chez les Swat. Il passe ensuite deux ans à l'université de Cambridge où il soutient un *PhD* en 1957. A. Métraux recherchant quelqu'un pour étudier dans le cadre de l'Unesco les processus de sédentarisation chez les nomades, Barth est envoyé chez les Basseri de l'Iran en 1957-1958. Il effectue encore des recherches en Chine, en Norvège, au Soudan, en Papouasie-Nouvelle-Guinée, en Indonésie… Chercheur pour l'université d'Oslo (1953-1961), il est professeur d'anthropologie sociale aux universités de Bergen (1961-1972) puis d'Oslo (1973-1985). Il enseigne ensuite à Emory (États-Unis) tout en gardant un statut de chercheur pour le Musée ethnographique d'Oslo.

Political Leadership among Swat Pathans (1959) est le premier livre qui lui valut une renommée mondiale. Barth y examine une société afghane à castes, mais montre la place laissée à la décision personnelle dans les relations de dépendance de chaque individu. Cette attention au choix individuel d'une situation structurale l'amène à promouvoir l'étude des changements sociaux. Tout aussi classique est son *Nomads of South Persia. The Basseri Tribe of the Khamseh Confederacy* (Londres, Oslo, 1961) dans lequel il met en avant les dynamismes engendrés par la reproduction animale, et surtout ouvre la conceptualisation segmentaire aux stratégies de lutte de pouvoir et à la constitution de groupes au fondement politique. Avec *Ethnic Groups and Bounderies* (Oslo, 1969), Barth montre que l'identité ethnique et la culture ne coïncident pas et supposent de constantes recodifications pour différencier cet héritage de celui des voisins.

◆ 1956, *Indus and Swat Kohistan. An Ethnographic Survey*, Oslo. 1963, *The Role of the Entrepreneur in Social Change in Northern Norway*, Bergen. 1966, *Model of Social Organization*, Londres. 1975, *Ritual and Knowledge among the Baktaman of New Guinea*, New Haven, Yale UP. 1978, *Scale and Social Organization,* New York. 1981, *Process and Form in Social Life*, Londres. 1981, *Person and Society in Swat*, Londres. 1985, *The Last Wali of Swat*, Oslo-New York. 1987, *Cosmologies in the Making : A Generative Approach to Cultural Variation in Inner New Guinea*, Cambridge, Mass., Cambridge UP. 1993, *Balinese Worlds*, Chicago, Chicago UP.

▲ J.-C. Galey, 1996, « An Interview with F. Barth », in *EASA Newsletter*, n° 18 : 8-10.

L'École belge

Le premier cours d'ethnologie en Belgique est donné à l'université libre de Bruxelles en 1910 par M. Weiller. Il s'adresse aux étudiants de licence de sciences politiques et de sciences coloniales. Peu après, l'université catholique de Louvain (UCL) suit avec un cours dispensé par De Jonghe. Il faut cependant attendre les années 1932-1933 pour qu'un premier universitaire belge, G. Smets, parte étudier l'Afrique sur le terrain. Spécialiste du Moyen Âge, il s'interroge sur les sociétés de type féodal en Afrique noire et héritera de la chaire de Weiller. Il prend sa retraite en 1950, et lui succède H. Lavacherie, archéologue, spécialiste de la Polynésie, qui avait accompagné A. Métraux sur l'île de Pâques (1937). Sous la direction de R. Devisch, l'UCL inaugure un enseignement d'anthropologie sociale et culturelle de même que l'université catholique de Louvain-la-Neuve sous la direction du Père M. Doutreloup. C'est parallèlement au musée de l'Afrique centrale de Tervuren (fondé en 1897) que démarre la création d'un organisme de recherche avec F. Holbrecht, un élève de F. Boas. L'ethnologie professionnelle n'apparaît vraiment qu'en 1947 avec la création de l'IRSAC (qui disparaît avec la décolonisation). Le Centre de sciences humaines est situé au Rwanda, y travaillent D. Bieck, A. Coupez, J. Hiernaux, d'Hertefeld, Maquet, Vansina, Biebuyck...

◆ Les revues *Congo* (1920-1940), *Kongo-Overzee* (1934-1959), *Zaïre* (1947-1961), *Culture et Développement* (1969-1985).

▲ E. Devisch, 1991, « Belgique. L'anthropologie belge », in Bonte et Izard, p. 110-111. P. de Maret, 1993, « Interview with Luc de Heusch », *CA,* vol. 34 : 289-298. M. Poncelet, 1995, *Sciences sociales, Colonisation et Développement : une histoire sociale du siècle d'africanisme belge*, 2 vol., thèse européenne, Lille et Liège.

MAQUET, Jacques Jérome (né en 1919). Né à Bruxelles, J. Maquet obtient successivement un doctorat de droit (1946) et de philosophie (1948) à l'université de Louvain avant d'étudier l'anthropologie sociale aux universités de Harvard, puis de Londres (*PhD* en 1952). Il se rend sur le terrain fin 1952. Après avoir longtemps travaillé en Afrique centrale, il enseigne dans diverses institutions, est élu directeur d'études à l'EPHE en 1963, avant d'être professeur aux universités de Bruxelles, de Cleveland et de Los Angeles (UCLA).

◆ 1954, *Le Système des relations sociales dans le Rwanda ancien*, Tervuren. 1962 (avec G. Balandier), *Les Civilisations noires*, Paris, Horizon de France. 1967, *Afrique, les civilisations noires. Histoire, techniques, arts, sociétés*, G. Verdiers, rééd. Marabout. 1967, *Africanité traditionnelle et moderne*, Paris, Présence africaine. 1971, *Pouvoir et société en Afrique*, Paris, Hachette.

HEUSCH, Luc de (né en 1927). L. de Heusch étudie à l'université libre de Bruxelles, puis à la Sorbonne avec M. Griaule (1951-1952). En 1953 et 1955, il enquête chez les Tétéla du Kasaï dans le cadre de l'Institut Solvay. Ayant rencontré Lévi-Strauss après la lecture des *Structures élémentaires de la parenté*, il prend la défense de ses thèses contre le R. P. de Sousberghe en 1955, avec un article publié par *Zaïre* dans lequel il soutient le modèle de l'échange généralisé et montre que la distinction structurale des mariages avec les cousines croisées matrilatérales ou patrilatérales est pertinente. Il soutient un doctorat en 1955, puis repart sur le terrain avant d'être nommé professeur à l'université libre de Bruxelles (1960). En 1966, il est promu directeur du Centre d'anthropologie culturelle de cette même université. De 1966 à 1968, puis de 1972 à 1975, il est directeur d'études associé à la Ve section de l'EPHE. Dans *Mythes et Rites bantous. Le roi ivre ou l'origine de l'État* (Paris, Gallimard, 1972), de Heusch invite à une lecture structuraliste des mythes des royaumes d'Afrique centrale où il retrouve toute une cosmogenèse. Il dirige aussi pour un temps le Laboratoire de systèmes de pensée en Afrique noire.

◆ 1958, *Essais sur le symbolisme de l'inceste royal en Afrique*, Université libre de Bruxelles. 1965, *À la découverte des Tsiganes,* Université libre de Bruxelles. 1966, *Le Rwanda et la civilisation interlacustre. Essais d'anthropologie historique et structurale,* Université libre de Bruxelles. 1971, *Pourquoi l'épouser? et autres essais*, Paris, Gallimard. 1982, *Mythes et Rites bantous : Rois nés d'un cœur de vache*, Paris, Gallimard. 1986, *Le Sacrifice dans les religions africaines*, Paris, Gallimard. 1987, *Écrits sur la royauté sacrée,* Bruxelles, éd. de l'Université.

VANSINA, Jan (né en 1929). J. Vansina étudie à l'université de Londres auprès de D. Forde, puis est associé à l'Institut pour la recherche scientifique en Afrique centrale. Il enquête chez les Kuba entre 1953 et 1956 et obtient un *PhD* à l'université de Louvain en 1957 qui, retravaillé et traduit du flamand, est publié en français sous l'intitulé *De la tradition orale. Essai de méthodologie historique* (Tervuren, 1961). Il propose de montrer comment l'étude des traditions orales peut permettre de reconstituer l'histoire non écrite. C'est ce que propose quelques années plus tard *Les Anciens Royaumes de la savane* (université de Lovanium, 1965) où Vansina décrit les migrations, l'établissement des royaumes d'Afrique centrale au XVe siècle et les modifications sociales qui s'ensuivent. Ses livres révolutionnent l'approche de l'histoire africaine. Enseignant à Kinshasa, il enquête au Rwanda-Burundi. Il est ensuite professeur d'histoire à l'université de Bruxelles et associé à l'université du Wisconsin qui le recrute comme professeur. Synthèse de son savoir, *Paths in the Rain Forests, toward a History of Political Tradition in Equatorial Africa* (Wisconsin UP, 1990) reconstitue trois mille ans d'histoire de l'Afrique équatoriale.

◆ 1954, *Les Tribus bakunta et les Peuplades apparentées*, Tervuren, Musée royal de l'Afrique centrale. 1968, *Kingdoms of the Savanna*, Madison, Wisconsin UP. 1972, *La légende du passé : traditions orales du Burundi*, Tervuren. 1973, *The Tio Kingdom of the Middle Congo, 1880-1892*, Oxford UP. 1976 (avec C. Vansina), *Art History in Africa : an Introduction to Method*, Londres, Longman (2e éd., 1993). 1978, *The Children of Wood : A History of the Kuba Peoples*, Wisconsin UP. 1985, *Oral Tradition as History*, Wisconsin UP. 1996, *Living with Africa*, Wisconsin UP.

Les Hollandais

P.-F. von Siebold, alors qu'il rassemble en 1837 sa collection japonaise, crée du même coup le musée d'ethnologie de Leyde, premier musée d'ethnologie du monde. Suivent en 1883 le musée d'ethnologie de Rotterdam, puis l'Institut royal des zones tropicales d'Amsterdam fondé plus récemment. La caractéristique essentielle des musées hollandais est de posséder des collections presque exclusivement asiatiques et océaniennes (Indonésie, Japon, Nouvelle-Guinée).

L'anthropologie hollandaise universitaire est presque totalement issue de l'étude de l'Indonésie et fut très linguistique. En 1877, une première chaire d'ethnologie des Indes néerlandaises voit le jour à l'université de Leyde successivement occupée par de Veth, Wilken, Nieuwenhuit, J.P.B. de Josselin de Jong et P.E. de Josselin de Jong (neveu du précédant). Ce dernier la transforme en chaire d'anthropologie culturelle, crée un Institut et rassemble autour de lui des américanistes (G. Locher, Van Lier) et des africanistes (Hofstra). Sous la direction de S.R. Steinmetz, l'université d'Amsterdam, puis l'université d'Utrecht font de même. À partir des années 1960, on assiste à l'apparition d'une recherche africaniste qui connaît dans les années 1970 un développement très important. Le Centre d'études africaines de Leyde de l'Institut pour les études culturelles et sociales, dirigé par P. Geschiere, est tout particulièrement réputé.

▲ J.P. Josselin de Jong, éd., 1977, *Structural Anthropology in the Netherlands : a Reader,* The Hague, Martinus. P. Kloos et H.J.M. Claessen, 1981, *Current Issues in Anthropology : the Netherlands*, Amsterdam, Anthropological Branch of the Netherlands Sociological and Anthropological Society. P.E. de Jong et H.F. Vermeulen, 1989, « Cultural anthropology at Leyde University : From encyclopedism to structuralism » in W. Otterspeer, éd., *Leyde Oriental Collections, 1850-1940*, Leyde, p. 280-316. A. Barnard, 1996, « Dutch anthropology », in A. Barnard and J. Spencer, p. 167-168.

JOSSELIN DE JONG, Jan Petrus Benjamin de (1886-1964). Né à Leyde, J.P.B. Josselin de Jong étudie la linguistique, puis travaille en compagnie du linguiste C.C. Uhlenbeck sur les Blackfoot et les Ojibwa en 1910-1911. Devenu conservateur au musée ethnographique de Leyde (1911-1935), il enseigne à l'université à partir de 1922, et est nommé professeur en 1935. Entre 1932 et 1934, il enquête en Indonésie, terrain dont il devient le spécialiste, d'abord comme linguiste puis en tant qu'ethnologue. Lévi-Strauss lui reconnaît une forte influence sur ses propres travaux et Josselin de Jong fut le premier à commenter *Les Structures élémentaires* auquel il consacre un livre (*Lévi-Strauss's Theory on Kinship and Marriage*, Leyde, 1952).

▲ J. Fox, 1989, « An interview with P.E. de Josselin de Jong », *CA*, vol. 29 : 501-510. S.R. Jaarsma and J.J. de Wolf, 1991, « Josselin de Jong », in C. Winter, p. 330-331.

Les Germaniques

En 1873, Klemm crée le musée d'ethnographie de Leipzig, et Bastian celui de Berlin. Suivent ceux de Dresde (1874), de Hambourg (1877), de

Stuttgart (1884)... Dans tous ces lieux se pratique une active recherche anthropologique dépassant de beaucoup le seul monde des objets. Attachée à l'orientalisme et à la géographie, l'anthropologie germanique renaît dans les années d'après-guerre et connaît un très fort développement dans les années 1970. La grande diversité de ses orientations est sans doute ce qui la caractérise. Certains chercheurs passent au structuralisme de Lévi-Strauss, d'autres à l'approche de l'École française marxiste alors que subsiste fortement l'érudition orientaliste. On ne peut en rien parler de la dominance d'une école au sein de la communauté germanique dont l'éclectisme est total. Pratiquement toutes les universités allemandes d'importance abritent aujourd'hui un département d'ethnologie. On peut citer l'Institut Frobenius (créé en 1898) situé à Francfort-sur-le-Main et dirigé après la Seconde Guerre mondiale par Jensen, par C.A. Schmidt puis par E. Haberland. Fondé en 1946 par Thurnwald, l'institut d'ethnologie de Berlin est aujourd'hui bicéphale, la section Asie est dirigée par G. Pfeffer, celle d'Afrique par G. Elwert. L'importante faculté de sociologie de l'université de Bielefeld compte également de nombreux chercheurs dont le travail appartient à l'anthropologie du développement. À Tübingen existent un petit institut d'ethnologie spécialisé sur les cultures méso-américaines et l'archéologie américaine et un institut proposant une ethnologie de l'ici à partir de l'étude de la vie quotidienne (*Institut für Empirische Kulturwissenschaften*, dirigé par U. Jeggle). Heidelberg abrite l'Institut de l'Asie du Sud-Est et, depuis peu, un Institut d'ethnologie culturelle dirigé par J. Wassmann. À Münster, R. Schott crée en 1965 un département travaillant dans l'optique de l'anthropologie juridique. Les départements de l'université de Bonn et de Cologne ont pour spécialité des aires culturelles (Amérique latine et Asie), alors que, fondé par Baumann, l'*Institut für Völkerkunde* de l'université de Munich se diversifie et qu'à côté de son département d'anthropologie, l'université de Göttingen fonde un institut où le cinéma ethnographique tient une grande place. On doit aussi mentionner les départements des universités de Bayreuth (réputé dans le domaine africaniste), Hambourg, Fribourg, Trêves, Mayence, Marbourg, et, venant d'être créé, celui de l'université européenne de Frankfort-sur-l'Oder (dirigé par W. Schiffauer).

En Autriche, l'empereur crée en 1884 le *Völkerkundemuseum* puis, en 1929, est fondé un institut à l'université que les pères catholiques W. Koppers (indianiste) et W. Schmidt dirigent. Avec la guerre, l'Institut Anthropos et la revue du même nom qui appartiennent à une congrégation missionnaire chrétienne trouvent refuge en Suisse, et Koppers et Schmidt s'enfuient. Venu du musée de Berlin, H. Baumann les remplace entre 1939 et 1945, puis repart en Allemagne. Conservateur au musée de Vienne, W. Hirschberg dirige l'Institut de 1962 à 1975 et propose une version adoucie de l'histoire culturelle. K. Wernhert, spécialiste de la Polynésie (puis de l'aire caraïbe), et W. Dorsal, du Yémen, rejoignent l'institut qui s'est pour beaucoup renfermé sur l'Afrique et l'ouvrent à d'autres aires culturelles. Le second prend sa retraite en 1996, et l'Institut qui compte deux mille étudiants inscrits cherche un nouveau souffle.

▲ F. Valjavec, 1985, « Situation actuelle de l'ethnologie en RFA », *Bulletin de l'Association française des anthropologues*, n° 19 : 42-64. U. Jeggle, 1988, « L'ethnologie de l'Allemagne sous le régime nazi. Un regard sur la *Volkskunde* deux générations après », *Ethnologie française*, vol. 18 : 114-119. W. Dorstal, 1994, « Silence in the darkness : German ethnology in the national socialist period », *Social Anthropology*, vol. 2 (3) : 251-262. A. Gingrich, H. Mückler, 1997, « An encounter with recent trends in German-speaking anthropology », *Social Anthropology*, vol. 5 : 83-90. K.-H. Kohl, 1997, « The Frobeniuo-Institut at the Johann Wolfgang Goethe-University Frankfurt am Main », *Easa newsletter*, n° 20 : 5-6.

WESTERMANN, Diedrich Hermann (1875-1956). Né en 1875 à Baden, Westermann étudie la théologie à Bâle et Tübingen, puis part comme missionnaire au Togo entre 1901 et 1903. À son retour, il enseigne les langues africaines à l'université de Berlin, traduit la Bible en ewe et publie ses premiers travaux linguistiques. En 1925, il obtient une chaire de culture et langues d'Afrique à l'université de Berlin, participe en 1926 à la création de l'Institut international africain dont il est le premier directeur et dirige la revue *Africa* de 1928 à 1940. Il prend sa retraite en 1950 et meurt en 1956. Il est principalement connu du lecteur français pour être le coauteur (avec H. Baumann) de l'ouvrage : *Les Peuples et les Civilisations de l'Afrique suivi de : les langues et l'éducation* (Paris, Payot, 1962, original 1940), première synthèse universitaire traitant de l'Afrique dans son ensemble.

◆ 1905-1906, *Wörterbuch der Ewe-Sprache*, 2 vol., Berlin. 1907, *Grammatik der Ewe-Sprache*, Berlin. 1909, *Handbuch der Fula-Sprache*, Berlin. 1911, *Die Sprache der Haussa in Zentralafrika*, Berlin. 1912, *The Shilluk People : Their Language and Folklore*, Berlin. 1949, *Sprachbeziehungen und Sprachverwandtschaft in Afrika*, Berlin. 1952, *Geschichte Afrikas : Staatenbildung südlich der Sahara*, Cologne.

▲ D. Forde, 1956, « D. Westermann », *Africa*, vol. 26 : 329-331. A. Rüger, 1976, le vol. 25 du *Wissenschaftliche Zeitschrift der Humboldt-Universität zu Berlin* est dédié à l'œuvre de Westermann (articles de A. Rüger, W. Rusch, J. Sellnow). H. Jungraithmayr, 1991, « Westermann, D.H. », in C. Winter, p. 747-749.

HEINE-GELDERN, Freiherr Robert von (1885-1968). Né à Grub (Autriche), Heine-Geldern poursuit ses études aux universités de Munich, puis de Vienne où il étudie la philosophie, l'art et l'anthropologie. En 1910, il se rend sur la frontière de l'Inde et de la Birmanie où il enquête auprès des populations montagnardes. Il soutient une thèse en 1914 (*Die Bergstämme des nordöstlichen Birma*) et après la Première Guerre mondiale, collabore au département d'ethnographie du musée d'histoire naturelle de Vienne. Membre de la faculté à partir de 1927, il est nommé professeur en 1931. Invité aux États-Unis en 1938, il y reste jusqu'en 1950, travaillant au Musée américain d'histoire naturelle. Il devient professeur à l'institut d'ethnologie de Vienne, y organise en 1952 le IVe congrès international des sciences anthropologiques et travaille beaucoup en collaboration avec l'Unesco.

◆ R. Heine-Geldern, 1976, *Gesammelte Schriften*, (éd. par E. Stiglmayr et coédité par A. Horenwart-Gerlachstein), Vienne.

▲ A. Horenwart-Gerlachstein, 1991, «Heine-Geldern, R.», in C. Winter, p. 279-280.

MÜHLMANN, Wilhelm Emil (1904-1988). Né à Düsseldorf, W. Mühlmann étudie l'anthropologie physique puis la sociologie, obtient un *PhD* (1932) et une habilitation sous la direction de R. Thurnwald à Berlin (1938). Conservateur aux musées de Berlin, Hambourg, Breslau, il enseigne aux universités de Berlin, Mayence, Heidelberg et Munich. Il traite d'abord d'anthropologie physique, puis de la guerre (*Krieg und Frieden*, 1940) et des sociétés secrètes polynésiennes (*Arioi und Mamaia : eine ethnologische, religiös-soziologische und historische Studie über polynesische Kultbünde*, 1955). Étudiant les mouvements messianiques, les nationalismes et les phénomènes d'identité collective, il met en avant les notions de «consciences communautaires» et de «volonté créatrice commune». On lui doit aussi une histoire de l'anthropologie (*Geschichte der Anthropologie*, 1948, 3e éd. 1984) qui, selon la perspective de Thurnwald, inclut les sciences politiques, l'économie, la psychologie…

◆ 1964, *Rassen, Ethnien, Kulturen*, Neuwied Luchterhand. 1968 (1966), *Messianismes révolutionnaires du Tiers Monde,* Paris, Gallimard. 1981, *Die Metamorphose der Frau : Weiblicher Schamanismus und Dichtung*, Berlin. 1984, *Pfade in die Weltliteratur,* Königstein.

▲ W. Mühlmann, 1947, *Dreizehn Jahre* (Autobiographie 1933-1945). H. Reimann, 1988, «W.E. Mühlmann», *Kölner Zeitschrift für Soziologie und Sozialpsychologie*, vol. 40 : 611-612. E.W. Müller, 1990, «W.E. Mühlmann», *Zeitschrift für Ethnologie*, vol. 114 : 1-12. L.S. Dutton, 1991, «Mühlmann, E.W.», in C. Winter, p. 491-492.

FÜRER-HAIMENDORF, Christoph von (1909-1995). Né en 1909, C. von Fürer-Haimendorf étudie à l'université de Vienne puis à la *LSE*, y écoute Malinowski et enquête en Inde chez les Naga. Après avoir obtenu un doctorat (1931), il est nommé assistant à l'université de Vienne (1934). Retourné aux Indes à la veille de la guerre (1939), il est brièvement prisonnier de l'administration anglaise avant d'occuper pendant dix ans un poste de conseiller, publiant une série de monographies ethniques. Il s'installe en Angleterre en 1949 et est nommé *reader,* puis professeur à la *School of Oriental and African Studies* de l'université de Londres qu'il transforme en l'un des lieux majeurs de l'anthropologie. Il réalise très tôt l'importance de la documentation visuelle, réalisant plus de dix mille photos et plus de cent heures de film. Il fut président de l'Institut royal d'anthropologie entre 1975 et 1977.

◆ 1945, *Tribal-Hyderabad; 4 reports. With a foreword by W.V. Grigson*, Hyderabad, dept. Govt. the Nizam. 1964, *Les Sherpas du Népal : montagnards bouddhistes*, Évreux, imp. Hervisey. 1967, *Morals and Merit*, Londres, Weidenfeld and Nicolson. 1969, *The Konyak Nagas*, New York, Holt, Rinehart and Winston. 1975, *Himalayan Trader, New York, St. Martin's Press*. 1976, *Return to the naked Nagas*, New-Delhi 1 : Vikas Pub. House. 980, *A Himalayan Tribe : from Cattle to Cash*, Berkeley, California UP. 1982, *The Tribes of India : Struggle for Survival*, Berkeley, California UP.

▲ A. Adrian, C. Mayer, 1991, «Fürer-Haimendorf, C. von», in C. Winter, p. 221-222. A. MacFarlane, 1996, «Christoph von Fürer-Haimendorf», *AT*, vol. 11 (4) : 21-23. A. Gingrich, 1996, «Christoph von Fürer-Haimendorf», *Anthropos*, vol. 91 : 238.

REICHEL-DOLMATOFF, Gerardo (1912-1994). Né en Autriche-Hongrie, G. Reichel-Dolmatoff se rend à Paris étudier avec P. Rivers qui le fait inviter en Colombie en 1939 avant de le rejoindre en 1942. Reichel-Dolmatoff mène une carrière tout à la fois d'anthropologue, d'ethnologue, de linguiste et d'archéologue, enseignant notamment à Bogota dont il dirige pour un temps le département d'anthropologie. Il publie de très nombreux articles dans la *Revista del Instituto Etnológico Nacional*, découvre à Port Hormiga, en Bolivie, les plus anciennes céramiques amérindiennes connues de l'époque (*Datos Historico Culturales sobre las Tribus de la Antigua Gobernación de Santa Marta*, 1951). Il met ainsi en exergue les anciennes chefferies colombiennes et montre les voies d'échange avec les sociétés du bassin amazonien. On doit notamment à Reichel-Dolmatoff un important ouvrage : *Desana, le symbolisme universel des Indiens Tukano du Vaupés* (original 1968, Paris, Gallimard, 1973) qui présente l'expérience cosmologique des Tukano telle qu'elle s'exprime dans les mythes, les rites et les représentations graphiques. Avec *The Shaman and the Jaguar : a Study of Narcotic Drugs among the Indians of Columbia* (Philadelphie, 1975), G. Reichel-Dolmatoff étudie le chamanisme et l'utilisation des drogues amérindiennes (décrivant leur usage sur sa propre personne à l'occasion de sa participation à des rituels).

◆ 1985, *Los Kogi, una tribu indígena de la Sierra Nevada de Santa Marta*, Bogota, Procultura.

▲ D. Tayler, 1994, «Gerardo Reichel-Dolmatoff», *AT*, vol. 10 (6) : 19-20.

L'Italie

Rappelons que l'Italie n'acheva complètement son unité qu'en 1870 avec Rome pour capitale. En 1869, P. Mantegazza, pathologiste de l'université de Pavie, inaugure la première chaire italienne d'anthropologie à

Florence alors que le Musée national d'anthropologie voit le jour à Gênes. Mantegazza crée la *Societa Italiana di Antropologia e di Etnologia* et rassemble autour de lui les philologues, les géologues, les zoologistes et les géographes. D'autres sociétés suivent, telles la *Società Romana di Antropologia,* fondée en 1893, et la *Società di Etnografia Italiana,* en 1910. Dans ce pays possédant peu de colonies, la société s'occupe d'organiser des voyages et, sur le modèle de Virchow, de fonder une ethnographie et une anthropologie d'Italie. Le *Museo Preistorico-Etnografico* est créé en 1876 et, en 1880, l'université de Naples inaugure une chaire d'anthropologie. R. Pettazzonu, historien des religions de l'université de Rome, crée l'Institut pour les civilisations primitives que son successeur, V. L. Grottanelli, transforme en Institut d'ethnologie après la guerre et qui devient le centre de l'ethnologie italienne. Citons d'autres auteurs comme G. Sergi, Grottannelli, Tucci... et surtout E. de Martino et V. Lanternari.

▲ V. Lanternari, 1974, *Antropologia e Imperialismo*, Turino, Einaudi. P. Clemente, 1982, « Folklore studies and ethno-anthropological research in Italy : 1960-1980 », *Ethnologia Europaea*, Münster, vol. 13 : 37-52. S. Puccini, 1985, « Gli studi demo-antropologici italiani dell'Ottocento e G. Nicolucci », dans *Ricerca folklorica*, n° 12 : 131-135. G. Della Ragiano, 1986, « Gênes, XIe siècle : une ouverture sur l'outre-mer », *Gradhiva*, n° 13-16. V. Lanternari, 1987, « Ripensando l'antropologia italiana e la svolta del secondo dopoguerra », *Lares*, vol. 53 : 299-318. E. Pardini, 1988, « La missioni antropologiche florentine in Somalia », *Archio per l'Antropologia e l'Etnologia*, vol. 118 : 283-290. S. Puccini, 1991, « Institutionnalisation de l'anthropologie italienne au XIXe siècle », *Gradhiva*, n° 9 : 63-76.

BERNARDI, Bernardo (né en 1916). Né près de Bologne, B. Bernardi soutient une thèse sur les systèmes de parenté Kikuyu (1946) et se rend comme missionnaire au Kenya. En 1952, il obtient un doctorat à l'université du Cap sous la direction d'I. Schapera dont il retient l'idée de la nécessité d'une convergence du fonctionnalisme et de l'histoire (1950) *The Social Structure of the Kraal among the Zezuru* (Le Cap). La publication de *The Mugwe : a Failing Prophet* (Oxford, 1959) introduit à l'existence d'une figure gardée secrète chez les Meru, chez lesquels Bernardi travaille entre 1956 et 1959. Intéressé par la question des classes d'âge dès 1950 (« The age-system of the Nilo-Hamitic peoples », *Africa*, vol. 22, 1952), il se tourne vers leur étude approfondie, publiant en 1985 : *I Sistemi delle Classi d'Età*, traduit en anglais : *Age Class : Systems Social Institutions and Politics Based on Age* (Cambridge). Le livre fut le premier à proposer une typologie générale des classes d'âge. Bernardi fut professeur d'ethnologie à l'université de Bologne (1970), puis à l'université *La Sapienza* de Rome (1982).

▲ S. Tornay, 1988, « Vers une théorie des systèmes de classes d'âge », *CEA*, vol. 28 (110) : 281-291. A. Marazzi, éd., 1989, *Antropologia : Tendenze Contemporanee : Scritti in Onore di Bernardo Bernardi*, Milan.

Les Espagnols

Bien que d'inspiration folklorique et ruraliste à sa naissance, la jeune ethnologie espagnole est néanmoins étouffée par la victoire de Franco (au contraire de la France où le « ruralisme » est encouragé sous Pétain). N'y a survécu que l'œuvre à la démarche historique de J. Caro Baroja, qui restera longtemps solitaire. Baroja n'enseigne pas et ce n'est que dans les années 1970 que l'ethnologie espagnole renaît. Entre-temps, des chercheurs étrangers ont étudié le pays (G.G. Foster, et surtout J. Pitt-Rivers avec *The People of the Sierra*, 1954). C. Esteva-Fabregat, revenu de son exil mexicain en 1965, fonde l'École d'études anthropologiques de Madrid qu'il dirige jusqu'en 1968, puis enseigne à Barcelone où il devient titulaire de la première chaire d'anthropologie espagnole. Formé à l'université d'Oxford, C. Lison inaugure peu après une chaire à l'université Complutense de Madrid. La discipline connaît un essor extraordinaire dans les années 1970-1980, ce dont témoigne la création de douze chaires universitaires. En 1981 est fondée la *Federación de Asociaciones de Antropología del Estado Español*.

▲ F. Estevez-Gonzalez, 1987, « The history of Anthropology in Spain – Ruptures and inherances », *History of Anthropology Newsletter*, vol. 14 (1) : 5-11. J. Prat i Caros, 1991, « Espagne. L'anthropologie espagnole », in Bonte et Izard, p. 236-238. J. Prat, 1995, « Interview with the Doyen of Catalan Anthropology », *EASA Newsletter* n° 16 : 6-9. D. Comas d'Argemir, J. Prat, 1996, « Social anthropology in Spain », *EASA Newsletter*, n° 18 : 11-13.

BAROJA CARO, Julio (1916-1995). J. Caro Baroja est le plus célèbre des anthropologues espagnols, mais, dirigeant le *Museo del Pueblo Español* entre 1944 et 1954, puis se consacrant entièrement à son œuvre, il n'enseignera jamais. Publié en 1978, le volume d'hommage qui lui est dédié dresse une bibliographie comptant quarante livres et 354 articles. *Estudios sobre la vida tradicional española* (1968) qui fait suite à *Los Vascos. Etnología* (1949) examine avec soin la culture basque de son enfance. *Los Baroja* (1972) décrit la vie de sa mère et de ses deux frères. Il reçoit une reconnaissance internationale pour son travail sur la sorcellerie : *Les Sorcières et leur monde* (Paris, Gallimard, 1972).

▲ A. Carreira *et al.*, éd., 1978, *Homenaje a Julio Caro Baroja*, Madrid, CIS. G. Lenclud, 1991, « Caro Baroja, Julio », in Bonte et Izard, p. 126-127. F. Maraña, 1995, *Julio Caro Baroja, el hombre necesario*, Bilbao, Birmingham. C. Ortiz, 1996, « J.C. Baroja, antropologo e historiador social », *Revista de dialectología y traditiones populares*, vol. 51 : 283-301.

Les Écoles portugaises

Les observations portugaises des XVe et XVIIe siècles sont extrêmement riches, mais l'ethnologie portugaise s'éveille comme ruraliste avec les œuvres de T. Braga, A. Coelho, P. de Carvalho... menant jusqu'à celle plus récente de J. Leite de Vasconcelos qui publie dix volumes de l'*Etnografia Portuguese* entre 1933 et 1985. Est aussi fondée en 1875 une *Sociedade de Geografia de Lisboa* dont le *Bulletin* donne place à l'ethnographie coloniale, et dont certains membres créent au début de la dictature une nouvelle école coloniale (1926). À l'université de Coimbra est fondé en 1885 le *Museu e Laboratório Antropológico,* d'abord tourné vers l'anthropologie physique, comme les travaux effectués à l'université de Porto à partir des années 1930, sous la direction de M. Corréa qui crée en 1919 la revue *Trabalhos de Antropologia e Etnologia.* Ce dernier et son équipe (J. dos Santos Junior) entreprennent notamment l'étude anthropométrique des populations. Une école portugaise d'ethnographie de la Guinée-Bissau d'une grande qualité naît également après la Seconde Guerre mondiale et publie un bulletin : *Boletim cultural da Guiné Portuguesa.* S'y illustrent R. Quintino, A. Carreira, T. Da Mota (qui forment par ailleurs A. Cabral).

Ayant étudié en Allemagne, A.J. Dias est engagé par le Centre d'études ethnologiques péninsulaires créé en 1945. Il lit les culturalistes américains et l'anthropologie sociale britannique et y ouvre partiellement l'anthropologie portugaise entre 1950 et 1970. Il crée aussi le musée d'ethnologie de Lisbonne. Si certains travaux, tels ceux de M. Lima et de R. de Aria, sont d'une grande modernité, ce n'est qu'après la révolution «des œillets» d'avril 1974 et l'arrivée d'une génération formée à l'étranger que l'anthropologie connaît un très important développement au cours des années 1980. Outre celles de Coimbra et de Porto, trois universités offrent à Lisbonne un cycle d'enseignement complet : l'*Instituto Superior de Ciências Sociais e Politicas* (issu de l'École coloniale), et les filières d'anthropologie de l'*Universidade Nova* et de l'*Instituto Superior de Ciências do Trabalho e da Empresa* (fondées par séparation avec cette institution).

▲ J. de Pina-Cabral, 1991, «Portugal. L'anthropologie portugaise», in Bonte et Izard, p. 592-594. J. de Pina-Cabral, 1992, «Anthropologie et identité nationale au Portugal», *Gradhiva,* n° 11 : 31-46. J. Leal, 1995, «Imagens contrastadas do povo. Cultura popular e identidade nacional na antropologia portuguesa oitocentista», conférence à l'Association portuguaise des anthropologues publiée dans le n° 13 de la *Revista Lusitana.* Préfaces de J. Leal à la réédition des classiques du folklore et de l'ethnologie du Portugal.

DIAS, António Jorge (1907-1973). J. Dias étudie la philologie allemande à l'université de Coimbra, puis se rend en Allemagne comme *lecturer* de portugais à Rostock en 1938. Il suit les cours de Thurnwald à Berlin, et termine une thèse qu'il soutient à Munich. Entre 1944 et 1947, il travaille en Espagne. Entrant au Centre d'études péninsulaires, il publie en 1948 une version nouvelle et portugaise de sa thèse allemande, ainsi qu'un ouvrage sur l'origine et la distribution des instruments de labour. Il se rend aux États-Unis en 1950. En 1952, il enseigne à Coimbra, est nommé professeur à l'École d'administration coloniale (rebaptisée *Instituto Superior de Ciências Sociais e Politicas Ultramarina* en 1961) et travaille sur l'Afrique, visitant la Guinée portugaise en 1956, et l'Angola et le Mozambique en 1957. Enquêtant principalement durant les vacances universitaires, il publie une monographie en quatre volumes sur les Maconde.

◆ 1948, *Os Arados Portugueses e as suas provaveis origens*, Lisbonne, Imprensa Nacional. 1948, *Vilarinho da Furna. Uma aldeia comunitária,* Lisbonne, Imprensa Nacional. 1953, *Rio de Onor. Comunitarismo agro-pastoril*, Lisbonne, Presença. 1964, *Os Macondes de Moçambique. Aspectos históricos e económicos,* Lisbonne, Junta de Investigações do Ultramar. 1964 (avec M. Dias), *Os Macondes de Moçambique. Cultura Material*, Lisbonne, Junta de Investigações do Ultramar. 1970, *Os Macondes de Moçambique. Vida Social e Ritual*, Lisbonne, Junta de Investigações do Ultramar.

▲ E.V. de Oliveira, 1974, « António Jorge Dias », *In Memoriam A.J. Dias*, Lisbonne, Junta de Investigações do Ultramar. J. de Pina-Cabral, 1991, « Dias, A. Jorge », in Bonte et Izard, p. 199-200.

Amérique latine

FREYRE, Gilberto (1900-1987). Né dans le Nord-Est brésilien (Recife), G. Freyre fait des études supérieures aux États-Unis où il suit brièvement les cours de Boas. Il se rend ensuite en Europe sans terminer ses études, puis retourne au Brésil en 1923 où, influencé par les idées régionalistes de F. Mistral, il organise le mouvement traditionnaliste. En 1933, il publie *Maître et Esclaves* (Paris, Gallimard, 1974) avec une préface de L. Febvre qui est salué par R. Barthes dans les *Lettres nouvelles* (mars 1953). Il s'agit du premier livre moderne donnant une vue d'ensemble : religieuse, économique, historique... (et même culinaire) de la « civilisation luso-tropicale » brésilienne. Freyre établit que le colonisateur portugais sachant s'adapter aux conditions de vie tropicale était prédisposé au métissage. L'esclavage fut domestique ; les « senzala » étant réservés au sommeil, la « maison » abritait tout le monde et il en résulta l'élaboration d'une culture nouvelle.

◆ 1956, *Terre de sucre*, Paris, Gallimard. P.V. Show, 1957, « G. Freyre's luso-tropicalism », *Separata de Garcia de Orta*, Porto, Centre de Estudos Políticos e sociais, p. 379-404. Collectif, 1962, *Gilberto Freyre : sua Ciência, sua filisifia, sua arte ; ensaios sobre o autor de Casa-Grande e Sanzala e sua influência na moderna cultura do Brasil, comemorativos do 25ᵉ aniversário da publicacão desse seu livro*, Rio de Janeiro, J. Olympio Editora.

Chapitre 10

Les écoles anglaises dans l'après-guerre : la troisième génération

SOMMAIRE

À la veille de la Seconde Guerre mondiale, l'anthropologie est enseignée à la *LSE*, à Oxford et à Cambridge, puis dans l'immédiat après-guerre aux universités de Manchester et d'Édimbourg.

À Oxford, Radcliffe-Brown occupe en 1937 la première chaire d'anthropologie sociale, Marett n'y étant que *reader* lorsqu'il prit sa retraite. Ce n'est qu'après 1945 que le département d'anthropologie se renforce.

À Cambridge, un ami de Frazer a créé en 1932 la chaire W. Wyse. Le premier à l'occuper est T.C. Hodson, un fonctionnaire des Indes à la retraite. Il est remplacé par J. Hutton, ancien officier colonial ayant réalisé le recensement indien, rejoint par J. Driberg qui a quitté le service colonial pour étudier l'anthropologie avec Seligman et Malinowski avant de l'enseigner (1932-1942). Evans-Pritchard vient y donner quelques conférences.

Les derniers créateurs de la discipline disparaissent, peu avant ou peu après la Seconde Guerre mondiale : E. Smith en 1937, Frazer en 1939, Haddon et Seligman en 1940, Marett en 1943 et Driberg en 1946. Évacuée à l'université de Cambridge, la *LSE* revient à Londres, mais sans Malinowski, mort aux États-Unis en 1942, alors que Radcliffe-Brown prend sa retraite.

S'avance une nouvelle génération qui préside au destin de l'anthropologie britannique jusqu'aux débuts des années 1970. Malinowski est remplacé par Firth en 1944, Radcliffe-Brown par Evans-Pritchard en 1946. Suite à une réunion tenue à la *LSE*, l'Association des anthropologues sociaux du Commonwealth (*ASA*) voit le jour cette année-là. *Lecturer* à l'université d'Oxford depuis 1947 après avoir quitté la direction de l'Institut Rhodes-Livingstone, M. Gluckman crée en 1949 la chaire d'anthropologie sociale de Manchester. M. Fortes prend en main les destinées du département d'anthropologie de Cambridge en 1950 où il est rejoint par E. Leach, nommé *lecturer* en 1953. C. von Fürer-Haimendorf, un Viennois exilé aux Indes, entre comme *reader* à la *School of Oriental and African Studies* en 1949.

Autour de Gluckman se rassemblent Turner, Barnes, Epstein, Mitchell, Van Velsen…, qui travaillent selon la méthode de l'*extended-case* : l'enquête doit s'étendre sur une longue durée (années, voire décennies) et le cas étudié doit permettre de traiter de telle ou telle question. On parle bientôt d'école de Manchester.

La *LSE*, Oxford, Cambridge et Manchester sont les centres principaux de la discipline, cependant les universités anglaises créent des départements d'anthropologie sociale tout au long des années 1950 et, au début des années 1960, on en compte ainsi dix-huit. Indiquons également qu'à partir de 1962, l'Association des anthropologues sociaux commence à publier une série de symposiums et de monographies.

Du point de vue théorique, le fonctionnalisme structural domine, renouvelé par Firth, Leach et l'école de Manchester, alors que l'influence de C. Lévi-Strauss ne cesse de s'étendre tout au long des années 1970 avec les travaux de Leach, Needham et Douglas, et que parallèlement J. Goody met en œuvre une série de comparaisons interculturelles. Citons également d'autres chercheurs tels que D.F. Pocock, J. Pitt-Rivers, L. Fallers, P. Mary Kaberry, E. Goody…

▲ J. Lombard, 1972, *L'Anthropologie britannique contemporaine,* Paris, PUF. H. Kuklick, 1991, *The Savage Within. The Social History of British Anthropology 1885-1945*, Cambridge UP. J. Goody, 1995, *The Expansive Moment. The Rise of Social Anthropology in Britain and Africa 1918-1970*, Cambridge UP. A. Kuper (1973), rééd. augmentée (1996), *Anthropology and Anthropologists. The Modern British School,* Routledge. R. Werbner, 1984, « The Manchester School in South-Central Africa », *Annual Review of Anthropology*, vol. 13 : 157-185.

La troisième génération. Les gens de l'immédiat après-guerre

LITTLE, Kenneth (1908-1991). K. Little fait d'abord du théâtre avant de s'inscrire au *Trinity College* de Cambridge. Étudiant avec J. Trevor, il enquête dans les années 1940 sur les métis anglo-africains dans la perspective de l'anthropologie physique, puis s'intéresse au côté social des relations raciales. Ayant soutenu un *PhD* intitulé *Negroes in Britain* (1948) sous la direction de R. Firth, il se rend au Sierra Leone où il étudie l'institution du Poro, puis les formes du changement social citadin et les associations volontaires. Son livre sur le Poro est un classique de la discipline. Nommé *reader* à l'université d'Édimbourg en 1950, il dirige ensuite le département d'anthropologie sociale puis y est professeur d'études urbaines en Afrique en 1965. Il crée aussi le département d'anthropologie sociale de l'université de Khartoum.

◆ 1951, *The Mende of Sierra Leone. A West African People in Transition*, Londres, Routledge. 1952, *Race et Société*, Paris, Unesco. 1965, *West African Urbanization. A Study of Voluntary Associations in Social Change*, Cambridge UK, Cambridge UP. 1974, *Urbanization as a Social Process : an Essay on Movement and Change in Contemporary Africa,* Londres, Routledge.

▲ M. Banton, 1991, « Kenneth Little », *AT*, vol. 7 (3) : 19. R. Firth, 1991, « Kenneth Little », *AT,* vol. 7 (3) : 19.

LEACH, Edmund Ronald (1910-1989). Né à Sidmouth (Angleterre), E. Leach étudie les mathématiques et se dote d'une formation d'ingénieur à l'université de Cambridge. Il passe ensuite plusieurs années en Extrême-Orient où il est notamment ingénieur à Shanghai (1932-1937). Effectuant un premier travail de terrain en Thaïlande en 1937, puis au Kurdistan en 1938, il retourne en Angleterre et s'inscrit à la *LSE* où il étudie avec B. Malinowski et R. Firth en 1939-1940. En 1940, il publie son premier livre : *Social and Economic Organization of the Rawanduz Kurds* (Londres, Athlone Press). Il est versé dans l'armée coloniale en Birmanie durant la Seconde Guerre mondiale et recueille un important matériel ethnographique. En 1947, il effectue une mission à Bornéo et enseigne à son retour à la *LSE*, puis à Cambridge. En 1954, il publie *Les Systèmes politiques des Hautes Terres de Birmanie* (Paris, Maspero, 1972) où il identifie deux pôles. Le système politique Kachin oscille constamment entre le modèle gumlao, égalitaire et démocratique, et le modèle gumsa où les lignages sont hiérarchiquement classés. Les systèmes Kachin sont donc dans un état de constant flux et reflux entre ces deux modèles. Les deux groupes principaux Shan et Kachin ne sont pas des isolats sociaux et leur exemple montre le caractère conventionnel de la notion de culture unitaire, puisque des mêmes groupes peuvent changer fondamentalement d'organisation. L'oscillation de l'ensemble Kachin ne peut être comprise que replacée dans le cadre d'un ensemble mettant en jeu les royaumes Shan des plaines voisines et l'influence de l'empire chinois. Leach niant l'existence de systèmes en équilibre, Gluckman a répliqué que les mouvements dynamiques Kachin sont internes à la structure formée par l'ensemble. Leach répond qu'un système politique, fondé sur des segments de lignage égalitaire, se transformant en un système hiérarchisé de type féodal, est un changement dans la forme même de la structure. Leach abandonne par ailleurs totalement la question de la naissance de l'État, qui hante l'anthropologie depuis son origine, pour lire les dynamiques historiques comme des processus en quelque sorte sans origine, centralisant ou refoulant des communautés vers la périphérie.

En mission à Ceylan entre 1954 et 1956, Leach publie quelques articles et, en 1961, *Pul Eliya. A Village in Ceylan. A Study of Land Tenure and Kinship* (Cambridge UP). Réfléchissant sur la question du lignage, à partir de Pul Eliya, il soutient que les structures de parenté ne sont que des rapports de propriété. Critiquant l'usage du terme « filiation complémentaire » (de Fortes), il s'attaque à la prééminence accordée par l'école anglaise à l'étude des règles de descendance aux dépens des formes d'alliances matrimoniales. Il pose aussi que les normes et les données statistiques doivent être traitées séparément et souligne que les secondes doivent recevoir une attention privilégiée. Nommé *reader* à Cambridge en 1957, il publie *Critique de l'anthropologie* (Paris, PUF, 1968). Le premier essai, ayant donné son titre au livre, s'attaque au principe d'analyse comparative des structures sociales mis en avant par Radcliffe-Brown. Pour Leach, il ne s'agit que d'une démarche taxinomique, comparable à celle d'un « collectionneur de papillons, arrangeant selon les types et les sous-types, selon des critères classificatoires », généralement arbitraire et en réalité ethnocentrique. Il critique aussi le fonctionnalisme, et conteste l'idée que la société soit un système intégré en équilibre. Le recueil reprend aussi un essai qui, publié en 1951, fut l'un des premiers textes consacrés aux *Structures élémentaires de la parenté* de C. Lévi-Strauss à qui Leach finit par consacrer un livre. D'abord proche de lui, il dénonce ensuite comme « métaphysique » sa façon de faire appel à l'esprit humain pour expliquer les régularités structurales. Il dédie *Culture and Communication* (1976) à l'étude des catégories culturelles indigènes. Nommé professeur à l'université de Cambridge en 1972, il sera aussi *Prevot* du collège royal de Cambridge (1966-1979).

◆ 1967, *A Runaway World? The Reight Lectures 1967*, Londres, British Broadcasting Corporation. 1970, *Lévi-Strauss*, Paris, Seghers. 1976, *Culture and Communication*, Cambridge, Cambridge UP. 1980, *L'Unité de l'homme et autres essais*, Paris, Gallimard. 1982, *Social Anthropology*, Londres, Fontana.

▲ E.R. Leach, 1984, « Glimpses of the unmentionable in the history of British social anthropology », *Annual Review of Anthropology*, vol. 13 : 1-23. A. Kuper, 1986, « An interview with E. Leach », *CA*, vol. 27 : 375-383. S. Hugh-Jones, 1989, « E. Leach », *AT*, vol. 5 (2) : 16-17. 1989-1990, « Numéro spécial : Sir Edmund Leach », *Cambridge Anthropology*, vol. 13 (3). D. Sperber, 1991, « E. Leach », in Bonte et Izard, p. 411-412. M. MacIntyre, 1991, « E. Leach », in C. Winter, p. 385-386. Film : M. MacIntyre, *Interview with E. Leach*, Departmental Archives, Research School of Pacific Studies, Canberra.

SOUTHALL, Aidan William (né en 1911). Né à Warwickshire dans une famille religieuse, A. Southall commence des études de lettres classiques puis s'intéresse à l'anthropologie. Objecteur de conscience durant la guerre, il ne peut rejoindre l'Institut Rhodes-Livingstone après avoir obtenu un *BA* en 1944, et A. Richard lui trouve un emploi à Makerere (Ouganda) où il enseigne les sciences sociales. Il en profite pour se rendre sur le terrain chez les Luo et, en 1947 chez les Alur. Revenu au bout de trois ans en Angleterre, il rencontre Firth et commence un *PhD* à la *LSE* en 1948. L'administration coloniale lui confie une enquête sur les travailleurs migrants chez les Alur. De retour à Londres en 1950, il rédige une thèse qu'il soutient en 1951. Affinant les catégories de Radcliffe-Brown et Evans-Pritchard, Southall met l'accent sur la compatibilité possible entre la segmentation et la formation de l'État chez les Alur et crée la notion d'« État segmentaire » (*Alur Society,* Cambridge, Heffer & Sons, 1953). Contre les critiques de Leach (1961), il prend la défense des typologies qu'il qualifie d'« étapes inévitables vers la généralisation » (1965). Il travaille à l'*East African Institute of Social Research* puis, grâce à une bourse de l'Unesco, étudie pour un temps aux États-Unis au département des relations sociales que T. Parsons a créé à l'université de Harvard. Il engage ensuite une vaste recherche sur la situation des femmes ayant reçu une instruction en Afrique noire. Il enseigne aux universités de Syracuse (1964-1971) et Makerere (Ouganda), enquête encore à Madagascar, puis en Afrique du Sud et devient professeur à l'université du Wisconsin. En 1968, il rédige l'article « Sociétés sans État » de l'*International Encyclopedia of the Social Sciences* dans lequel il affirme que dans une telle société, l'activité politique embrasse tous les niveaux de la structure sociale. Dans la dernière partie de sa carrière, Southall s'intéresse principalement à l'anthropologie urbaine.

◆ 1952, *Lineage Formation among the Luo*, Londres, Oxford-IAI. 1965, « A critique of the typology of States and political system », in M. Banton, *Political System and the Distribution of Powers*, Londres, Tavistock. 1984, *The Three Worlds : Culture and World Development*, Londres, Weidenfeld and Nicolson. Éd. (avec G. Gulden), 1993, *Urban Anthropology in China*, Leiden-New York, E.J. Brill.

▲ J.W. Burton, 1992, « An Interview with A. Southall », *CA*, vol. 33 : 67-83. H. de Soto, éd., 1992, *Culture and Contradiction. Dialectics of Wealth, Power and Symbol. Essais en l'honneur de Aidan Southall*, San Francisco, EmText.

TAIT, David (1912-1956). Né dans une famille de quakers, D. Tait commence par se consacrer à la création textile, puis se tourne vers le travail social alors que commence la Seconde Guerre mondiale. Après celle-ci, il entre au collège universitaire de Londres où il étudie l'anthropologie, et obtient un *BA* en 1947. D. Forde lui offre un poste au département d'anthropologie qui voit le jour à l'université du Ghana en 1948. Il travaille alors chez les Konkomba et les Dakomba du nord du pays. Il périt en 1956 au Ghana dans un accident d'automobile alors qu'il préparait *Tribes without Rulers* que publiera en 1958 J. Middleton en cosignant l'édition. L'ouvrage *The Konkomba of Northern Ghana* (Londres) est publié à titre posthume en 1961.

▲ 1957, « David Tait », *AA*, vol. 59 : 325.

BEATTIE John Hugh Marshall (1915-1990). Né à Liverpool, J. Beattie étudie la philosophie à Dublin, puis exerce les fonctions d'officier administrateur au Tanganyika (actuelle Tanzanie) entre 1940 et 1949. Ayant commencé des recherches sur le royaume de Bunyoro en Ouganda, il est nommé *lecturer* en anthropologie sociale à l'université d'Oxford en 1953 où il obtient un *PhD* en 1956. *Senior lecturer* au sein de la même université entre 1953 et 1971, il devient professeur à l'université de Leiden (1971-1974), puis retourne à Oxford où il est attaché jusqu'à sa mort le 13 avril 1990. J. Beattie publie trois ouvrages sur le royaume Bunyoro : *Bunyoro; An African Kingdom* (1960), *Understanding an African Kingdom* (1965) et *The Nyoro State* (1965) qui reste l'un des grands et premiers classiques sur les royaumes africains. On lui doit encore une introduction à l'anthropologie culturelle : *Other Cultures : Aims, Methods and Achievements in Social Anthropology* (1964).

◆ Éd. 1969 (avec J. Middleton), *Spirit Mediumship and Society in Africa*, Londres, Routledge. Éd., 1975 (avec R.G. Lenhardt), *Studies in Social Anthropology : Essays in Memory of E.E. Evans-Pritchard by his Former Oxford Colleagues*, Oxford, Clarendon.

▲ *The Time* du 26 april 1990. J. Middleton, 1990, « John Beattie », *AT*, vol. 6 (3) : 20. T.V. Sathyamurthy, H. Beattie, J. Coote, 1991, « J.H.M. Beattie », *Journal of the Anthropology Society of Oxford*, vol. 22 : 65-73.

MITCHELL, Clyde (1918-1995). Né en Afrique du Sud, C. Mitchell obtient un *BA* de sciences sociales en 1942, puis s'engage comme volontaire dans la marine. Il enquête, après la guerre, chez les Lamba de Zambie et, sous la direction de Gluckman, dans le cadre de l'Institut Rhodes chez les Yao de Malawi (1947-1949). Il obtient un *PhD* à l'université d'Oxford en 1950. Sa thèse *Yao Village* (publiée en 1956) montre notamment comment les accusations en sorcellerie jouent un important rôle de légitimité idéologique lors des processus de fission de village et comment les leaders manipulent les rituels. Les travaux de C. Mitchell portent ensuite surtout sur l'univers urbain et mettent l'accent sur les données statistiques. Il devient directeur de l'Institut Rhodes-Livingstone entre 1952 et 1955, puis, entre 1955 et 1964, professeur d'études africaines au collège universitaire de Rhodésie, poste qu'il quitte du fait de son opposition à la politique d'apartheid. Il est alors professeur d'anthropologie urbaine à l'université de Manchester entre 1966 et 1973, puis *Fellow* au *Nuffield College* d'Oxford jusqu'en 1985.

◆ 1956, *The Kalela Danse*. 1956, *The Yao Village, a Study in the Social Structure of a Malawian People*. Éd., 1969, *Social Networks in Urban Situations, Analysis of Personal Relationship in Central African Towns*. Éd. (avec J. Boisserain), *Network Analysis; Studies in Human Interaction*.

▲ 1995, *Memorial Meeting*, Nuffield College (photocopie des communications de T. Atkinson, N. Long, P. Worsley...).

GOODY, Jack John Rankine (né en 1919). Né à Londres, J. Goody étudie la littérature à Cambridge et, engagé pendant la guerre, est fait prisonnier par l'armée allemande (1942). Il passe presque trois ans dans des camps, ce qui, nous dit-il, lui « donne l'occasion de se passionner pour les humains » (1996). Il termine un *BA* de littérature à Cambridge en 1946, puis étudie l'anthropologie. Il enquête entre 1950 et 1952, ainsi qu'entre 1956 et 1957, 1964 et 1966 chez les LoWiili, les DoDagaba et sur l'ancien royaume de Gonja du nord du Ghana (1956). Il reprend de manière originale la question de l'avunculat (1959), travaille sur les systèmes de descendance, puis montre la fonction des rites mortuaires en les liant à la structure sociale et plus particulièrement au statut du défunt et de ses proches (1962). En 1972, il publie son premier livre sur l'initiation du *Bagre The Myth of the Bagre* (Oxford), suivi de l'édition des textes récités (1980). Portant parallèlement son attention sur les modes de fonctionnement sociaux des processus cognitifs, J. Goody examine l'impact de l'écriture sur des sociétés «primitives», (1968), puis montre que l'organisation des données que l'écriture autorise (compilation de listes, datations...) est à l'origine de la constitution d'une nouvelle logique indépendante des contextes d'énonciation (1977). *The Logic of Writing and the Organization of Society* (1986) s'intéresse aux effets de l'introduction de l'écriture sur l'organisation de l'action sociale : autonomisation et diffusion du discours religieux, émergence de classes de lettres de la codification juridique... En 1987, *Entre l'oralité et l'écriture* prolonge cette démarche. Plus classique, *Production and Reproduction. A Comparative Study of the Domestic Domain* (1977) participe d'une recherche comparative sur les modes de reproduction des structures sociales où la parenté tient la place majeure sur un mode proche de celui de Murdock avec *The Human Relations Area Files* (1983, 1990). J. Goody enseigne à l'université de Cambridge dont il dirige le département d'anthropologie.

◆ 1956, *The Social Organization of the Lo Wiili*, Londres, Oxford UP. 1959, «The mother's brother and the sister's son in West Africa», *JRAI*, vol. 89 : 61-88. 1962, *Death, Property and the Ancestors. A Study of the Mortuary Customs of the LoDagaba of West Africa*, Londres, Tavistock. Éd., 1966, 1969, *Succession to High Office*, Cambridge UP. 1969, *Comparative Studies in Kinship*, Londres, Pinguin. 1971, *Technology, Tradition and the State in Africa*, Londres, Oxford UP. 1972, *The Myth of the Bagre*, Oxford, Clarendon Press. 1979, (1977), *La Raison graphique. La domestication de la pensée sauvage*, Paris, Minuit. Éd., 1980, *Une récitation du Bagré*, Paris, Armand Colin. 1984 (1982), *Cuisines, cuisine et classes*, Paris, Centre G. Pompidou. 1985 (1983), *L'Évolution de la famille et du mariage en Europe*, Paris, Armand Colin. 1990, *The Oriental, the Ancient, and the Primitive*, Cambridge UP. 1994 (1993), *La Culture des fleurs*, Paris, Seuil. 1995, *Expansive Moment. Anthropology in Britain and Africa 1918-1970*, Londres, Cambridge UP.

▲ J. Bazin et A. Bensa, 1979, «présentation» de *La Raison graphique*. M. Izard et A. de Sales, 1991, «Goody, Jack John Rankine», in Bonte et Izard, p. 302. J. Goody, 1995, le chapitre 8 «Personal contribution» de *The Expansive Moment* qui se présente comme une biographie. J. Goody, 1996, *L'Homme, l'écriture et la mort. Entretiens avec Pierre-Emmanuel Dauzat*, Paris, Les Belles Lettres.

TURNER, Victor Witter (1920-1983). Né à Glasgow (Écosse), V. Turner étudie la littérature anglaise puis l'anthropologie à Manchester avec M. Gluckman. Employé par l'Institut Rhodes-Livingstone entre 1950 et 1954, il effectue des recherches sur les Ndembu, population bantou de Zambie. Nommé à l'université de Manchester, il leur consacre un premier livre publié en 1957, *Schism and Continuity in an African Society. A Study of Ndembu Village* (Manchester UP) où il traite des contradictions inscrites au sein de leurs principes d'organisation sociale (descendance matrilinéaire confrontée à une résidence virilocale entraînant une grande instabilité matrimoniale). Un usage de statistiques appliquées aux données généalogiques, où se lisent les fissions villageoises, exhibe la régularité de ce phénomène au sein d'un plus large système de relations sociales (1957 : 232). Turner montre aussi les fissions contrebalancées par des forces de cohésion telles que les rites renforcant la solidarité des relations intervillageoises. Il se tourne ensuite vers l'étude des symboliques liées à la divination avec *Ndembu Divination : Its Symbolism and Techniques* (1961). Recruté par l'université de Cornell (États-Unis), il rassemble une collection d'essais publiés entre 1958 et 1964, qui traitent du symbolisme chez les Ndembu et particulièrement à travers leurs rituels sous l'intitulé : *The Forest of Symbols : Aspects of Ndembu Ritual* (Ithaca, Cornell UP, 1967). Les pages traitant du symbolisme des couleurs (datées de 1963) et celles dédiées aux rites de passage (datées de 1964) ont tout particulièrement retenu l'attention de la profession. Reprenant le schéma des trois séquences de Van Gennep, il s'interroge sur ce qu'est l'entre-deux, période liminale. Il publie en 1968, *Les Tambours d'affliction* (Paris, Gallimard, 1972) et, en 1969, *Le Phénomène rituel* (Paris, PUF, 1990) où il utilise le concept de «liminalité» pour désigner toute période de transition entre deux états sociaux structurés. Ce moment serait d'anti-structure car laissant place à un individu au sein d'une *communitas*. Dans toute structure sociale, le passage de la structure à l'anti-structure est constant et le second des termes renforce le premier, car il n'y aurait pas de structure sociale stable sans la célébration d'une participation sociale donnant place à un lien humain transcendant l'ordre statutaire… Cette démarche est prolongée dans *Dramas, Fields and Metaphors, Symbolic Action in Human Society* (Cornell UP, 1974). Turner tente d'y cerner les rites et les catégories de la pensée symbolique à l'œuvre et surtout de montrer leur efficacité symbolique et sociale. Il est recruté par l'université de Chicago puis celle de Virginie (1977). Son épouse publiera à titre posthume : *On the Edge of the Bush : Anthropology as Experience* (Tuscon, Arizona UP, 1985).

◆ 1961, *Ndembu Divination : its Symbolism and Techniques*, Lusaka, Rhodes-Livingstone Institute (republié en 1969 par Oxford UP, puis en 1975 dans *Revelation and Divination in Ndembu Ritual*, Cornell UP). 1978 (avec E. Turner), *Image and Pilgrimage in Christian Culture*, New York, Columbia UP. 1979, *Process, Performance and Pilgrimage*, New-Delhi, Concept Publishing Company. 1982, *From Ritual to Theater : The Human Seriousness of Play*, New York, Performing Arts Journal Publication. 1982, éd., *Celebration : Studies in Festivity and Ritual*, Washington, Smithsonian Institution. 1985, (coéd. avec E. Brun), *The Anthropology of Experience*, Champaign, Illinois UP.

▲ 1984, «Victor Turner», *Anthropology Newsletter*, vol. 25, avril, p. 3. F. Manning, 1984, «Victor Turner : A Tribute», *Recherches sémiotiques*, vol. 4 (2) : 195-201. A. Wolanin, 1978, *Rites, Rituals, Symbols and their Interpretation in the Writings of Victor W. Turner : A Phenomenological-Theological Study*, Rome, Facultas Theologiae Pontifica Universitas. B.A. Back and J.J. Magaloon, 1987, «Victor Turner (1920-1983)», *Sémiotica*, vol. 65 : 1-27. A. Kathleen, éd., 1990, *Victor Turner and the Construction of Cultural Criticism : Between Literature and Anthropology*, Bloomington, Indiana UP.

LIENHARDT, Godfrey (1921-1993). Né à Bradford (Yorkshire), G. Lienhardt étudie à l'université d'Oxford et Evans-Pritchard l'envoie enquêter chez les Dinka, voisins des Nuer (1947-1950). Publiant divers travaux sur l'organisation sociale et la pensée de populations de l'Afrique de l'Est, il collabore à *Tribes without Rulers* (« The Western Dinka », J. Middleton et D. Tait, 1958). Éditée en 1961, sa thèse *Divinity and Experience. The Religion of the Dinka* est son ouvrage majeur. Il y livre la cosmologie Dinka et, sur un mode durkheimien, insiste sur le fait que les individualités sont transcendées par le rituel sacrificiel, tout en s'interrogeant sur ce que perçoit l'ethnologue de l'expérience d'autrui et, plus qu'aucun autre ethnologue de l'époque, tente d'en rendre les termes indigènes dans la ligne de *Nuer Religion* (1956) d'Evans-Pritchard. En 1964, il publie un petit manuel : *Social Anthropology* (Oxford UP). Il est nommé *lecturer* à l'université d'Oxford (1949), puis *reader* (1972).

▲ D. Casajus, 1991, « Lienhardt, Godfrey », in Bonte et Izard, p. 421. M. Douglas, 1994, « Godfrey Lienhardt », *AT,* vol. 10 (1) : 15-17.

DOUGLAS, Mary, née Tew (1921). Née à San Remo (Italie), M. Douglas étudie les sciences à Oxford (*MA*) tout en suivant l'enseignement d'Evans-Pritchard. Grâce à une bourse de recherche de l'Institut international africain, elle effectue une mission chez les Lélé, société matrilinéaire du Kasai, du Zaïre (Congo belge) en 1949-1950. Elle est nommée *lecturer* en anthropologie sociale à l'université d'Oxford en 1950-1951, puis au collège universitaire de Londres. Soutenant un *PhD* en 1952, elle retourne chez les Lélé en 1953. Ses enquêtes aboutissent à la publication de *The Lele of the Kasai* (Londres, 1963) qui insiste, contre une vision stricte en terme de rôle, sur les négociations auxquelles se livrent constamment les gens. Nommée *reader* en 1963, elle est, avec R. Needham et E. Leach, l'un des promoteurs du structuralisme dans le monde anglo-saxon. En 1966, elle publie l'un des grands classiques de l'anthropologie : (1966) *De la souillure, essais sur les notions de pollution et de tabou* (Paris, Maspero, 1971). Contre les explications utilitaristes (l'interdiction du porc dans l'Islam s'explique par les dangers de sa consommation sous des climats chauds, etc.), elle y montre comment les taxinomies définissent en creux les prohibitions. Ainsi les interdictions alimentaires décrites par le Lévitique ont en commun d'être à cheval sur des catégories taxinomiques définies, et il en va de même pour les animaux tabous tels l'engoulevent ou le hibou. Invitée par la Fondation Russel Sage alors qu'elle est professeur d'anthropologie au collège universitaire de Londres, M. Douglas quitte l'Angleterre pour les États-Unis en 1977. Elle enseigne à l'université du Nord-Ouest (de Northwestern, Illinois) à partir de 1980.

◆ 1970, *Natural Symbols : Explorations in Cosmology,* New York, Random House. Éd., 1970, *Witchcraft, Confessions and Accusation*, Londres, Tavistock. 1975, *Implicit Meanings, Essays in Anthropology*, Londres, Routledge. 1978, *Cultural Bias*, Londres, Royal Anthropological Institute. 1979 (avec B. Isherwood), *The World of Goods : An Anthropological Approach of the Theory of Consumption*, New York, Basic Book. 1980, *Evans-Pritchard,* Londres, Fontana. 1982, *Risk and Culture. An Essay on the*

Selection of Technological and Environmental Dangers, Berkeley, California UP. Éd., 1982, *Essays in the Sociology of Perception,* Londres, Routledge. 1986, *Risk, Acceptability According to the Social Sciences*, Berkeley, California UP. 1996, *Thought Styles*, Londres, Sage.

▲ 1994, « Interview », *EASA Newsletter*, n° 13, sept.

MIDDLETON, John (né en 1921). J. Middleton étudie l'anthropologie aux universités de Londres puis d'Oxford. Entre 1949 et 1953, il se rend chez les Lugbara de l'Ouganda (*PhD,* 1953). Il enseigne successivement aux universités de Londres, Le Cap, Northwestern puis est directeur du département d'anthropologie de l'université de New York jusqu'en 1972. À partir de 1964, il travaille au Nigeria, au Ghana (1976) puis au Kenya (1986-1991). On lui doit la coédition de *Tribes without Rulers* avec D. Tait en 1958. Middleton et Tait établissent une fine taxinomie des sociétés sans État en évoquant les sociétés décentralisées dites cognatiques et en distinguant trois types de sociétés segmentaires : sociétés d'Afrique centrale sans lignages incorporés, sociétés d'Afrique de l'Est où les classes d'âge jouent un rôle important, et sociétés du Nigeria où ce sont les conseils de village et leurs associations qui jouent ce rôle. Travaillant chez les Lugbara de l'Ouganda, Middleton examine les processus de fission des lignages et montre le rôle manipulatoire du rituel par le leader pour le maintien de leurs privilèges (1960). Middleton a coédité avec P. Bohannan de nombreux livres sur les sujets les plus divers. Il est professeur à la *London School of Oriental and African Studies* (1972-1981), puis à l'université de Yale.

◆ 1953, *The Kikuyu and Kamba of Kenya,* Londres, Oxford-IAI. 1960, *Lugbara Religion*, Londres, Oxford UP. 1963, coéd. (avec E. Winter), *Witchcraft and Sorcery in East Africa*, Londres, Routledge. 1965, *The Lugbara of Uganda*, New York, Holt, Winston. 1967, coéd., (avec R. Cohen), *Comparative Political Systems*, New York, AMNHP. Éd., 1967, *Magic, Witchcraft and Curing*, New York, AMNHP. Éd. (1967), *Anthropologie religieuse, textes fondamentaux*, Paris, Larousse. Éd., 1969 (avec J. Beattie), *Spirit Mediumship and Society in Africa*, Londres, Routledge. Éd., 1974 (avec P. Bohannan), 1968, *Kinship and Social Organization.* New York, AMNHP. Éd. (avec P. Bohannan), 1968, *Marriage, Family and Residence*, New York, AMNHP. 1992, *The World of the Swahili*, New Haven, Yale UP. Éd., 1997, *Encyclopaedia of Sub-Saharan Africa*, New York, Scribner.

NEEDHAM, Rodney (né en 1923). Né à Kenten, R. Needham étudie à la *London School of Oriental and African Studies* (1947-1948), puis à Oxford (1948-1953) et à Leyden. Il se rend chez les Penan de Bornéo en 1951-1952, 1958, puis chez les Sumba et les Siwang de Malaisie (1953-1955). Recruté comme *lecturer* en anthropologie sociale à l'université d'Oxford, il est avec Leach et Douglas l'un des trois principaux diffuseurs de la pensée de Lévi-Strauss, et consacre son premier livre *Structure and Sentiment. A Test Case in Social Anthropology* (1962, Chicago UP) au mariage avec la cousine croisée matrilatérale. Contre Homans et Schneider qui, reprenant les thèses de Radcliffe-

Brown sur « l'extension du sentiment », soulignaient que le mariage préférentiel avec la cousine croisée se contractait du côté où ne se situait pas l'autorité légale, Needham soutient le point de vue opposé et la thèse de Lévi-Strauss selon laquelle le mariage avec la cousine croisée matrilatérale apporte au groupe une intégration plus grande que dans celui de la cousine patrilatérale et, comme le note Zimmermann, introduit la distinction entre règle préférentielle de mariage (il y a choix) et règle prescriptive (le mariage est obligatoire) (F. Zimmermann, 1993, *Enquête sur la parenté*, Paris, PUF). En 1971, avec *La Parenté en question, onze contributions à la théorie anthropologique* (Paris, Seuil, 1977) puis, en 1974, avec *Remarks and Inventions. Sceptical Essays about Kinship* (Londres, Tavistock), il s'interroge sur la pertinence ethnographique de notions telles que celles de « mariage » et « filiation ». Ses recherches ont aussi porté sur les classifications dualistes (1973). Il est professeur à Oxford entre 1976 et 1990. On doit à R. Needham un important travail de remise en circulation de textes fondamentaux de la discipline, entre autres l'édition de A.M. Hocart (*Kings and Councillors)* dotée d'une introduction d'une centaine de pages.

◆ 1970, *The Future of Social Anthropology : Disintegration or Metamorphosis ?*, *Anniversary Contribution to Anthropology,* Leiden UP. 1972, *Belief, Language and Experience*, Oxford, Blackwell. 1973, *Right and Left. Essays on Dual Symbolic Classification*, Chicago, Chicago UP. 1987, *Mamboru, History and Structure in a Domain of Northwestern Sumba*, Oxford, Clarendon.

▲ P. Boyer, 1990, « Needham, Rodney », in Bonte et Izard, p. 505.

TURNBULL, Colin (1924-1994). C. Turnbull sert dans la marine durant la Seconde Guerre mondiale, puis étudie à l'université d'Oxford avec Evans-Pritchard (*MA*, 1949). Entre 1949 et 1951, il enquête sur les questions religieuses en Inde, puis travaille au Congo auprès des Pygmées Ituri (1951 et 1954). Il obtient son *PhD* à l'université d'Oxford en 1964. Entre 1959 et 1969, Turnbull est assistant puis conservateur associé au musée d'Histoire naturelle de New York. Après avoir enquêté chez les Ituris et les Iks, il publie, avec *The Forest People* en 1961 puis en 1972 *Les Iks* (Plon, « Terre humaine », 1987), des livres qui rencontrent un important succès auprès du grand public. Dans le second, il présente les Iks ougandais comme une population dont la réduction du territoire a amené la déchéance de toutes les valeurs et chez lesquels ne subsiste que le simple mécanisme de survie (« un homme bon est un homme dont l'estomac est rempli »). Le livre, très critiqué, entraîne une violente polémique. Turnbull est professeur d'anthropologie aux universités d'Hofstra (1969-1972), de Virginia Commonwealth (1972-1975) et de Washington (1976-1985). Il vit ensuite à Hawaï, à Samoa, puis retourne en Inde où il devient moine bouddhiste. Outre les deux livres cités, il rencontre un nouveau succès avec *The Human Cycle* (New York, Schuster, 1983) qui examine la manière dont chaque culture organise les phases principales de la vie.

◆ 1962, *The Lonely African,* Touchstone Books. 1965, *Wayward Servants : the Two Worlds of the African Pygmies,* New York, Greenwood. 1976, *Man in Africa*, New York, Doubleday.

▲ B. Heine, 1985, «The Mountain People : Some Notes on the Ik of North-Eastern Uganda», *Africa*, vol. 55 (1) : 3-16. 1994, «Colin Turnbull», *AT*, vol. 10 (5) : 24.

EPSTEIN, Arnold Leonard (né en 1924). Né à Liverpool, A.L. Epstein étudie le droit à Belfast puis officier colonial, l'anthropologie à la *LSE* (1948-1949). Il est nommé à l'Institut Rhodes-Livingstone en 1950 et y travaille jusqu'en 1956. Il s'intéresse à l'évolution du droit traditionnel dans la région minière et montre les modalités de la constitution d'une personnalité urbaine chez l'émigré et la progressive disparition des modèles tribaux et des relations de type traditionnel sous l'influence de l'environnement urbain (1954, *Juridical Techniques and the Judicial Process*, Rhodes-Livingstone Paper. 1958, *Politics in an Urban African Community*, Manchester UP.). Il est assistant à l'université de Manchester (1956-1958), puis rejoint l'université de Canberra (Australie) où il est nommé professeur (1966) et directeur du département d'anthropologie (1970). Il devient professeur d'anthropologie à l'université de Sussex où il demeure jusqu'à sa retraite en 1981. Tout en continuant à publier sur l'Afrique, A.L. Epstein est aussi l'un des spécialistes de la Papouasie-Nouvelle-Guinée.

◆ 1969, *Matupit : Land, Politics and Change among the Tolai of New Britain,* ANU Press. 1978, *Ethos and Identity : Three Studies in Ethnicity*, Londres, Tavistock. 1981, *Urbanization and Kinship : the Domestic Domain on the Copperbelt of Zambia*, Londres, Academic Press. 1984, *The Experience of Shame in Melanesia*, Londres, RAI Paper. 1992, *Scenes from African Urban Life*, Édinbourg UP.

▲ Yehvington, K.A. 1997, «An interview with A.L. Epstein», *Current Anthropology*, vol. 38 : 289-299.

WORSLEY, Peter M. (né en 1924). P. Worsley étudie à l'université de Cambridge. Il obtient un *BA* d'anthropologie et d'archéologie en 1947 puis est alors engagé comme *reader* à l'université de Manchester et soutient un *MA* avec M. Gluckman. Membre du parti communiste entre 1942 et l'invasion de la Hongrie par l'Union soviétique (1956), il lui est impossible de travailler pour l'Institut Rhodes-Livingstone. Il se rend en Australie sur les conseils de Gluckman et enquête alors sur les cultes mélanésiens, obtenant un *PhD* à l'université nationale d'Australie. En 1955, il revient en Angleterre et enseigne au département de sociologie de l'université de Hull tout en étant l'assistant de Gluckman, avant d'être nommé professeur de sociologie à l'université de Manchester (1964). *Le Culte du cargo,* 1957 (trad. fr. Paris, Fayard, 1974), donne un acompte des mouvements messianiques mélanésiens et du célèbre culte du cargo. L'écart entre les possessions des Blancs et les leurs, est attribué par les Papous à l'aide que les ancêtres accordent aux premiers. Il faut donc toucher les ancêtres qui leur enverront l'avion cargo, et non plus aux Blancs. Les parachutages de marchandises de la seconde guerre renforcèrent beaucoup ce type de croyance.

◆ 1967 (1964), *The Third World*, Londres, Weidenfeld and Nicolson. 1970, *Introducing Sociology,* Harmondsworth, Penguin Books. 1982, *Marx and Marxism*, Londres, Tavistock. 1984, *The Three Worlds : Culture and World Development*, Chicago, Chicago UP. Éd., 1987, *New Introduction Sociology*, Londres, Pinguin.

▲ Anonyme, 1993, « Entretien avec Peter Worsley », *EASA Newsletter*, n° 10.

GELLNER, Ernest (1926-1995). Né à Prague, E. Gellner suit sa famille (juive) qui se réfugie à Londres en 1939. Il a dix-sept ans lorsqu'il s'engage dans une unité tchèque combattant en France. Il étudie ensuite la philosophie à l'université d'Oxford, puis enseigne à l'université d'Édimbourg et à la *LSE*. En 1959, il publie *Words and Things* (Londres, Gollancz, 1959) où il dénonce comme idéologiques les philosophies du langage et commence une réflexion sur le rationalisme (*Thought and Change,* Chicago UP, 1964) à travers des réflexions sur l'appréhension du temps et du progrès. *The Psychoanalytic Movement* (1985) retrace de façon concrète les conditions d'émergence et de succès de la psychanalyse, en dresse l'épistémologie et en fait un système de croyances. Il est nommé à la chaire d'anthropologie sociale de l'université de Cambridge en 1984. Il fonde à Prague, après la chute du communisme en 1993, le Centre de l'étude des nationalismes de l'université centre-européenne créée par le financier américan d'origine roumaine, Georges Soros.
E. Gellner est réputé pour ses travaux sur le nationalisme et l'Islam. Enquêtant au Maroc vers la fin des années 1950, il publie en 1969 *Saints of the Atlas* (Londres, Weiderfeld & Nicolson) où, très inspiré par le segmentarisme d'Evans-Pritchard, il met en avant le rôle des lignées de saints dans une société berbère du Haut-Atlas. Il commence là une longue interrogation sur l'univers politique et les rapports qu'entretiennent le religieux et le politique dans les sociétés musulmanes. Cette interrogation se prolonge avec *Muslim Society*, (Cambridge UP, 1981) dans lequel Gellner s'attache à comparer ce rapport avec le processus de sécularisation des sociétés chrétiennes européennes. Dans *Nation et Nationalisme* (Paris, Payot, 1989), il définit la nation comme la correspondance d'une unité politique et d'une culture, et le nationalisme comme « un principe politique affirmant que l'unité politique et l'unité nationale forment une congruence ». Loin d'être un archaïsme, le nationalisme est le produit même de la modernité industrielle dont l'organisation sociale est fondée sur de hautes cultures dépendant de l'éducation et l'idée de la protection de l'État profondément intériorisée. Il annonce le retour des nationalismes dans l'après-guerre froide. Il fut président de l'Institut royal d'anthropologie entre 1991 et 1994. Il meurt le 5 novembre 1995.

◆ 1974, *Contemporary Thought and Politics*, Londres, Routledge. 1974, *The Devil in Modern Philosophy*, Londres, Routledge. 1974, *Legitimation of Belief*, Londres, New York, Cambridge UP. 1979, *Spectacles and Predicaments*, Cambridge, New York, Cambridge UP. 1985, *Relativism in the Social Movement*, Cambridge, Cambridge UP. Éd., 1980, *Soviet and Western Anthropology*, New York, Columbia UP. 1981, *Muslim Society*, Cambridge, New York, Cambridge UP. 1990 (1985), *La Ruse de la déraison, le mouvement psychanalytique,* Paris, PUF. 1985, *Relativism and the Social Sciences*, New York, Cambridge. 1987, *The Concept of Kingship*, New York, Blackwell. 1988, *Plough, Sword and Book*, Chicago, Chicago UP. 1988, *State and Society in Soviet Thought*, New York, Blackwell UP. 1987, *Culture, Identity and Politics*, New York, Cambridge UP. 1989, *Nations et Nationalisme*, Paris, Payot. 1992 (1994), *Reason and Culture, Encounters with Nationalism*, Cambridge, Blackwell. 1994 (1995), *Conditions of Liberty*, New York, Allen Lane. 1995, *Anthropology and Politics, Revolutions in the Sacred Grove*, Cambridge, Blackwell.

▲ J. Davis, 1992, « Interview with Ernest Gellner », *CA,* vol. 32 : 63. T. Dragadze, 1995, « E. Gellner », *AT,* vol. 11 (6) : 19-21.

LLOYD, P.C. (né en 1927). P.C. Lloyd étudie l'anthropologie sociale à l'université d'Oxford (*PhD* en 1958). Assistant au département de géographie de l'université d'Ibadan (Nigeria), il est ensuite attaché à l'Institut de recherches sociales et économique de l'Ouest africain. Il enquête à partir de 1949 sur les structures politiques des Yoruba du Nigeria et ce jusqu'en 1973. Il a aussi travaillé sur l'urbanisation de Lima (Pérou) et sur la condition des personnes âgées en Grande-Bretagne. D'abord *reader* à l'université de Birmingham, il devient professeur à l'université du Sussex.

◆ 1955, « The Yoruba Lineage », *Africa*, vol. 25 : 235-251. 1962, *Yoruba land law*, Londres, Oxford UP. 1964, *Yoruba Land Law,* Oxford UP. 1965, « The Political Structure of African Kingdoms », in M. Banton, éd., *Political Systems and the Distribution of Power*, Londres, Oxford UP. 1966, *The New Elites of Tropical Africa*, Londres, Oxford UP.

Chapitre 11

Les écoles américaines : la troisième et la quatrième génération

Tout en continuant à donner un cours à l'université de Columbia, F. Boas prend sa retraite en 1936 et est remplacé à la direction du département par R. Linton venant du Wisconsin. Le corps enseignant comprend alors R. Benedict, D. Strong, M. Mead, A. Lesser, alors qu'A. Kardiner et C. Dubois participent aux séminaires. I. Goldman, M. Opler, O. Lewis et C. Wagley y sont étudiants à l'époque. En 1946, T. Parsons constitue le département des relations sociales de l'université de Harvard où se croisent l'anthropologie, la psychologie et la sociologie (et qui forme Geertz, Schneider, Fox…). Linton quitte Columbia pour Yale (1946) où se trouvent alors C. Osgood, G.-P. Murdock, C.S. Ford, W.C. Bennett, I. Rouse et, à partir de 1950, S. Mintz et F. Lounsbury. À Columbia professent G. Herzog qui enseigne la linguistique, W.D. Strong, l'archéologie, M. Smith, les cultures asiatiques, Ch. Wagley, l'organisation sociale, J. Steward, l'Amérique latine.

L'anthropologie américaine de l'immédiate après-guerre est marquée par le débat qui oppose le néo-évolutionnisme de White (1945, 1947) à l'anti-évolutionnisme de Lowie (1946, 1946). White et Steward apportent une pensée à la fois évolutionniste et universaliste et, bien qu'inconnus du grand public, ils attirent de nombreux jeunes gens choisissant cette démarche plutôt que le relativisme culturel de Mead et de Benedict. Steward enseigne entre 1946 et 1952 à Columbia et quelques-uns de ses étudiants fondent « facétieusement » (communication de S. Mintz) la *Munduana Upheaval Society* qui rassemble entre autres E. Wolf, S. Mintz, E. Service, S. Diamond, D. McCall et B. Manners. Le groupe néo-évolutionniste comprend encore R. Rappaport, M. Harris, et M. Sahlins. En 1960, M. Sahlins et E.R. Service éditent un manifeste collectif : *Evolution and Culture*. La culture prolonge le processus d'évolution et, les termes d'une histoire locale, spécifique, adaptative se distinguent de ceux d'une évolution de l'humanité, générale et lente, dite objectivement mesurable par le niveau de la consommation énergétique. Au milieu des années 1960, ce groupe publie une série d'introductions qui deviennent immédiatement les manuels des étudiants : E. Wolf, 1964, *Anthropology* (Princetown UP) ; E. Wolf, 1966, *Peasants* (New Jersey, Englewood Cliffs) ; E.R. Service, 1966, *The Hunters* (New Jersey, Englewood Cliffs) ; M. Sahlins, 1968, *Tribesmen* (New Jersey, Englewood Cliffs)… Pour certains, ce néo-évolutionnisme prend bientôt la forme du « matérialisme culturel » dont M. Harris est le porte parole et où se reconnaissent des auteurs tels R. Carneiro, M. Harner, M. Fried. Associant système de pensée et écosystème par l'intermédiaire des modes d'adaptation, ce courant pousse le déterminisme écologique jusqu'à ses plus extrêmes conséquences. Parallèlement à ce premier mouvement théorique, la sociobiologie, dont l'initiateur est E.O. Wilson, propose de rapporter le social au biologique : coutumes humaines et pratiques culturelles sont adaptatives dans un sens darwinien. R. Fox, N. Chagnon, R. Alexander sont parmi les auteurs les plus célèbres. À côté et à l'opposé de ces pensées se développe un esprit marxiste et féministe porté par des auteurs tels E. Wolf, S. Diamond, E. Leacock, R. Rapp, W. Roseberry… Cette tendance se dote de deux revues : *Critique of Anthropology,* éditée par B. Scholte, et *Dialectical Anthropology* par S. Diamond.

On voit enfin apparaître au début des années 1980 l'école dite « interprétative » avec C. Geertz, J. Clifford, P. Rabinow, G. Marcus… et, l'ayant « rejoint », M. Sahlins. Proche des travaux des philosophes français M. Foucault et J. Derrida, ce courant, qui se dit aussi parfois « post-moderne », déconstruit le récit ethnographique, réfute toute tentative de globalisation et de scientificité et compte l'ethnologie comme une fiction parmi d'autres : le texte ethnographique est un reflet de l'ethnographe restant irrémédiablement enfermé dans une expérience subjective.

Outre ces auteurs, dont le rassemblement au sein d'une même école ne doit pas faire oublier qu'ils ont chacun un style et une personnalité différents, on en a ici rassemblé d'autres chercheurs qui poursuivent une démarche déjà constituée (ainsi Bohannan avec le substantivisme), créent une approche presque immédiatement absorbée (ainsi H. Conklin avec l'ethnoscience) ou dont l'œuvre est difficile à classifier. Ne retenir que quelques chercheurs s'est avéré difficile, mentionnons également L. Lamphere, L. Tiger, M.J. Meggitt, R.B. Lee, D. Hymes, I. Devore, D. Mandelbaum, R. Rappaport, R. d'Andade, B. Scholte, C.G. Homans, E. Colson, D. Maybury-Lewis, W. Fenton, B. Berlin ou P. Riesman… pour n'en citer que quelques-uns que nous aurions aimé voir figurer.

▲ J. Vincent, 1996, « American anthropology », in Bernard et Spencer, p. 25-28.

LOUNSBURY, Floyd Glenn (né en 1914). Né à Steven Point (Wisconsin), F.G. Lounsbury obtient un *BA* de mathématiques en 1941, puis sert dans l'aviation entre 1942 et 1946. Il obtient un *MA* d'anthropologie à l'université du Wisconsin (1946), et s'inscrit à Yale (*PhD,* en 1949). Obtenant un poste d'assistant, il y fait toute sa carrière. Dès 1946, Lounsbury se veut autant linguiste qu'anthropologue ; il fonde la linguistique iroquoise comparée avant de s'intéresser aux pictogrammes et à l'astronomie mayas. Il fait considérablement avancer leur déchiffrement en reprenant les travaux des chercheurs soviétiques, rejetés à l'époque aux États-Unis pour des motifs idéologiques. Lounsbury est également connu pour ses propositions sémantiques concernant l'analyse des systèmes de parenté. Adaptant le modèle de l'analyse phonologique mis en avant par le Cercle de Prague aux termes de la parenté, il propose (avec son collègue Goodenough) l'analyse componentielle des termes, c'est-à-dire l'analyse des contrastes qu'entretient chaque terme à la structure que fonde la totalité des termes. F.G. Lounsbury est membre de l'Académie américaine des arts et des sciences depuis 1976.

◆ 1946, « Stray number systems among certain Indian tribes », *AA*, vol. 48 : 672-645. 1953, « Field methods and techniques in linguistics », in Kroeber éd., *Anthropology Today*, Chicago UP, p. 401-410. 1966, « Analyse structurale des termes de parenté », *Langage*, vol. 75-99. 1968, « One hundred years of anthropological linguistics », in J.O. Brew, éd., *One Hundred Years of Anthropology*, Cambridge, Harvard UP, p. 153-225. 1971, « Étude formelle des terminologies de la parenté Crow et Omaha », in R. Jaulin et P. Richard, éd., *Anthropologie et calcul*, Paris, UGE, 10/18, p. 60-125. 1971 (avec H.W. Scheffler), *A Study in Structural Semantics : the Siriono Kinship System*, Englewood Cliffs, Prentice Hall. 1978, « Aspects du système de parenté inca », *Annales*, vol. 33 : 991-1005. 1982, « Astronomical knowledge and its uses at Bonampak, Mexico », in A.F. Aveni, éd., *Archaeo-astronomy in the New World*, Cambridge UP, p. 143-168.

SERVICE, Elman R. (1915-1996). E. Service étudie à l'université du Michigan où il obtient un *BA* après une interruption due à son engagement militaire contre le fascisme du côté des républicains espagnols. De nouveau militaire durant la Seconde Guerre mondiale, il s'inscrit aux universités de Chicago et Columbia (*PhD*, 1950). Il enseigne à l'université de Columbia de 1949 à 1953, puis du Michigan avant de devenir professeur à l'université de Santa Barbara en Californie (1968-1985). Il enquête chez les Havasupai du Grand Canyon puis au Paraguay, au Mexique (*Tobati : Paraguayan Town*, Chicago, Chicago UP, 1954 ; et *Spanish-Guarani Relations in Early Colonial Paraguay*, Greenwood, 1954). En 1956, il édite *Readings in Introductory Anthropology* (Ann Arbor, Michigan UP) et *A Profile of Primitive Culture* (New York, 1958) puis, en 1960 (avec M. Sahlins), *Evolution and Culture* (Michigan UP, 1960) qui se présente comme un manifeste néo-évolutionniste. Celui-ci distingue une évolution locale diversifiée d'une évolution globale de l'humanité. Service classifie les étapes en bande, tribu, chefferie, État.

◆ 1962, *Primitive Social Organization. An Evolutionary Perspective*, New York, Random. 1963, *Profile in Ethnology. A Revision of a Profile of Primitive Culture*, New York, Harper and Row. 1966, *The Hunters*, Prentice-Hall. Éd., 1975, *Origins of the State and Civilization*, New York, Norton. 1978 (avec R. Cohen), *Origins of the State : the Anthropology of Political Evolution*, Philadelphie. 1985, *A Century of Controversy, Ethnological Issues from 1860 to 1960*, Orlando, Academic Press.

▲ T. Harding, 1997, « E. Service », *Anthropology Newsletter*, février, p. 24.

GREENBERG, Joseph Harold (né en 1915). Né à Brooklyn, Greenberg découvre l'anthropologie et la linguistique en suivant les cours de Boas à l'université de Columbia. En 1937-1938, il se rend à Yale pour se perfectionner en linguistique, puis s'inscrit à l'université de Northwestern et obtient en 1940 un doctorat sous la direction de M.J. Herskovits après des recherches ethnographiques auprès des Hausa du Nigeria. Il enseigne successivement aux universités du Minnesota (1946), de Columbia (1948), à Stanford (1962-1985). À l'exception de *The Influence of Islam on a Sudanese Religion* (Washington UP, 1946), texte revu de sa thèse de doctorat, l'œuvre de Greenberg est linguistique. À partir de 1948, il travaille à une classification généalogique des langues africaines, ouvrant ce domaine à une approche scientifique. *The Languages of Africa* (1963) présente un état des recherches encore aujourd'hui considéré comme quasi définitif. Rédacteur d'une introduction *Anthropological Linguistics : An Introduction* (New York, Random, 1968), Greenberg élargit ses recherches à d'autres aires culturelles (1987, *Language in the Americas*) à partir de 1960. On lui doit de nombreux articles théoriques et l'édition d'un *Universals of Human Language* (Stanford UP, 1966, 1978) comprenant quatre volumes.

▲ Introduction de A.S. Dil à Greenberg, 1971, *Language, Culture and Communication*, Stanford UP. P. Newman, 1991, « Interview with Joseph Greenberg », *CA*, vol. 32 : 453.

MURRA, John V. (né en 1916). Né en Roumanie, J. Murra combat en Espagne dans l'armée républicaine (1937-1939). Après un travail de terrain en Équateur, il est recommandé par W.C. Bennet à A. Métraux qui lui confie la rédaction des pages consacrées aux peuples de l'Équateur précolombien pour le *Handbook of South American Indians*. Entre 1943 et 1947, J. Murra enseigne à l'université de Chicago. Ayant demandé la nationalité américaine, elle lui est refusée en 1946. Commence un procès gagné en 1950, mais ce n'est qu'en 1956 que l'Administration lui délivre un passeport. Ne pouvant se rendre sur le terrain entre 1946 et 1956, il fréquente la bibliothèque du Congrès et prépare, à partir de sources de seconde main, une thèse soutenue à l'université de Chicago en 1956 : *The Economic Organization of the Inka State* (1956). Il étudie le mode de production inca et montre comment les différents étages écologiques sont systématiquement exploités. En 1958-1959, J. Murra professe à l'université de San Marco ainsi qu'en 1963 et 1965. Il enseigne aux universités de Vassar, Yale, John Hopkins et surtout Cornell où il est nommé professeur en 1968. Il séjourne aussi durant plusieurs années en France, invité par l'université de Nanterre (1970-1971) et par l' EHESS.

◆ 1943 (avec D. Collier), *Survey and Excavations in Southern Ecuador*, Chicago, Field Museum of Natural History. 1978, « Anthropologie historique des sociétés Andines », *Les Annales*, vol. 33 (5-6). 1980 (1956), *The Economic Organization of the Inka State*, Greenwich, Conn., JAI Press éd., 1991, *Visita de los Valles Sonku en los Yunka de coca de la Paz (1568-1570)*, Madrid.

SCHNEIDER, David M. (1918-1995). Né à Brooklyn dans une famille d'immigrés juifs russes, D. Schneider étudie à Cornell avec l'anthropologue

R.L. Sharp (*MA,* 1941), puis s'inscrit en *PhD* à Yale. La guerre l'oblige à rejoindre l'armée jusqu'en 1946 avant de pouvoir se réinscrire, cette fois-ci au nouveau département des relations sociales de l'université de Harvard. Il étudie avec Kluckhohn et Parsons qui l'envoient en mission sur l'île de Yap (Micronésie) en 1947-1948. Il soutient une thèse en 1949 : *Kinship and Village Organization of Yap*. Il enseigne à la *LSE* (1949-1951) et à Harvard (1951-1955) avant d'être nommé professeur aux universités de Berkeley (1955-1958), Chicago (1958-1984) et enfin Californie (1984-1987). En 1953, il coédite avec Kluckhohn et H. Murry *Personality in Nature, Society, and Culture* puis, en 1955, publie avec G.C. Homans *Marriage, Authority and Final Causes* (Glencoe, Free Press) qui attaque la thèse de Lévi-Strauss concernant le mariage préférentiel. Entre 1955 et 1958, il enquête auprès des Apaches Mescero sur lesquels il publie quelques articles. Dans le petit livre intitulé *American Kinship : A Cultural Account* (Chicago UP, 1re éd. 1968, 2e éd. 1980), Schneider s'appuyant sur des études empiriques place l'amour et le sang comme les catégories idéologiques de la culture américaine sur lesquelles se fonde la construction de la parenté (1980 : 91, 115). *A Critique of the Study of Kinship* (Anne Arbor, Michigan UP, 1984) va plus loin du côté du relativisme, et interpelle l'anthropologie en demandant ce qu'est un fait de parenté. Schneider y dresse aussi une histoire critique du champ. Après une première attaque survenue en 1993, il meurt en Californie le 30 octobre 1995 alors qu'il vient de terminer une biographie (« D. Schneider as told to R. Handler », 1995, *Schneider on Schneider : The Conversion of the Jews and other Anthropological Stories*, Durham, Duke UP).

◆ 1961 (avec K. Gough), *Matrilineal Kinship*, Berkeley, California UP. 1973 (avec R. Smith), *Class Differences and Sex Roles in American Kinship and Family Structure*, Englewood Cliffs, Prentice Hall. 1976, *Notes toward a Theory of Culture*.

▲ M. Houseman « Schneider, David », in Bonte et Izard, 1991, p. 645-655. I. Bashkow, 1991, « Schneider, David M. », in C. Winter, p. 621-622.

GOODENOUGH, Ward Hunt (né en 1919). Né à Cambridge (Massachusetts) en 1919, W. Goodenough termine un *BA* à l'université de Cornell (1940) avant de servir dans l'armée entre 1941 et 1946. Il rédige son premier article durant cette période (1944) et commence des études d'anthropologie à l'université de Yale où il devient l'un des étudiants favoris de Murdock (1947). En 1947, il se rend à Chuuk (Truk), puis enseigne à l'université du Wisconsin (1948-1949) tout en terminant un *PhD* (1949). Publié en 1951, *Property, Kin, and Community on Truk* (éd. révisée, Archon Books, 1978) le fait connaître. Il publie ensuite « Componential Analysis and the Study of Meaning » dans la revue *Langage* (1956, vol. 32 : 195-216) qui est probablement l'une de ses contributions majeures à la discipline. Comme Lounsbury la même année, il propose l'application de l'analyse componentielle à l'étude de la parenté. Cette approche consiste à saisir, dans un champ linguistique unifié, le faisceau minimal de critères distinctifs suffisant à identifier chaque terme séparément. Est ainsi cerné un centre depuis lequel chaque terme est placé et défini en fonction de caractéristiques dites componentielles. Il ouvre par là à l'une des voies de l'anthropologie cognitive. Retournant à Truk en 1964-1965, Goodenough enquête aussi dans les îles Gilbert (1951), en Papouasie-Nouvelle-Guinée (1951-1954) et en Nouvelle-Bretagne (1954). Recruté comme assistant-professeur par l'université de Pennsylvanie en 1949, il est nommé professeur en 1954, s'occupant notamment du musée de l'université. W. Goodenough est membre de l'Academie des sciences des États-Unis (1971).

◆ 1953, *Native Astronomy in the Central Carolines*, Pennsylvania, University of Pennsylvania Museum. 1963, *Cooperation in Change : An Anthropological Approach to Community Development*, New York, Russell Sage Foundation. Éd., 1863, *Explorations in Cultural Anthropology : Essays in Honor of G.-P. Murdock,* New York, McGraw-Hill. 1970, *Description and Comparison in Cultural Anthropology Culture, Language and Society,* Chicago, Aldine. 1971, *Culture, Language, and Society,* Reading, Mass., Addison-Wesley Publications. 1980, 1990 (avec H. Sugita), *Trukese-English Dictionary,* Philadelphia, American Philosophical Society, 2 vol. Éd., 1996, *Prehistoric Settlement of the Pacific*, American Philosophical Society.

▲ J.-L. Caughey et M. Marshall, 1989, « Introduction », in J.L. Caughey et M. Marshall, éd., *Culture, Kin, and Cognition in Oceania : Essays in Honor of Ward H. Goodenough*, Washington, *AAA*.

BOHANNAN, Paul James, né en 1920. P. Bohannan étudie à l'université d'Oxford et se rend chez les Tiv du Nigeria en 1949. Obtenant un doctorat à Oxford en 1951, il retourne sur le terrain jusqu'en 1953, puis travaille auprès des Wanga du Kenya (1954-1955). Il enseigne successivement aux universités d'Oxford (1951-1956), de Princeton (1956-1959), de Northwestern (1959-1976) et de Santa Barbara (Californie) dont il dirige le département. Après s'être préoccupé d'anthropologie économique d'un point de vue substantiviste, P. Bohannan se tourne vers une anthropologie dont les questions touchent la société américaine, étudiant les divorces de la baie de San Francisco (1963-1964), les relations aux beaux-parents à San Diego (1974-1975) ou les célibataires masculins vivant à l'hôtel à San Diego (1975-1977), et se consacre (avec J. Middleton) à l'édition de recueils de textes.

◆ 1956, *Justice and Judgment among the Tiv*, Londres, Oxford UP. 1963, *Social Anthropology*, New York : Holt, Rinehart and Winston. 1977, *The Grand Experiment.* 1978, *The Evolution of Sex and the Future of the Family.* 1995, *We, the Alien. An Introduction to Cultural Anthropology.* 1995, *How Culture Works*, New York, Macmillan.

LEACOCK, Eleanor Burke (1922-1987). Née à New York dans un milieu intellectuel et artistique, E. Leacock étudie aux collèges universitaires de Radcliffe, puis de Barnard (*BA*, 1944), avant de s'inscrire à l'université de Columbia où l'influencent surtout W.D. Strong et G. Weltfish. Après avoir obtenu un *MA* en 1946, elle se rend, grâce à R. Benedict, en Europe accompagnée de son époux, filmer la socialisation comparée des enfants suisses-allemands et italiens. Elle dépouille aussi la littérature concernant l'introduction du commerce des fourrures chez les Amérindiens Montagnais du Labrador, puis se rend chez eux (1951).

F. Speck avait prouvé en 1915, à partir d'anciens récits, que ces chasseurs-collecteurs étaient individuellement propriétaires d'un territoire familial hérité en ligne patrilinéaire et Speck puis Lowie avaient sur cette base attaqué l'idée d'un communisme primitif. La thèse de Leacock publiée en 1954 (« The Montagnais "Hunting Territory" and the Fur Trade », *American Anthropologist Memoir 78*), examine l'ensemble des données et établit que les territoires familiaux de chasse, plutôt que collectifs, étaient le produit circonstanciel d'une adaptation des Amérindiens au commerce des fourrures, la chasse à la trappe étant plus efficace en solitaire qu'en groupe et tendant à casser les formes de propriété collective. Elle republie en 1963 *Ancient Society* de L. Morgan, accompagné d'une importante « Introduction » (New York, Meridian Books). Remariée à un leader syndical, elle s'engage contre les théories de la « culture de pauvreté » de Lewis (*Culture of Poverty : A Critique*, New York, Simon and Schuster, 1971), puis travaille en Zambie et republie *L'Origine de la famille, de la propriété privée et de l'État* d'Engels avant de s'engager pour une anthropologie féministe dont elle est l'une des fondatrices. Ayant rejoint le collège universitaire de New York en 1972, elle en dirige le département d'anthropologie jusqu'à sa mort survenue à Samoa en 1987.

◆ 1969, *Teaching and Learning in City Schools*, New York, Basic Books. 1981, *Myths of Male Dominance : Collected Articles on Women Cross-Culturally*, New York, Monthly Review. 1982, éd. (avec R. Lee), *Politics and History in Band Societies*, Paris, MSH.

▲ C. Ward Gailey, 1975, « Eleanor Leacock », *Anthropology Newsletter*, vol. 16 (5) : 17. C. Ward Gailey, 1988, « Eleanor Burke Leacock », in Ute Gacs, p. 215-221.

DIAMOND, Stanley (1922-1991). Né dans une famille d'immigrants juifs, S. Diamond montre très jeune des talents de poète et d'écrivain. Il étudie aux universités de Caroline du Nord et de New York dont il sort diplômé en anglais et en philosophie. Il occupe alors divers emplois (reporter pour *The New Yorker's*, pour le *Long Island Daily Press*...), puis s'engage dans l'armée britannique durant la Seconde Guerre mondiale (servant dans une compagnie de volontaires en Afrique du Nord). Ayant lu P. Radin, il s'inscrit à son retour en anthropologie à l'université de Columbia où il a comme condisciples S. Mintz, M. Fried, E. Wolf..., avec lesquels il fonde la *Mundial Upheaval Society*. Il obtient un *PhD* en 1951 avec une thèse intitulée *Dahomey : A Proto-State in West Africa* et réside ensuite dans un kibboutz israélien puis dans un village arabe. En 1953, S. Diamond enseigne à l'université de Californie-Los Angeles (UCLA), et prend publiquement position contre le maccarthysme. Il n'est plus employé pendant trois ans, avant que l'université de Brandeis ne lui offre un poste en 1956. Il se rend au Nigeria en 1957 travailler sur le terrain. Revenu en 1959, il travaille à l'Institut national de santé mentale. Entre 1963 et 1966, il enseigne à l'université de Syracuse puis rejoint la *New School for Social Research* (New York) où il fonde en 1970 un département d'anthropologie qui se veut être le premier département d'anthropologie critique américain et, en 1975, la revue *Dialectical Anthropology*. Militant, Diamond fut employé par les Iroquois Sénéca dans une lutte contre la décision de construire un barrage qui aurait ruiné leur réserve. Défenseur de la cause noire, il publie des articles virulents (« The Death of Malcolm X » et « Black Farce, White Lies : Soony Liston and Cassius Clay ») et émerge dans les années 1960 comme l'un des leaders du mouvement contre la guerre du Viêt-Nam, puis comme un ardent défenseur du Biafra indépendant. S. Diamond a aussi écrit de la poésie.

◆ 1960, éd., *Culture in History : Essay in Honor of Paul Radin*, New York, Columbia UP. 1974, *In Search of the Primitive*, New Brunswick, Transaction Books. 1964, *Primitive Views of the World*, New York, Columbia UP. 1979, éd., *Towards a Marxist Anthropology*, La Haye-Paris, Mouton. 1980, éd., *Anthropology : Ancestors and Heirs*, La Haye-Paris, Mouton. 1980, éd., *Theory and Practice : Essays Presented to Gene Weltfish*, La Haye-Paris, Mouton.

▲ T. Bottomore *et al.*, éd., 1983, *A Dictionary of Marxist Thought*, Cambridge, Mass., Harvard UP. C. Ward Gailey, 1992, *Essays in Honor of Stanley Diamond. Dialectical Anthropology*, Florida UP, 2 vol.

MINTZ, Sidney (né en 1922). S. Mintz étudie la psychologie au collège universitaire de Brooklyn (*BA*, 1943). Il devient après la guerre l'assistant de R. Benedict dans le cadre du projet de recherche sur les cultures contemporaines (1947-1948) avant d'enquêter à Porto Rico (1948-1949). Il entre ensuite aux universités de New York puis de Columbia (*PhD*, 1951). Outre Porto Rico, ses terrains incluent la Jamaïque (1952), Haïti (1958-1959), l'Iran (1966-1967) et Hong Kong (1996). Il a surtout enseigné aux universités de Yale (1951-1975) et John Hopkins (depuis 1975), mais aussi au *Massachusetts Institute of Technology* (MIT), à l'École des Hautes Études et au Collège de France. Précisons que la conférence « Sidney Mintz », délivrée annuellement au département d'anthropologie de l'université John Hopkins, est l'une des distinctions les plus honorifiques de la profession. E. Wolf en fut le lauréat en 1992 ainsi que M. Sahlins en 1995.
Mintz est spécialiste de l'aire caraïbe et le pourfendeur des conditions d'exploitation des travailleurs des plantations. Il est avant tout connu pour la première étude d'ensemble sur le parrainage, signée avec E. Wolf (1950), puis pour *Worker in the Cane. A Puerto Rican Life History* (1960) (New Haven, Yale UP, 1960). Il publie quatorze ans plus tard *Caribbean Transformation* (1974) (Chicago, Aldine, 1974) où il propose une vision de cette société non en termes de culture, mais de classes sociales héritée de l'esclavage et, en 1976 (avec R. Price), *An Anthropological Approach of the Afro-American Past : A Caribbean Perspective* (Philadelphia, Ishi, 1976) qui conçoit la culture afro-américaine comme le produit de l'actualité et de l'histoire récente. Publié en 1985, *Sucre blanc, Misère noire. Le goût et le pouvoir* (Nathan, 1991) se présente comme une histoire totale de l'exploitation et de la consommation du

sucre. Les passages où Mintz examine comment le passage du sucre de denrée de luxe à celle d'aliment de base qui accompagne en Angleterre la naissance d'un prolétariat à qui le thé sucré donne l'illusion d'un repas chaud sont particulièrement fameux.

◆ 1956 (avec J. Steward *et al.*), *The People of Puerto Rico,* Urbana, Illinois UP. 1992 (avec R. Price), *The Birth of African-American Culture* (rééd. de 1976), Boston, Beacon Press. 1996, *Tasting Food, Tasting Freedom : Excursions into Eating, Culture, and the Past*, Boston, Beacon Press.

FRIED, Morton (1923-1986). M. Fried obtient un *BS* du *City College* de New York (1942), puis est mobilisé. Après la guerre, il étudie le chinois à l'École militaire de l'université de Harvard, puis l'anthropologie à l'université de Columbia (*PhD* en 1951) et publie *Fabric of Chinese Society* (New York, Octagon, 1953). Enseignant à l'université de Columbia à partir de 1950, il est nommé professeur en 1961 et dirige le département d'anthropologie jusqu'en 1969. M. Fried a édité *Readings in Anthropology* (New York, Crowell, 1959, 1968) qui, consistant en un choix de textes d'anthropologues célèbres, servit de manuel à une ou deux générations d'ethnologues américains avant que celui de Harris puis de Keesing et Konrad ne le démodent. Publié en 1967, *The Evolution of Political Society. An Essay in Political Anthropology* (New York, Random House) propose une évolution des systèmes politiques de la « société égalitaire » à l'État, d'abord déterminée par la pression démographique. Il est appelé en 1981 par le gouvernement chinois pour reconstituer un département d'anthropologie.

▲ 1987, « M. Fried », *Anthropology Newsletter*, février, p. 3-4.

WOLF, Eric (né en 1923). Né à Vienne mais habitant les Sudètes qu'envahit Hitler, E. Wolf est envoyé en Angleterre en 1939. Citoyen d'un pays ennemi, il est brièvement détenu en 1940 et, libéré, part pour les États-Unis. Il commence au *Queens College* de New York des études de biochimie qu'il abandonne pour servir dans l'armée jusqu'à la fin de la guerre (il obtient la Silver Star). Il termine un *BA* de sociologie et d'anthropologie au *Queens College* (1946) avant de s'inscrire à l'université de Columbia (*PhD* en 1951). E. Wolf enquête à Porto Rico en 1948-1949. En 1950, il se rend à Mexico dont il revient en 1952. Il devient assistant de Steward à l'université d'Illinois et publie, en 1959, *Peuples et Civilisations de l'Amérique centrale* (Paris, Payot, 1962) qui examine le continuum des transformations sociales du Guatemala et du Mexique préhispanique au Mexique hispanique, démarche nouvelle qui saisit la continuité des deux Mexique plutôt que de les opposer. Son engagement politique à gauche et, notamment, contre la guerre du Viêt-Nam l'amène à publier en 1966 *Les Guerres paysannes du vingtième siècle* (Paris, Maspero, 1969) qui étudie les guérillas paysannes au Viêt-Nam, en Algérie, en Russie et en Chine. Professeur d'anthropologie à l'université du Michigan après avoir enseigné dans diverses institutions (Virginia, Yale, Chicago), E. Wolf joint le Collège Lehmann de l'université publique de la ville de New York en 1971. À partir de 1960, il commence une étude comparative entre villages autrichiens et italiens des Alpes. Rejoint par J.W. Cole, ils publient ensemble *The Hidden Frontier. Ecology and Ethnicity in an Alpine Valley* (New York, Academic Press, 1974). E. Wolf est membre de l'Académie des sciences (1995). Le fait d'avoir montré l'enchâssement des processus que vivent les sociétés paysannes au niveau national et international fait toute la richesse des analyses de Wolf.

◆ 1964, *Anthropology,* Englewood Cliffs, Prentice-Hall. 1972 (avec E.C. Hansen), *The Human Condition in Latin America*, New York, Oxford. 1982, *Europe and the People without History,* Berkeley, California UP. 1991, éd., *Religious Regimes and State Formation*, New York UP State.

▲ J. Friedman, 1987, « An Interview with Eric Wolf », *CA,* vol. 27 : 107-118.

MURPHY, Robert F. (1924-1990). Né dans un milieu modeste, R. Murphy ne fait que des études secondaires puis travaille avant que la Seconde Guerre mondiale ne l'amène à servir trois ans dans les *Marines*. Grâce au *G.I. Bill* qui finance les études supérieures de jeunes gens démobilisés, il s'inscrit en 1946 à l'université de Columbia et découvre l'anthropologie. Il rencontre en 1950 Yolanda, sa future épouse et anthropologue. En 1952-1953, ils se rendent ensemble chez les Mundurucú de l'Amazonie brésilienne sur lesquels ils publieront *Headhunter's Heritage : Social and Economic Change Among the Mundurucú* (Berkeley, California UP, 1960), et *Mundurucú Religion* (Berkeley, Cafornia UP, 1958). En 1959-1960, R. Murphy enquête chez les Touareg dont il rend compte de la parenté et du mariage préférentiel de la cousine croisée patrilatérale à travers deux articles restés célèbres : « Tuareg Kinship » (1964, *AA*, vol. 69 : 163-170) et (avec L. Kasdan), « The structure of the parallel cousin marriage » (1959, *AA*, vol. 61 : 17-29). Enseignant à l'université de Berkeley (Californie), il devient professeur à l'université de Columbia en 1963 et dirige le département d'anthropologie entre 1969 et 1972. En 1971, il publie *The Dialectics of Social Life* (New York, Columbia UP) où il interroge les théories du monde social de C. Lévi-Strauss à Marcuse. En 1974, il publie avec Y. Murphy *Women of the Forest* (New York, Columbia UP) consacré aux antagonismes sexuels, où les auteurs montrent que chez les Mundurucú la domination masculine comporte davantage de symbolisme que de contenu substantiel. Atteint d'une maladie neurologique en 1976, R. Murphy se lance dans un programme de recherche intitulé « Relations sociales et micro-écologie des paraplégiques ». De sa maladie, Murphy fait un livre, *Vivre à corps perdu* (Paris, Plon, 1990), qu'il déclare être comme « n'étant pas autobiographique, mais le récit des répercussions de son infirmité sur son statut de membre de la société ». Il s'agit d'un magnifique témoignage sur la condition de malade incurable, peu à peu gagné par la tétraplégie

▲ 1990, « R.F. Murphy », *Anthropology Newsletter*, vol. 31 (9) : 5. R. Murphy 1990, *Vivre à corps perdu*, Paris, Plon. 1990, « The Dialectics of Deeds and words », *Cultural Anthropology*, vol. 5 : 331-337.

CONKLIN, Harold C. (né en 1926). H.C. Conklin étudie à l'université de Yale, puis se rend en 1945 aux Philippines auprès des Hanunoo de Mindora dont il cherche à rendre compte dans l'esprit d'E. Sapir, L. Whorf et F.G. Lounsbury, en considérant l'opposition mise en avant par K. Pike entre les points de vue «émique» (*emic*) et «éthique» (*etic*). Il s'agit ainsi de traduire ethnographiquement les connaissances, les représentations, les classifications qu'élabore de la nature (universelle) la société indigène étudiée. Cette approche passe notamment par une minutieuse observation des faits linguistiques, aussi Conklin publie-t-il un vocabulaire Hanunoo (*Hanunoo-English Vocabulary*, Berkeley, California UP, 1953) et propose une analyse componentielle des prénoms Hanunoo. Sa thèse *The Relation of Hanunoo Culture to their Plant World* (New Haven, Yale UP, 1954) renouvelle l'ethnoscience. Publié la même année, «Hanunoo color categories» (*Southwestern Journal of Anthropology*, 11 : 339-344) propage cette approche et s'attache à décrire les principes selon lesquels est organisé le lexique tridimensionnel des couleurs Hanunoo. Enseignant, puis professeur à l'université de Yale, Conklin repart aux Philippines étudier les montagnards rizicoles Ifugao (1961-1973). En 1980, il publie *Ethnographic Atlas of Ifugao, a Study of Environment, Culture and Society in Northern Luzon* (New Haven, Yale UP, 1980). Utilisant la photo satellite et aérienne, désignée comme «une référence cartographique concernant l'utilisation de la terre», le livre examine aussi l'organisation de l'espace, l'habitat, et propose une ethnographie totale. Conklin y montre comment la culture Ifugao «met l'accent sur l'adaptation à l'environnement et le ménagement des ressources» (p.1), et en établissant l'histoire, montre aussi que le complexe culturel et agricole Ifugao a quatre cents ans d'existence.

◆ 1962, «Lexicographical treatment of folk taxonomies», in S.A. Tyler, éd., *Cognitive Anthropology*, New York, Holt and Rinehardt, p. 14-59. 1964, «Ethnogenealogical Method», in W.H. Goodenough, éd., *Explorations in Cultural Anthropology*, New York, p. 25-55.

▲ A. Jablonko, 1991, «Three Days», *Anthropology Newsletter*, vol. 32 (5) : 19-20. N. Revel, 1991, «H.C. Conklin», in Bonte et Izard, p. 171-172.

GEERTZ, Clifford (né en 1926). Né à San Francisco en 1926, C. Geertz bénéficie comme beaucoup du *G.I. Bill* (loi prévoyant une bourse d'étude pour les *GI* démobilisés) et s'inscrit au département des relations sociales de l'université de Harvard fondé par T. Parsons en 1946. Choisissant l'interdisciplinarité, le département présentait quatre filières (sociologie, psychologie sociale, psychologie clinique et anthropologie sociale) que les étudiants devaient également suivre, bien que ne se spécialisant que dans l'une d'entre elles. C. Geertz se rend à Java entre 1952-1953 avec une équipe pluridisciplinaire de l'université et étudie les aspects religieux et sociaux d'une petite ville (*PhD* en 1956). Il repart en Indonésie en 1957-1958, se concentrant sur Bali où il revient périodiquement, mais enquête aussi sur de petites villes de l'intérieur marocain. Il est professeur assistant (1960), professeur à l'université de Chicago (1970), puis à l'*Institute for Advanced Studies* de Princeton en 1970. Il publie en 1960 *The Religion of Java* (Glencoe, the Free Press) repris de sa thèse, ainsi que *Agricultural Involution. The Processes of Ecological Change in Indonesia* en 1963 (Berkeley, California UP), *Peddlers and Princes*

(Chicago UP, 1963), *The Social History of an Indonesian Town* (Cambridge, MIT Press, 1965), *Islam Observed* (Chicago, Chicago UP, 1968). En 1973, *Bali : interprétation d'une culture* (Paris, Gallimard, 1983) est un premier recueil d'essais que Geertz nomme d'anthropologie interprétative. Le concept opératoire majeur en est la *thick description* (description en profondeur) dont l'analyse s'attache à mettre en exergue la signification émique fondant l'action sociale. La radicalité de Geertz tient au fait d'avoir voulu abandonner toute référence explicite à un cadre conceptuel autre que la culture dont il est question. Il édite en 1983 un second recueil d'articles intitulé *Savoir local, savoir global. Les lieux du savoir* (Paris, PUF, 1986).

◆ 1979 (avec H. Geertz et L. Rosen), *Meaning and Order in Moroccan Society.Three Essays in Cultural Analysis,* New York. 1983, *Negara : the Theatre State in Nineteenth-Century Bali*, Princeton, Princeton UP. 1997 (1988), *Ici et Là-bas. L'anthropologue comme auteur*, Paris, Métailié.

▲ T. Asad, 1982, « Anthropological conceptions of religion : reflections on Geertz », *Man*, vol. 18 : 237-259. W. Roseberry, 1982, « Balinese cockfights and the seduction of anthropology », *Social Research*, vol. 49 : 1013-1028. P. Shankman, 1984, « The thick and the thin : on the interpretative theorical program of Clifford Geertz », *CA*, vol. 25 : 261-279. J. Leavitt, 1991, « Geertz, Clifford », dans Bonte et Izard, p. 301. C. Geertz, 1995, *After the Fact. Two Countries, Four Decades, One Anthropologist*, Harvard UP.

STURTEVANT, William (né en 1926). Né dans le New Jersey, W. Sturtevant étudie à l'université de Berkeley en Californie (*BA* d'anthropologie en 1949) et, après une interruption due au service militaire (1945-1946), entre en 1949 à l'université de Yale (*PhD* en 1955). Dès 1948, il est *reader* en anthropologie à l'université de Berkeley, puis enseigne à l'université de Yale jusqu'en 1956. En 1954, il devient conservateur assistant au musée Peabody puis entre en 1956 à la *Smithsonian Institution* où il effectue le reste de sa carrière tout en enseignant à l'université John Hopkins. W. Sturtevant est l'auteur ou l'éditeur de vingt et un livres et a publié environ deux cents articles. Il a surtout enquêté auprès des Amérindiens Séminole (Floride) et des Seneca (New York) ainsi qu'à Burma. Il est aussi connu comme muséologue et, depuis 1966, comme l'éditeur général du *Handbook of North American Indians* (Washington, Smithsonian Institution). Formidable entreprise, le *Handbook* est une encyclopédie systématique comptant plus de 15 volumes à ce jour.

◆ 1960, « The Significance of ethnological similarities between Southeastern North America and the Antille », *Yale University Publications in Anthropology,* n° 64. 1974, *Boxes and Bowls : Decorated Containers by Nineteenth-Century Haida, Tlingit, Bella Bella and Tsimshian Indian Artists*, Washington, Smithsonian Institution. 1987, éd., *A Seminole Source Book*, Londres, Garland. 1992, éd., *The Christopher Columbus Encyclopedia*, New York, Schuster.

HARRIS, Marvin (né en 1927). Étudiant à l'université de Columbia, M. Harris rejoint le petit groupe rassemblé autour de Stewart et C. Wagley, et travaille sur l'Amérique latine. Il soutient sa thèse en 1953, puis enseigne à Columbia. En 1958, il se rend au Mozambique dont il est expulsé après la publication d'un article (1959). Il quitte Columbia en 1980 pour l'université de Floride. Son travail de terrain est extrêmement varié : Brésil, Inde, Mozambique, États-Unis.

M. Harris est surtout connu pour être le créateur du matérialisme culturel. Néo-évolutionniste, il traite de l'histoire de l'humanité dans sa totalité et sous tous ses aspects. Il propose la pression démographique comme étant la détermination première à laquelle répondent diverses stratégies culturelles. Les transformations sociales et culturelles sont dues à l'épuisement des ressources de l'environnement devant l'accroissement de la population et la guerre des fleurs aztèque répond aux besoins de la population en protéines. *Cultural Materialism : the Struggle for a Science of Culture* (New York, Vintage Books, 1979) présente sa théorie dans sa forme la plus développée. Avec *The Rise of Anthropological Theory : a History of Theories of Culture* (New York, T. Crowell) qu'il publie en 1968, M. Harris retrace une histoire polémique de l'anthropologie qui prend l'allure d'un combat épique entre le lignage évolutionniste et ses opposants relativistes antiscientifiques. Sous l'intitulé *Culture, People, Nature : an Introduction to General Anthropology* (New York, Harper & Row, 1971, 1980), Harris a aussi écrit un manuel connaissant de multiples rééditions.

◆ 1958 (avec C. Wagley), *Minorities in the New World : Six Cases Studies*, New York, Columbia UP. 1959, « Labour emigration among the Mozambique Thonga : culture and political factors », *Africa*, vol. 29 : 50-66. 1968, éd., *War*. 1975, *Cows, Pigs Wars and Witches : the Riddles of Culture*, Londres, Hutchinson. 1979 (1977), *Cannibales et Monarques*, Paris, Flammarion.

▲ M. Sahlins, 1978, « Culture as protein and profit », *The New York Review of Books,* vol. 25 : 45-53. 1986, « Candidates for Chair-elect, Marvin Harris », *Anthropology Newsletter*, mai, p. 21-22.

STOCKING, George W. (né en 1928). Historien de formation et docteur en civilisation américaine de l'université de Pennsylvanie, Stocking s'impose en 1968 avec un recueil d'essais intitulé *Race, Culture and Evolution. Essays in the History of Anthropology* (New York, the Free Press, nouvelle édition en 1982). Extrêmement précis et documenté, le livre prescrit de nouvelles exigences à l'écriture de l'histoire de la discipline. L'article classique « On the limits of "Presentism" and "Historicism" in the Historiography of the Behavioral Sciences », d'abord publié en 1965, oppose la décontextualisation anachronique produisant un effet de vision en tunnel en vue d'un aujourd'hui, alors que, plus sérieuse, la démarche historiciste étudie les données pour elles-mêmes. C'est une rupture avec le travail sur l'histoire de la discipline proposée jusque-là par les anthropologues, qui montrent la lente progression cumulative de l'anthropologie vers la science, en ignorant les régressions et en réifiant les auteurs. Enseignant au département d'histoire de l'université de Berkeley, Stocking devient professeur associé du département d'anthropologie de l'université de Chicago en 1968, puis directeur du *Morris Fishbein Center for the*

Study of the History of Science and Medecine. Il est aussi le créateur de la collection « History of Anthropology » publiée par l'université du Wisconsin et de la *History of Anthropology Newsletter*. Enfin, il a édité les œuvres complètes de Tylor.

◆ 1987, *Victorian Anthropology*, New York, The Free Press. Éd., 1974, *The Shaping of American Anthropology 1883-1911. A Franz Boas Reader*, New York, Basic Books. 1995, *After Tylor, British Social Anthropology (1888-1951)*, Londres, Athlone.

▲ Y. Winkin, 1986, « George W. Stocking jr. et l'histoire de l'anthropologie », *Actes de la recherche en sciences sociales*, n° 64 : 81-84. C. Blanckaert, 1988, « Story et history de l'ethnologie », *Revue de synthèse*, 4e série, n° 3-4 : 451-467. M.B. Di Brizio, 1995, « Présentisme et historicisme dans l'historiographie de G.W. Stocking », *Gradhiva*, n° 18 : 77-89.

SAHLINS, Marshall (né en 1930). M. Sahlins étudie à l'université du Michigan (avec L. White, *BA* en 1951), puis se rend à l'université de Columbia où il a Stewart pour professeur. Il effectue un premier terrain en Turquie, mais soutient en 1954 une thèse sur les stratifications sociales en Polynésie : *Social Stratification in Polynesia* (Ann Arbor, Washington UP, 1959). Il examine comment les étapes de l'évolution furent réalisées dans le Pacifique et suggère une évolution allant des petites sociétés mélanésiennes à l'organisation sociale des Fidji pour arriver aux États tahitiens et hawaiiens. Il effectue une enquête de terrain aux îles Fidji (1954-1955), puis est recruté par l'université de Washington. Bien qu'ayant coédité (avec Service) le manifeste du groupe néo-évolutionniste (*Evolution and Culture*, Ann Arbor, Michigan UP, 1960) où il énonce les principes de cette école : « Evolution : Specific and General », l'enquête de terrain donne lieu à une monographie fonctionnaliste conventionnelle publiée en 1962 : *Moala : Culture and Nature on a Fijian Island* (Ann Arbor, Washington UP). Suivent deux articles aujourd'hui inscrits parmi les classiques de la discipline : « Segmentary lineage : an organization of predatory expansion » (*AA*, vol. 63 : 322-345, 1961), et « Poor Man, Rich Man, Big Man, Chief : political types in Melanesia and Polynesia » (*Comparative studies in society and history*, vol. 5 (3) : 285-303, 1963). Enseignant à l'université du Michigan depuis 1957, Sahlins réside à Paris en 1967-1969, invité par le laboratoire d'ethnologie de l'université de Nanterre, puis retourne à l'université du Michigan qu'il quitte en 1973 pour devenir professeur à l'université de Chicago. Publié en 1972, *Âge de pierre, âge d'abondance. L'économie des sociétés primitives* (Paris, Gallimard, 1976) rassemble une collection d'articles. Du point de vue idéologique, Sahlins y oppose la société d'abondance du groupe domestique, unité de consommation et de production, à l'économie de rareté capitaliste dont les individus vivent d'inextinguibles désirs. Du point de vue scientifique, il démontre l'abondance d'une société primitive fonctionnant bien au-dessous de ses potentiels objectifs, l'idéal autarcique immanent au mode de production domestique refusant de faire de l'économique une sphère indépendante du social. En 1976, *Au cœur des sociétés : raison utilitaire et raison culturelle* (Paris, Gallimard, 1980) présente la culture comme un système symbolique s'imposant aux événements et voyant celles d'Occident comme des systèmes où l'économique est le lieu principal de la production symbolique et où les relations sociales sont produites par les marchandises opérant comme les symboles dans les sociétés tribales. La réflexion sur le culte du capitaine Cook-Lono et sa mort, commencée dans les années 1975-1977, se poursuit encore en 1995. À partir de cet exemple, Sahlins défend l'idée d'un relativisme absolu, les comportements des Hawaiiens étant entièrement déterminés par leurs mythes (1985, 1995). Cette thèse est fortement critiquée par Obeyesekere (1992).

◆ 1980 (1977), *Critique de la sociobiologie. Aspects anthropologiques*, Paris, Gallimard. 1995 (1985), *Des îles dans l'histoire*, Paris, Hautes Études, Gallimard/Seuil. 1995, *How «Natives» Think: about Captain Cook, for Example*, Chicago UP.

▲ P. Clastres, 1976, «préface» à Sahlins, *Âge de pierre*. J.-C. Galey, 1991, «Sahlins, Marshall», in Bonte et Izard, p. 648-649. G. Obeyesekere, 1992, *The Apotheosis of Captain Cook : European Mythmaking in the Pacific*, Princeton, Princeton UP.

WEINER, Annette B. (née en 1933). Travaillant sur les Trobriandais, A. Weiner reprend de I. Hallowell une conception qui fait de la cosmologie et des principes métaphysiques les fondements du monde social, créant la notion «d'authenticité», véritable axiome ou *a priori* kantien des comportements (1992). À partir de 1970, elle enquête aux îles Trobriand et obtient un *PhD* à l'université de Bryn Mawr en 1974. Sa thèse, *La Richesse des femmes ou comment l'esprit vient aux hommes des îles Trobriand* (1976) (Seuil, 1983), critique le travail ethnographique de Malinowski en montrant qu'il a négligé la part féminine des cérémonies funéraires où les matrilignages distribuent à leurs alliés «la richesse des femmes» accumulée (jupes décorées, bottes de feuilles). L'interprétation de la *kula* donnée par Malinowski néglige également le bénéfice social d'une longue rétention des plus prestigieux objets d'échange. A. Weiner enseigne aux universités d'Austin-Texas, de Princeton, puis de New York.

◆ 1992, *Inalienable Possession. The Paradox of Keeping-While-Giving*, Berkeley, California UP.

▲ 1989, «Candidates for President-elect», *Anthropology Newsletter*, mai, p. 19.

FOX, Robin (né en 1934). R. Fox passe son enfance aux Indes où son père est militaire. Intéressé par la politique, il entre à la *LSE* étudier l'économie, la sociologie, puis l'anthropologie sociale (*BA*, 1953) et s'inscrit au département de relations sociales de l'université de Harvard créé par T. Parsons où il passe deux ans. Il étudie alors les Pueblo sur lesquels il soutient à la *LSE* un doctorat intitulé *The Keresn Bridge : the Problem of Pueblo Ethnology* (1967). R. Fox enseigne plusieurs années en Angleterre, puis retourne aux États-Unis fonder le département d'anthropologie de l'université de Rutgers. Après avoir publié en 1967 *Anthropologie de la parenté* (Paris, Gallimard, 1972), il s'oriente de plus en plus vers une recherche éthologique et participe au courant sociobiologique. Dirigeant un programme de recherche de la Fondation Guggenheim sur la violence et l'agressivité avec L. Tiger, durant quatorze ans, il publie avec ce dernier *L'Animal impérial* (Paris, Laffont, 1973, trad. de l'anglais, 1971), vision interactionniste de la nature et de la culture humaine qui lui vaut de violentes attaques des féministes de même que de la gauche de la profession. Publié en 1983, *The Red Lamp of Incest* (Notre Dame, Notre Dame UP) traite de l'origine de la société dans le contexte du processus d'hominisation, pose l'avunculat au fondement du monde social et réfléchit sur le problème durkheimien de la relation entre pensée collective et individuelle. R. Fox est depuis 1994 le troisième éditeur de la prestigieuse revue *Current Anthropology* après S. Tax et A. Kuper.

◆ Éd., 1978 (1975), *Anthropologie biosociale*, Paris, Complexe. 1978, *The Tory Islanders : A People of the Celtic Fringe,* Cambridge UP. Éd., 1985 (avec J. Mehler), *Neonate Cognition*, Hillsdale, Erlbaum. 1989, *The Violent Imagination*, Rutgers UP. 1989, *The Search for Society : Quest for a Biosocial Science and Morality*, New Brunswick, Rutgers UP. 1989, *The Violent Imagination*, New Brunswick, Rutgers UP. 1993, *Reproduction and Succession. Studies in Anthropology, Law and Society*, New Brunswick, Transaction. 1994, *The Challenge of Anthropology : Old Encounters and New Excursions*, New Brunswick, Transaction.

▲ A. Walter, 1993, « An Interview with Robin Fox », *CA,* vol. 34 : 441-452.

Index des noms des ethnologues étudiés

P

Q

R

S

T

V

W

Z

Index des concepts, notions et thèmes majeurs

On aura voulu cet index discriminant. C'est ainsi qu'on n'y trouvera pas le mot « lignage » qui renverrait à une entrée sur quatre et les termes « *adhesion* », « anthropologie dynamique », « anti-structure » ne renvoient qu'à Tylor, Balandier, Turner, les créateurs respectifs de ces notions. De même l'*American Anthropological Association* ne renvoit qu'au débat qui présida à sa fondation.

M

N

O

P

Q

R

S

Masson & Armand Colin Éditeurs
34 bis, rue de l'Université - 75007 Paris
N° 1767/01
Dépôt légal : octobre 1997

Achevé d'imprimer sur les presses de la
SNEL S.A.
Rue Saint-Vincent, 12 - B-4020 Liège
tél. 32(0)4 343 76 91 - fax 32(0)4 343 77 50
octobre 1997
8062